Potsdamer Rechtswissenschaftliche Reihe
Band 1

Herausgegeben von
Professor Dr. iur. Dieter C. Umbach (geschäftsführender Herausgeber)
Professor Dr. iur. Werner Merle
Professor Dr. iur. Wolfgang Mitsch

Springer
Berlin
Heidelberg
New York
Barcelona
Budapest
Hongkong
London
Mailand
Paris
Santa Clara
Singapur
Tokio

Matthias Becker

Die Teilnahme an der Versammlung der Wohnungseigentümer

Springer

Dr. iur. Matthias Becker
Berliner Straße 28B
D-14612 Falkensee

Die Deutsche Bibliothek - CIP-Einheitsaufnahme

Becker, Matthias:
Die Teilnahme an der Versammlung der Wohnungseigentümer / Matthias Becker. - Berlin ; Heidelberg ; New York ; Barcelona ; Budapest ; Hongkong ; London ; Mailand ; Paris ; Santa Clara ; Singapur ; Tokio : Springer, 1996
(Potsdamer rechtswissenschaftliche Reihe ; Bd. 1)
ISBN 3-540-61396-X
NE: GT

ISBN-13: 978-3-540-61396-1 e-ISBN-13: 978-3-642-80279-9
DOI: 10.1007/978-3-642-80279-9

SPIN 10539700 64/2202-5 4 3 2 1 0 - Gedruckt auf säurefreiem Papier

Meinen Eltern

Inhaltsverzeichnis

Abkürzungsverzeichnis

a.A.	anderer Ansicht
abl.	ablehnend
Abs.	Absatz
AcP	Archiv für civilistische Praxis
a.E.	am Ende
AG	Aktiengesellschaft, Amtsgericht
AGB-Gesetz	Gesetz zur Regelung des Rechts der Allgemeinen Geschäftsbedingungen
AktG	Aktiengesetz
Allg. Teil	Allgemeiner Teil
Anh	Anhang
Anm.	Anmerkung
Art.	Artikel
Aufl.	Auflage
BayObLG	Bayerisches Oberstes Landesgericht
BayObLGZ	Entscheidungen des Bayerischen Obersten Landesgerichts in Zivilsachen
BB	Der Betriebs-Berater
Bd.	Band
BGB	Bürgerliches Gesetzbuch
BGH	Bundesgerichtshof
BGHZ	Amtliche Sammlung der Entscheidungen des Bundesgerichtshofs in Zivilsachen
BR	Bürgerliches Recht
BR-Drucks.	Bundesratsdrucksache
BVerfGE	Entscheidungen des Bundesverfassungsgerichts
bzw.	beziehungsweise
DB	Der Betrieb
ders.	derselbe
dies.	dieselbe

Diss. . . . . Dissertation
DNotZ . . . . Deutsche Notar-Zeitschrift
DWE . . . . Der Wohnungseigentümer
Einf . . . . Einführung
ETW . . . . Die Eigentumswohnung
f. . . . . folgende
ff. . . . . folgende
FGG . . . . Gesetz über die Angelegenheiten der freiwilligen Gerichtsbarkeit
Fn. . . . . Fußnote
GBO . . . . Grundbuchordnung
GE . . . . Das Grundeigentum
GenG . . . . Gesetz betreffend die Erwerbs- und Wirtschaftsgenossenschaften
GG . . . . Grundgesetz
GmbH . . . . Gesellschaft mit beschränkter Haftung
GmbHG . . . . Gesetz betreffend die Gesellschaften mit beschränkter Haftung
GmbHR . . . . GmbH-Rundschau
GVG . . . . Gerichtsverfassungsgesetz
Halbs. . . . . Halbsatz
HGB . . . . Handelsgesetzbuch
h.M. . . . . herrschende Meinung
iVm. . . . . in Verbindung mit
JR . . . . Juristische Rundschau
JuS . . . . Juristische Schulung
JW . . . . Juristische Wochenschrift
JZ . . . . Juristen-Zeitung
KG . . . . Kammergericht, Kommanditgesellschaft
KO . . . . Konkursordnung
KölnerKomm . . . . Kölner Kommentar zum Aktiengesetz
LG . . . . Landgericht
LS . . . . Leitsatz
m. . . . . mit
MDR . . . . Monatsschrift für Deutsches Recht
MRK . . . . Menschenrechtskonvention
MünchHB GesR . . . . Münchner Handbuch des Gesellschaftsrechts
MünchKomm . . . . Münchener Kommentar zum Bürgerlichen Gesetzbuch
m.w.N. . . . . mit weiteren Nachweisen
NJW . . . . Neue Juristische Wochenschrift
NJW-RR . . . . NJW-Rechtsprechungs-Report
Nr. . . . . Nummer

OHG	Offene Handelsgesellschaft
OLG	Oberlandesgericht
OLGZ	Entscheidungen der Oberlandesgerichte in Zivilsachen einschließlich der freiwilligen Gerichtsbarkeit
PiG	Partener im Gespräch, Schriftenreihe des Evangelischen Siedlungswerks in Deutschland
Rdnr.	Randnummer
RG	Reichsgericht
RGRK	Reichsgerichtsrätekommentar
RGZ	Entscheidungen des Reichsgerichts in Zivilsachen
RPfleger	Der Deutsche Rechtspfleger
S.	Satz, Seite
schweiz ZGB	Schweizerisches Zivilgesetzbuch
s.o.	siehe oben
sog.	sogenannt
u.a.	unter anderem
UmwG	Umwandlungsgesetz
v	vor
VerglO	Vergleichsordnung
vgl.	vergleiche
Vorbem	Vorbemerkung
VwGO	Verwaltungsgerichtsordnung
WE	Wohnungseigentum
WEG	Wohnungseigentumsgesetz
WEM	Wohnungseigentümer-Magazin
WM	Wertpapiermitteilungen, Zeitschrift für Wirtschafts- und Bankrecht
WuM	Wohnungswirtschaft und Mietrecht
z.B.	zum Beispiel
ZGR	Zeitschrift für Unternehmens- und Gesellschaftsrecht
ZHR	Zeitschrift für das gesamte Handelsrecht und Wirtschaftsrecht
zit.	zitiert
ZMR	Zeitschrift für Miet- und Raumrecht
ZPO	Zivilprozeßordnung
zust.	zustimmend
ZVG	Gesetz über die Zwangsversteigerung und die Zwangsverwaltung

Einleitung

Die Teilnahme an der Versammlung der Wohnungseigentümer bzw. das Recht auf Teilnahme an ihr hat im WEG keine ausdrückliche Regelung erfahren. § 23 Abs. 1 WEG bestimmt lediglich, daß in einer "Versammlung der Wohnungseigentümer" die Angelegenheiten durch Beschlußfassung geordnet werden, über die nach dem WEG oder einer Vereinbarung die Wohnungseigentümer durch Beschluß entscheiden können.

Ziel der vorliegenden Darstellung ist, die eigenständige rechtliche Bedeutung der Teilnahme an der Versammlung der Wohnungseigentümer sowie des Teilnahmerechts für die gemeinschaftliche Willensbildung der Wohnungseigentümer herauszuarbeiten. Einzugehen ist dabei insbesondere auf die Wechselwirkung des Teilnahmerechts im Verhältnis zu anderen Mitverwaltungsrechten wie das Stimmrecht[1] und das Recht, fehlerhafte Beschlüsse im gerichtlichen Verfahren nach §§ 23 Abs. 4, 43 Abs. 1 Nr. 4 WEG anzufechten.

Da - unabhängig von der Rechtsnatur des Rechtsverhältnisses der Wohnungseigentümer untereinander[2] - die gemeinschaftliche Willensbildung der Wohnungseigentümer in den §§ 23 ff. WEG körperschaftlich strukturiert ist,[3] bleibt im einzelnen zu fragen, inwieweit die für körperschaftlich strukturierte Personenvereinigungen geltenden Grundsätze auch für die Teilnahme an der Versammlung der Wohnungseigentümer Geltung beanspruchen können. Es sind hier allgemeine,

---

[1] Zum Stimmrecht vgl. ausführlich Bornheimer, Das Stimmrecht im Wohnungseigentumsrecht (1993); zu den Schranken des Stimmrechts vgl. Kefferpütz, Stimmrechtsschranken im Wohnungseigentumsrecht (1994); Lotz-Störmer, Stimmrechtsausübung und Stimmrechtsbeschränkung im Wohnungseigentumsrecht (1993).

[2] Vgl. dazu Weitnauer/Lüke, § 10 Rdnr. 1 (modifizierte Bruchteilsgemeinschaft i.S.d. §§ 741 ff. BGB); Bärmann, Wohnungseigentum, Rdnr. 269 (teilrechtsfähige Gemeinschaft eigener Art); Schulze-Osterloh, Gesamthänderische Bindung, S. 160 (Gesamthandsgemeinschaft); Junker, Gesellschaft, S. 130 f. (Gesellschaft).

[3] Die Vorschrift des § 32 BGB zum Verein diente als gesetzgeberisches Vorbild für § 23 Abs. 1 WEG; vgl. BR-Drucks. 75/51 = PiG 8, 223 (234).

rechtsformübergreifende Rechtsgrundsätze herauszuarbeiten. Diese sollen daraufhin der Lösung von Problemen der Teilnahme an der Versammlung der Wohnungseigentümer zugrundegelegt werden, soweit Besonderheiten des Wohnungseigentumsrechts dem nicht entgegenstehen.

Zunächst ist in einem ersten Abschnitt die Funktion der "Versammlung der Wohnungseigentümer" für die gemeinschaftliche Willensbildung der Wohnungseigentümer herauszuarbeiten, da nur so die Bedeutung der Teilnahme an der Versammlung begriffen werden kann. Sodann sind in einem zweiten Abschnitt Inhalt und Umfang des Teilnahmerechts des Wohnungseigentümers zu erörtern. Abschließend soll in einem dritten Abschnitt der Frage nachgegangen werden, ob und inwieweit Dritte anstelle oder neben dem Wohnungseigentümer zur Teilnahme an der Versammlung der Wohnungseigentümer berechtigt sein können.

1. Abschnitt
Die Willensbildung in der Versammlung der Wohnungseigentümer

§ 1 Der gesetzliche Ausgangspunkt des § 23 Abs. 1 WEG

Gemäß § 23 Abs. 1 WEG werden durch Beschlußfassung in einer Versammlung der Wohnungseigentümer Angelegenheiten geordnet, über die die Wohnungseigentümer nach dem WEG oder nach einer Vereinbarung der Wohnungseigentümer durch Beschluß entscheiden können. Diese Vorschrift regelt damit das Verfahren der kollektiven Willensbildung der Wohnungseigentümer zur Regelung gemeinschaftlicher Angelegenheiten.

§ 23 Abs. 1 WEG weist dabei den Wohnungseigentümern nicht selbst die Kompetenz zur Regelung gemeinschaftlicher Angelegenheiten durch Beschluß zu. Die Beschlußkompetenz der Wohnungseigentümer wird von der Norm vielmehr vorausgesetzt. Sie kann sich unmittelbar aus dem WEG oder aus einer vertraglichen Vereinbarung aller Wohnungseigentümer ergeben. Bereits die systematische Stellung des § 23 Abs. 1 WEG im 3. Abschnitt des WEG sowie der Hinweis in § 20 Abs. 1 WEG machen deutlich, daß sich die gesetzliche Zuweisung von Beschlußkompetenzen an die Wohnungseigentümer vornehmlich auf die Regelung der Verwaltung des gemeinschaftlichen Eigentums bezieht (z.B.: Beschlußfassung über Maßnahmen ordnungsgemäßer Verwaltung, § 21 Abs. 3 WEG; Beschlußfassung über die Bestellung und Abberufung des Verwalters, § 26 Abs. 1 WEG; Beschlußfassung über Wirtschaftsplan und Jahresabrechnung, § 28 Abs. 5 WEG; Beschlußfassung über die Bestellung eines Verwaltungsbeirates, § 29 Abs. 1 WEG). Die gesetzlichen Beschlußkompetenzen der Wohnungseigentümer erstrecken sich jedoch nicht nur auf die Verwaltung des gemeinschaftlichen Eigentums, sondern beziehen sich auch auf die Regelung des Gebrauchs von Sonder- und Gemeinschaftseigentum (§ 15 Abs. 2 WEG) sowie ausnahmsweise auf die Entziehung des Wohnungseigentums (§ 18 Abs. 3 WEG). Ebenso wie die Wohnungseigentümer ihr Rechtsverhältnis untereinander nach § 10 Abs. 1 S. 2 WEG grundsätzlich durch vertragliche Vereinbarung privatautonom gestalten können, können sie sich nach § 23 Abs. 1 WEG durch Vereinbarung über die gesetzlichen Kompetenzzuweisungen hinaus zusätzliche Beschlußkompetenzen einräumen, soweit sie nicht gegen zwingendes Recht verstoßen (vgl. § 10 Abs. 1 S. 2 WEG). So ist es beispielsweise grundsätzlich möglich, vertraglich zu vereinbaren, daß bestimmte Vereinbarungen nicht nur ihrerseits durch allstimmige Vereinbarung, sondern auch durch Mehrheitsbeschluß geändert werden können.[1]

§ 23 Abs. 1 WEG knüpft nunmehr an die genannten gesetzlichen und vereinbarten Beschlußkompetenzen der Wohnungseigentümer an und regelt als Organisationsnorm das Verfahren der kollektiven Willensbildung durch Beschluß. Der Beschluß ist als Instrument der kollektiven Willensbildung bei allen Personenmehrheiten - unabhängig von ihre Rechtsform - anerkannt (vgl. Gemeinschaft nach Bruchteilen: § 745 Abs. 1 BGB; rechtsfähiger Verein: § 32 Abs. 1 S. 1 BGB; Gesellschaft bürgerlichen Rechts § 712 BGB; Miterbengemeinschaft: §§ 2038 Abs. 2 S. 1, 745 Abs. 1 BGB; OHG, KG: §§ 119 Abs. 1, 161 Abs. 2 HGB; Aktiengesellschaft: § 133 Abs. 1; GmbH: § 47 Abs. 1 GmbHG; eingetragene Genossenschaft: § 43 Abs. 2 GenG).

Nach § 23 Abs. 1 WEG erfolgt die Beschlußfassung der Wohnungseigentümer grundsätzlich in einer "Versammlung der Wohnungseigentümer". In Abweichung von der schlichten Bruchteilsgemeinschaft (vgl. § 745 Abs. 1 BGB) lehnt sich das WEG damit hinsichtlich der Organisation der internen Willensbildung an gesetzliche Regelungen aus dem Recht der körperschaftlich strukturierten juristischen Personen an, die ebenfalls eine kollektive Willensbildung der jeweiligen Mitglieder in einer Versammlung vorsehen (vgl. § 32 Abs. 1 BGB: Mitgliederversammlung des rechtsfähigen Vereins; § 48 Abs. 1 GmbHG: Gesellschafterversammlung der GmbH; § 118 Abs. 1 AktG: Hauptversammlung der Aktiengesellschaft; § 43 Abs. 1 GenG: Generalversammlung der eingetragenen Genossenschaft). Als gesetzgeberisches Vorbild diente dem historischen Gesetzgeber die nahezu wortgleiche Regelung in § 32 Abs. S. 1 BGB.[2] Durch die Anknüpfung an

---

[1] BGHZ 95, 137 (140); BayObLGZ 1984, 257 (266); DNotZ 1985, 425; NJW-RR 1990, 978 (979); Soergel/Stürner, WEG § 10 Rdnr. 10c; MünchKomm/Röll, WEG § 10 Rdnr. 22; Grebe, DNotZ 1987, 5 (13); Bärmann, WE 1986, 19; ders., Wohnungseigentum, Rdnr. 303; Sauren, NJW 1986, 2034; a.A. noch OLG Köln, DNotZ 1982, 753; OLG Frankfurt/M, OLGZ 1984, 146.

[2] So ausdrücklich der Regierungsentwurf zum WEG, BR-Drucks. 75/51 = PiG 8, 223 (234).

bereits bestehende Organisationsnormen erhält die interne Willensbildung der Wohnungseigentümer einen "körperschaftlichen Akzent",[3] ohne daß damit die Gemeinschaft der Wohnungseigentümer zur juristischen Person wird, die mit Rechtsfähigkeit im Außenverhältnis ausgestattet ist.[4]

Im folgenden ist nunmehr auf die Bedeutung dieser "Versammlung der Wohnungseigentümer" für die Willensbildung in der Gemeinschaft der Wohnungseigentümer einzugehen, um sodann den Begriff der Teilnahme, deren Funktion sowie das Recht auf Teilnahme im Verhältnis zu anderen Mitverwaltungsrechten bestimmen zu können. Da es sich hierbei um Fragen der internen Willensbildung handelt, können auch Rechtsgrundsätze aus dem Recht der Körperschaften berücksichtigt werden, ohne daß es auf die Rechtsnatur der Gemeinschaft der Wohnungseigentümer ankommt.[5]

§ 2 Kollektive Willensbildung durch Beschlußfassung

I. Der Beschluß als Zurechnungsverhältnis

In der "Versammlung der Wohnungseigentümer" sollen nach § 23 Abs. 1 WEG "Beschlüsse" der Wohnungseigentümer gefaßt werden. Diese Regelung beruht auf der Erkenntnis, daß die privatautonome Regelung gemeinschaftlicher Angelegenheiten der Wohnungseigentümer - ebenso wie bei jeder anderen Personenvereinigung - einer einheitlichen kollektiven Willensbildung in Form des Beschlusses bedarf. Erforderlich ist die Bildung eines Willensakts, der der Gesamtheit der Wohnungseigentümer zugerechnet werden kann und der Bindungswirkung gegenüber allen Wohnungseigentümern entfaltet. Allerdings sind die Wohnungseigentümer als rechtlich verfaßte Personenmehrheit unfähig, einen einheitlichen natürli-

---

[3] So treffend Wienicke, § 23 Vorbem.

[4] Vgl. Weitnauer/Lüke, § 23 Rdnr. 1; Schulze, in: Henkes/Niedenführ/Schulze, § 23 Rdnr. 1; den Rechtscharakter als juristische Person verneint auch Junker, Gesellschaft, S. 130 f., der die Personenvereinigung der Wohnungseigentümer - abweichend von der bisherigen rechtlichen Qualifikation - als Gesellschaft ansieht.

[5] Auf die umstrittene Rechtsnatur der Gemeinschaft der Wohnungseigentümer ist daher an dieser Stelle nicht einzugehen; vgl. nur Weitnauer/Lüke, § 10 Rdnr. 1 (modifizierte Bruchteilsgemeinschaft i.S.d. §§ 741 ff. BGB); Bärmann, Wohnungseigentum, Rdnr. 269 (teilrechtsfähige Gemeinschaft eigener Art); Schulze-Osterloh, Gesamthänderische Bindung, S. 160 (Gesamthandsgemeinschaft); Junker, Gesellschaft, S. 130 f. (Gesellschaft).

chen Willen zu bilden. Die Fähigkeit zur natürlichen Willensbildung kommt nur dem einzelnen Wohnungseigentümer als natürlicher Person zu, indem er einen inneren, auf eine Rechtsfolge gerichteten Willensentschluß faßt, der erst durch seine Äußerung in Form einer Willenserklärung rechtliche Relevanz erlangt.[6] Eine kollektive Willensbildung ist damit nur möglich, indem als Ersatz für den natürlichen Willen im Wege der Beschlußfassung ein normatives Zurechnungsverhältnis geschaffen wird, das eine Mehrheit von einzelnen individuellen Willenserklärungen bündelt und der Personenmehrheit als überindividuellen "Gesamtwillen" zurechnet.[7] Dieser kollektive Wille wird im Beschluß als "Gesamtakt" verkörpert. Der "Beschluß" im Sinne des § 23 Abs. 1 WEG ist somit ein Rechtsgeschäft eigener Art, das auf mehreren gleichgerichteten Willenserklärungen der Wohnungseigentümer beruht und auf einen kollektiven, rechtsverbindlichen Gesamtwillen gerichtet ist.[8] Im Gegensatz zur Vereinbarung der Wohnungseigentümer (vgl. § 10 Abs. 1 S. 2 WEG) als schuldrechtlicher Vertrag,[9] der mehrere inhaltlich übereinstimmende Willenserklärungen aller Beteiligten erfordert,[10] verlangt der Beschluß seiner Rechtsnatur nach keine Willensübereinstimmung aller. Der Beschluß ist vielmehr grundsätzlich einer Mehrheitsentscheidung zugänglich, die auch für die Minderheit verbindlich ist, die dem Beschluß nicht zugestimmt hat.[11] Die Beschlußfassung knüpft also an die individuellen Willenserklärungen der Beteiligten an und formt aus der Mehrheit der Erklärungen einen kollektiven Gesamtwillen, der Bindungswirkung gegenüber allen Beteiligten entfaltet. Als Verfahren der Außenwelt ist die Beschlußfassung - abweichend von der natürlichen Willensbildung - einer rechtlichen Regelung zugänglich.[12] Dementsprechend hat auch das Verfahren der Beschlußfassung der Wohnungseigentümer in den

---

[6] Vgl. Brox, Allg.Teil Rdnr. 81.

[7] Vgl. Baltzer, Beschluß, S. 22 f., der jedoch dem Begriff des "Gesamtwillens" kritisch gegenüber steht, vgl. S. 8, Fn. 10.

[8] Zum WEG vgl. BayObLGZ 1975, 284; 1977, 226; 1984, 198; BayObLG, RPfleger 1982, 100; OLG Stuttgart, OLGZ 1985, 259; LG Stuttgart, WuM 1991, 213 (214); Bassenge, PiG 25, 101 (106); Weitnauer/Lüke, § 23 Rdnr. 12; Pick, in: Bärmann/Pick/-Merle, § 23 Rdnr. 24; Soergel/Stürner, WEG, § 23 Rdnr. 1; Schulze, in: Henkes/-Niedenführ/Schulze, § 23 Rdnr. 4; Schnauder, WE 1991, 144 (146); zur früher vertretenen Ansicht, die den Beschluß als "Sozialakt" bezeichnete und ihm den Rechtscharakter als Rechtsgeschäft absprach vgl. K. Schmidt, Gesellschaftsrecht, § 15 I 2 a, S. 355; Noack, Fehlerhafte Beschlüsse, S. 15 f. m.w.N.

[9] Vgl. Schulze, in: Henkes/Niedenführ/Schulze, § 10 Rdnr. 16.

[10] Vgl. Medicus, Allg.Teil Rdnr. 203.

[11] Vgl. Baltzer, Beschluß, S. 19; Larenz, Allg.Teil § 18 II 2; Medicus, Allg.Teil, Rdnr. 205; Soergel/Hadding, BGB § 32 Rdnr. 21 zum Verein.

[12] Vgl. Baltzer, Beschluß, S. 8.

§§ 23 bis 25 WEG eine detaillierte gesetzliche Regelung erfahren. Zudem greift das WEG das in der Rechtsnatur des Beschlusses bereits angelegte Mehrheitsprinzip auf, indem es zur Regelung bestimmter Angelegenheiten der Wohnungseigentümer ausdrücklich einen Mehrheitsbeschluß vorsieht (vgl. § 15 Abs. 2 WEG: Regelung des ordnungsgemäßen Gebrauchs von Sonder- und Gemeinschaftseigentum; § 18 Abs. 3 WEG: Entziehung von Wohnungseigentum; § 21 Abs. 1 WEG: Maßnahmen ordnungsgemäßer Verwaltung; § 26 Abs. 3 WEG: Bestellung und Abberufung des Verwalters; § 28 Abs. 4 WEG: Rechnungslegungsverlangen; § 28 Abs. 5 WEG: Wirtschaftsplan, Jahresabrechnung; § 29 Abs. 1 WEG: Bestellung eines Verwaltungsbeirats). Die Wohnungseigentümer haben zudem gemäß § 10 Abs. 1 S. 2 WEG grundsätzlich die Gestaltungsfreiheit, das Mehrheitsprinzip durch vertragliche Vereinbarung auf weitere Beschlußgegenstände zu erstrecken, die nach der gesetzlichen Regelung dem Einstimmigkeitsprinzip unterliegen.[13]

II. Der Rechtsgrund der Zurechnung

Der Grund für die Bindung des einzelnen Wohnungseigentümers an einen Mehrheitsbeschluß, dem er nicht zugestimmt hat, ist die freiwillige Unterwerfung des einzelnen unter die gesetzlich bestimmte oder vereinbarte Mehrheitsherrschaft. Ebenso wie die Beitritt zu einem Verein die Unterwerfung unter die Vereinsgewalt darstellt, die ebenfalls nach § 32 Abs. 1 S. 3 BGB durch Mehrheitsherrschaft ausgeübt wird,[14] kann die dingliche Einigung über den Erwerb von Wohnungseigentum nach § 873 Abs. 1 WEG als privatautonomer Unterwerfungsakt gewertet werden, dem der einzelne Erwerber seine Zustimmung erteilt hat. Gleiches gilt bei der Begründung von Wohnungseigentum für die Einigung der

[13] Z.B. die Vereinbarung einer Änderungsklausel, wonach die Gemeinschaftsordnung durch Mehrheitsbeschluß geändert werden kann, Vgl. BGHZ 95, 137; BayObLGZ 1984, 257; BayObLG, DNotZ 1985, 429; BayObLG, WE 1989, 145; BayObLG, NJW-RR 1990, 978; BayObLG, WE 1992, 261; Soergel/Stürner, WEG § 10 Rdnr. 10c; MünchKomm/-Röll, WEG § 10 Rdnr. 22; Schulze, in: Henkes/Niedenführ/Schulze, § 10 Rdnr. 21; Weitnauer/Lüke, § 10 Rdnr. 51; Grebe, DNotZ 1987, 5 (13); Bärmann, WE 1986, 19; ders., Wohnungseigentum, Rdnr. 303; Sauren, NJW 1986, 2034; a.A. noch OLG Köln, DNotZ 1982, 753; OLG Frankfurt/M, OLGZ 1984, 146.

[14] Vgl. Bötticher, Gestaltungsrecht, S. 27 f.; Thiele, Zustimmung, S. 47; kritisch zur Unterwerfungsthese: Lutter, AcP 180, 84 (97). Zur Rechtfertigung der Mehrheitsherrschaft als Einschränkung grundrechtlicher Freiheiten unter dem Aspekt der freiwilligen Unterwerfung vgl. Depenheuer, PiG 42, 7 (20).

Miteigentümer nach § 3 Abs. 1 WEG sowie für die Teilungserklärung des Alleineigentümers nach § 8 Abs. 1 WEG. Bei einer nachträglichen Vereinbarung des Mehrheitsprinzips tritt die Unterwerfung des einzelnen kraft seiner vertraglichen Bindung ein. Ein Sondernachfolger ist nach § 10 Abs. 2 WEG an die vereinbarte Mehrheitsherrschaft gebunden, wenn die Vereinbarung als Inhalt des Sondereigentums im Grundbuch eingetragen ist; die Einigungserklärung des Erwerbers ist somit auf den Erwerb von Wohnungseigentum mit dem im Grundbuch ausgewiesenen vereinbarten Sondereigentum gerichtet. Die Unterwerfung des Wohnungseigentümers unter die Mehrheitsherrschaft beruht also in allen Fällen auf seiner privatautonomen Willenserklärung.

Das WEG geht über die Bindung der Wohnungseigentümer an den intern gefaßten Beschluß hinaus, indem die Wohnungseigentümer, die dem Beschluß nicht zugestimmt haben, nach § 10 Abs. 4 WEG auch im Außenverhältnis gegenüber Dritten an Rechtshandlungen gebunden sind, die aufgrund des Beschlusses - insbesondere gemäß § 27 Abs. 1 Nr. 1 WEG vom Verwalter zu dessen Durchführung - vorgenommen worden sind.[15] Eine Bindung der Wohnungseigentümer an den Beschluß sowie an eine ausführende Rechtshandlung tritt jedoch von vornherein dann nicht ein, wenn der Beschluß selbst unter einem Nichtigkeitsmangel leidet (vgl. §§ 134, 138 BGB). Die Bindungswirkung entfällt rückwirkend, wenn der Beschluß nach rechtzeitiger Anfechtung gemäß §§ 23 Abs. 4, 43 Abs. 1 Nr. 4 WEG gerichtlich für ungültig erklärt worden ist.

III. Das Zustandekommen eines Beschlusses

Formal kommt der Beschluß als Zurechnungsverhältnis durch Abstimmung über einen bestimmten Beschlußantrag zustande, der den Gegenstand der Beschlußfassung festlegt. Der Beschlußantrag ist dem Abstimmungsleiter gegenüber zu erklären, der ihn daraufhin nach einem zu bestimmenden Abstimmungsmodus zur Abstimmung stellt, um danach aus den ihm gegenüber abzugebenen "Ja"- und "Nein"- Stimmen sowie den Stimmenthaltungen unter Außerachtlassung der ungültigen Einzelstimmen[16] das Abstimmungsergebnis zu ermitteln. Aus dem Abstimmungsergebnis ist nunmehr das Beschlußergebnis im Sinne einer Annahme

---

[15] Schulze, in: Henkes/Niedenführ/Schulze, § 10 Rdnr. 32.

[16] Die Einzelstimme unterliegt als empfangsbedürftige Willenserklärung den allgemeinen Regeln des BGB über Geschäftsfähigkeit (§§ 105 ff. BGB), Nichtigkeit und Anfechtbarkeit (§§ 116 ff., 134 ff., 142 ff. BGB); vgl. Bassenge, PiG 25, 101 (106); Weitnauer/Lüke, § 23 Rdnr. 12.

oder Ablehnung des Beschlußantrags zu ermitteln, indem das Abstimmungsergebnis an dem für den konkreten Beschlußgegenstand geltenden Mehrheitserfordernis - einfache Mehrheit, qualifizierte Mehrheit, Einstimmigkeit - gemessen wird. Nach überwiegender Ansicht in der wohnungseigentumsrechtlichen Rechtsprechung und Literatur ist ein Beschluß stets dann existent, wenn die Mehrheit der Abstimmenden für den Beschlußantrag gestimmt hat.[17] Richtigerweise ist für die Existenz eines Beschlusses eine konstitutiv wirkende Feststellung und Verkündung des Beschlußergebnisses gegenüber den Abstimmenden erforderlich,[18] die den Inhalt - Annahme oder Ablehnung - des jeweiligen Beschlusses bestimmt.[19] Denn es entspricht einem allgemeinen Grundsatz im Verbandsrecht, daß überall dort, wo im Interesse der Rechtssicherheit Beschlußmängel - wie im Wohnungseigentumsrecht nach § 23 Abs. 4 WEG i.V.m. § 43 Abs. 1 Nr. 4 WEG - grundsätzlich nur in einem fristgebundenen Anfechtungsverfahren geltend gemacht werden können, eine konstitutive und inhaltsfixierende Wirkung der Ergebnisverkündung anzunehmen ist, damit für alle Beteiligten Klarheit geschaffen wird, ob - bzw. mit welchem Inhalt - ein Beschluß gefaßt worden ist, dessen Bestand im Falle eines Mangels nur durch fristgerechte Anfechtung beseitigt werden kann.[20]

---

[17] BayObLGZ 1984, 213 (215); BayObLG, NJW-RR 1987, 1490; NJW-RR 1990, 1104; NJW-RR 1992, 83; ZMR 1986, 319; KG, OLGZ 1970, 58; Weitnauer/Lüke, § 23 Rdnr. 17; Soergel/Stürner, WEG § 23 Rdnr. 6a.

[18] So zutreffend Merle, Verwalter, S. 43 f.; ders., PiG 18, 125 (130); PiG 25, 119 (127); a.A.: BayObLGZ 1984, 213 (216); BayObLG, MDR 1984, 495; KG, RPfleger 1979, 65; OLG Schleswig, DWE 1987, 133; Weitnauer/Lüke, § 23 Rdnr. 13; Schulze, in: Henkes/Niedenführ/Schulze, § 23 Rdnr. 7; Soergel/Stürner, WEG, § 23 Rdnr. 6a; Palandt/Basssenge, WEG, § 23 Rdnr. 4; Wangemann, Eigentümerversammlung, Rdnr. A 68; ders., WuM 1989, 53 (55); Patermann, ZMR 1991, 361 (363).

[19] Merle, PiG 18, 125 (139); ders., PiG 25, 119 (129); insoweit zustimmend: OLG Hamm, OLGZ 1979, 296 (297); OLGZ 1990, 180 (183); LG Lübeck, DWE 1986, 63; LG Köln, NJW-RR 1991, 214 (215); Weitnauer/Lüke, § 23 Rdnr. 13; Erman/Ganten, WEG, § 23 Rdnr. 1a; Augustin, § 23 Rdnr. 20; Schulze, in: Henkes/Niedenführ/-Schulze, § 23 Rdnr. 7; a.A.: Wangemann, Eigentümerversammlung, Rdnr. A 68.

[20] Vgl. allgemein Zöllner, Schranken, S. 393 (402); zum Wohnungseigentumsrecht Merle, Verwalter, S. 43; ders., PiG 18, 125 (139) jeweils m.w.N.

§ 3 Die Versammlung der Wohnungseigentümer als Willensbildungsorgan

Ein in der beschriebenen Weise zustande gekommener Beschluß kann den Wohnungseigentümern nach § 23 Abs. 1 WEG grundsätzlich nur als gemeinschaftlicher Willensakt zugerechnet werden, wenn die Beschlußfassung in einer "Versammlung der Wohnungseigentümer" erfolgt. Dagegen kann ein ohne Versammlung gefaßter Beschluß den Wohnungseigentümern nach § 23 Abs. 3 WEG nur ausnahmsweise zugerechnet werden, wenn alle Wohnungseigentümer dem Beschluß schriftlich zustimmen.[21] Die Beschlußfassung ist daher einerseits der Wohnungseigentümerversammlung, andererserseits der Gesamtheit der Wohnungseigentümer überantwortet. Es fragt sich nunmehr, worin die spezifische Funktionen der Versammlung für die Willensbildung der Wohnungseigentümer gegenüber der Willensbildung außerhalb der Versammlung zu sehen sind.

In den Gesetzesmaterialien zum WEG[22] sowie im wohnungseigentumsrechtlichen Schrifttum[23] wird vielfach die Stellung der Wohnungseigentümerversammlung als dem höchsten "Organ" der Gemeinschaft der Wohnungseigentümer hervorgehoben, ohne daß der Organbegriff näher definiert wird. Im folgenden ist damit zunächst der Begriff des "Organs" zu klären, um sodann anhand der spezifischen Organfunktionen die über die bloße Beschlußfassung hinausgehende Bedeutung der Versammlung der Wohnungseigentümer für die kollektive Willensbildung zu erfassen.

I. Der abstrakte Organbegriff

Der Begriff des "Organs" ist zunächst in einem abstrakten Sinne zu verstehen, indem er den mit einem eigenen Namen bedachten Teil der Organisation einer Personenvereinigung bezeichnet, dem durch Organisationsnormen eine bestimmte

---

[21] Zum Ausnahmecharakter des § 23 Abs. 3 WEG vgl. die Begründung zum Regierungsentwurf, BR-Drucks. 75/51 = PiG 8, 223 (234).

[22] Vgl. den Gesetzentwurf der FDP-Fraktion vom 30.11.1949, BR-Drucks. Nr. 252 = PiG 8, 115 (118) sowie dessen Begründung, PiG 8, 122 (134); Begründung des Regierungsentwurfs zu § 26, BR-Drucks. 75/51 = PiG 8, 223 (235).

[23] Diester, § 23 Rdnr. 1; Pick, in: Bärmann/Pick/Merle, § 23 Rdnr. 2; Soergel/Stürner, WEG § 23 Rdnr. 1; Sauren, § 23 Rdnr. 1; Weitnauer/Lüke, § 23 Rdnr. 2.

Funktion zugewiesen ist.[24] Als "Willensbildungsorgan" ist danach der Organisationsteil anzusehen, der seiner Funktion nach der zur natürlichen Willensbildung unfähigen Personenmehrheit im Innenverhältnis einen kollektiven Willensakt zurechnen soll. Da es hier nicht um ein organschaftliches Handeln im Außenverhältnis gegenüber Dritten geht,[25] ist der Begriff des Willensbildungsorgans auch auf Personenmehrheiten anzuwenden, die - wie die Gemeinschaft der Wohnungseigentümer - mangels Rechtssubjektivität nicht als solche am Rechtsverkehr mit Dritten teilnehmen können.[26] Welcher Organisationsteil jeweils als Willensbildungsorgan anzusehen ist, wird durch die für die jeweilige Personenmehrheit geltenden Organisationsnormen bestimmt.

Im Wohnungseigentumsrecht könnte der Bezeichnung der Wohnungseigentümerversammlung als Willensbildungsorgan entgegenstehen, daß die Willensbildung nach § 23 Abs. 3 WEG unter Mitwirkung aller Wohnungseigentümer auch außerhalb der Versammlung erfolgen kann. Diese Regelung könnte also dafür sprechen, statt der Versammlung der Wohnungseigentümer die Gesamtheit der Wohnungseigentümer als Willensbildungsorgan anzusehen, das Beschlüsse im Verfahren nach § 23 Abs. 1 WEG oder im schriftlichen Verfahren fassen kann.[27] Geht man jedoch von dem Grundsatz aus, daß die jeweiligen Organisationsnormen durch ihre Funktionszuweisung die Organqualität bestimmen, so besteht kein Widerspruch darin, sowohl die Organqualität der Gesamtheit der Wohnungseigentümer als auch der Wohnungseigentümerversammlung anzuerkennen,[28] wenn das Gesetz ihnen jeweils unterschiedliche Organfunktionen zuweist.

---

[24] Vgl. Baltzer, Beschluß, S. 29.

[25] Insoweit kann sich die Frage stellen, ob der Verwalter, der nach § 27 Abs. 1 Nr. 1 WEG die Beschlüsse der Wohnungseigentümer auszuführen hat, als "Organ" der Gemeinschaft der Wohnungseigentümer i.S.v. § 31 BGB anzusehen ist, vgl. dazu bejahend Weitnauer/Hauger, § 27 Rdnr. 1; Soergel/Stürner, WEG § 27 Rdnr. 8; ablehnend OLG Frankfurt/M, OLGZ 1985, 144 (146); Pick, in: Bärmann/Pick/Merle, § 26 Rdnr. 83; Bärmann, Wohnungseigentum, Rdnr. 544.

[26] Vgl. Baltzer, Beschluß, S. 28.

[27] Im GmbH-Recht, das ebenfalls die Beschlußfassung in einer Versammlung (vgl. § 48 Abs. 1 GmbHG) sowie die schriftliche Beschlußfassung (vgl. § 48 Abs. 2 GmbHG) kennt, ist diese Frage umstritten; während nach einer Ansicht die Gesellschafterversammlung als Willensbildungsorgan anzusehen ist (vgl. RGZ 169, 65 (80 f.); Hachenburg/Hüffer, § 48 Rdnr. 3; ders., 100 Jahre GmbHG, S. 521 (536); Zöllner, in: Baumbach/Hueck, § 45 Rdnr. 3, § 48 Rdnr. 2), sprechen andere von der Gesamtheit der Gesellschafter als Willensbildungsorgan (vgl. Scholz/K. Schmidt, § 45 Rdnr. 5, § 48 Rdnr. 1; Lutter/Hommelhoff, § 45 Rdnr. 1; Rowedder/Koppensteiner, § 45 Rdnr. 3; Roth, § 48 Anm. 2.1.1.; Vogel, Gesellschafterbeschlüsse, S. 10; G. Hueck, Gesellschaftsrecht § 26 I 1.

[28] So auch Hachenburg/Hüffer, § 48 Rdnr. 3 zur GmbH.

II. Die Organfunktionen der Wohnungseigentümerversammlung

1. Die Mehrheitsbeschlußfassung

Die Versammlung der Wohnungseigentümer hat zunächst die Funktion, die Willensbildung der Wohnungseigentümer durch Beschlußfassung im engeren Sinne - d.h. die Abstimmung über einen bestimmten Beschlußantrag[29] - zu ermöglichen. Diese Funktion läßt sich als "willensbildende Organfunktion" bezeichnen.[30] Allein die Wahrnehmung willensbildender Organfunktion genügt jedoch nicht, der Wohnungseigentümerversammlung als solcher Organqualität zuzusprechen. Es muß noch eine zusätzliche - spezifisch auf die Versammlung bezogene - Funktion hinzutreten; denn die Willensbildung durch Beschlußfassung bleibt nach § 23 Abs. 3 WEG auch außerhalb der Versammlung möglich. Allerdings ist nach dieser Vorschrift erforderlich, daß alle Wohnungseigentümer ihre Zustimmung sowohl zum Verfahren der schriftlichen Beschlußfassung als auch zum Inhalt des jeweiligen Beschlusses erteilen.[31] Die schriftliche Mehrheitsbeschlußfassung in solchen Angelegenheiten, in denen das Gesetz (vgl. §§ 15 Abs. 2, 18 Abs. 3, 21 Abs. 3, 26 Abs. 1, 28 Abs. 4 und 5, 29 Abs. 1 WEG) oder eine Vereinbarung den Wohnungseigentümern die Kompetenz zur Mehrheitsbeschlußfassung einräumt, ist damit nach der gesetzlichen Regelung des § 23 Abs. 3 WEG ausgeschlossen. Soweit das im Gesetz angelegte Mehrheitsprinzip Anwendung findet, ist also nach der in § 23 Abs. 1 und Abs. 3 WEG niedergelegten gesetzgeberischen Konzeption eine Beschlußfassung nur in der Wohnungseigentümerversammlung nach § 23 Abs. 1 WEG möglich. Die Funktion der Mehrheitsbeschlußfassung behält die Versammlung auch dann, wenn man § 23 Abs. 3 WEG gemäß § 10 Abs. 1 S. 2 WEG als abdingbar ansieht[32] und so die Vereinbarung einer schriftlichen Mehrheitsbeschlußfassung außerhalb der Versammlung zuläßt. Denn das Mehrheits-

---

[29] Vgl. Baltzer, Beschluß, S. 41; K. Schmidt, Gesellschaftsrecht § 15 I 1 a, S. 353.

[30] Vgl. Baltzer, Beschluß, S. 119.

[31] H. Müller, Praktische Fragen, S. 311.

[32] So AG Königstein/Taunus, MDR 1979, 760; dagegen wird das Allstimmigkeitserfordernis des § 23 Abs. 3 WEG von der h.M. aus Gründen des Minderheitenschutzes als zwingend angesehen, vgl. OLG Köln, WEM 1977, 52 (54); BayObLGZ 1980, 331 (337); 81, 384; OLG Hamm, OLGZ 1978, 292; WE 1993, 24 (25); Pick, in: Bärmann/Pick/Merle, § 23 Rdnr. 16; Palandt/Bassenge, WEG § 23 Rdnr. 7; Soergel/-Stürner, WEG § 23 Rdnr. 5a; MünchKomm/Röll, WEG § 23 Rdnr. 5; Erman/Ganten, WEG § 23 Rdnr. 3; Augustin, § 23 Rdnr. 10; Schulze, in: Henkes/Niedenführ/Schulze, § 23 Rdnr. 16; H. Müller, Praktische Fragen, S. 312; Groß, ZMR 1979, 36.

erfordernis hat jeweils einen unterschiedlichen Bezugspunkt: Während bei einer vereinbarten schriftlichen Beschlußfassung außerhalb der Versammlung die Mehrheit sämtlicher Wohnungseigentümer erforderlich ist, bezieht sich das Mehrheitserfordernis bei der Beschlußfassung in der Versammlung nur auf die in der Versammlung anwesenden Wohnungseigentümer. Unter der Voraussetzung der Beschlußfähigkeit (§ 25 Abs. 3 WEG) können also in der Versammlung wirksame und unanfechtbare Mehrheitsbeschlüsse zustandekommen, die nicht von der Zustimmung der "absoluten" Mehrheit aller stimmberechtigten Wohnungseigentümer getragen werden. In diesem Sinne hat die Versammlung damit die Funktion, das Zustandekommen "relativer" auf der Mehrheit der in der Versammlung anwesenden Wohnungseigentümer beruhender Mehrheitsbeschlüsse zu ermöglichen. Eine solche "Relativierung" des Mehrheitsprinzips durch die Beschlußfassung in der Versammlung ist nur gerechtfertigt, wenn jeder Wohnungseigentümer die Möglichkeit hat, sich an der Abstimmung in der Versammlung zu beteiligen.[33] Da diese Möglichkeit die Kenntnis des Wohnungseigentümers von den in der Versammlung behandelten Beschlußgegenständen voraussetzt, ordnet § 23 Abs. 2 WEG - in Übereinstimmung mit § 32 Abs. 1 S. 2 BGB[34] - an, daß wirksame und unanfechtbare Beschlüsse in der Versammlung nur gefaßt werden können, wenn die jeweiligen Beschlußgegenstände bei der Einberufung ausreichend bezeichnet werden.

Im Ergebnis kommt damit der Versammlung der Wohnungseigentümer im Bereich der Mehrheitsbeschlußfassung eine spezifische willensbildende Organfunktion - nämlich die Schaffung eines auf einer Mehrheitsentscheidung der in der Versammlung Anwesenden beruhenden, für alle Wohnungseigentümer verbindlichen Willensaktes - zu, die der Gesamtheit der Wohnungseigentümer außerhalb der Versammlung nicht zukommt.

2. Die Beratungsfunktion

Das unmittelbare persönliche Zusammentreffen der Wohnungseigentümer in der Versammlung hat über die Beschlußfassung im engeren Sinne hinaus die Funktion, eine Beratung der jeweiligen Beschlußgegenstände zu ermöglichen.[35] Zwar ist eine Beratung der Beschlußgegenstände auch außerhalb der Versammlung im Rahmen einer zufälligen Zusammenkunft der Wohnungseigentümer möglich;

---

[33] Vgl. Zöllner, in: Baumbach/Hueck, § 47 Rdnr. 2 zur GmbH.
[34] Vgl. auch § 51 Abs. 2, 4 GmbHG; § 124 Abs. 1 AktG; § 46 Abs. 2 GenG.
[35] Vgl. Wangemann, Eigentümerversammlung, Rdnr. C 150.

jedoch wird sie erst durch die Einrichtung einer Versammlung als Willensbildungsorgan institutionalisiert und damit rechtlich abgesichert.[36] Die Beratung der Beschlußgegenstände kann so als Ausdruck der erwägenden Organfunktion bezeichnet werden,[37] die über die willensbildende Organfunktion hinausgeht, indem sie die eigentliche Beschlußfassung vorbereitet. Die unmittelbare mündliche Beratung der Beschlußgegenstände in der Versammlung bewirkt, daß die unterschiedlichen Interessen deutlich zutage treten und sich die Willensentschließung des einzelnen Beteiligten im Hinblick auf die einzelne Stimmabgabe nicht isoliert von den Argumenten der übrigen Beteiligten vollzieht.[38] Durch den gegenseitigen Austausch von Argumenten wird im Vorfeld der Stimmabgabe eine gegenseitige Beeinflussung der Willensentschließung ermöglicht, die sich zunächst in der einzelnen Willenserklärung des einzelnen bei der Abstimmung niederschlägt und sich so mittelbar auch auf den Inhalt des Beschlusses auswirkt. Auf diese Weise ermöglicht erst die Beratung im Vorfeld der eigentlichen Beschlußfassung einen "Willensbildungsprozeß" der Wohnungseigentümer. Die angemessene Beteiligung des einzelnen Wohnungseigentümers an diesem Willensbildungsprozeß setzt voraus, daß ihm bereits vor der Versammlung ausreichende Gelegenheit verschafft wird, sich über die anstehenden Beschlußgegenstände zu informieren. Der Gesetzgeber des WEG hat diesem Erfordernis durch die Regelung des § 23 Abs. 2 WEG Rechnung getragen, indem er die Bezeichnung des Beschlußgegenstandes bei der Einberufung zur Gültigkeitsvoraussetzung für den zu fassenden Beschluß erklärt hat, deren Fehlen gemäß § 23 Abs. 4 WEG zur Anfechtbarkeit des Beschlusses im Verfahren nach § 43 Abs. 1 Nr. 4 WEG führt.[39] Inwieweit es dem einzelnen innerhalb des rechtlichen Rahmens gelingt, im Vorfeld der eigentlichen Beschlußfassung Einfluß auf das Beschlußergebnis zu nehmen, hängt vielfach entscheidend von den persönlichen Fähigkeiten des Versammlungsteilnehmers ab. Je nach Geschicklichkeit und Beredsamkeit des vortragenden Versammlungsteilnehmers kann das Beschlußergebnis mehr oder weniger der Einzelentscheidung des Vortragenden entsprechen.[40]

---

[36] Diese Funktion der Versammlung betont auch der BGH in BGHZ 48, 163 (173) zur Beschlußfassung in der Gesellschafterversammlung der GmbH, indem er annimmt, "daß die für die für und gegen den Abstimmungsgegenstand sprechenden Gesichtspunkte erörtert und angehört werden."

[37] Vgl. Baltzer, Beschluß, S. 119.

[38] Vgl. Baltzer, Beschluß, S. 121.

[39] Weitnauer/Lüke, § 23 Rdnr. 19; Schulze, in: Henkes/Niedenführ/Schulze, § 23 Rdnr. 11.

[40] Baltzer, Beschluß, S. 124.

Die institutionalisierte Beratungsmöglichkeit als Ausdruck der erwägenden Organfunktion der Versammlung steht im engen Zusammenhang mit der bereits angesprochenen willensbildenden Organfunktion der Versammlung, Mehrheitsbeschlüsse zu ermöglichen. Die Verbindung beider Funktionen in der Versammlung verdeutlicht, daß das Mehrheitsprinzip nach der gesetzlichen Regelung nur gerechtfertigt ist, wenn die Minderheit in der Versammlung die Möglichkeit hat, durch das Vorbringen ihrer Argumente auf die Mehrheit einzuwirken. Sieht man in dem Erwerb von Wohnungseigentum einen Akt der Unterwerfung unter die Mehrheitsherrschaft in dem durch das Gesetz oder durch Vereinbarung abgegrenzten Bereich (s.o. I), so ist diese Unterwerfung nur gerechtfertigt, wenn der Wohnungseigentümer die Gelegenheit hatte, zuvor im Rahmen der Beratung über den Beschlußgegenstand Einfluß auf den Willensbildungsprozeß zu nehmen. Die Wohnungseigentümerversammlung hat insoweit auch die Funktion des Minderheitenschutzes.

3. Die Kontrollfunktion

Neben der - bereits von *Baltzer*[41] angeführten - willensbildenden und erwägenden Organfunktion hat die Versammlung auch die Funktion, das Beschlußverfahren für alle in der Versammlung Anwesenden transparent zu machen. Die Anwesenden haben so die Möglichkeit, den korrekten Ablauf des Beschlußverfahrens in der Versammlung zu kontrollieren und etwaige Mängel des Beschlußverfahrens zu erkennen.[42] Insoweit läßt sich von einer Kontrollfunktion der Versammlung sprechen. Abweichend vom Vereinsrecht hat die Kontrollfunktion der Versammlung eine erhebliche Bedeutung für die Geltendmachung von Beschlußmängeln, da nach § 23 Abs. 4 WEG fehlerhaft zustande gekommene Beschlüsse nur ungültig sind, wenn sie auf Antrag im Verfahren nach § 43 Abs. 1 Nr. 4 WEG gerichtlich für ungültig erklärt werden.

Im Interesse der Rechtssicherheit kann der Antrag auf Ungültigerklärung nach § 23 Abs. 4 S. 2 WEG nur binnen eines Monats seit der Beschlußfassung gestellt werden.[43] Die Kontrollfunktion der Versammlung im Zusammenhang mit einer eventuellen Beschlußanfechtung wird in Rechtsprechung[44] und Schrifttum[45] zum

---

[41] Vgl. Baltzer, Beschluß, S. 119.

[42] So auch Wangemann, Eigentümerversammlung, Rdnr. C 141, der insoweit von einem "Kontrollrecht" des Wohnungseigentümers spricht.

[43] Vgl. BGHZ 54, 67 (69).

[44] BGH, NJW 1971, 2225.

[45] Renkl, Gesellschafterbeschluß, S. 83.

GmbH-Recht betont, das nach überwiegender Auffassung ebenfalls eine fristgebundene Anfechtbarkeit fehlerhafter Beschlüsse analog §§ 243 ff. AktG kennt.[46] So weist der *BGH*[47] ausdrücklich auf das Recht des GmbH-Gesellschafters hin, "mit Rücksicht auf ein etwaiges Anfechtungsrecht verlangen und darüber wachen zu können, daß alle nach Gesetz oder Satzung zur Beschlußfassung notwendigen Förmlichkeiten eingehalten werden." Dieser Zusammenhang zwischen Überwachung der Beschlußfassung in der Versammlung und der Anfechtung von fehlerhaft zustande gekommenen Beschlüssen im gerichtlichen Verfahren gilt auch für das fristgebundene Anfechtungsverfahren nach §§ 23 Abs. 4, 43 Abs. 1 Nr. 4 WEG; denn die Einschränkung des Rechtsschutzes gegenüber dem allgemeinen Grundsatz, daß die Nichtigkeit von Rechtsgeschäften außerhalb eines gerichtlichen Verfahrens jederzeit geltend gemacht werden kann, ist nur gerechtfertigt, wenn der einzelne Anfechtungsberechtigte - nach § 43 Abs. 1 Nr. 4 WEG grundsätzlich jeder Wohnungseigentümer sowie der Verwalter - durch Anwesenheit in der Versammlung die Möglichkeit hat, Anfechtungsgründe festzustellen. Durch die Möglichkeit der Kontrolle des Beschlußverfahrens, die durch die Ladung der Teilnahmeberechtigten nach § 24 Abs. 1-4 WEG sichergestellt wird, werden die Anfechtungsberechtigten somit erst in die Lage versetzt, ihr fristgebundenes Anfechtungsrecht auszuüben.

Hat beispielsweise der Versammlungsleiter im Rahmen einer Beschlußfassung ein negatives Beschlußergebnis festgestellt und verkündet, obwohl die erforderliche Mehrheit für den Beschluß tatsächlich vorliegt, so kommt entsprechend der Feststellung und Verkündung zunächst ein anfechtbarer negativer Beschluß zustande.[48] Der einzelne Anfechtungsberechtigte kann den Antrag auf Ungültig-

---

[46] Vgl. RGZ 166, 129 (131); BGHZ 11, 231 (235), allerdings soll die starre Monatsfrist des § 246 Abs. 1 AktG keine Anwendung finden, sondern vielmehr eine dem Einzelfall angemessene Anfechtungsfrist gelten, vgl. BGHZ 104, 66 (71); Scholz/K. Schmidt, GmbHG § 45 Rdnr. 142; Lutter/Hommelhoff, GmbHG Anh § 47 Rdnr. 56; a.A. Noack, fehlerhafte Beschlüsse, S. 40, 55 ff.; Zöllner/Noack, ZGR 1989, 525 (532 ff.); Hachenburg/Raiser, Anh. § 47 Rdnr. 9, 176, die die Kategorie der Anfechtbarkeit ablehnen und stattdessen eine interne Nichtigkeit der Beschlüsse annehmen, die vom Gesellschafter durch Widerspruch geltend gemacht werden kann; vgl. dazu Schröder, GmbHR 1994, 532 ff.

[47] BGH, NJW 1971, 2225.

[48] So OLG Hamm, OLGZ 1979, 296 (297); OLGZ 1990, 180 (183) = WE 1990, 102 (103); LG Lübeck, DWE 1986, 63; LG Köln, NJW-RR 1991, 214 (215); vgl. auch KG, OLGZ 1990, 421 = NJW-RR 1991, 213 = WE 1992, 207; NJW-RR 1992, 720 (721) = WE 1992, 283 für den Fall, daß die Abstimmung ausdrücklich unter der Voraussetzung der Einstimmigkeit stattfindet, der Versammlungsleiter jedoch unrichtig die Annahme des Antrages verkündet; Merle, PiG 18, 125 (139); ders., PiG 25, 119 (129);

erklärung des negativen Beschlusses nach § 43 Abs. 1 Nr. 4 WEG i.V.m. einem Antrag auf Feststellung des positiven Beschlußergebnisses[49] jedoch nur fristgerecht stellen, wenn er die fehlerhafte Feststellung und Verkündung in der Versammlung erkennen kann. Demgegenüber kann der einzelne Beteiligte außerhalb der Versammlung im schriftlichen Verfahren nach § 23 Abs. 3 WEG mangels Transparenz der Beschlußfassung nicht feststellen, ob die wirksame Zustimmung aller Wohnungseigentümer vorliegt. Dieser fehlenden Kontrollierbarkeit des schriftlichen Beschlußverfahrens trägt die Rechtsprechung dadurch Rechnung, daß sie den Beschluß zwingend erst mit Zugang der letzten Zustimmungserklärung beim Beschlußanreger zustandekommen läßt[50] und so eine anfechtbare Mehrheitsbeschlußfassung ausschließt. Da es sich nach dieser Auffassung bei § 23 Abs. 3 WEG um eine unverzichtbare Vorschrift handelt,[51] bedarf es nach § 23 Abs. 4 S. 2 WEG keiner fristgerechten Anfechtung. Vielmehr kann die mangelnde Zustimmung aller Wohnungseigentümer ohne gerichtliches Verfahren jederzeit geltend gemacht werden.

Die Funktion der Kontrolle der Beschlußfassung ist damit ebenfalls eine spezifische Organfunktion der Versammlung, die außerhalb der Versammlung durch schriftliche Beschlußfassung nach § 23 Abs. 3 WEG nicht wahrgenommen wird.

4. Ergebnis

Der Versammlung der Wohnungseigentümer sind danach spezifische Organfunktionen zugewiesen, die außerhalb der Versammlung nicht wahrgenommen werden können. Zu nennen sind hier die Funktion, "relative" Mehrheitsbeschlüsse

---

Weitnauer/Lüke, § 23 Rdnr. 13; Erman/Ganten, WEG § 23 Rdnr. 1a; Augustin, § 23 Rdnr. 20; Schulze, in: Henkes/Niedenführ/Schulze, § 23 Rdnr. 7; offenlassend OLG Frankfurt/M, NJW-RR 1993, 86 (87); a.A. BayObLG, MDR 1984, 495; BayObLGZ 1984, 213 (216); Wangemann, Eigentümerversammlung, Rdnr. A 68, die der Feststellung des Beschlußergebnisses keine rechtliche Bedeutung beimessen.

[49] Vgl. OLG Hamm, OLGZ 1979, 296 (298); OLGZ 1990, 180 (183).

[50] BayObLGZ 1971, 313 (321); DWE 1984, 197; MDR 1972, 145; OLG Hamburg MDR 1971, 1012. Vgl auch Palandt/Bassenge, WEG § 23 Rdnr. 6; Augustin, § 23 Rdnr. 8; Soergel/Stürner, WEG § 23 Rdnr. 5; Weitnauer/Lüke, § 23 Rdnr. 11.

[51] OLG Köln, WEM 1977, 52 (54); BayObLGZ 1980, 331 (337); 81, 384; OLG Hamm, OLGZ 1978, 292; WE 1993, 24 (25); Pick, in: Bärmann/Pick/Merle, § 23 Rdnr. 16; Palandt/Bassenge, WEG § 23 Rdnr. 7; Soergel/Stürner, WEG § 23 Rdnr. 5a; MünchKomm/Röll, WEG § 23 Rdnr. 5; Erman/Ganten, WEG § 23 Rdnr. 3; Augustin, § 23 Rdnr. 10; Schulze, in: Henkes/Niedenführ/Schulze, § 23 Rdnr. 16; H. Müller, Prakti sche Fragen, S. 312; Groß, ZMR 1979, 36; a.A. AG Königstein/Taunus, MDR 1979, 760 unter Hinweis auf § 10 Abs. 1 S. 2 WEG.

der Wohnungseigentümer zu ermöglichen, die Funktion, über die anstehenden Beschlußgegenstände vor der eigentlichen Beschlußfassung beraten zu können sowie die Funktion der Kontrolle des Beschlußverfahrens im Hinblick auf eine spätere Beschlußanfechtung im gerichtlichen Verfahren. Aufgrund dieser spezifischen Organfunktionen kann die Wohnungseigentümerversammlung als Organ im abstrakten Sinne angesehen werden.

III. Der konkrete Organbegriff

Der Begriff "Organ" läßt sich darüberhinaus auch in einem konkreten Sinn verstehen. Er beschreibt dann nicht die abstrakte Organisationseinheit, sondern die konkrete Tätigkeit der zur Wahrnehmung der organschaftlichen Funktion berufenen natürlichen Personen, den sogenannten "Organmitgliedern".[52] Dieser Begriff erfaßt also die Versammlung der Wohnungseigentümer als konkret zu einer bestimmten Zeit an einem bestimmten Ort zur Regelung bestimmter Angelegenheiten einberufenes Willensbildungsorgan, das durch die anwesenden Wohnungseigentümer als Organmitglieder Beschlüsse faßt. Die Unterscheidung zwischen der Versammlung als abstrakten und konkreten Willensbildungsorgan läßt sich auch am Gesetz festmachen: So ist in § 24 Abs. 1 WEG die Versammlung als abstraktes Willensbildungsorgan angesprochen, wenn es dort heißt, "die" Versammlung werde vom Verwalter mindestens einmal im Jahr einberufen. Dagegen betrifft § 25 Abs. 3 WEG die Versammlung als konkretes Willensbildungsorgan, indem er bestimmt, daß die - konkret einberufene - Versammlung nur beschlußfähig ist, wenn die erschienenen stimmberechtigten Wohnungseigentümer mehr als die Hälfte der im Grundbuch eingetragenen Miteigentumsanteile vertreten. Die Versammlung ist danach als konkretes Willensbildungsorgan nur dann fähig, wirksame und unanfechtbare Beschlüsse zu fassen, wenn die Wohnungseigentümer als Organmitglieder des abstrakten Willensbildungsorgans "Versammlung der Wohnungseigentümer" mit der entsprechenden Anzahl von Miteigentumsanteilen vertreten sind.

Als Organ im konkreten Sinne ist die Wohnungseigentümerversammlung also die aufgrund einer formellen Einberufung erfolgende unmittelbare persönliche Zusammenkunft der Beteiligten an einem bestimmten Ort zu einer bestimmten Zeit zum Zwecke der mündlichen Beratung und der Beschlußfassung.[53] Die Versamm-

---

[52] Vgl. Baltzer, Beschluß, S. 29 ff.
[53] Vgl. Baltzer, Beschluß, S. 121.

lung der Wohnungseigentümer ist insofern von einer bloßen Zusammenkunft von Wohnungseigentümern ohne formelle Einberufung zu unterscheiden, die keine wirksamen, allen Wohnungseigentümern zurechenbaren Mehrheitsbeschlüsse fassen kann.[54] Fehler bei der Einberufung - z.B. die fehlende oder unzureichende Bezeichnung der Beschlußgegenstände bei der Einberufung (§ 23 Abs. 2 WEG) - führen gemäß § 23 Abs. 4 WEG zur Anfechtbarkeit der in der Versammlung gefaßten Beschlüsse im Verfahren nach § 43 Abs. 1 Nr. 4 WEG.[55]

§ 4 Die Teilnahme an der Versammlung und das Teilnahmerecht

Nachdem die Versammlung der Wohnungseigentümer im Sinne von § 23 Abs. 1 WEG als Willensbildungsorgan der Gemeinschaft der Wohnungseigentümer charakterisiert und die spezifischen Organfunktionen der Versammlung herausgestellt wurden, lassen sich nunmehr auch der Begriff der "Teilnahme" an der Versammlung sowie die Funktionen des Teilnahmerechts bestimmen.

I. Der funktionale Begriff der Teilnahme

Der gesetzlich nicht definierte Begriff der "Teilnahme" an der Versammlung läßt sich nur in Bezug auf die Funktionen des Willensbildungsorgans "Versammlung" definieren. Die Teilnahme an der Versammlung läßt sich danach als die Teilhabe an der konkreten Ausübung von spezifischen Organfunktionen der Wohnungseigentümerversammlung umschreiben. Dieser funktionale Teilnahmebegriff erfaßt damit einerseits die Teilhabe an der gemeinschaftlichen Willensbildung durch Beteiligung an der Beratung der Beschlußgegenstände sowie andererseits die Kontrolle des Willensbildungsprozesses. In diesem Sinne bedeutet "Teilnahme" an der Versammlung "Teilhabe" an der kollektiven Willensbildung und deren Kontrolle. Der funktionale Begriff der Teilnahme *an* der Versammlung geht daher über die bloße Anwesenheit *in* der der Versammlung hinaus und umfaßt auch die Einwirkung auf den Willensbildungsprozeß durch aktive Beteiligung an der Bera-

[54] OLG Hamm, WE 1993, 24 (25).
[55] Vgl. BayObLG, Rpfleger 1982, 100; Palandt/Bassenge, WEG § 24 Rdnr. 6.

tung der Beschlußgegenstände in der Versammlung und durch das Stellen von Beschlußanträgen. Dieser weite Teilnahmebegriff liegt auch der Rechtsprechung des *BGH* zugrunde, der im Zusammenhang mit der Frage der Teilnahme von Beratern zwischen der Hinzuziehung eines Beraters in lediglich beratender Funktion und der aktiven Beteiligung an der Versammlung durch die Abgabe von Erklärungen und das Stellen von Anträgen differenziert.[56]

II. Das Teilnahmerecht

Rechtliche Relevanz erhält der tatsächliche Vorgang der Teilnahme an der Versammlung durch die Beschreibung der Rechtsstellung desjenigen, der an der Versammlung teilnimmt. Diese Rechtsstellung kann dem Teilnehmenden einerseits ein subjektives Recht auf Teilhabe an der konkreten Ausübung von Organfunktionen der Versammlung - also ein Teilnahmerecht - vermitteln. Anderseits kann sich auch eine Pflicht ergeben, an der Versammlung teilzunehmen.

Aufgrund des hier vertretenen funktionalen Teilnahmebegriffs umfaßt das Teilnahmerecht grundsätzlich nicht nur ein Recht auf Anwesenheit in der Versammlung, sondern darüberhinaus das Recht zur aktiven Teilnahme an der Beratung der Beschlußgegenstände - das sogenannte "Recht auf Gehör" oder "Rederecht" - sowie das Recht, in der Versammlung konkrete Beschlußanträge zu stellen ("Beschlußantragsrecht").[57] Inwieweit das Teilnahmerecht im konkreten Fall diese Elemente umfaßt, hängt davon ab, inwieweit dem jeweiligen Rechtsträger die Ausübung von Organfunktionen gesetzlich zugewiesen ist.

---

[56] BGHZ 121, 236 (240 f.); zur Problematik der Teilnahme von Beratern vgl. unten § 15.

[57] Vgl. Augustin, § 25 Rdnr. 19; Scholz/K. Schmidt, § 48 Rdnr. 14; Hachenburg/Hüffer, § 48 Rdnr. 13 zur GmbH; Eckardt, in: Geßler/Hefermehl/Eckardt/Kropff, § 118 Rdnr. 13; Hüffer, § 118 Rdnr. 9; Obermüller/Werner/Winden, C I 1, S. 65 zur AG; K. - Müller, GenG § 43 Rdnr. 5 zur Genossenschaft. Dagegen erwähnt Kefferpütz, Stimmrechtsschranken, S. 182 das Teilnahme-, Rede- und Antragsrecht nebeneinander; dieser Auffassung liegt ein engerer Teilnahmebegriff zugrunde.

2. Abschnitt
Das Teilnahmerecht des Wohnungseigentümers

§ 5 Das Teilnahmerecht als Mitgliedschaftsrecht

Eine ausdrückliche Regelung hat das Recht des Wohnungseigentümers auf Teilnahme an der Versammlung der Wohnungseigentümer im WEG nicht gefunden. In der Rechtsprechung wird das Teilnahmerecht des Wohnungseigentümers als ein aus dem Wohnungseigentum fließendes Recht bezeichnet.[1] Soweit das Teilnahmerecht des Wohnungseigentümers in der Literatur überhaupt angesprochen wird, wird es aus der Mitgliedschaft des Wohnungseigentümers in der Gemeinschaft der Wohnungseigentümer und dem Recht des Wohnungseigentümers auf Teilhabe an der Verwaltung hergeleitet.[2] Die Teilhabe an der Verwaltung des gemeinschaftlichen Eigentums obliegt den Wohnungseigentümern gemäß § 20 Abs. 1 WEG nach Maßgabe der §§ 21 bis 25 WEG und somit auch nach § 23 Abs. 1 WEG,

---

[1] So LG Regensburg, NJW-RR 1991, 1169.

[2] Vgl. Bärmann/Pick, § 25 Rdnr. 42; Pick, in: Bärmann/Pick/Merle, § 25 Rdnr. 62; zur Bezeichnung der Rechtstellung des Wohnungseigentümers als Mitgliedschaft vgl. Merle, System, S. 142 ff. (115 ff.); Lutter, AcP 180, 84 (146). Die Mitgliedschaft des Wohnungseigentümers betonen insbesondere die Vertreter der Lehre vom Wohnungseigentum als dreigliedriger Einheit bestehend aus dem Sondereigentum, dem Miteigentumsanteil sowie der personenrechtlichen Mitgliedschaft, vgl. Bärmann, AcP 155, 1 (10 ff.); ders., in: Bärmann/Pick/Merle, Einleitung Rdnr. 656; ders., Wohnungseigentum, Rdnr. 25; vgl. auch BGHZ 73, 145 (150); BayObLGZ 1965, 34 (42); OLG Hamm, RPfleger 1975, 401 (402); dagegen spricht Weitnauer/Lüke, § 10 Rdnr. 10, ders., Festschrift Niederländer, S. 455 (463), der die Wohnungseigentümergemeinschaft als Sonderfall der Bruchteilsgemeinschaft im Sinne der §§ 741 ff. BGB ansieht, von einer "Teilhaberschaft" des Wohnungseigentümers.

wonach die Beschlußfassung der Wohnungseigentümer in einer "Versammlung der Wohnungseigentümer" stattfindet. Das Gesetz bezeichnet damit die "Wohnungseigentümer" ausdrücklich als Organmitglieder des Kollektivorgans "Wohnungseigentümerversammlung" als Willensbildungsorgan der Gemeinschaft der Wohnungseigentümer.[3]

I. Das Teilnahmerecht als formelles Mitverwaltungsrecht

Als Organmitglied ist der einzelne Wohnungseigentümer kraft Gesetzes zur Teilnahme an der Versammlung berechtigt. Die Organmitgliedschaft des Wohnungseigentümers in der Versammlung stellt einen Ausschnitt aus der Mitgliedschaft des Wohnungseigentümers in der Gemeinschaft der Wohnungseigentümer dar. Während die Mitgliedschaft des Wohnungseigentümers die einheitliche, aus personen- und vermögensrechtlichen Elementen bestehende Rechtsstellung des Wohnungseigentümers in einer auf Dauer angelegten Personenvereinigung in ihrer Gesamtheit umschreibt,[4] beschreibt die in § 23 Abs. 1 WEG angesprochene Organmitgliedschaft des Wohnungseigentümers allein die Rechtsstellung des Wohnungseigentümers in der Wohnungseigentümerversammlung. Unterteilt man die durch die Mitgliedschaft vermittelten Rechte des Wohnungseigentümers in Mitverwaltungsrechte einerseits und Vermögensrechte andererseits, so ist das Recht auf Teilnahme an der Versammlung als Mitverwaltungsrecht einzuordnen. Das Teilnahmerecht des Wohnungseigentümers läßt sich als formelles Mitverwaltungsrecht bezeichnen, das die Ausübung von materiellen Mitverwaltungsrechten (z.B. das Recht auf Teilhabe an der Verwaltung des gemeinschaftlichen Eigentums, § 21 Abs. 1 WEG) in der Versammlung der Wohnungseigentümer ermöglicht.

Das gesetzliche Teilnahmerecht des Wohnungseigentümers ergibt sich damit aus seiner in § 23 Abs. 1 WEG angesprochenen Organmitgliedschaft in der Versammlung der Wohnungseigentümer als Ausschnitt der Mitgliedschaft in der Gemeinschaft der Wohnungseigentümer. Im folgenden bleibt zu klären, wer als Wohnungseigentümer und damit als Inhaber des Teilnahmerechts anzusehen ist,

---

[3] S.o. § 3; zum Begriff "Organmitglied" vgl. Baltzer, Beschluß, S. 31.

[4] Vgl. Merle, System, S. 150 f.; die Mitgliedschaft wird darüberhinaus vielfach selbst als subjektives Recht bezeichnet, vgl. K. Schmidt, Gesellschaftsrecht § 19 I 3 a; Lutter, AcP 180, 84 (101 f.); Flume, Juristische Person, § 8 I, S. 258; Wiedemann, Übertragung, S. 39; dagegen Merle, System, S. 143; Müller-Erzbach, AcP 154, 299 (321); Hadding, Festschrift Reinhardt, S. 249 (255 ff.); ders., Festschrift Steindorff, S. 31 (38).

welchen Inhalt das gesetzliche Teilnahmerecht des Wohnungseigentümers im einzelnen hat und welchen Schranken es gegebenenfalls unterliegt.

II. Die Mitgliedschaft des im Grundbuch eingetragenen Wohnungseigentümers

Inhaber des mitgliedschaftlichen Teilnahmerechts ist derjenige, der als Wohnungseigentümer und damit als Organmitglied der Versammlung der Wohnungseigentümer im Sinne von § 23 Abs. 1 WEG anzusehen ist. Da es sich bei der Wohnungseigentümerversammlung um ein Organ der Gemeinschaft der Wohnungseigentümer handelt,[5] muß der Wohnungseigentümer als Rechtsträger Mitglied einer bestehenden Wohnungseigentümergemeinschaft sein. Der Begriff des "Wohnungseigentümers" im Sinne des WEG wird durch das Gesetz selbst nicht ausdrücklich definiert. Wohnungseigentümer ist jedoch der Inhaber von Wohnungseigentum, welches das WEG in § 1 Abs. 2 als die Verbindung von Sondereigentum an einer Wohnung mit dem Miteigentumsanteil an dem gemeinschaftlichen Eigentum definiert. Wohnungseigentümer im Sinne des WEG ist also derjenige, der wirksam Wohnungseigentum entweder im Rahmen seiner Begründung oder danach durch Übertragung erworben hat.

Nach § 2 WEG sind die beiden Arten der Begründung von Wohnungseigentum in den §§ 3 und 8 WEG geregelt. Gemäß § 3 Abs. 1 WEG können Miteigentümer ihr Miteigentum an einem Grundstück durch Vertrag in der Weise beschränken, daß jedem Miteigentümer das Sondereigentum an einer bestimmten Wohnung eingeräumt wird. Zur Einräumung von Sondereigentum und damit zur Begründung von Wohnungseigentum durch Vertrag der Miteigentümer bedarf es nach § 4 Abs. 1 WEG zusätzlich der Eintragung der Rechtsänderung im Grundbuch nach Anlegung der Wohnungsgrundbücher (vgl. § 7 Abs. 1 WEG). Im Falle der Begründung von Wohnungseigentum nach § 3 WEG entsteht aus der Bruchteilsgemeinschaft der Miteigentümer im Sinne der §§ 741 ff. BGB eine Gemeinschaft der Wohnungseigentümer im Sinne der §§ 10 ff. WEG mit Eintragung aller Miteigentümer als Inhaber von Wohnungseigentum im Grundbuch.[6] Erst zu diesem Zeitpunkt wird auch die Versammlung der Wohnungseigentümer im Sinne von § 23 Abs. 1 WEG als abstraktes Willensbildungsorgan der Gemeinschaft existent

---

[5] S.o. § 3.

[6] Vgl. Merle, WE Sonderheft 1993, 41 (44); Lotz-Störmer, Stimmrechtsausübung; S. 33 m.w.N.

und damit auch das mitgliedschaftliche Teilnahmerecht des Wohnungseigentümers begründet.

Neben der vertraglichen Begründung von Wohnungseigentum nach § 3 WEG durch die Grundstücksmiteigentümer kann nach § 8 Abs. 1 WEG auch der Alleineigentümer Wohnungseigentum begründen, indem er sein Alleineigentum an einem Grundstück durch einseitige Teilungserklärung gegenüber dem Grundbuchamt in der Weise in Miteigentumsanteile teilt, daß mit jedem Anteil das Sondereigentum an einer bestimmten Wohnung verbunden ist (sog. Vorratsteilung).[7] Nach § 8 Abs. 2 S. 2 WEG wird die Teilung bereits mit Anlegung der Wohnungsgrundbücher nach § 7 WEG wirksam. Inhaber der einzelnen Wohnungseigentumsrechte ist jedoch noch der teilende Alleineigentümer, so daß eine Gemeinschaft der Wohnungseigentümer, die stets eine Mehrheit von Wohnungseigentümern voraussetzt, erst entsteht, wenn der Alleineigentümer ein Wohnungseigentum durch Auflassung an einen Erwerber veräußert und dieser als zweiter Wohnungseigentümer neben dem bisherigen Alleineigentümer im Grundbuch eingetragen wird (vgl. §§ 873 Abs. 1 BGB, 4 Abs. 1, 2 WEG).[8] Im Falle der Begründung von Wohnungseigentum nach § 8 WEG durch den Alleineigentümer wird auch die Versammlung der Wohnungseigentümer nach § 23 Abs. 1 WEG als Willensbildungsorgan der Gemeinschaft und damit das mitgliedschaftliche Teilnahmerecht des Wohnungseigentümers mit der Eintragung eines zweiten Wohnungseigentümers im Grundbuch existent.

In gleicher Weise ist die Eintragung im Grundbuch auch für die Erlangung der Rechtsstellung als Wohnungseigentümer beim rechtsgeschäftlichen Erwerb von Wohnungseigentum nach der Begründung von Wohnungseigentum maßgeblich. Dies ergibt sich aus dem allgemeinen, in § 873 Abs. 1 BGB niedergelegten Grundsatz, daß für die Übertragung dinglicher Rechte an einem Grundstück neben der dinglichen Einigung zwischen Veräußerer und Erwerber die Eintragung im Grundbuch erforderlich ist.

Im Ergebnis ist danach der im Grundbuch eingetragene materiell berechtigte Wohnungseigentümer, der damit zugleich Mitglied der rechtlich entstandenen Gemeinschaft der Wohnungseigentümer ist, als Inhaber des mitgliedschaftlichen Teilnahmerechts anzusehen. Jeder einzelne eingetragene Wohnungseigentümer hat somit einen aus der Mitgliedschaft resultierenden Anspruch gegen die übrigen

---

[7] Vgl. Schulze, in: Henkes/Niedenführ/Schulze, § 8 Rdnr. 1; Augustin, § 8 Rdnr. 1.

[8] BayObLGZ 1990, 101 (103); Augustin, § 10 Rdnr. 2; Weitnauer/Lüke, Vor § 10 Rdnr. 2; Weitnauer, WE 1986, 92; Merle, WE Sonderausgabe 1993, 41 (46).

Wohnungseigentümer auf Teilnahme an der Versammlung der Wohnungseigentümer.

§ 6 Der Inhalt des mitgliedschaftlichen Teilnahmerechts

Es gilt nunmehr zu klären, welchen Inhalt das mitgliedschafliche Teilnahmerecht des Wohnungseigentümers im einzelnen hat. Hierbei ist von dem oben bereits beschriebenen weiten Teilnahmebegriff auszugehen, der die Teilhabe an dem Prozeß der kollektiven Willensbildung in der Versammlung in einem umfassenden Sinne erfaßt.[9] Legt man diesen Teilnahmebegriff zugrunde, so erfaßt das Teilnahmerecht inhaltlich sämtliche Rechte des Wohnungseigentümers als Organmitglied, die auf die Wahrnehmung von spezifischen Organfunktionen der Versammlung gerichtet sind. Insofern ist das Teilnahmerecht von den sonstigen Mitverwaltungsrechten abzugrenzen, die - wie beispielsweise das Stimmrecht - zwar auch die Willensbildung in der Versammlung betreffen, deren Ausübung jedoch nicht an die Versammlung gebunden ist (vgl. § 23 Abs. 3 WEG).

I. Das Recht auf Anwesenheit

Grundvoraussetzung für die Teilhabe an der kollektiven Willensbildung in der Versammlung ist zunächst die Möglichkeit der körperlichen Anwesenheit in der konkret einberufenen Versammlung. Deshalb vermittelt das Teilnahmerecht dem Wohnungseigentümer als Mindestinhalt das Recht auf Anwesenheit vom Beginn bis zum Ende der Versammlung.[10]

---

[9] Vgl. § 4 I.

[10] Vgl. Reichert/Dannecker, Vereinsrecht, Rdnr. 869 zum Verein; Hüffer, § 118 Rdnr. 9 zur AG; Hachenburg/Hüffer, § 48 Rdnr. 13; Scholz/K. Schmidt, § 48 Rdnr. 14 zur GmbH; K. Müller, GenG § 43 Rdnr. 6 zur Genossenschaft.

II. Das Rederecht

Das Teilnahmerecht des Wohnungseigentümers beschränkt sich jedoch nicht nur auf das Recht zur Anwesenheit. Wie bereits ausgeführt soll die Versammlung in ihrer "erwägenden Organfunktion"[11] eine Beratung der in der gemäß § 23 Abs. 2 WEG in der Einberufung bezeichneten Beschlußgegenstände im Vorfeld der eigentlichen Beschlußfassung nicht nur ermöglichen, sondern geradezu institutionalisieren.[12] Bevor in der Versammlung über einen bestimmten Beschlußantrag abgestimmt wird, soll zuvor ein Meinungsaustausch unter den Wohnungseigentümern stattfinden. Entsprechend dieser Funktion steht dem einzelnen Wohnungseigentümer aufgrund seines Rechts auf Teilnahme "an" der Versammlung nicht nur ein Recht auf Anwesenheit "in" der Versammlung, sondern auch das Recht auf aktive Teilhabe an der Beratung der Beschlußgegenstände zu. Dieses Recht ist eine Ausprägung des Teilnahmerechts und läßt sich als "Rederecht" oder als "Recht auf Gehör" bezeichnen.[13] Die unterschiedliche Terminologie hat keinen sachlichen Hintergrund. Während die subjektive Diktion "Rederecht" auf die aktive Rechtsausübung des Rechtsinhabers abstellt, macht die auf das Erreichen der übrigen Versammlungsteilnehmer abstellende Formulierung "Recht auf Gehör" deutlich, daß der Teilnahmeberechtigte in der Versammlung zu jedem Beschlußgegenstand "anzuhören" ist.[14] Das Rederecht ermöglicht dem Wohnungseigentümer, durch das Vortragen von Argumenten auf die innere Willensbildung der anderen Versammlungsteilnehmer im Vorfeld der Stimmabgabe einzuwirken. Er hat also die Möglichkeit, im Rahmen der Beratung mittelbar auf die einzelnen Willenserklärungen, aus denen sich der Beschluß zusammensetzt, Einfluß zu nehmen und somit auch das Beschlußergebnis zu beeinflussen.

---

[11] Vgl. Baltzer, Beschluß, S. 119.

[12] Vgl. § 3 II 2.

[13] Vgl. KG, WuM 1992, 392 (393); Augustin, § 25 Rdnr. 19; Bub, WE 1987, 68 (70); Wangemann, Eigentümerversammlung, Rdnr. C 153; vgl. Teichmann, Gestaltungsfreiheit, S. 210; Saenger, NJW 1992, 348 (349); zur GmbH vgl. Scholz/K. Schmidt, § 48 Rdnr. 14; Hachenburg/Hüffer, § 48 Rdnr. 13; Brodmann, § 48 Anm. 1e; Vogel, Gesellschafterbeschlüsse, S. 138; Mutze, GmbHR 1970, 33 (34); zur AG vgl. LG Frankfurt/M, AG 1984, 192 (194); Eckardt, in: Geßler/Hefermehl/Eckardt/Kropff, § 118 Rdnr. 13; KölnerKomm/Zöllner, § 118 Rdnr. 18; Hüffer, § 118 Rdnr. 9; zur Genossenschaft vgl. K. Müller, GenG § 43 Rdnr. 12. Das "Recht auf Gehör" ist vom Verfahrensgrundrecht auf "rechtliches Gehör" i.S.v. Art. 103 Abs. 1 GG zu unterscheiden, insoweit mißverständlich Wangemann, Eigentümerversammlung, Rdnr. C 152.

[14] Vgl. BGH, WM 1971, 2225; Hüffer, § 118 Rdnr. 9 zur AG; Hachenburg/Hüffer, § 48 Rdnr. 13 zur GmbH.

Inhaltlich ist das Rederecht auf Ausführungen zu den einzelnen Tagesordnungspunkten beschränkt, die vom Versammlungsleiter zur Beratung aufgerufen wurden.[15] Hierbei handelt es sich in erster Linie um Beschlußgegenstände, die gemäß § 23 Abs. 2 WEG bereits in der Einberufung der Versammlung zu bezeichnen. Darüberhinaus werden dem Wohnungseigentümer auch Ausführungen zu aufgerufenen Tagesordnungspunkten zu gestatten sein, die nicht in der Einberufung bezeichnet waren. Denn die nicht ausreichende Bezeichnung nach § 23 Abs. 2 WEG führt nicht unmittelbar zur Ungültigkeit der in der Versammlung zu diesen Tagesordungspunkt gefaßten Beschlüsse;[16] vielmehr bedarf es dazu gemäß § 23 Abs. 4 WEG einer gerichtlichen Ungültigerklärung nach § 43 Abs. 1 Nr. 4 WEG, die innerhalb eines Monats seit der Beschlußfassung beantragt werden kann. Da solche unter Verstoß gegen § 23 Abs. 2 WEG zustande gekommene Beschlüsse bis zur Anfechtung nach § 23 Abs. 4 WEG wirksam sind und nach Ablauf der Anfechtungsfrist bestandskräftig werden, besteht auch in diesen Fällen ein Interesse des einzelnen Wohnungseigentümers, durch Ausführungen zum Beschlußgegenstand im Rahmen der Beratung mittelbar auf das Beschlußergebnis einzuwirken, an das er im Falle der unterbliebenen Anfechtung gebunden ist. Jedenfalls muß der teilnehmende Wohnungseigentümer die Möglichkeit haben, in der Versammlung auf einen Verstoß gegen die in § 23 Abs. 2 WEG genannten Anforderungen hinzuweisen, um so bereits im Vorfeld eine fehlerhafte Beschlußfassung zu vermeiden. Das Rederecht des Wohnungseigentümers bezieht sich also auf sämtliche aufgerufene Tagesordnungspunkte unabhängig davon, ob diese gemäß § 23 Abs. 2 WEG hinreichend in der Einberufung der Versammlung bezeichnet worden sind.

Aus § 23 Abs. 1 WEG ergibt sich zudem, daß sich die Beratung und somit auch der einzelne Redebeitrag inhaltlich auf "Angelegenheiten" bezieht, "über die die Wohnungseigentümer durch Beschluß entscheiden können."[17] Die Ausführungen müssen sich also inhaltlich auf gemeinschaftliche Angelegenheiten der Wohnungseigentümer beschränken; darüberhinausgehende Beiträge - etwa allgemeinpolitische Ausführungen[18] - sind vom Rederecht nicht mehr gedeckt. Werden diese

---

[15] Vgl. K. Müller, GenG § 43 Rdnr. 12 zur Genossenschaft.

[16] BayObLG, RPfleger 1982, 100; ZMR 1986, 249; Palandt/Bassenge, WEG § 24 Rdnr. 4; Schulze, in: Henkes/Niedenführ/Schulze, § 23 Rdnr. 11.

[17] Vgl. OLG Stuttgart, NJW-RR 1986, 1277.

[18] Vgl. LG Frankfurt/M, AG 1984, 192 ff. zur AG, dazu K. Schmidt, Gesellschaftsrecht § 28 IV 2 d, S. 706.

inhaltlichen Schranken des Rederechts überschritten, so findet die Rechtsausübung im Ordnungsrecht der Versammlung ihre Grenze.[19]

III. Das Beschlußantragsrecht

Zu den mitgliedschaftlichen Rechten des Wohnungseigentümers zählt auch das Recht, Anträge zur Beschlußfassung über Gegenstände der Tagesordnung zu stellen. Definiert man den Begriff der Beschlußfassung in § 23 Abs. 1 WEG als die Abstimmung über einen bestimmten Beschlußantrag, so umfaßt das Beschlußantragsrecht das Recht des Wohnungseigentümers, einen bestimmten Antrag zum Gegenstand der Abstimmung in der Versammlung zu machen. Aufgrund des hier vertretenen weiten Teilnahmebegriffs, der nicht nur die Anwesenheit in der Versammlung, sondern die Teilhabe an der kollektiven Willensbildung in der Versammlung in einem umfassenden Sinne erfaßt,[20] läßt sich das Beschlußantragsrecht in Übereinstimmung mit dem Gesellschaftsrecht[21] als Ausprägung des Teilnahmerechts bezeichnen.[22] Das Teilnahmerecht des Wohnungseigentümers umfaßt also neben dem Recht auf Anwesenheit und dem Rederecht auch das Recht, einen bestimmten Beschlußantrag zum Gegenstand der Abstimmung zu machen.

1. Beschlußantrag und Beschlußgegenstand

Vom Beschlußantrag ist der Beschlußgegenstand zu unterscheiden, der nach § 23 Abs. 2 WEG bereits vor der Konstituierung der Versammlung bei der Einberufung zu bezeichnen ist.[23] Die Bezeichnung des Beschlußgegenstandes bei der Einberufung der Versammlung verfolgt den Zweck, den Wohnungseigentümern

---

[19] Die Ordnungsmaßnahmen der Versammlungsleitung als Sanktion gegen die rechtsmißbräuchliche Ausübung des Rederechts sowie die Möglichkeit der Redezeitbeschränkung als vorbeugende Ordnungsmaßnahme werden unten im Rahmen der gesetzlichen Ausübungsschranken des Teilnahmerechts in ihrer Gesamtheit dargestellt; vgl. § 8 II.

[20] Vgl. § 4 I.

[21] Vgl. Teichmann, Gestaltungsfreiheit, S. 210; Hachenburg/Hüffer, § 47 Rdnr. 8 zur GmbH; Hüffer, § 118 Rdnr. 9; Eckardt, in: Geßler/Hefermehl/Eckardt/Kropff, § 118 Rdnr. 13; KölnerKomm/Zöllner, § 118 Rdnr. 18 zur AG; K. Müller, GenG § 43 Rdnr. 5 zur Genossenschaft.

[22] Wangemann, Eigentümerversammlung, Rdnr. C 142.

[23] Vergleichbare Regelungen bestehen für die Willensbildungsorgane von Vereinen und Gesellschaften, vgl. § 32 Abs. 1 S. 2 BGB, § 124 Abs. 1 S. 1 AktG, § 51 Abs. 4 GmbHG, § 46 Abs. 2 S. 2 GenG.

Gelegenheit zur Vorbereitung der bevorstehenden Beratung und Beschlußfassung in der Versammlung zu geben.[24] Dementsprechend genügt es, daß der Gegenstand der Beschlußfassung, die konkret durch Beschluß zu regelnde Angelegenheit - das "Problem" - als Tagesordnungspunkt in der Einberufung genügend klar zu erkennen ist (z.B. "Bestellung eines Verwalters"), wobei sich der Umfang der Bezeichnung nach dem konkreten Informationsbedürfnis der Wohnungseigentümer im Einzelfall richtet.[25] Demgegenüber knüpft der Beschlußantrag an den bezeichneten Beschlußgegenstand an und bestimmt aus einer Vielzahl von denkbaren Regelungsmöglichkeiten im Sinne von "Lösungsmöglichkeiten" (z.B. "Bestellung des A, B oder C zum Verwalter") eine bestimmte "Lösungsmöglichkeit" (z.B. "Bestellung des A zum Verwalter"), über deren Geltung mit "Ja" oder "Nein" entschieden werden kann.[26] Als Ausdruck dieses dialektischen Prinzips stellt der Beschlußantrag eine inhaltliche Konkretisierung des zuvor bezeichneten Beschlußgegenstandes dar, der aufgrund seiner allgemeinen, mehrere Regelungsmöglichkeiten offenlassenden Formulierung als solcher nicht Gegenstand der Abstimmung in der Versammlung sein kann. Die Bezeichnung des Beschlußgegenstandes bei der Einberufung der Versammlung nach § 23 Abs. 2 WEG ist deshalb nicht mit der Beschlußantragstellung zu verwechseln.[27] Aus diesem Grunde kann auch das in § 24 Abs. 2 WEG bezeichnete Recht einer Minderheit von mehr als einem Viertel der Wohnungseigentümer, unter Bezeichnung des Beschlußgegenstandes vom Verwalter die Einberufung der Versammlung zu verlangen, nicht als Ausprägung des Teilnahmerechts gesehen werden. Es ist vielmehr auf die Einberufung einer außerordentlichen Versammlung gerichtet und nicht auf Teilhabe an der Willensbildung in der bereits einberufenen und konstituierten Versammlung.

---

[24] BayObLGZ 1981, 220 (226); BayObLG, NJW 1970, 1136 (1137); NJW 1973, 1086; RPfleger 1978, 445; WE 1988, 67; WE 1990, 27 (28); NJW-RR 1990, 784 (785); NJW-RR 1992, 403 = WuM 1992, 84; OLG Hamm, DWE 1992, 35 (36); NJW-RR 1993, 468 (469) = WE 1993, 111 = DWE 1993, 28; Bärmann/Pick, § 23 Rdnr. 9; Erman/Ganten, WEG § 23 Rdnr. 3; Schulze, in: Henkes/Niedenführ/Schulze § 23 Rdnr. 9; MünchKomm/Röll, WEG § 23 Rdnr. 3; Augustin, § 23 Rdnr. 6; Weitnauer/Lüke, § 23 Rdnr. 19.

[25] Vgl. OLG Hamm, NJW-RR 1993, 468 (469); DWE 1992, 35 (36); BayObLG, WE 1988, 67.

[26] Vgl. Wangemann, Eigentümerversammlung, Rdnr. C 144; Baltzer, Beschluß, S. 105.

[27] Zum Teil wird der Begriff des Antrags mit dem des Beschlußgegenstandes gleichgesetzt, soweit es um die Frage geht, ob ein Mitglied die Aufnahme eines bestimmten Beschlußgegenstandes in die Tagesordnung verlangen kann, vgl. Reichert/Dannecker/Kühr, Vereinsrecht, Rdnr. 843 zum Verein.

2. Beschlußantrag und Anwesenheit in der Versammlung

Ungeklärt ist die Frage, ob die Ausübung des Beschlußantragsrechts zwingend die Anwesenheit des Antragstellers in der Versammlung voraussetzt oder ob der Wohnungseigentümer auch ohne in der Versammlung anwesend oder vertreten zu sein, das Recht hat, den Beschlußantrag schriftlich oder durch einen Boten zu übermitteln. Da diese Frage in der wohnungseigentumsrechtlichen Rechtsprechung und Literatur - soweit ersichtlich - noch nicht behandelt wurde, ist zunächst auf die für Personenvereinigungen des Gesellschaftsrechts geltende Rechtslage einzugehen, bei denen sich die interne Willensbildung ebenfalls in einer Versammlung vollzieht.

a) Die Rechtslage im Gesellschaftsrecht. Für die *Aktiengesellschaft* bestimmt § 118 Abs. 1 AktG ausdrücklich, daß die Aktionäre ihre Rechte in den Angelegenheiten der Gesellschaft in der Hauptversammlung ausüben, soweit das Gesetz nichts anderes bestimmt. Deshalb ist im Aktienrecht anerkannt, daß der Aktionär auch sein Recht, Beschlußanträge zu stellen,[28] in der Hauptversammlung ausüben muß.[29] Aufgrund des grundsätzlich zwingenden Charakters aktiengesetzlicher Vorschriften (§ 23 Abs. 5 S. 1 AktG) ist eine abweichende Satzungsregelung ausgeschlossen. Eine abweichende gesetzliche Regelung ergibt sich auch nicht aus § 126 Abs. 1 AktG, wonach der Aktionär binnen einer Woche nach der Bekanntmachung der Einberufung der Hauptversammlung im Bundesanzeiger (vgl. § 124 AktG) der Gesellschaft einen begründeten Gegenantrag übersenden kann. Denn entsprechend ihrem Zweck, eine frühzeitige Information der Aktionäre über einen beabsichtigten Gegenantrag zu ermöglichen,[30] betrifft diese Vorschrift nur die Frage, welche Voraussetzungen erfüllt sein müssen, um für die Ankündigung des Gegenantrags die Mitteilungspflicht des § 125 AktG auszulösen. Die Vorschrift geht jedoch davon aus, daß der eigentliche Gegenantrag tatsächlich erst in der Hauptversammlung zu stellen ist.[31] Dies ergibt sich mittelbar auch aus § 26 Abs. 2 S. 1 Nr. 6 AktG, wonach ein Gegenantrag ausnahmsweise nicht der Mitteilungspflicht nach § 125 AktG unterliegt, wenn der Aktionär zu erkennen gibt, daß er an der Hauptversammlung nicht teilnehmen und sich nicht vertreten lassen wird. Während es also einerseits einer vorherigen Ankündigung eines Gegen-

---

[28] Eckardt, in: Geßler/Hefermehl/Eckardt/Kropff, § 126 Rdnr. 1.

[29] Eckardt, in: Geßler/Hefermehl/Eckardt/Kropff, Vorb § 118 Rdnr. 50.

[30] Vgl. Hüffer, § 126 Rdnr. 1; Eckardt, in: Geßler/Hefermehl/Eckardt/Kropff, § 126 Rdnr. 6.

[31] Eckardt, in: Geßler/Hefermehl/Eckardt/Kropff, § 126 Rdnr. 2.

antrags in der Form des § 125 AktG nicht bedarf, wenn feststeht, daß der Antrag mangels persönlicher Anwesenheit des Aktionärs oder seines Vertreters in der Hauptversammlung nicht gestellt wird, stellt § 124 Abs. 4 S. 2 AktG andererseits klar, daß die Antragstellung in der Versammlung keiner vorherigen Bekanntmachung bedarf. Die Ausübung des Antragsrechts des Aktionärs ist damit zwingend an die Anwesenheit in der Hauptversammlung gebunden.

Für die *eingetragene Genossenschaft* enthält § 43 Abs. 1 GenG eine mit § 118 Abs. 1 AktG inhaltsgleiche Regelung. Auch der Genosse übt seine Rechte in Angelegenheiten der Genossenschaft in der Generalversammlung aus, soweit das Gesetz nichts anderes bestimmt. Daraus folgt, daß mangels anderweitiger gesetzlicher Bestimmung auch das Recht des Genossen, Beschlußanträge zu stellen,[32] in der Versammlung durch ihn persönlich oder durch einen anwesenden Vertreter (vgl. § 43 Abs. 5 GenG) auszuüben ist.[33] § 46 Abs. 3 GenG stellt insoweit klar, daß zur Stellung von Anträgen keine Ankündigung vor der Generalversammlung erforderlich ist.

Im *GmbH*-Recht ist dagegen die Frage umstritten, ob der Gesellschafter der GmbH sein Antragsrecht[34] als Anwesender in der Gesellschafterversammlung auszuüben hat. Zunächst wird in Übereinstimmung mit dem Aktienrecht die Auffassung vertreten, daß die Ausübung des Beschlußantragsrechts stets die Anwesenheit des Gesellschafters oder seines Vertreters in der Versammlung voraussetze, so daß der abwesende und nicht vertretene Gesellschafter - vorbehaltlich einer abweichenden Satzungsregelung - keinen Antrag schriftlich einreichen oder durch einen Boten übermitteln lassen dürfe.[35] Allerdings kann sich diese Ansicht nicht auf einen gesetzlich bestimmten Grundsatz stützen, daß die Gesellschafter der GmbH ihre Mitgliedschaftsrechte in der Versammlung ausüben. Denn § 48 Abs. 1 GmbHG bestimmt abweichend von § 118 Abs. 1 AktG und § 43 Abs. 1 GenG lediglich, daß die Beschlüsse der Gesellschafter grundsätzlich in der Versammlung gefaßt werden. § 48 Abs. 2 GmbHG läßt jedoch eine Beschlußfassung und damit zumindest die Ausübung des Stimmrechts auch außerhalb der Versammlung zu, wenn sich sämtliche Gesellschafter schriftlich mit der zu treffenden Bestimmung oder mit der schriftlichen Abgabe der Stimmen einverstanden erklären. Die Gegenansicht folgert daraus, daß bei der Beschlußfassung in der

---

[32] Vgl. Metz, in: Lang/Weidmüller, § 43 Rdnr. 26.

[33] Vgl. K. Müller, GenG § 43 Rdnr. 39.

[34] Vgl. Scholz/K. Schmidt, § 48 Rdnr. 46; Hachenburg/Hüffer, § 47 Rdnr. 8; Zöllner, in: Baumbach/Hueck, § 47 Rdnr. 7; Rowedder/Koppensteiner, § 48 Rdnr. 14; Vogel, Gesellschafterbeschlüsse, S. 145 f.

[35] Hachenburg/Hüffer, § 47 Rdnr. 8; Zöllner, in: Baumbach/Hueck, § 47 Rdnr. 7.

Versammlung der nicht anwesende Gesellschafter einen Antrag zur Beschlußfassung schriftlich oder durch einen Boten stellen kann.[36] Dieser Auffassung wird jedoch entgegengehalten, daß sie in unzulässiger Weise ein Element des § 48 Abs. 2 GmbHG in die Gesellschafterversammlung übernehme und daher die Anwesenheit in der Versammlung grundsätzlich Voraussetzung für die Ausübung des Beschlußantragsrechts bei der Beschlußfassung nach § 48 Abs. 1 GmbHG sei.[37] Es soll jedoch genügen, daß der Antrag des Gesellschafters auf dessen Betreiben in die Tagesordnung aufgenommen und vom Versammlungsleiter zur Abstimmung gestellt wird.[38]

Das *Vereinsrecht* enthält in § 32 BGB eine dem GmbHG vergleichbare Regelung. Auch hier ist die Ausübung der Mitgliedschaftsrechte des Vereinsmitglieds nicht an die Mitgliederversammlung gebunden. Nach § 32 Abs. 2 BGB ist neben der Beschlußfassung in der Versammlung eine Beschlußfassung außerhalb der Versammlung möglich, so daß für den eingetragenen Verein von der gleichen Rechtslage wie im GmbH-Recht auszugehen ist.

Es zeigt sich also im Ergebnis, daß im Gesellschaftsrecht kein allgemeiner Grundsatz festgestellt werden kann, wonach die Antragstellung zwingend die Anwesenheit in der Versammlung voraussetzt. Ein derartiger Grundsatz ist allgemein nur bei solchen Personenvereinigungen - wie Aktiengesellschaft und Genossenschaft - anerkannt, in denen die Mitglieder ihre Mitgliedschaftsrechte grundsätzlich in der Versammlung auszuüben haben. Mangels eines allgemeinen, rechtsformübergreifenden Grundsatzes muß die Frage der Anwesenheit als Voraussetzung der Ausübung des Antragsrechts für das Wohnungseigentumsrecht durch Auslegung der gesetzlichen Bestimmungen des WEG geklärt werden.

b) Die Rechtslage im Wohnungseigentumsrecht. Das WEG enthält keine den § 118 Abs. 1 AktG und § 43 Abs. 1 GenG entsprechende Regelung, wonach die Wohnungseigentümer ihre Rechte in gemeinschaftlichen Angelegenheiten nur in der Versammlung ausüben können. Vielmehr bestimmt § 23 Abs. 1 WEG lediglich, daß die Beschlüsse in gemeinschaftlichen Angelegenheiten regelmäßig in der Versammlung der Wohnungseigentümer gefaßt werden. Stattdessen können gültige Beschlüsse der Wohnungseigentümer nach § 23 Abs. 3 WEG auch ohne Versammlung gefaßt werden, wenn alle Wohnungseigentümer schriftlich ihre

---

[36] Rowedder/Koppensteiner, § 48 Rdnr. 13; Scholz/K. Schmidt, § 48 Rdnr. 46.
[37] Hachenburg/Hüffer, § 47 Rdnr. 8.
[38] Hachenburg/Hüffer, § 47 Rdnr. 8; Scholz/K. Schmidt, § 48 Rdnr. 45; Zöllner, in: Baumbach/Hueck, § 47 Rdnr. 7; Vogel, Gesellschafterbeschlüsse, S. 146.

Zustimmung zu diesem Beschluß erklären. Insoweit enthält das WEG eine mit dem GmbH-Recht (§ 48 Abs. 2 WEG) vergleichbare Regelung, so daß die dort zur Frage der Anwesenheit als Voraussetzung der Antragstellung vertretenen Auffassungen auch im Wohnungseigentumsrecht Geltung beanspruchen könnten.[39] Dementsprechend ließe sich auch im Wohnungseigentumsrecht die Auffassung vertreten, daß die Beschlußfassung außerhalb der Versammlung nach § 23 Abs. 3 WEG eines Beschlußantrags bedarf und damit die Beschlußantragstellung nicht notwendig die Anwesenheit in der Versammlung voraussetzt.[40] Dieser Auffassung könnte sodann entgegengehalten werden, daß es sich bei den Beschlußfassungen nach § 23 Abs. 1 WEG und § 23 Abs. 3 WEG um zwei unterschiedliche Verfahren der Beschlußfassung handelt und für die Beschlußfassung in der Versammlung kein Element des § 23 Abs. 3 WEG übernommen werden kann.[41] Letzterer Ansicht hätte zur Folge, daß der durch einen abwesenden oder nicht vertretenen Wohnungseigentümer schriftlich oder durch einen Boten übermittelte Beschlußantrag unzulässig wäre.[42] Es bleibt also zu fragen, welcher Ansicht für das Wohnungseigentumsrecht zu folgen ist.

aa) Der Wortlaut des § 23 Abs. 1 WEG. Die Anwesenheit des Antragstellers als Voraussetzung für die Ausübung des Beschlußantragsrechts könnte sich unmittelbar aus dem Wortlaut des § 23 Abs. 1 WEG ergeben, der ausdrücklich bestimmt, daß die "Beschlußfassung in einer Versammlung" erfolgt. Da unter der Beschlußfassung im Sinne dieser Vorschrift die Abstimmung über einen bestimmten Beschlußantrag zu verstehen ist, enthält § 23 Abs. 1 WEG den Grundsatz, daß über einen Beschlußantrag in der Versammlung abgestimmt wird. Daraus ergibt sich, daß die Abstimmung in der Versammlung erfolgt; aus dem Wortlaut des § 23 Abs. 1 WEG läßt sich jedoch nicht zwingend entnehmen, daß der Antrag als Gegenstand der Abstimmung ebenfalls von einem in der Versammlung Anwesenden gestellt werden muß.

bb) Die inhaltsbestimmende Funktion des Beschlußantrags. Allerdings könnte sich aus der Bedeutung des Beschlußantrags für die kollektive Willensbildung in der Versammlung das Erfordernis einer Antragstellung durch einen Anwesenden in der Versammlung ergeben.

---

39 Vgl. oben a).
40 So im Ergebnis Rowedder/Koppensteiner, § 48 Rdnr. 13 zur GmbH.
41 So Hachenburg/Hüffer, § 47 Rdnr. 8 zu § 48 Abs. 2 GmbHG.
42 Vgl. Hachenburg/Hüffer, § 47 Rdnr. 8; Zöllner, in: Baumbach/Hueck, § 47 Rdnr. 7.

Aus der Definition der Beschlußfassung als Abstimmung über einen bestimmten Beschlußantrag läßt sich entnehmen, daß der Beschlußantrag grundsätzlich eine notwendige Voraussetzung des formellen Beschlußverfahrens darstellt.[43] Da sich jedoch der Beschlußtatbestand als solches aus einer Mehrheit von inhaltsgleichen Willenserklärungen, den Einzelstimmen, zusammensetzt,[44] ist dagegen eine materielle Bedeutung des Beschlußantrags für den Beschlußtatbestand abzulehnen.[45] Dadurch, daß die Einzelstimmen in Bezug auf einen bestimmten Beschlußantrag abgegeben werden, kommt dem Antrag lediglich eine inhaltsbestimmende Wirkung im Hinblick auf die Einzelstimmen zu (inhaltsbestimmende Funktion des Beschlußantrags).[46] Der Inhalt der Einzelstimme spiegelt den Beschlußantrag mit positiven oder negativen Vorzeichen wider und ist somit Ausdruck des dialektischen Prinzips der kollektiven Willensbildung.[47] Er läßt sich insoweit als "Vorauswahl", "Vorformung"[48] oder "Vorausgabe"[49] des Erklärungsinhalts der Einzelstimme bezeichnen; denn die Einzelstimme erschöpft sich stets in der Zustimmung zu dem oder in der Ablehnung des zuvor gestellten Beschlußantrages.[50] Der Beschlußantrag hat damit zugleich eine inhaltsbeschränkende Funktion im Hinblick auf die abzugebenen Einzelstimmen, indem er die Willensäußerung der Abstimmenden auf die zwei genannten Möglichkeiten beschränkt.[51] Im Gegensatz zur Einzelstimme stellt der Beschlußantrag mangels seiner materiellen Bedeutung für den Beschlußtatbestand selbst keine Willenserklärung dar; es handelt sich vielmehr

---

[43] Vgl. Scholz/K. Schmidt, § 48 Rdnr. 45; Hachenburg/Hüffer, § 47 Rdnr. 7; Rowedder/-Koppensteiner, § 48 Rdnr. 13 zur GmbH; ein Beschlußantrag ist im Gesellschaftsrecht ausnahmsweise entbehrlich bei "Beschlüssen" eines Einmann-Gesellschafters sowie bei einem konkludent gefaßten Beschluß, auf dem ein anderer ausdrücklich gefaßter Beschluß beruht, vgl. BGH, NJW 1976, 1538 (1539); Rowedder/Koppensteiner, § 48 Rdnr. 13.

[44] Vgl. oben § 2 I.

[45] Bartholomeyczik, Stimmabgabe, S. 1.

[46] Vgl. Baltzer, Beschluß, S. 104, der insoweit von einer "bestimmenden Organfunktion" spricht.

[47] Vgl. Bartholomeyczik, Stimmabgabe, S. 1; Zöllner, Schranken, S. 358; Winnefeld, DB 1972, 1053.

[48] So Baltzer, Beschluß, S. 112.

[49] So Zöllner, Schranken, S. 358.

[50] Vgl. Hachenburg/Hüffer, § 47 Rdnr. 7; Zöllner, in: Baumbach/Hueck, § 47 Rdnr. 6 zur GmbH; Zöllner, Schranken, S. 358. Die Stimmenthaltung, die weder eine Zustimmung noch eine Ablehnung des Beschlußantrags darstellt, ist dementsprechend bei der Ermittlung des Abstimmungsergebnisses nicht als Nein-Stimme, sondern als Nichtstimme zu werten, vgl. BGHZ 106, 179 (183) unter Berufung auf seine vereinsrechtliche Rechtsprechung, vgl. BGHZ 83, 35 (36); a.A. Jauernig, § 32 Anm. 3 c.

[51] Vgl. Zöllner, Schranken, S. 358.

um eine Verfahrenshandlung mit tatsächlichem Charakter.[52] Aus diesem Charakter als inhaltsbestimmender Verfahrenshandlung kann sich ergeben, daß der Beschlußantrag in der Versammlung gestellt werden muß. Dies wäre dann der Fall, wenn der Beschlußantrag seine inhaltsbestimmende Funktion nur bei Erklärung unter Anwesenden in der Versammlung entfalten könnte.

Hierzu bietet sich ein Vergleich zum Vertragsantrag im Sinne der §§ 145 ff. BGB an, auch wenn der Beschlußantrag als Verfahrenshandlung kein "Antrag" zum Abschluß eines Vertrages in diesem Sinne darstellt. Denn trotz der unterschiedlichen Rechtsnatur hat der Vertragsantrag mit dem Beschlußantrag seine inhaltsbestimmende Funktion gemein, indem er inhaltlich so bestimmt sein muß, daß der Vertrag durch bloße Zustimmung, ein bloßes "Ja" des Erklärungsempfängers zustandekommen kann.[53] Insoweit kann auch der Vertragsantrag als "Vorformung" des Vertragsinhalts bezeichnet werden, auch wenn die inhaltsbestimmende Erklärung anders als der Beschlußantrag selbst zum Tatbestandsmerkmal des Vertrages als Rechtsgeschäft wird. Der Vertragsantrag im Sinne der §§ 145 ff. BGB kann als Willenserklärung nunmehr seine inhaltsbestimmende Funktion auch dann erfüllen, wenn er unter Abwesenden abgegeben und gemäß § 130 Abs. 1 S. 1 BGB mit dem Zugang beim Erklärungsempfänger wirksam wird. Zugang im Sinne von § 130 Abs. 1 S. 1 BGB ist anzunehmen, wenn die Willenserklärung so in den Machtbereich des Erklärungsempfängers gelangt ist, daß dieser Kenntnis nehmen kann und unter normalen Umständen mit der Kenntnisnahme zu rechnen ist.[54] Entscheidend für die inhaltsbestimmende Wirkung des Vertragsantrags als empfangsbedürftige Willenserklärung ist damit nicht, ob er unter Anwesenden oder Abwesenden erklärt wurde, sondern vielmehr ob der Erklärungsempfänger den Inhalt des Vertragsantrags zur Kenntnis nehmen konnte. Allein die Möglichkeit der Kenntnisnahme ist also für die inhaltsbestimmende Funktion des Vertragsantrags maßgeblich. Nur so kann der Erklärungsempfänger den Inhalt des Antrags in seinen Willen aufnehmen und eine dem Antrag entsprechende Annahmeerklärung abgeben.

Gleiches hat auch für den Beschlußantrag als tatsächlicher Verfahrenshandlung zu gelten. Denn ebenso wie der Vertragsantrag im Sinne der §§ 145 ff. BGB

---

52 Vgl. Zöllner, Schranken, S. 358; Baltzer, Beschluß, S. 114.

53 Vgl. Brox, Allg. Teil, Rdnr. 169.

54 Vgl. BGHZ 67, 271 (275); Staudinger/Dilcher, § 130 Rdnr. 25; Jauernig, § 130 Anm. 2 a; Brox, Allg. Teil, Rdnr. 152; Medicus, Allg. Teil, Rdnr. 274; a.A. Flume, Rechtsgeschäft, § 14 b, S. 231 f., nach dem der Zeitpunkt der Möglichkeit der Kenntnisnahme den Zeitpunkt des Zugangs nur dann bestimmen soll, wenn es auf die Wahrung einer Frist ankommt.

inhaltlich so bestimmt sein muß, daß durch bloße Zustimmung des Erklärungsempfängers der Vertrag zustande kommen kann, so erfordert der Beschlußantrag eine hinreichende inhaltliche Bestimmtheit, daß durch bloße Zustimmung oder Ablehnung der Mehrheit der Abstimmenden eine positiver bzw. negativer Beschluß zustandekommen kann.[55] Auch setzt die inhaltsbestimmende Funktion des Beschlußantrags voraus, daß die in der Versammlung anwesenden Wohnungseigentümer den Beschlußantrag als Gegenstand der Abstimmung zur Kenntnis nehmen können, um so den Inhalt des Beschlußantrags in ihren rechtsgeschäftlichen Willen aufzunehmen und sodann in Bezug auf den Beschlußantrag eine zustimmende oder ablehnende Willenserklärung abzugeben. Insofern läßt sich der Beschlußantrag als empfangsbedürftige Erklärung bezeichnen, die den Abstimmenden vor der Abstimmung in der Versammlung zugehen muß. Die Möglichkeit der Kenntnisnahme des Beschlußantrags erfordert danach nicht notwendig die Erklärung des Beschlußantrags in der Versammlung, sondern lediglich den Zugang in der Versammlung. Ebenso wie der Zugang des Vertragsantrags durch die Erklärung gegenüber einem nach § 164 Abs. 3 BGB zur Empfangnahme berechtigten Empfangsvertreter oder gegenüber einem Empfangsboten im Machtbereich des Erklärungsempfängers bewirkt werden kann,[56] so genügt für den Zugang des Beschlußantrags in der Versammlung, daß der Beschlußantrag dem Versammlungsleiter vor der Abstimmung mitgeteilt wird und dieser nach Aufruf des bestimmten Tagesordnungspunktes den Antrag gegenüber den in der Versammlung anwesenden Wohnungseigentümern zur Abstimmung stellt.[57] Dadurch daß der Versammlungsleiter, gemäß § 24 Abs. 5 WEG regelmäßig der Verwalter, kraft seines Amtes zur Entgegennahme von Beschlußanträgen berechtigt ist, nimmt er insoweit eine dem Empfangsvertreter vergleichbare Stellung als Mittelsperson auf seiten der Wohnungseigentümerversammlung ein. Durch die Mitteilung gegenüber dem Versammlungsleiter gelangt der Beschlußantrag gleichsam in den "Machtbereich" der Versammlung; dadurch daß der Versammlungsleiter den Beschlußantrag anschließend in die Tagesordnung aufnimmt und eine entsprechende Abstimmungsfrage stellt, wird den Abstimmenden in der Versammlung die

---

[55] Vgl. Baltzer, Beschluß, S. 104 f.; Hachenburg/Hüffer, § 47 Rdnr. 7 zur GmbH. Im Unterschied zum Vertragsantrag wohnt dem Beschlußantrag ein dialektisches Prinzip inne, indem ein Beschluß sowohl bei mehrheitlicher Zustimmung (positiver Beschluß) als auch bei mehrheitlicher Ablehnung (negativer Beschluß) zustande kommt, während ein Vertrag nur bei Zustimmung zum Antrag in Form der Annahme zustande kommt, vgl. Baltzer, Beschluß, S. 105.

[56] Vgl. Brox, Allg. Teil, Rdnr. 155; Medicus, Allg. Teil, Rdnr. 286.

[57] Vgl. Scholz/K. Schmidt, § 48 Rdnr. 45 zur GmbH.

Möglichkeit der Kenntnisnahme verschafft. Das Erfordernis des Zugangs in der Versammlung ermöglicht es dem Antragsteller somit von außerhalb der Versammlung dem Versammlungsleiter seinen Beschlußantrag schriftlich mitzuteilen oder ihn durch Einsatz einer Hilfsperson auf seiner Seite im Sinne eines "Erklärungsboten" übermitteln zu lassen. Die inhaltsbestimmende Funktion des Beschlußantrags zwingen damit nicht zur persönlichen Antragstellung unter Anwesenden in der Versammlung.

c) Ergebnis. Im Ergebnis stehen also der Wortlaut des § 23 Abs. 1 WEG sowie die inhaltsbestimmende Funktion des Beschlußantrags einer Ausübung des Beschlußantragsrechts außerhalb der Versammlung nicht entgegen. Vielmehr erlaubt der in § 130 Abs. 1 S. 1 BGB zum Ausdruck kommende allgemeine Grundsatz von der Zugangsbedürftigkeit unter Abwesenden abgegebener Erklärungen, daß auch der Beschlußantrag schriftlich oder durch Boten von außerhalb der Versammlung übermittelt werden kann. Aufgrund der Empfangsbedürftigkeit gegenüber den in der Versammlung anwesenden Wohnungseigentümern ist jedoch erforderlich, daß der Beschlußantrag auf Betreiben des Antragstellers vom Versammlungsleiter in die Tagesordnung aufgenommen wird. Letzterer kann den Beschlußantrag somit nicht mit der Begründung zurückweisen, er sei nicht in der Versammlung unter Anwesenden erfolgt. Da der Wohnungseigentümer aufgrund seines Beschlußantragsrechts verlangen kann, daß sein Beschlußantrag zum Gegenstand der Abstimmung gemacht wird, muß der Versammlungsleiter vielmehr einen bei ihm eingegangenen Beschlußantrag zur Abstimmung stellen. Eine vorherige Ankündigung des Beschlußantrags bei der Einberufung ist nicht erforderlich; denn § 23 Abs. 2 WEG verlangt insoweit nur die Bezeichnung des Beschlußgegenstandes.[58] Nur soweit der Beschlußantrag zu einem Beschlußgegenstand gestellt wird, der nicht gemäß § 23 Abs. 2 WEG bei der Einberufung bezeichnet worden ist, kann der Versammlungsleiter einen außerhalb der Versammmlung gestellten Antrag zurückweisen, da insoweit kein rechtmäßiger Beschluß gefaßt werden kann und der Versammlungsleiter dafür zu sorgen hat, daß in der Versammlung rechtmäßige Beschlüsse gefaßt werden.

---

[58] Vgl. oben 1.

§ 7 Die Abgrenzung zu anderen Mitgliedschaftsrechten

Vom Teilnahmerecht des Wohnungseigentümers in seiner Ausprägung als Anwesenheits-, Rede- und Beschlußantragsrecht sind nunmehr solche Mitverwaltungsrechte zu unterscheiden, die sich zwar auch auf die kollektive Willensbildung der Wohnungseigentümer jedoch nicht speziell auf die Willensbildung in der Wohnungseigentümerversammlung beziehen.

I. Das Verhältnis von Teilnahmerecht und Stimmrecht

Das Teilnahmerecht ist zunächst gegenüber dem Stimmrecht des Wohnungseigentümers abzugrenzen.[59] Während das Teilnahmerecht oben als Recht auf Teilhabe an der Willensbildung in der Versammlung definiert wurde, das auf die Wahrnehmung spezifischer Organfunktionen der Versammlung gerichtet ist,[60] vermittelt das Stimmrecht die Befugnis zur Mitwirkung an der Beschlußfassung im Wege der Stimmabgabe.[61] Das Stimmrecht kann nicht nur zur Beschlußfassung in der Versammlung nach § 23 Abs. 1 WEG, sondern auch im Rahmen der schriftlichen Beschlußfassung nach § 23 Abs. 3 WEG ausgeübt werden, so daß das Stimmrecht nicht ausschließlich versammlungsbezogen ist und damit auch nicht als Ausprägung des Teilnahmerecht angesehen werden kann.[62] Da jedoch sowohl das Teilnahmerecht als auch das Stimmrecht auf die Beteiligung an der kollektiven Willensbildung der Wohnungseigentümer im weiteren Sinn gerichtet sind, fragt sich, in welchem Verhältnis beide Rechte zueinander stehen.

1. Anwesenheit und Stimmrechtsausübung

Zunächst könnte die Anwesenheit des Wohnungseigentümers oder seines Vertreters Voraussetzung für die Ausübung des Stimmrechts zur Beschlußfassung in der Versammlung nach § 23 Abs. 1 WEG sein. Dem Teilnahmerecht würde dann

---

[59] Zum Stimmrecht des Wohnungseigentümers vgl. ausführlich Bornheimer, Das Stimmrecht im Wohnungseigentumsrecht (1993).

[60] Vgl. § 4 I.

[61] Vgl. Bornheimer, Stimmrecht, S. 25, der allerdings das Stimmrecht ausdrücklich nur auf die kollektive Willensbildung "in der Wohnungseigentümerversammlung" bezieht; vgl. auch Hüffer, § 133 Rdnr. 16 zur AG.

[62] Vgl. Bornheimer, Stimmrecht, S. 25; Kefferpütz, Stimmrechtsschranken, S. 182.

in seiner Ausprägung als Recht auf Anwesenheit im Verhältnis zum Stimmrecht die Funktion eines Hilfsrechts zukommen, das die Ausübung des Stimmrechts ermöglicht.[63] Eine Hilfsfunktion des Teilnahmerechts in diesem Sinne kann jedoch nur angenommen werden, wenn bei der Beschlußfassung in der Versammlung eine Stimmrechtsausübung außerhalb der Versammlung durch schriftliche Übersendung oder Übermittlung der Erklärung durch einen Stimmboten, ausgeschlossen ist.[64] Da das WEG zur Frage der Zulässigkeit der Übermittlung von Stimmabgaben bei der Beschlußfassung in der Versammlung keine ausdrückliche Regelung enthält, ist zunächst wiederum die Rechtslage bei anderen Personenvereinigungen heranzuziehen.

a) Die Rechtslage im Gesellschaftsrecht. In § 108 Abs. 3 AktG findet sich zunächst für den Aufsichtsrat der Aktiengesellschaft eine ausdrückliche Regelung, wonach abwesende Aufsichtsratsmitglieder dadurch an der Beschlußfassung des Aufsichtsrates und seiner Ausschüsse teilnehmen können, daß sie schriftliche Stimmabgaben überreichen lassen. Eine entsprechende Regelung der Stimmbotenschaft besteht jedoch für die Beschlußfassung in der Hauptversammlung nicht. Vielmehr steht hier einer derartigen Stimmrechtsausübung des Aktionärs außerhalb der Hauptversammlung wiederum die Vorschrift des § 118 Abs. 1 AktG entgegen, wonach die Aktionäre ihre Rechte in der Hauptversammlung ausüben.[65] Gemäß § 23 Abs. 5 AktG kann die Stimmbotenschaft auch in der Satzung nicht zugelassen werden. Aufgrund der mit § 118 Abs. 1 AktG wortgleichen Vorschrift des § 43 Abs. 1 GenG gilt gleiches auch für die eingetragene Genossenschaft. Auch ohne die ausdrücklichen Regelungen der § 118 Abs. 1 AktG und § 43 Abs. 1 GenG kann § 108 Abs. 3 AktG nicht als Ausdruck eines allgemeinen verbandsrechtlichen Prinzips der Zulässigkeit der Stimmbotenschaft angesehen werden. Denn die Zulassung der Stimmbotenschaft in § 108 Abs. 3 AktG soll seinem Normzweck nach nur die Stimmrechtsausübung durch ein abwesendes Aufsichtsratsmitglied ermöglichen, der aufgrund der Höchstpersönlichkeit des Aufsichtsratsamtes (vgl. § 111 Abs. 5 AktG) - anders als der Aktionär nach § 134 Abs. 3 AktG - nicht die Möglichkeit hat, sein Stimmrecht in der Versammlung durch

---

[63] So Eckardt, in: Geßler/Hefermehl/Eckardt/Kropff, § 118 Rdnr. 15 zur AG.

[64] Nach allgemeinen Grundsätzen gibt der Bote im Gegensatz zum Stellvertreter keine eigene Willenserklärung ab, sondern übermittelt lediglich eine fremde Willenserklärung; vgl. Palandt/Heinrichs, Einf v § 164 Rdnr. 11; MünchKomm/Schramm, Vor § 164 Rdnr. 40; Jauernig, § 164 Anm. 7 d; Larenz, Allg. Teil, § 30 I c), S. 590 ff.; Medicus, Allg. Teil, Rdnr. 886; G. Hueck, AcP 152, 432 (434).

[65] Vgl. Hüffer, § 134 Rdnr. 33; KölnerKomm/Zöllner, § 134 Rdnr. 70.

einen Bevollmächtigten ausüben zu lassen.[66] Dementsprechend ist auch im GmbH-Recht anerkannt, daß die Übermittlung der Stimmabgabe durch einen Stimmboten grundsätzlich unzulässig ist, es sei denn daß die Satzung etwas anderes bestimmt.[67] Auch im Vereinsrecht wird - ungeachtet der grundsätzlichen Höchstpersönlichkeit der Vereinsmitgliedschaft (vgl. § 38 S. 2 BGB) - eine Stimmabgabe abwesender Mitglieder nur dann als zulässig angesehen, wenn die Satzung dies bestimmt oder ein Fall der Satzungsänderung nach § 33 Abs. 1 S. 2 BGB vorliegt.[68]

b) Der Wortlaut des § 23 Abs. 1 WEG. Für das Wohnungseigentum kann sich die grundsätzliche Unzulässigkeit der Stimmrechtsausübung außerhalb der Versammlung aus der dem Wortlaut des § 32 Abs. 1 BGB angelehnten Vorschrift des § 23 Abs. 1 WEG ergeben, wonach die "Beschlußfassung in einer Versammlung" erfolgt. Denn wenn die Beschlußfassung als Abstimmung über einen Beschlußantrag in der Versammlung stattfindet, so folgt daraus, daß auch die einzelne Stimme als empfangsbedürftige Willenserklärung in der Versammlung gegenüber dem Versammlungsleiter abzugeben ist.[69] Wenn § 23 Abs. 1 WEG anordnet, daß die Beschlußfassung und damit die kollektive Willensbildung in der Vertsammlung erfolgt, so hat dies auch für die interne Willensbildung der Beteiligten als Bestandteil der kollektiven Willensbildung zu gelten. Da den Wohnungseigentümern jedoch nach § 10 Abs. 1 S. 2 WEG grundsätzlich die Möglichkeit eingeräumt wird, die gesetzliche Regelung durch Vereinbarung abzubedingen und § 23 Abs. 1 WEG mangels einer ausdrücklichen anderweitigen Bestimmung als abdingbar anzusehen ist,[70] kann jedoch - entsprechend der Rechtslage im Vereins- und GmbH-Recht - zumindest durch Vereinbarung die Stimmrechtsausübung außerhalb der Versammlung und damit die Stimmbotenschaft zugelassen werden. Ohne eine solche Vereinbarung spricht jedoch der Wortlaut des § 23 Abs. 1 WEG dafür, daß eine Stimmrechtsausübung außerhalb der Versammlung im Rahmen der Beschlußfassung in der Versammlung nicht zulässig ist.

---

[66] Vgl. Lutter, Festschrift Duden, S. 269 (270 f.).

[67] Vgl. Hachenburg/Hüffer, § 47 Rdnr. 105; Scholz/K. Schmidt, § 47 Rdnr. 78; Zöllner, in: Baumbach/Hueck, § 47 Rdnr. 39.

[68] Vgl. Staudinger/Coing, § 32 Rdnr. 13.

[69] Zur Empfangsbedürftigkeit der Stimmabgabe vgl. BayObLGZ 1981, 161; Palandt/-Bassenge, WEG § 24 Rdnr. 11; Weitnauer/Lüke, § 25 Rdnr. 7; Hüffer, § 133 Rdnr. 18 zur AG; Scholz/K. Schmidt, § 45 Rdnr. 22 zur GmbH.

[70] Vgl. Weitnauer/Lüke, § 23 Rdnr. 1; Schulze, in: Henkes/Niedenführ/Schulze, § 23 Rdnr. 1; Soergel/Stürner, WEG § 23 Rdnr. 1.

c) Die entsprechende Anwendung des § 23 Abs. 3 WEG. Demgegenüber könnte sich aus einer entsprechenden Anwendung des § 23 Abs. 3 WEG ergeben, daß bei der Beschlußfassung in der Versammlung eine außerhalb der Versammlung abgegebene und in die Versammlung übermittelte Stimme jedenfalls dann zu berücksichtigen ist, wenn sie schriftlich erfolgt und alle Wohnungseigentümer dem Beschluß zustimmen. Nach dem unmittelbaren Anwendungsbereich des § 23 Abs. 3 WEG ist ein Beschluß, der in der Versammlung mehrheitlich gefaßt werden kann, auch "ohne" Versammlung gültig, wenn alle Wohnungseigentümer schriftlich ihre Zustimmung zu dem Beschluß erklären. Eine analoge Anwendung dieser Vorschrift auf den hier behandelten Fall der Stimmabgabe "außerhalb" der nach § 23 Abs. 1 WEG beschließenden Versammlung setzt voraus, daß diesbezüglich eine gesetzliche Regelungslücke im Sinne einer planwidrigen Unvollständigkeit des Gesetzes vorliegt[71] und daß nach der ratio legis der vorliegende Fall mit dem in § 23 Abs. 3 WEG ausdrücklich geregelten Fall der Beschlußfassung "ohne" Versammlung gleich zu bewerten ist.[72] Eine Analogie scheidet dagegen aus, wenn der Gesetzgeber bewußt zwischen der Beschlußfassung "in" der Versammlung nach § 23 Abs. 1 WEG einerseits und einer Beschlußfassung "ohne" Versammlung andererseits unterschieden hat. Ob diese dem Wortlaut nach strenge Unterscheidung dem Regelungsplan des Gesetzes entspricht, ist durch teleologische Auslegung von § 23 Abs. 1 und Abs. 3 WEG zu ermitteln.[73]

Zunächst liegt der in § 23 Abs. 1 WEG grundsätzlich vorgesehenen Beschlußfassung in der Versammlung der Normzweck zugrunde, eine Beratung des Beschlußgegenstandes im Vorfeld der Abstimmung zu ermöglichen, um so dem einzelnen Wohnungseigentümer die Möglichkeit zu geben, seine Auffassung den an der Beschlußfassung Beteiligten mitzuteilen und so deren Willensbildung im Hinblick auf die anschließende Stimmabgabe zu beeinflussen.[74] Diese Beratungsfunktion, die unter dem Gesichtspunkt des Minderheitenschutzes eine Mehrheitsbeschlußfassung rechtfertigt,[75] kann in der Versammlung nur erfüllt werden, wenn die für das Abstimmungergebnis maßgeblichen Stimmen in der Versammlung unter Anwesenden erklärt werden. Denn die Einzelstimme ist selbst Ergebnis einer internen Willensbildung des Erklärenden, das durch die vorausgehende Beratung beeinflußt werden kann. Der Minderheitenschutz erfordert zumindest, daß der Wohnungseigentümer die Möglichkeit hat, den inneren Willen der ande-

---

[71] Vgl. Larenz, Methodenlehre, S. 373.
[72] Vgl. Larenz, Methodenlehre, S. 381 f.
[73] Vgl. Larenz, Methodenlehre, S. 373.
[74] Vgl. oben § 3 II 2.
[75] Vgl. oben § 3 II 2.

ren Teilnehmer und damit den Willensbildungsprozeß zu beeinflussen. Diese Möglichkeit bleibt regelmäßig nur gewahrt, wenn bei der Beschlußfassung in der Versammlung nur dessen Stimme zu berücksichtigen ist, der in der Versammlung und damit auch bei der Beratung anwesend ist.

Nach der ratio legis des § 23 Abs. 3 WEG bedarf es aber einer die Minderheit schützenden Beratung in der Versammlung dann nicht, wenn alle Wohnungseigentümer schriftlich ihre Zustimmung zu dem Beschluß erklären. Denn diese Vorschrift trägt dem Minderheitenschutz dadurch Rechnung, daß ohne die in der Versammlung institutionalisierte Beratungsmöglichkeit eine Beschlußfassung nur allstimmig erfolgen kann.[76] Diese gesetzliche Wertung trifft jedoch nicht nur auf den in § 23 Abs. 3 WEG ausdrücklich geregelten Fall der Beschlußfassung "ohne" Versammlung zu, sondern auch auf eine Beschlußfassung "in" der Versammlung, bei der nicht alle Wohnungseigentümer anwesend sind. Insoweit ist auch eine kombinierte Beschlußfassung mit dem in § 23 Abs. 3 WEG zum Ausdruck kommenden Grundgedanken als vereinbar angesehen worden, wenn bei einer einstimmigen Beschlußfassung alle Wohnungseigentümer, die in der Versammlung nicht anwesend waren, nachträglich schriftlich ihre Zustimmung zu dem Beschluß erklären und sich die Identität der in der Versammlung zustimmenden Wohnungseigentümer anhand des Versammlungsprotokolls ermitteln läßt.[77] Die dem § 23 Abs. 3 WEG zugrundeliegende gesetzliche Wertung trifft nicht nur auf die nachträgliche Zustimmung außerhalb der Versammlung, sondern auch auf die der Beratung in der Versammlung vorausgehende übermittelte Stimmabgabe außerhalb der Versammlung zu; denn es kann unter dem Gesichtspunkt des Minderheitenschutzes keinen Unterschied machen, ob die Stimmabgabe vor oder nach der Beratung außerhalb der Versammlung erfolgt.[78] Die ratio legis

---

[76] Aus Gründen des Minderheitenschutzes wird das Allstimmigkeitserfordernis überwiegend als unabdingbar angesehen; vgl. OLG Köln, WEM 1977, 52 (54); BayObLGZ 1980, 331 (337); 81, 384; OLG Hamm, OLGZ 1978, 292; WE 1993, 24 (25); Pick, in: Bärmann/Pick/Merle, § 23 Rdnr. 16; Palandt/Bassenge, WEG § 23 Rdnr. 7; Soergel/-Stürner, WEG § 23 Rdnr. 5a; MünchKomm/Röll, WEG § 23 Rdnr. 5; Erman/Ganten, WEG § 23 Rdnr. 3; Augustin, § 23 Rdnr. 10; Schulze, in: Henkes/Niedenführ/Schulze, § 23 Rdnr. 16; H. Müller, Praktische Fragen, S. 312; Groß, ZMR 1979, 36; a.A. AG Königstein/Taunus, MDR 1979, 760.

[77] Vgl. KG, OLGZ 1989, 43 f.; RGZ 136, 185 (189) zu § 53 Abs. 3 GmbHG; Weitnauer/Lüke, § 23 Rdnr. 11; Pick, in: Bärmann/Pick/Merle, § 23 Rdnr. 18; Palandt/Bassenge, WEG § 23 Rdnr. 5; Augustin, § 23 Rdnr. 9; Soergel/Stürner, WEG § 23 Rdnr. 4; Erman/Ganten, WEG § 23 Rdnr. 3.

[78] Insofern weist bereits Hubernagel, § 23 Anm. 3 zutreffend darauf hin, daß die Zustimmung nach § 23 Abs. 3 WEG vor oder nach der beschlußfassenden Versammlung erklärt werden kann.

des § 23 Abs. 3 WEG trifft damit auch für den nicht ausdrücklich geregelten Fall der außerhalb der Versammlung erklärten und zur Beschlußfassung in der Versammlung übermittelten Stimmabgabe zu, so daß eine planwidrige Unvollständigkeit des Gesetzes vorliegt, die nach dem Gebot der Gleichbehandlung von gleich zu bewertenden Sachverhalten durch Analogie zu schließen ist.[79]

d) Die Bestimmtheit der Stimmabgabe. Bedenken gegen eine Gleichsetzung der vorherigen mit der nachträglichen Zustimmung zu einem Beschlußantrag und damit gegen eine Analogie zu § 23 Abs. 2 AktG ergeben sich jedoch unter dem Gesichtspunkt der hinreichenden Bestimmtheit der vorherigen, außerhalb der Versammlung abgegebenen und übermittelten Stimmerklärung. Denn während bei der nachträglichen schriftlichen Zustimmung nach § 23 Abs. 3 WEG der konkrete Beschlußantrag bereits feststeht und ein in der Versammlung verkündetes sowie in der Versammlungsniederschrift nach § 24 Abs. 6 WEG aufgenommenes Beschlußergebnis bereits vorliegt, das der nachträglich Zustimmende zum Inhalt seiner Zustimmungserklärung machen kann, ist die Vorformulierung eines konkreten, dem dialektischen Prinzip[80] der Beschlußfassung Rechnung tragenden Beschlußantrags in der Einberufung der Versammlung nach § 23 Abs. 2 WEG nicht zwingend erforderlich.[81] Der konkrete Beschlußantrag wird deshalb zumeist erst in der Versammlung gestellt und hier den Anwesenden mitgeteilt; zudem kann ein zuvor formulierter Beschlußantrag nach eingehender Beratung noch geändert werden, so daß in diesem Fall der ursprüngliche Antrag überhaupt nicht zur Abstimmung gelangt. Da die Stimmerklärung in Bezug auf den konkreten zur Abstimmung gelangten Beschlußantrag abgegeben wird und der Beschlußantrag seinerseits den Inhalt der Stimmerklärung bestimmt,[82] ist es dem abwesenden Wohnungseigentümer aufgrund der mangelnden Möglichkeit der Kenntnisnahme des in der Versammlung zur Abstimmung gelangenden Beschlußantrags grundsätzlich nicht möglich, in Bezug auf den konkreten Beschlußantrag eine inhaltlich hinreichend bestimmte Stimmerklärung abzugeben. Mangels hinreichender inhaltlicher Bestimmtheit kann in diesem Fall eine vor der eigentlichen Abstimmung außerhalb der Versammlung erfolgte schriftliche Stimmabgabe bei einer Beschlußfassung nach § 23 Abs. 1 WEG nicht berücksichtigt werden. Unter dem Gesichts-

---

[79] Vgl. Larenz, Methodenlehre, S. 381.

[80] Vgl. oben § 6 III. 1.

[81] Erforderlich ist lediglich die Bezeichnung des Beschlußgegenstandes, s.o. § 6 III 1. sowie OLG Hamm, NJW-RR 1993, 468 (469); BayObLG, WE 1988, 67; Schulze, in: Henkes/Niedenführ/Schulze, § 23 Rdnr. 9.

[82] Vgl. oben § 6 III 2 b bb.

punkt der inhaltlichen Bestimmtheit der Erklärung macht es also einen Unterschied, ob die Zustimmung zu einem Beschluß nach der Abstimmung in der Versammlung außerhalb der Versammlung schriftlich erklärt wird, oder ob vor der Abstimmung in der Versammlung eine Stimmerklärung schriftlich übermittelt wird, deren inhaltlich Bestimmtheit zum Zeitpunkt ihrer Abgabe keineswegs sicher ist. Aus der Möglichkeit einer kombinierten Beschlußfassung in der Versammlung mit nachträglicher schriftlichen Zustimmung der übrigen Wohnungseigentümer zu dem Beschluß nach § 23 Abs. 3 WEG kann deshalb nicht schlechthin die Zulässigkeit der vorherigen Stimmabgabe außerhalb der Versammlung gefolgert werden.

Die von außen durch einen Stimmboten in die Versammlung übermittelte schriftliche Stimmerklärung ist bei der Ermittlung des Abstimmungsergebnisses nur dann zu berücksichtigen, wenn sich der Inhalt der Erklärung mit dem Inhalt des konkreten Beschlußantrags deckt, der in der Versammlung zur Abstimmung gelangt. Die Berücksichtigung der außerhalb der Versammlung erklärten Stimme steht damit unter dem Vorbehalt ihrer inhaltlichen Bestimmtheit. Mit dieser Einschränkung ist somit eine analoge Anwendung des § 23 Abs. 3 WEG geboten.

e) Ergebnis. Als Ergebnis bleibt festzuhalten, daß die Stimmrechtsausübung zur Beschlußfassung in der Versammlung grundsätzlich die Anwesenheit des Erklärenden in der Versammlung voraussetzt. Eine außerhalb der Versammlung vor der eigentlichen Abstimmung erfolgte und durch einen Boten übermittelte Stimmerklärung ist nur dann zu berücksichtigen, wenn sie in Bezug auf den konkreten Beschlußantrag hinreichend inhaltlich bestimmt ist. Zudem kann die Stimmerklärung analog § 23 Abs. 3 WEG nur dann berücksichtigt werden, wenn die Beschlußfassung einstimmig erfolgt und die Schriftform der Stimmabgabe gewahrt ist. Eine abweichende Regelung ist gemäß § 10 Abs. 1 S. 2 WEG nur durch Vereinbarung möglich, wobei jedoch auch dann das Erfordernis der inhaltlichen Bestimmtheit gewahrt sein muß. Dazu ist erforderlich, daß der außerhalb der Versammlung Abstimmende seine Stimmerklärung mit einem inhaltlich übereinstimmenden konkreten Beschlußantrag verbindet.[83] Da somit die Stimmrechtsausübung grundsätzlich die Anwesenheit in der Versammlung voraussetzt, ist jeder Stimmberechtigte auch stets berechtigt, an der Versammlung teilzunehmen. Dem Teilnahmerecht kommt damit im Verhältnis zum Stimmrecht die Funktion eines Hilfsrechts zu.

---

[83] So auch Lutter, Festschrift Duden, S. 269 (283) zu § 108 Abs. 3 AktG.

2. Teilnahmerecht und Stimmverbote

Aus der Charakterisierung des Teilnahmerechts als Hilfsrecht ergibt sich lediglich, daß jeder Wohnungseigentümer, der zur Stimmrechtsausübung in der Versammlung berechtigt ist, auch das Recht hat, in dem oben beschriebenen Umfang (vgl. § 6) an der Versammlung teilzunehmen. Damit ist jedoch noch nicht die Frage geklärt, ob derjenige, der im Einzelfall aufgrund eines Stimmverbotes von der Ausübung seines Stimmrechts ausgeschlossen ist, dennoch ein Recht auf Teilnahme an der Versammlung hat. So schließen die in § 25 Abs. 5, 1. und 2. Fall WEG geregelten Stimmverbote den Wohnungseigentümer aufgrund seiner besonderen Beziehung zum konkreten Beschlußgegenstand von der Ausübung seines Stimmrechts aus.[84] Danach ist der Wohnungseigentümer nicht stimmberechtigt, wenn die Beschlußfassung die Vornahme eines auf die Verwaltung des gemeinschaftlichen Eigentums bezüglichen Rechtsgeschäfts mit ihm oder die Einleitung oder Erledigung eines Rechtsstreits der anderen Wohnungseigentümer ihm gegenüber betrifft. Aus der oben angeführten Hilfsfunktion des Teilnahmerechts im Hinblick auf die Stimmrechtsausübung kann jedoch daraus nicht der Umkehrschluß gezogen werden, daß in diesen Fällen auch das Recht auf Teilnahme an der Wohnungseigentümerversammlung ausgeschlossen ist. Nach allgemeiner Ansicht zeigt sich vielmehr die Selbständigkeit des Teilnahmerechts gerade darin, daß der Wohnungseigentümer in solchen Angelegenheiten, in denen er nach § 25 Abs. 5 WEG von der Ausübung des Stimmrechts ausgeschlossen ist, gleichwohl an der Versammlung teilnehmen und dort seinen Standpunkt vertreten darf.[85] Dies entspricht einem im Verbandsrecht allgemein geltenden Grundsatz, wonach das Teilnahmerecht unabhängig davon besteht, ob das Mitglied über die in der Versammlung erörterten Angelegenheiten mitstimmen kann.[86] Da jedoch sowohl

---

[84] Vgl. Kefferpütz, Stimmrechtsschranken, S. 34. Zum Ruhen des Stimmrechts nach § 25 Abs. 5, 3. Fall WEG s.u. § 8 I.

[85] BayObLG, NJW 1993, 603 (604); Bassenge, Rechtsprechung, S. 78, 80; Pick, in: Bärmann/Pick/Merle, § 25 Rdnr. 52; Weitnauer/Lüke, § 23 Rdnr. 5; Palandt/Bassenge, WEG § 24 Rdnr. 10; Augustin, § 24 Rdnr. 7; Schulze, in: Henkes/Niedenführ/Schulze, § 25 Rdnr. 9; Kefferpütz, Stimmrechtsschranken, S. 182; Wienicke, § 25 Anm. 6; Bärmann, Wohnungseigentum, Rdnr. 504; Röll, Handbuch, Rdnr. 213; H. Müller, Praktische Fragen, S. 299.

[86] Vgl. RGZ 167, 65 (73); BGHZ 14, 264 (270 f.); BGH, NJW 1971, 2225; WM 1985, 567 (570); Wiedemann, Gesellschaftsrecht I, § 7 II 1, S. 366 f.; Henze, Rechtsprechung, S. 331; Vogel, Gesellschafterbeschlüsse, S. 85, 146; Renkl, Gesellschafterbeschlüsse, S. 83; Sudhoff, GmbHR 1964, 75 (76); Mutze, GmbHR 1970, 33; Kuhn, WM 1972, 1142 (1153); Scholz/K. Schmidt, § 48 Rdnr. 12, 46; Hachenburg/Hüffer, § 48 Rdnr. 13, 14, § 47 Rdnr. 8; Zöllner, in: Baumbach/Hueck, § 48 Rdnr. 3; Lutter/-

das Stimmrecht als auch das Teilnahmerecht auf Teilhabe an der gemeinschaftlichen Willensbildung gerichtet sind, bedarf es einer Begründung, warum in den Fällen eines Stimmverbotes das Teilnahmerecht des Wohnungseigentümers bestehen bleibt.

a) Der funktionale Zusammenhang zum Beschlußanfechtungsrecht. Soweit es um das Recht auf Anwesenheit geht, könnte sich die Teilnahmeberechtigung des vom Stimmrecht ausgeschlossenen Wohnungseigentümers aus der oben bereits angesprochenen Kontrollfunktion der Versammlung ergeben, die dem Wohnungseigentümer als Organmitglied der Versammlung die Funktion zuweist, im Hinblick auf sein mitgliedschaftliches Kontrollrecht der Beschlußanfechtung nach §§ 23 Abs. 4, 43 Abs. 1 Nr. 4 WEG das Beschlußverfahren in der Versammlung zu überwachen.[87] Aus der Kontrollfunktion der Versammlung kann jedoch die Teilnahmeberechtigung des vom Stimmrecht ausgeschlossenen Wohnungseigentümers nur unter folgenden zwei Voraussetzungen abgeleitet werden: Zunächst muß der betroffene Wohnungseigentümer überhaupt zur Beschlußanfechtung nach § 43 Abs. 1 Nr. 4 WEG berechtigt sein. Sodann ist ein funktionaler Zusammenhang zwischen der Ausübung des Beschlußanfechtungsrechts und der Teilnahme an der Versammlung insoweit erforderlich, daß jeder Anfechtungsberechtigte zwingend auch das Recht hat, in der Versammlung anwesend zu sein.

aa) Das Beschlußanfechtungsrecht des vom Stimmrecht ausgeschlossenen Wohnungseigentümers. Betreffend der ersten Voraussetzung ist im Wohnungseigentumsrecht anerkannt, daß auch der vom Stimmrecht ausgeschlossene Wohnungseigentümer berechtigt ist, den Beschluß, bei dem er nicht stimmberechtigt war, nach §§ 23 Abs. 4, 43 Abs. 1 Nr. 4 WEG nachträglich anzufechten.[88] Dieses Anfechtungsrecht ergibt sich aus der Bindungswirkung, die der anfechtbare Beschluß aufgrund des Mehrheitsprinzips auch gegenüber demjenigen entfaltet, der nach § 25 Abs. 5 WEG vom Stimmrecht ausgeschlossen ist und deshalb an der Be-

---

Hommelhoff, § 48 Rdnr. 7 zur GmbH; vgl. Hüffer, § 118 Rdnr. 12; KölnerKomm/Zöllner, § 136 Rdnr. 57; Kübler, Gesellschaftsrecht, § 15 V 2 c, S. 189; Grunewald, Gesellschaftsrecht, 2. Teil C, Rdnr. 104; G. Hueck, Gesellschaftsrecht, § 25 III 1 zur Aktiengesellschaft; vgl. Metz, in: Lang/Weidmüller, § 43 Rdnr. 13; K. Müller, GenG § 43 Rdnr. 12 zur Genossenschaft; vgl. Stöber, Rdnr. 186; Jauernig, § 34 Anm. 2 zum Verein.

[87] S.o. § 3 II 3.

[88] BayObLG, NJW 1993, 603 (604); OLG Frankfurt/M, OLGZ 1992, 439 (440); Palandt/Bassenge, WEG § 43 Rdnr. 6; Kefferpütz, Stimmrechtsschranken, S. 183.

schlußfassung nicht mitgewirkt hat.[89] Weiterhin ist auch der von einem Stimmverbot betroffene Wohnungseigentümer nach § 10 Abs. 4 WEG an Rechtshandlungen gebunden, die in Ausführung eines ohne seine Mitwirkung fehlerhaft zustande gekommen Mehrheitsbeschlusses im Außenverhältnis vorgenommen wurden. Aufgrund dieser Bindung an fehlerhafte Beschlüsse und deren Ausführungshandlungen ist es gerechtfertigt, daß auch dem vom Stimmrecht ausgeschlossen Wohnungseigentümer ein Beschlußanfechtungsrecht nach §§ 23 Abs. 4, 43 Abs. Nr. 1 WEG zusteht.

bb) Die Rechtslage im Gesellschaftsrecht. Aus dem Beschlußanfechtungsrecht des vom Stimmrecht ausgeschlosenen Wohnungseigentümers läßt sich jedoch nur dann eine Teilnahmeberechtigung ableiten, wenn im Wohnungseigentumsrecht der Rechtsgrundsatz besteht, daß jeder Anfechtungsberechtigte zwecks sinnvoller Ausübung seines Beschlußanfechtungsrechts das Recht haben muß, an der Versammlung teilzunehmen, deren Beschlüsse eventuell der Anfechtung nach § 23 Abs. 4 WEG unterliegen. Da ein derartiger funktionaler Zusammenhang zwischen der Ausübung des Beschlußanfechtungsrechts einerseits und der Teilnahme an der Versammlung andererseits in der wohnungseigentumsrechtlichen Rechtsprechung und Literatur - soweit ersichtlich - bisher nicht angesprochen wurde, ist an dieser Stelle auf die Rechtslage bei den Personenvereinigungen des Gesellschaftsrechts einzugehen, die ebenfalls ein gerichtliches Beschlußanfechtungsverfahren kennen.

Der *BGH* hat in einer Entscheidung zur GmbH[90] die Teilnahmeberechtigung trotz bestehendem Stimmverbot mit dem funktionalen Zusammenhang zwischen dem Teilnahmerecht und dem Beschlußanfechtungsrecht des Gesellschafters begründet,[91] indem er betont, daß der vom Stimmrecht ausgeschlossene Gesellschafter "schon mit Rücksicht auf ein etwaiges Anfechtungsrecht auch verlangen und darüber wachen können muß, daß alle nach Gesetz oder Satzung zur Beschlußfassung notwendigen Förmlichkeiten eingehalten werden." Der GmbH-Gesellschafter, der sich aufgrund eines Stimmverbotes nicht an der Beschlußfassung beteiligen darf, hat danach also das Recht, einen ohne seine Mitwirkung gefaßten Beschluß wegen Verletzung des Gesetzes oder der Satzung analog § 243

---

[89] Vgl. § 2 II sowie OLG Frankfurt/M, OLGZ 1992, 439 (440), das auf die Bindungswirkung gegenüber dem Sondernachfolger nach § 10 Abs. 3 WEG hinweist; die Eröffnung des Rechtsweges gegen fehlerhafte Beschlüsse wird von Depenheuer, PiG 42, 7 (25) als Legitimationsbedingung für die Geltung des Mehrheitsprinzips angesehen.

[90] BGH, NJW 1971, 2225; vgl. auch Hachenburg/Hüffer, § 48 Rdnr. 13.

[91] Zum funktionalen Zusammenhang zwischen Teilnahme und Beschlußanfechtung siehe § 3 II 3.

Abs. 1 AktG im gerichtlichen Klageverfahren anzufechten.[92] Da ein Fehler des formellen Beschlußverfahrens - z.B. eine fehlerhafte Ergebnisverkündung durch den Versammlungsleiter[93] - effektiv nur dann gerichtlich geltend gemacht werden kann, wenn der Anfechtungsberechtigte den Fehler erkennen kann, muß - nach dem vom BGH angeführten Grundgedanken - auch dem vom Stimmrecht ausgeschlossenen Gesellschafter das Recht auf Teilnahme an der Versammlung zustehen. Dieser Rechtsgedanke vom funktionalen Zusammenhang zwischen dem Teilnahmerecht und dem Beschlußanfechtungsrecht läßt sich nunmehr auf andere Personenvereinigungen übertragen, bei denen Beschlußmängel grundsätzlich in einem gerichtlichen Beschlußanfechtungsverfahren geltend zu machen sind (vgl. § 243 Abs. 1 AktG zur AG; § 51 GenG zur Genossenschaft), um somit die Teilnahmeberechtigung des vom Stimmrecht ausgeschlossenen Mitglieds zu begründen.[94] Dementsprechend könnte die These vom funktionalen Zusammenhang zwischen Teilnahme- und Beschlußanfechtungsrecht als allgemeiner Rechtsgedanke auch auf die Gemeinschaft der Wohnungseigentümer Anwendung finden, deren fehlerhafte Beschlüsse ebenfalls nach § 23 Abs. 4 WEG grundsätzlich nur ungültig sind, wenn sie nach fristgerechter Anfechtung im gerichtlichen Verfahren nach § 43 Abs. 1 Nr. 4 WEG für ungültig erklärt worden sind.

cc) Das Gebot effektiven Rechtsschutzes gegen fehlerhafte Beschlüsse. Im Wohnungseigentum könnte der Rechtsgedanke vom funktionalen Zusammenhang zwischen Beschlußanfechtungs- und Teilnahmerecht seine Rechtfertigung in dem verfassungsrechtlichen Gebot effektiven Rechtsschutzes gegen fehlerhafte Beschlüsse finden, die aufgrund des Mehrheitsprinzips auch gegen überstimmte oder vom Stimmrecht ausgeschlossene Wohnungseigentümer wirken. Denn aus verfassungsrechtlicher Sicht ist das Wohnungseigentum in seiner konkreten Ausgestaltung durch das WEG als einer Modifikation des Privateigentums an Grund und Boden anzusehen, das dem Wohnungseigentümer in dem durch das WEG ge-

---

[92] Vgl. BGHZ 14, 264 (271); zur analogen Anwendung der §§ 241 ff. AktG und ihrer Grenzen vgl. Zöllner, in: Baumbach/Hueck, Anh § 47 Rdnr. 1; Schröder, GmbHR 1994, 532 ff.

[93] Zur Bedeutung der Feststellung unf Verkündung des Beschlußergebnisses siehe § 2 III.

[94] Der Rechtsgedanke wird darüberhinaus auch für das Vereinsrecht zu gelten haben, auch wenn dies nach h.M. kein rechtsgestaltendes Anfechtungsverfahren kennt; denn das Vereinsmitglied hat auch die Befugnis, Beschlußmängel im Wege der Fesstellungsklage nach § 256 ZPO gerichtlich feststellen zu lassen; vgl. Soergel/Hadding, § 32 Rdnr. 40; MünchKomm/Reuter, § 32 Rdnr. 35; a.A. K. Schmidt, Festschrift Stimpel, S. 217 (220 ff.), der auch für den Verein ein gerichtliches Beschlußanfechtungsverfahren befürwortet.

steckten Rahmen die Verfügungsbefugnis und die Nutzungsbefugnis bezüglich des Sondereigentums (§ 13 Abs. 1 WEG) sowie des gemeinschaftlichen Eigentums (§ 13 Abs. 2 WEG iVm. §§ 14, 15 WEG) zuweist, und das somit in den Schutzbereich der Eigentumsgarantie des Art. 14 Abs. 1 GG fällt.[95] Grundrechte sind nunmehr nicht nur Abwehrrechte gegen den Staat, sondern darüberhinaus Ausdruck einer "objektiven Wertordnung, die als verfassungsrechtliche Grundentscheidung für alle Bereiche des Rechts"[96] und somit auch für das Privatrechtsverhältnis der Wohnungseigentümer untereinander gilt. Wenn der Gesetzgeber nunmehr die nähere Ausgestaltung dieses Rechtsverhältnisses weitgehend der privatautonomen Regelung der Wohnungseigentümer überläßt (vgl. § 10 Abs. 1 S. 2 WEG) und den Inhalt des Wohnungseigentums in Ausführung seiner Regelungskompetenz nach Art. 14 Abs. 1 S. 2 GG in der Weise bestimmt, daß der einzelne Wohnungseigentümer auch ohne seine Mitwirkung an Mehrheitsbeschlüsse der übrigen Wohnungseigentümer gebunden ist, so läßt sich die mit der Einführung des Mehrheitsprinzips verbundene Einschränkung der individuellen Freiheit nur durch die Eröffnung des Rechtsweges gegen fehlerhaft zustandegekommene Beschlüsse rechtfertigen.[97] Deshalb hat der Gesetzgeber des WEG in §§ 23 Abs. 4, 43 Abs. 1 Nr. 4 WEG das mitgliedschaftliche Beschlußanfechtungsrecht des Wohnungseigentümers zum Inhalt des Wohnungseigentums gemacht. Wenn das Gesetz dem einzelnen Wohnungseigentümer insoweit Rechtsschutz gegen fehlerhafte Beschlüsse im Verfahren der freiwilligen Gerichtsbarkeit gewährt, so ist auch die Effektivität des Rechtsschutzes zu gewährleisten. Das Gebot des effektiven Rechtsschutzes verlangt, daß der Zugang zum Gericht nicht von besonderen und erschwerten Voraussetzungen abhängig gemacht werden darf.[98] Insofern bemerkt *Depenheuer*[99] zutreffend, daß der überstimmte Wohnungseigentümer durch die Ausgestaltung des Verfahrensrechts nicht in eine Situation geraten dürfe, die ihn nötigt, auf den Rechtsschutz zu verzichten. Das Gebot eines effektiven Rechtsschutzes gilt jedoch nicht nur zugunsten des überstimmten Wohnungseigentümers, sondern auch zugunsten des aufgrund eines Stimmverbotes nach § 25 Abs. 5 WEG von der Mitwirkung an der Beschlußfassung ausgeschlossenen Wohnungseigentümers; denn auch er ist grundsätzlich an

---

[95] Papier, in: Maunz/Dürig, GG, Art. 14 Rdnr. 57; Depenheuer, PiG 42, 7 (10).

[96] BVerfGE 7, 198 (LS) - Lüth.

[97] Depenheuer, PiG 42, 7 (25) spricht insoweit zutreffend von der "staatlichen Letztverantwortlichkeit" als notwendiger "Legitimationsbedingung für die Zulässigkeit von Mehrheitsentscheidungen".

[98] Vgl. Depenheuer, PiG 42, 7 (25).

[99] PiG 42, 7 (25).

eine fehlerhafte Beschlußfassung der übrigen Wohnungseigentümer gebunden.[100] Zudem gilt das Gebot effektiven Rechtsschutzes nicht nur für die Ausgestaltung des Verfahrensrechts nach §§ 43 ff. WEG, sondern der Zugang zum gerichtlichen Verfahren gegen fehlerhafte Beschlüsse darf auch durch das materielle Recht nicht über Gebühr erschwert werden.

Dagegen hat der Gesetzgeber neben dem Rechtsschutzinteresse des einzelnen Wohnungseigentümers auch dem Interesse an Rechtssicherheit Rechnung zu tragen und deshalb in § 23 Abs. 4 S. 2 WEG bestimmt, daß der Antrag auf Ungültigerklärung grundsätzlich nur binnen eines Monats seit der Beschlußfassung gestellt werden kann.[101] Im Interesse der Einzelfallgerechtigkeit ist die nach dem Fristablauf eintretende Bestandskraft des fehlerhaften Beschlusses jedoch nur hinzunehmen, wenn der einzelne Wohnungseigentümer ausreichend Gelegenheit hatte, den Antrag nach § 43 Abs. 1 Nr. 4 WEG auf gerichtliche Ungültigerklärung des Beschlusses innerhalb der Ausschlußfrist[102] des § 23 Abs. 4 S. 2 WEG zu stellen. Deshalb ist es auch gerechtfertigt, dem Wohnungseigentümer, der unverschuldet die Anfechtungsfrist versäumt hat, auf Antrag analog § 22 Abs. 2 S. 1 FGG Wiedereinsetzung in den vorigen Stand zu gewähren.[103] Die Wiedereinsetzung der abgelaufenen Frist kommt insbesondere dann in Betracht, wenn der Wohnungseigentümer ohne sein Verschulden - etwa aufgrund einer fehlenden Bezeichnung des Beschlußgegenstandes in der Einberufung nach § 23 Abs. 2 WEG - nicht an der Versammlung teilgenommen hat und so zu spät von einer Beschlußfassung

---

100 S.o. unter aa).

101 Zu diesem Schutzzweck der Anfechtungsfrist vgl. BGHZ 54, 65 (69); OLG Hamm, OLGZ 1990, 180 (185); KG, OLGZ 1990, 421 (423); OLG Frankfurt/M, OLGZ 1992, 437 (438); vgl. allgemein zum Rechtssicherheitsaspekt von Gestaltungsklageverfahren: Schlosser, Gestaltungsklagen, S. 30; K. Schmidt, Gesellschaftsrecht, § 15 II 3, S. 365 f., der aufgrund des Rechtssicherheitsinteresses für alle Verbandsformen ein rechtsgestaltendes Anfechtungsverfahren annimmt, dagegen Noack, Fehlerhafte Beschlüsse, S. 110 f.

102 Zur Rechtsnatur der Frist des § 23 Abs. 4 S. 2 WEG als materiellrechtliche Ausschlußfrist vgl. BayObLGZ 1972, 246 (249); NJW-RR 1990, 210 (211); WE 1992, 147 (148); KG, WE 1991, 328; OLG Celle, NJW 1958, 307; AG Hamburg-Blankenese, WuM 1989, 350; Palandt/Bassenge, WEG § 23 Rdnr. 17; Schulze, in: Henkes/-Niedenführ/Schulze, § 23 Rdnr. 20; abweichend Niedenführ, in: Henkes/Niedenführ/-Schulze, § 43 Rdnr. 50; vgl. allgemein zu den Klagefristen in gerichtlichen Beschlußanfechtungsverfahren: Noack, Fehlerhafte Beschlüsse, S. 77.

103 Vgl. BGHZ 54, 65 (79); BayObLGZ 1981, 21 (27); 1989, 13 (15); NJW-RR 1991, 976 (977); KG, DWE 1993, 153 (154); OLG Hamm, OLGZ 1985, 147 (150); OLG Köln, OLGZ 1979, 282 (286); OLG Oldenburg, WuM 1989, 467; LG Köln, WuM 1989, 660; OLG Frankfurt/M, WuM 1990, 461; LG Frankfurt/M, ZMR 1991, 193; AG Hamburg-Blankenese, WuM 1989, 350.

Kenntnis erlangt, um rechtzeitig den Anfechtungsantrag zu stellen.[104] Daraus folgt, daß der Wohnungseigentümer, der anfechtungsberechtigt ist und der sein Beschlußanfechtungsrecht grundsätzlich innerhalb der Frist des § 23 Abs. 4 S. 2 WEG auszuüben hat, überhaupt von der Beschlußfassung Kenntnis erlangen muß, um sein Beschlußanfechtungsrecht ausüben zu können. So setzt sowohl der Antrag auf Ungültigerklärung nach § 43 Abs. 1 Nr. 4 WEG als auch der Antrag auf Wiedereinsetzung in den vorigen Stand analog § 22 Abs. 2 S. 1 FGG voraus, daß der Antragsteller zunächst überhaupt Kenntnis von der Beschlußfassung erlangt und zudem auch etwaige Fehler der Beschlußfassung zur Kenntnis nehmen können muß, die zu einer Beschlußanfechtung im gerichtlichen Verfahren Anlaß geben. Fehler des Beschlußverfahrens in der Versammlung - wie z.B. eine fehlerhafte Beschlußergebnisverkündung des Versammlungsleiters[105] - kann der anfechtungsberechtigte Wohnungseigentümer jedoch nur zur Kenntnis nehmen, wenn er in der Versammlung durch seine Anwesenheit das Beschlußverfahren kontrollieren kann. Das Gebot des effektiven Rechtsschutzes gegen fehlerhafte Beschlüsse hat insoweit eine "Vorwirkung" auf das materielle Recht, als daß dem zur Beschlußanfechtung im gerichtlichen Verfahren Berechtigten stets das Recht auf Anwesenheit in der beschließenden Versammlung zusteht.[106] Für eine derartige Vorwirkung im Wohnungseigentumsrecht spricht auch die Auffassung des *KG*[107], wonach jeder zur Versammlung einzuladen ist, der später rechtswidrige Beschlüsse nach § 43 Abs. 1 Nr. 4 WEG gerichtlich angreifen könnte. Deshalb folgt aus dem verfassungsrechtlichen Gebot des effektiven Rechtsschutzes gegen fehlerhafte Beschlüsse der Wohnungseigentümer zumindest auch ein Recht auf Anwesenheit des anfechtungsberechtigten Wohnungseigentümers, der aufgrund eines Stimmverbotes von der Mitwirkung an der Beschlußfassung ausgeschlossen ist.

---

104 Vgl. BayObLGZ 1989, 13 (14 f.); WE 1992, 229; AG Wennigsen/Deister, WuM 1986, 354.

105 Vgl. § 2 III.

106 Insoweit besteht eine Parallele zur Anfechtungsklage gegen öffentliche Verwaltungsakte nach § 42 VwGO; denn auch hier gilt, daß die verwaltungsverfahrensrechtlichen Präklusionsvorschriften an dem Gebot des effektiven Rechtsschutzes nach Art. 19 Abs. 4 GG zu messen sind, aus dem sich auch "Vorwirkungen auf die Ausgestaltung des den gerichtlichen Rechtsschutzverfahren vorgelagerten Verwaltungsverfahrens" ergeben; BVerfGE 61, 82 (110); vgl. auch BVerfGE 53, 30 (60); Pieroth/Schlink, Grundrechte, Rdnr. 1113. Die Parallele zwischen zivilrechtlicher Gestaltungsklage und öffentlich-rechtlicher Anfechtungsklage nach §§ 42, 113 VwGO betont auch K. Schmidt, Gesellschaftsrecht, § 15 II 1 b dd, S. 362; kritisch dazu Noack, Fehlerhafte Beschlüsse, S. 106 f.

107 ZMR 1987, 274 (277).

b) Der Schutzzweck der Stimmverbote. Die effektive Ausübung des Beschlußanfechtungsrechts verlangt jedoch als solche die Möglichkeit der Teilnahme nur insoweit, als daß der Wohnungseigentümer Gelegenheit hat, durch Anwesenheit in der Versammlung den Ablauf des Beschlußverfahrens zu kontrollieren. Der funktionale Zusammenhang zwischen Teilnahme- und Beschlußanfechtungsrecht rechtfertigt deshalb noch nicht die aktive Teilnahme des vom Stimmrecht ausgeschlossenen Wohnungseigentümers an der Beratung der Beschlußgegenstände in der Versammlung. Dennoch kann ein Ausschluß des Wohnungseigentümers von seinem Rederecht im Rahmen der Beratung nur dann angenommen werden, wenn der Schutzzweck der in § 25 Abs. 5 WEG genannten Stimmverbote insoweit eine entsprechende Anwendung dieser Vorschrift auf das Teilnahmerecht gebietet. Eine solche Analogie setzt jedoch voraus, daß das in der gesetzlichen Regelung fehlende Teilnahmeverbot auf einer planwidrigen Unvollständigkeit[108] des Gesetzes beruht und nach der ratio legis der Wohnungseigentümer auch nicht zur Teilnahme an der Versammlung berechtigt sein soll, wenn die Beschlußfassung die Vornahme eines auf die Verwaltung des gemeinschaftlichen Eigentums bezüglichen Rechtsgeschäfts mit ihm oder die Einleitung oder Erledigung eines Rechtsstreits der anderen Wohnungseigentümer gegen ihn betrifft.

Die in § 25 Abs. 5 WEG genannten Stimmverbote sollen nach ihrem Sinn und Zweck sicherstellen, daß die gemeinschaftliche Willensbildung der Wohnungseigentümer nicht von privaten Sonderinteressen beeinflußt wird.[109] Da jedoch die Teilnahme an der Versammlung im Rahmen der Beratung des Beschlußgegenstandes nur die potentielle Möglichkeit der Beeinflussung der natürlichen Willensbildung des einzelnen Wohnungseigentümer schafft, kann die Ausübung des Rederechts - anders als die Ausübung des Stimmrechts - keine unmittelbare Wirkung auf den Beschlußtatbestand haben. Die Ausübung des Rederechts durch den vom Stimmrecht ausgeschlossenen Wohnungseigentümers in der Versammlung beeinflußt also nicht unmittelbar das Beschlußergebnis. Das Vertreten von privaten Sonderinteressen der in § 25 Abs. 5 WEG genannten Art im Rahmen der Beratung kann sich lediglich auf die natürliche Willensbildung der anderen Woh-

---

108 Vgl. Larenz, Methodenlehre, S. 373.

109 Vgl. zu § 25 Abs. 5 WEG: Kefferpütz, Stimmrechtsschranken, S. 183; Merle, Verwalter, S. 33; Pick, in: Bärmann/Pick/Merle, § 25 Rdnr. 52; Lotz-Störmer, Stimmrechtsausübung, S. 160 f.; allgemein zu Stimmverboten in privatrechtlichen Personenvereinigungen: Zöllner, Schranken, S. 145, 161; zu § 34 BGB: Staudinger/Coing, § 34 Rdnr. 1; MünchKomm/Reuter, § 34 Rdnr. 1; zu § 47 Abs. 4 GmbHG: BGHZ 68, 107 (109); Hachenburg/Hüffer, § 47 Rdnr. 120; Scholz/K. Schmidt, § 47 Rdnr. 100; Zöllner, in: Baumbach/Hueck, § 47 Rdnr. 44; zu § 136 Abs. 1 AktG: KölnerKomm/Zöllner, § 236 Rdnr. 2; Hüffer, § 136 Rdnr. 3.

nungseigentümer im Hinblick auf ihre spätere Stimmabgabe auswirken. Bereits aus den - auch für die Stimmabgabe der Wohnungseigentümer geltenden - allgemeinen Grundsätzen der Rechtsgeschäftslehre ergibt sich, daß die Einflußnahme auf die natürliche Willensbildung im Vorfeld der Willenserklärung bis zur Grenze der arglistigen Täuschung des Erklärenden oder der widerrechtlichen Drohung nach § 123 Abs. 1 BGB zulässig ist und eine Anfechtung der Willenserklärung deshalb nicht in Betracht kommt.[110] Das bloße Vertreten von privaten Sonderinteressen überschreitet diese Grenze zulässiger Beeinflussung der Willensbildung nicht. Ob sich die anderen Wohnungseigentümer von einem ein privates Sonderinteresse verfolgenden Wohnungseigentümer durch Argumente überzeugen lassen und dementsprechend ihr Stimmrecht ausüben, obliegt allein der Entscheidung der abstimmenden Wohnungseigentümer. Da sich somit das Sonderinteresse des aufgrund eines Stimmverbotes von der Ausübung ausgeschlossenen Wohnungseigentümers durch die Teilnahme an der Versammlung nicht unmittelbar in dem Beschlußergebnis niederschlägt, ist nach der ratio legis der Stimmverbote eine analoge Anwendung des § 25 Abs. 5 1. und 2. Fall WEG auf das Teilnahmerecht nicht geboten.[111] Zudem verbietet sich eine Analogie zu § 25 Abs. 5, 1. und 2. Fall WEG bereits deshalb, weil die Vorschrift die Stimmverbote im Interesse der Rechtssicherheit auf die enumerativ aufgeführten Fälle beschränkt und somit eng auszulegen ist.[112] Nach dem Wortlaut des § 25 Abs. 5 WEG bleiben die dort genannten Fälle des Stimmverbotes auf die Ausübung des Stimmrechts beschränkt.

c) Ergebnis. Im Ergebnis ist also davon auszugehen, daß auch der nach § 25 Abs. 5 WEG vom Stimmrecht ausgeschlossene Wohnungseigentümer zur Teilnahme an der beschlußfassenden Versammlung berechtigt ist. Für das Recht auf Anwesenheit in der Versammlung ergibt sich dies bereits aus dem funktionalen Zusammenhang zu seinem Beschlußanfechtungsrecht nach § 43 Abs. 1 Nr. 4 WEG; für das Rederecht ist eine entsprechende Anwendung des § 25 Abs. 5 WEG nach seinem Schutzzweck nicht geboten.

---

110 Zur Anwendbarkeit der §§ 119 ff. BGB auf die Stimmabgabe als Willenserklärung vgl. Pick, in: Bärmann/Pick/Merle, § 23 Rdnr. 55; Weitnauer/Lüke, § 23 Rdnr. 12; Schulze, in: Henkes/Niedenführ/Schulze, § 23 Rdnr. 4; Bärmann, Wohnungseigentum, Rdnr. 539.

111 So im Ergebnis auch Kefferpütz, Stimmrechtsschranken, S. 182 f.

112 OLG Hamm, RPfleger 1978, 182 (183); Kefferpütz, Stimmrechtsschranken, S. 43; Weitnauer/Lüke, § 25 Rdnr. 24.

II. Teilnahmerecht und Antragsbefugnis nach § 43 Abs. 1 Nr. 4 WEG

Wie gesehen, ergibt sich aus dem funktionalen Zusammenhang zwischen Teilnahme- und Beschlußanfechtungsrecht, daß der nach § 43 Abs. 1 Nr. 4 WEG antragsberechtigte Wohnungseigentümer zwingend ein Recht auf Teilnahme an der beschlußfassenden Versammlung hat.[113] Die Teilnahme an der Versammlung soll dem Wohnungseigentümer insoweit die Kontrolle des Beschlußverfahrens ermöglichen. Dieser Zweck verlangt als solches jedoch nicht, daß die Teilnahme an der Versammlung zwingende Voraussetzung für die spätere Ausübung des Anfechtungsrechts ist.

Letzteres bestimmt allerdings § 245 Nr. 1 AktG für die Aktiengesellschaft, wonach grundsätzlich nur der in der Hauptversammlung erschienene Aktionär zur Beschlußanfechtung befugt ist, wenn er gegen den Beschluß Widerspruch zur Versammlungsniederschrift erklärt hat. Die Anfechtungsbefugnis des Aktionärs setzt danach grundsätzlich die Anwesenheit in der beschlußfassenden Hauptversammlung voraus. Die gleiche Rechtslage gilt gemäß § 51 Abs. 2 GenG auch im Genossenschaftsrecht; die Anfechtungsbefugnis des Genossen ist hier ebenfalls an die Anwesenheit in der Generalversammlung gebunden.

Diese Regelungen sind jedoch nicht auf andere Personenvereinigungen - wie beispielsweise die GmbH[114] - übertragbar; denn das Erfordernis der Anwesenheit in der Versammlung sowie des Widerspruchs in der Versammlung erfahren ihre Rechtfertigung darin, daß Aktionäre und Genossen ihre Recht grundsätzlich in der Versammlung ausüben (vgl. § 118 Abs. 1 AktG; § 43 Abs. 1 GenG) und daher auch die Ausübung des Anfechtungsrechts seine Grundlage in der Versammlung hat. Insofern braucht auch ein Wohnungseigentümer, der seine Rechte grundsätzlich auch außerhalb der Versammlung ausüben kann (vgl. § 23 Abs. 3 WEG), nicht an der Versammlung teilzunehmen und dort Widerspruch zu Protokoll zu geben, um anschließend sein Antragsrecht nach § 43 Abs. 1 Nr. 4 WEG ausüben zu können. § 23 Abs. 4 S. 2 WEG bestimmt ferner, daß der Antrag nur binnen eines Monats seit der Beschlußfassung gestellt werden kann, ohne daß es für den Beginn der Frist darauf ankommt, ob der Antragsteller in der beschlußfassenden Versammlung anwesend war oder Kenntnis von dem Beschluß hatte.[115] Nach Ablauf der Monatsfrist wird der fehlerhafte Versammlungsbeschluß bestands-

---

[113] S.o. I 2 a.

[114] Vgl. Scholz/K. Schmidt, § 45 Rdnr. 129.

[115] OLG Frankfurt/M, WuM 1990, 461; OLG Köln, OLGZ 1979, 282 (285); LG Köln, WuM 1989, 660; Palandt/Bassenge, WEG § 23 Rdnr. 17; Soergel/Stürner, WEG § 23 Rdnr. 9.

kräftig, so daß sich danach niemand mehr auf seine Fehlerhaftigkeit berufen kann. Mit dieser Regelung räumt das Gesetz dem Interesse an Rechtssicherheit unter den Beteiligten den Vorrang gegenüber dem Interesse an der materiellen Gerechtigkeit ein.[116] Dieser Normzweck läßt sich nur dadurch erreichen, daß die einmonatige Ausschlußfrist[117] objektiv an den Zeitpunkt der Beschlußfassung anknüpft und nicht zusätzlich auf die subjektive Kenntnisnahme des Beschlusses oder die Anwesenheit in der Versammlung abstellt. Die Bestandskraft tritt also nach Ablauf der Monatsfrist unabhängig von der Kenntnis des Wohnungseigentümers und unabhängig von seiner Anwesenheit in der Versammlung ein. Das Antragsrecht nach § 43 Abs. 1 Nr. 4 WEG ist somit seinerseits nicht an die Anwesenheit des Wohnungseigentümers in der Versammlung gebunden.

§ 8 Die gesetzlichen Schranken des Teilnahmerechts

Nachdem nunmehr das Teilnahmerecht des Wohnungseigentümers gegenüber den anderen Mitverwaltungsrechten abgegrenzt und die Bedeutung des Teilnahmerechts für die Ausübung dieser Rechte herausgestellt wurde, bleibt zu fragen, ob dem Teilnahmerecht kraft Gesetzes Schranken gesetzt sind, wenn es im Einzelfall rechtsmißbräuchlich ausgeübt wird. Eine rechtsmißbräuchliche Ausübung des Teilnahmerechts kann zum einen in einer Störung des äußeren Ablaufs der Versammlung liegen, die durch Ordnungsmaßnahmen der Versammlungsleitung unterbunden werden kann (unten II.). Zum anderen kommt eine rechtsmißbräuchliche Ausübung des Teilnahmerechts in Betracht, wenn der Wohnungseigentümer aufgrund einer groben Pflichtverletzung nach § 18 Abs. 1 WEG aus der Gemeinschaft der Wohnungseigentümer ausgeschlossen werden soll.

---

[116] Zu diesem Normzeck des § 23 Abs. 4 S. 2 WEG vgl. BGHZ 54, 67 (69); zum Schutzzweck von fristgebundenen Beschlußanfechtungsverfahren im Gesellschaftsrecht vgl. K. Schmidt, Gesellschaftsrecht, § 15 II 3, S. 365 f.

[117] Die Monatsfrist des § 23 Abs. 4 S. 2 WEG stellt nach überwiegender Ansicht eine materiell-rechtliche Ausschlußfrist und keine verfahrensrechliche Antragsfrist dar, so daß ein verspäteter Antrag nach § 43 Abs. 1 Nr. 4 WEG als unbegründet und nicht als unzulässig abzuweisen ist; vgl. BayObLGZ 1972, 246 (249); NJW-RR 1990, 210 (211); NJW-RR 1991, 976 (977); WE 1992, 147; KG, WE 1991, 328; OLG Celle, NJW 1958, 307; AG Hamburg-Blankenese, WuM 1989, 350; Palandt/Bassenge, § 23 Rdnr. 17; Schulze, in: Henkes/Niedenführ/Schulze, § 23 Rdnr. 20; a.A. Niedenführ, in: Henkes/Niedenführ/Schulze, § 43 Rdnr. 50.

I. Das Ruhen des Teilnahmerechts im Entziehungsverfahren nach § 18 WEG

1. Das Problem

Nach § 18 Abs. 1 WEG kann von einem Wohnungseigentümer die Veräußerung seines Wohnungseigentums verlangt werden, wenn er sich so schwerer Pflichtverletzungen schuldig gemacht hat, daß den anderen Wohnungseigentümern die Fortsetzung der Gemeinschaft mit ihm nicht mehr zugemutet werden kann. § 18 Abs. 2 WEG konkretisiert diese Generalklausel und führt zwei Regelbeispiele an, in denen eine schwere Pflichtverletzung im Sinne von § 18 Abs. 1 WEG anzunehmen ist (§ 18 Abs. 2 Nr. 1 WEG: grober Verstoß gegen Pflichten nach § 14 WEG trotz Abmahnung; § 18 Abs. 2 Nr. 2 WEG: dreimonatiger Verzug mit der Lasten- und Kostentragungspflicht nach § 16 Abs. 2 WEG in Höhe eines Betrages, der 3% des Einheitswertes übersteigt). Über das Veräußerungsverlangen beschließen nach § 18 Abs. 3 WEG die übrigen stimmberechtigten Wohnungseigentümer durch Stimmenmehrheit; der Beschluß der Wohnungseigentümer ist Prozeßvoraussetzung für das gerichtliche Verfahren auf Entziehung des Wohnungseigentums.[118] § 25 Abs. 5, 3. Fall WEG bestimmt nunmehr für das Stimmrecht ausdrücklich, daß der Wohnungseigentümer bereits dann nicht stimmberechtigt ist, wenn er nach § 18 WEG rechtskräftig verurteilt ist, obwohl das Wohnungseigentum und damit die Mitgliedschaft des Wohnungseigentümers erst später in dem zu beantragenden Versteigerungsverfahren nach §§ 53 ff. WEG durch Auflassung und Eintragung des Erwerbers im Grundbuch übergeht.[119] Dieser Fall des Ruhens des Stimmrechts ist von den in § 25 Abs. 5 WEG genannten Fällen des Stimmverbotes zu unterscheiden, in denen nach den obigen Ausführungen keine Einschränkung des Teilnahmerechts anzunehmen ist.[120] Während das Stimmverbot nur für bestimmte Beschlußgegenstände gilt, in denen der betroffene

---

[118] Der betroffene Wohnungseigentümer ist deshalb nach § 25 Abs. 5, 2. Fall WEG nicht stimmberechtigt; vgl. Kefferpütz, Stimmrechtsschranken, S. 186.

[119] Die Rechtskräftige Erteilung des Zuschlags durch den Notar nach § 57 WEG führt abweichend vom Zwangsversteigerungsverfahren (vgl. § 90 ZVG) nicht unmittelbar zum Eigentumsübergang, sondern führt lediglich zum Abschluß eines Kaufvertrages zwischen dem Ersteher und dem verurteilten Wohnungseigentümer vertreten durch den Notar, dessen Bevollmächtigung durch das Urteil nach § 19 Abs. 1 WEG ersetzt wird; vgl. Niedenführ, in: Henkes/Niedenführ/Schulze, § 19 Rdnr. 3; Weitnauer/Lüke, § 19 Rdnr. 3.

[120] S.o. unter § 7 I 2.

Wohnungseigentümer im Einzelfall ein Sonderinteresse verfolgt, ruht das Stimmrecht im Verfahren der Entziehung von Wohnungseigentum unabhängig von dem konkret anliegenden Beschlußgegenstand und lebt als Bestandteil des Wohnungseigentums spätestens mit der Übertragung des Wohnungseigentums auf den Ersteher im Versteigerungsverfahren nach §§ 53 ff. WEG wieder auf.[121] Es fragt sich nunmehr, ob im Falle einer schweren Pflichtverletzung eines Wohnungseigentümers im Sinne von § 18 Abs. 1 WEG nicht nur das Stimmrecht, sondern auch das mitgliedschaftliche Teilnahmerecht des betroffenen Wohnungseigentümers bereits vor der Übertragung der Mitgliedschaft durch Eintragung des Erwerbers als Wohnungseigentümer im Wohnungsgrundbuch ruht. Fraglich ist zudem, ob ein etwaiges Ruhen des Teilnahmerechts bereits durch einen Mehrheitsbeschluß der übrigen Wohnungseigentümer oder mit rechtskräftiger Verurteilung des betroffenen Wohnungseigentümers zur Veräußerung seines Wohnungseigentums anzunehmen ist.

2. Mehrheitsbeschluß über den Teilnahmeausschluß analog § 18 Abs. 3 WEG

Nach der Auffassung von *Pick*[122] soll der betroffenen Wohnungseigentümer wegen vorwerfbaren Verhaltens bereits dann von der Teilnahme an der Versammlung ausgeschlossen sein, wenn ein Entziehungsgrund nach § 18 Abs. 1 WEG vorliegt und die übrigen stimmberechtigten Wohnungseigentümer analog § 18 Abs. 3 WEG mit der Hälfte ihrer Stimmen den Ausschluß von der Teilnahme beschließen. Diese Ansicht entspricht der Regelung des § 68 Abs. 4 GenG für die Ausschließung eines Genossen aus der Genossenschaft. Der Genosse ist bereits dann nicht mehr zur Teilnahme an der Generalversammlung berechtigt, wenn die Mitteilung des Ausschließungsbeschlusses an ihn abgesendet wurde,[123] auch wenn die Ausschließung erst zum Schluß des Geschäftsjahres wirksam wird (§ 68 Abs. 1 S. 1 GenG).

Die für die Genossenschaft geltende Rechtslage kann jedoch nicht auf das Wohnungseigentumsrecht übertragen werden. Denn soweit das Ruhen des Teilnahmerechts ohne rechtskräftige Verurteilung des Wohnungseigentümers zur Veräußerung seines Wohnungseigentums lediglich von einer Beschlußfassung der übrigen

---

[121] So zutreffend Kefferpütz, Stimmrechtsschranken, S. 35 f. gegen Lotz-Störmer, Stimmrechtsausübung, S. 159 f., die § 25 Abs. 5, 3. Fall WEG als Stimmverbot einordnet.

[122] Pick, in: Bärmann/Pick/Merle, § 25 Rdnr. 63.

[123] Schaffland, in: Lang/Weidmüller, § 68 Rdnr. 39.

Wohnungseigentümer abhängig gemacht wird, widerspricht diese Ansicht dem Grundgedanken des § 25 Abs. 5, 3. Fall WEG. Denn dessen Regelung zeigt, daß im Falle einer schweren Pflichtverletzung im Sinne des § 18 Abs. 1 WEG ein Ruhen des Stimmrechts nicht bereits mit dem Beschluß nach § 18 Abs. 3 WEG, sondern erst dann eintritt, wenn der betroffenen Wohnungseigentümer rechtskräftig zur Veräußerung seines Wohnungseigentums verurteilt worden ist. Da der betroffene Wohnungseigentümer im Umkehrschluß zu § 25 Abs. 5, 3. Fall WEG bis zur Rechtskraft des Urteils zur Ausübung seines Stimmrechts berechtigt ist und nach den obigen Ausführungen jeder Stimmberechtigte auch das Recht auf Teilnahme an der Versammlung hat,[124] muß er bis zu diesem Zeitpunkt auch das Recht haben, sein Stimmrecht in der Versammlung der Wohnungseigentümer auszuüben. Soweit der Wohnungseigentümer nach § 25 Abs. 5, 3. Fall WEG nicht vom Stimmrecht ausgeschlossen ist, muß er damit auch sein Recht auf Teilnahme an der Versammlung ausüben dürfen. Deshalb kann - entgegen der genannten Auffassung von Pick - ein Ruhen des Teilnahmerechts nicht bereits mit dem Vorliegen eines Entziehungsgrundes und einer Mehrheitsbeschlußfassung nach § 18 Abs. 3 WEG eintreten.

3. Das Ruhen des Teilnahmerechts nach rechtskräftiger Verurteilung gemäß § 18 Abs. 1 WEG

Das Recht auf Teilnahme an der Versammlung der Wohnungseigentümer könnte jedoch - ebenso wie das Stimmrecht nach § 25 Abs. 5, 3. Fall WEG - mit der rechtskräftigen Verurteilung des Wohnungseigentümers zur Veräußerung seines Wohnungseigentums ruhen. Denn mit Eintritt der formellen Rechtskraft besteht bereits Klarheit über das Vorliegen eines Entziehungsgrundes nach § 18 Abs. 1 WEG, ohne daß der verurteilte Wohnungseigentümer ein Rechtsmittel oder einen Einspruch gegen das Urteil einlegen kann (vgl. § 705 ZPO). Zudem steht zu diesem Zeitpunkt fest, daß die Fortführung der Gemeinschaft mit dem betroffenen Wohnungseigentümer für die übrigen Wohnungseigentümer unabhängig vom späteren Vollzug der Entziehung im Versteigerungsverfahren nach §§ 53 ff. WEG nicht mehr zumutbar ist, so daß sich die Frage stellt, ob das Teilnahmerecht - ebenso wie das Stimmrecht nach § 25 Abs. 5, 3. Fall WEG - bereits mit Eintritt der formellen Rechtskraft des Urteils ruht.

---

[124] Vgl. oben § 7 I 1 e.

a) Die Parallele zum Ausschluß eines Gesellschafters. Der Regelung des § 25 Abs. 5, 3. Fall WEG könnte ein allgemeiner Rechtsgedanke zugrundeliegen, nach dem bei Personenvereinigungen, in denen der Ausschluß eines Mitglieds im gerichtlichen Klageverfahren geltend zu machen ist, das rechtskräftige Ausschließungsurteil unmittelbar das Ruhen der Mitgliedschaftsrechte und damit auch des Teilnahmerechts des Auszuschließenden bereits vor Vollziehung des Ausschlusses bewirkt. Ob ein derartiger allgemeiner Rechtsgrundsatz besteht, muß sich aus einem Vergleich der Entziehung von Wohnungseigentum nach §§ 18, 19, 53 ff. WEG mit dem im Gesellschaftsrecht anerkannten Institut der Ausschließung eines Gesellschafters aus wichtigem Grund erweisen.

aa) Der Ausschluß aus der Personengesellschaft. Ebenso wie die Ausschließung eines Gesellschafters aus wichtigem Grund beruht die Entziehung von Wohnungseigentum im Falle einer schweren Pflichtverletzung nach § 18 Abs. 1 WEG auf dem allgemeinen, in den §§ 737, 723 Abs. 1 BGB; § 140 ff. HGB für die Personengesellschaften positiv normierten Rechtsgedanken, daß Dauerschuldverhältnisse aus wichtigem Grund vorzeitig lösbar sind, wenn sie stark in die Lebensbetätigung der Beteiligten eingreifen.[125] Während es zur Ausschließung eines Gesellschafters aus der Gesellschaft bürgerlichen Rechts nach § 737 BGB nur eines Gesellschafterbeschlusses bedarf, sieht § 140 Abs. 1 HGB für die Ausschließung eines Gesellschafters aus der OHG bzw. der KG (vgl. § 161 Abs. 2 HGB) ausdrücklich das Erfordernis einer Ausschließungsklage im Sinne einer Gestaltungsklage vor.[126] Jedoch wird hier die Auschließung bereits mit Rechtskraft des Ausschließungsurteils wirksam mit der Folge, daß der Gesellschafter damit unmittelbar seine Rechte als Gesellschafter verliert und nach § 105 Abs. 2 HGB iVm. § 738 Abs. 1 BGB sein Anteil am Gesellschaftsvermögen unmittelbar den übrigen Gesellschaftern zuwächst.[127] Die für die Personenhandelsgesellschaften nach § 140 HGB geltende Rechtslage ist damit nicht mit der für die Entziehung von Wohnungseigentum geltenden Rechtlage vergleichbar; denn im gerichtlichen Verfahren der Entziehung von Wohnungseigentum ergeht kein Gestaltungsurteil, dessen Rechts-

---

125 Pick, in: Bärmann/Pick/Merle, § 18 Rdnr. 4; Weitnauer/Lüke, § 18 Rdnr. 2; Augustin, § 18 Rdnr. 1; MünchKomm/Röll, WEG § 18 Rdnr. 2; Stache, S. 30 f.; Junker, Gesellschaft, S. 127 ff.; zur GmbH vgl. BGHZ 9, 157 (163).

126 Vgl. K. Schmidt, Gesellschaftsrecht, § 50 III 1 a, S. 1202; Schlosser, Gestaltungsklagen, S. 52.

127 Vgl. K. Schmidt, Gesellschaftsrecht, § 50 III 1 d, S. 1206. Der ausgeschiedene Gesellschafter erwirbt zugleich einen Abfindungsanspruch gemäß § 738 Abs. 1 S. 2 BGB iVm. § 105 Abs. 2 HGB.

kraft die Mitgliedschaft des Wohnungseigentümers unmittelbar beendet. Nach § 19 Abs. 1 WEG ergeht vielmehr ein Leistungsurteil,[128] das im Falle seiner Rechtskraft lediglich die für die zwangsweise Veräußerung im Wege der "freiwilligen" Versteigerung nach §§ 53 ff. WEG erforderlichen Willenserklärungen des betroffenen Wohnungseigentümers ersetzt (vgl. § 894 Abs. 1 ZPO).[129] Anders als nach dem Anwachsungsprinzip des § 738 Abs. 1 BGB verliert der Wohnungseigentümer seine Rechtsstellung als Mitglied der Gemeinschaft der Wohnungseigentümer erst zu dem Zeitpunkt, in dem die Übertragung seines Wohnungseigentums auf den Ersteher durch Auflassung und Eintragung im Wohnungsgrundbuch vollzogen ist.[130] Das Ausschließungsverfahren nach §§ 140 Abs. 1, 133 Abs. 1 HGB ist also insoweit nicht mit dem Verfahren zur Entziehung von Wohnungseigentum vergleichbar.

bb) Die Ausschließung eines GmbH-Gesellschafters. Die Entziehung von Wohnungseigentum nach §§ 18, 19, 53 ff. WEG könnte jedoch mit dem Verfahren der Ausschließung eines Gesellschafters aus der GmbH vergleichbar sein. Denn auch ohne ausdrückliche gesetzliche Regelung im GmbHG folgern Rechtsprechung[131] und Literatur[132] aus dem allgemeinen Rechtsgedanken der Lösbarkeit von Dauerschuldverhältnissen aus wichtigem Grund sowie aus der gesellschaftlichen Treupflicht, daß ein GmbH-Gesellschafter aus der GmbH ausgeschlossen werden kann, wenn in seiner Person ein wichtiger Grund vorliegt, der eine Fortsetzung der Gesellschaft unter seiner Beteiligung als unzumutbar erscheinen läßt. Für das Ausschlußverfahren wird neben einem Gesellschafterbeschluß[133] im Interesse der Rechtsklarheit die Erhebung einer Ausschließungsklage seitens der GmbH gegen

---

128 So ausdrücklich Stache, S. 74 f.

129 Vgl. Weitnauer/Lüke, § 19 Rdnr. 2; Niedenführ, in: Henkes/Niedenführ/Schulze, § 19 Rdnr. 3.

130 Vgl. Weitnauer/Lüke, § 19 Rdnr. 1.

131 BGHZ 9, 157 (161); 16, 317 (322); 80, 346 (349 f.).

132 Hachenburg/Ulmer, Anh § 34 Rdnr. 8; Scholz/Winter, § 15 Rdnr. 130; Lutter/-Hommelhoff, § 34 Rdnr. 26; Hueck, in: Baumbach/Hueck, Anh § 34 Rdnr. 2; ders., Gesellschaftsrecht, § 36 IV 2, S. 372; K. Schmidt, Gesellschaftsrecht, § 35 IV 2 b, S. 885; grundlegend: Scholz, Ausschließung, S. 8 ff.; Balz, Beendigung, S. 48 ff.; Soufleros, Ausschließung, S. 12 ff.; Spitze, Ausschluß, S. 30 ff.; Grunewald, Ausschluß, S. 45 ff.

133 Umstritten ist, ob dieser Beschluß analog § 60 Abs. 1 Nr. 2 GmbHG einer Dreiviertelmehrheit bedarf - so BGHZ 9, 157 (177), Hachenburg/Ulmer, Anh § 34 Rdnr. 27; Immenga, Personalistische Kapitalgesellschaft, S. 308; Spitze, Ausschluß, S. 89 f., oder ob die einfache Mehrheit genügt - so Scholz/Winter, § 15 Rdnr. 140; K. Schmidt, Gesellschaftsrecht, § 35 IV 2 c, S. 886.

den auszuschließenden Gesellschafter verlangt.[134] Nach weitaus überwiegender Ansicht handelt es sich um eine Gestaltungsklage in Rechtsanalogie zu §§ 61 GmbHG, 117, 127, 133, 140 HGB, die im Falle des Klageerfolges zum Erlaß eines Gestaltungsurteils führt.[135] Auch wenn die Klage auf Ausschließung eines GmbH-Gesellschafters damit in ihrer Rechtsnatur von der Klage auf Veräußerung des Wohnungseigentums nach § 18 Abs. 1 WEG abweicht, so besteht mit der Rechtslage im Wohnungseigentumsrecht zumindest insoweit Übereinstimmung, als daß mangels Geltung des Anwachsungsprinzips nach § 738 Abs. 1 BGB für die GmbH die Ausschließung nicht bereits mit Rechtskraft des Ausschließungsurteils vollzogen ist.[136] Es bedarf vielmehr zusätzlich einer Einziehung des Geschäftsanteils bzw. einer Zwangsveräußerung desselben an einen Dritten. Neben der umstrittenen Frage, inwieweit die Ausschlußwirkung des Gestaltungsurteils von der Erfüllung des Abfindungsanspruchs des Auszuschließenden abhängt,[137] stellt sich damit auch im GmbH-Recht die Frage, welche Wirkung das rechtskräftige Ausschließungsurteil bis zum Vollzug der Einziehung bzw. der Veräußerung des Geschäftsanteils im Hinblick auf die Ausübung der Mitgliedschaftsrechte und damit auch auf die Ausübung des Rechts auf Teilnahme an der Gesellschafterversammlung hat.

Der *BGH*, der von einem durch die Zahlung der festgesetzten Abfindungssumme aufschiebend bedingten Gestaltungsurteil ausgeht,[138] folgert aus dem Rechtsgedanken der §§ 160, 162 BGB, daß der auszuschließende Gesellschafter mit Rechtskraft des Ausschließungsurteils lediglich Maßnahmen nicht mehr vereiteln können soll, die der Durchführung seines Ausschlusses dienen; im übrigen

---

134 BGHZ 9, 157 (166); 16, 317 (322); Hachenburg/Ulmer, Anh § 34 Rdnr. 19; Hueck, in: Baumbach/Hueck, Anh § 34 Rdnr. 8; Scholz/Winter, § 15 Rdnr. 138; Lutter/-Hommelhoff, § 34 Rdnr. 27; Balz, Beendigung, S. 46 f.; K. Schmidt, Gesellschaftsrecht, § 35 IV 2 c, S. 886; Spitze, Ausschluß, S. 81 ff.

135 BGHZ 9, 157 (166); Scholz/Winter, § 15 Rdnr. 138; K. Schmidt, Gesellschaftsrecht, § 35 IV 2 c, S. 886; Balz, Beendigung, S. 57 f.; a.A. Grunewald, Ausschluß, S. 112 ff., die eine auf Abtretung des Geschäftsanteils gerichtete Leistungsklage annimmt.

136 BGHZ 9, 157 (166); kritisch Rob. Fischer, Festschrift-W. Schmidt, S. 117 (131 f.).

137 Nach BGHZ 9, 157 (174) ist ein durch die Zahlung der im Urteil festgesetzten Abfindungssumme aufschiebend bedingtes Gestaltungsurteil anzunehmen; einschränkend BGHZ 16, 317 (325), wonach eine vorläufige Schätzung des Gerichts genügt, wenn der Beklagte nicht alles in seiner Macht stehende tut, um die Wertermittlung des Geschäftsanteils ohne nennenswerte Verzögerung zu ermöglichen; zustimmend Balz, Beendigung, S. 57 ff.; Scholz/Winter, § 15 Rdnr. 142a; a.A. Hachenburg/Ulmer, Anh § 34 Rdnr. 35, der die Ausschlußwirkung mit Eintritt des Rechtskraft auflösend bedingt durch die nicht fristgerechte Zahlung der Abfindung eintreten lassen will.

138 BGHZ 9, 157 (174).

soll dem Gesellschafter die Ausübung seiner Mitgliedschaftsrechte erhalten bleiben.[139] Demgegenüber wird geltend gemacht, daß mit Rechtskraft des Ausschließungsurteils die Unzumutbarkeit der Fortsetzung des Gesellschaftsverhältnisses feststehe und damit für die Übergangszeit bis zum endgültigen Wirksamwerden des Ausschlusses die persönliche Mitwirkung in der Gesellschaft nicht mehr zu rechtfertigen sei, zumal sich der Schutzzweck der Urteilsbedingung auf die Vermögensinteressen des Auszuschließenden beschränke.[140] Im Gegensatz zur Auffassung des BGH sollen dagegen die nichtvermögensrechtlichen Mitgliedschaftsrechte bereits mit Rechtskraft des Ausschließungsurteils ruhen, so daß der Gesellschafter nach dieser Auffassung weder zur Stimmabgabe noch zur Teilnahme an der Gesellschafterversammlung berechtigt ist.[141] Eine noch weitergehende Ansicht nimmt ein Ruhen sämtlicher Mitgliedschaftsrechte mit Rechtskraft des Gestaltungsurteils bis zur Durchführung der Einziehung oder Zwangsveräußerung an.[142]

Dieser differenzierte Meinungsstand zur Frage der Wirkung des Ausschließungsurteils im Hinblick auf die Ausübung der Mitgliedschaftsrechte des auszuschließenden GmbH-Gesellschafters macht deutlich, daß kein allgemeiner, auf das Wohnungseigentumsrecht übertragbarer Rechtsgrundsatz besteht, nach dem die Mitgliedschaftsrechte mit Rechtskraft des Auschließungsurteils bis zum Vollzug des Ausschlusses ruhen. Vielmehr hängt die Frage der Ausübung der Mitgliedschaftsrechte nach Rechtskraft des Urteils von der konkreten Ausgestaltung des Klageverfahrens ab. Handelt es sich um eine Gestaltungsklage, so ist diese grundsätzlich auf die unmittelbare Umgestaltung der bisherigen Rechtslage gerichtet.[143] Das rechtskräftige Gestaltungsurteil hat somit gegenüber einem rechtskräftigen Leistungsurteil eine weitreichendere Wirkung, indem es die bestehende Rechtslage inter omnes gestaltet, während das rechtskräftige Leistungsurteil in Verbindung mit einem Leistungsbefehl lediglich ein Recht des Klägers gegen den Beklagten feststellt.[144] Sieht man in dem Urteil zur Ausschließung eines GmbH-Gesellschafters mit der oben genannten Ansicht ein Gestaltungsurteil, so ist auch dieses primär auf eine Änderung der Rechtslage gerichtet. Soweit im

---

139 BGHZ 9, 157 (176), insoweit zustimmend Spitze, Ausschluß, S. 97.

140 Scholz/Winter, § 15 Rdnr. 148.

141 Scholz/Winter, § 15 Rdnr. 148; Balz, Beendigung, S. 67, 77 f.

142 K. Schmidt, Gesellschaftsrecht, § 35 IV 2 c, S. 887; Hueck, in: Baumbach/Hueck, GmbHG, Anh § 34 Rdnr. 13; Soufleros, Ausschließung, S. 104; vgl. auch Hachenburg/Ulmer, Anh § 34 Rdnr. 35.

143 Vgl. Jauernig, Zivilprozeßrecht § 34 III, S. 123.

144 Vgl. Jauernig, Zivilprozeßrecht § 34 I, S. 121; Blomeyer, § 94 II, S. 524; Rosenberg/Schwab/Gottwald, § 92 I 1, § 94 I 1; Schlosser, Gestaltungsklagen, S. 160 ff.

Interesse der Sicherung des Abfindungsanspruchs des betroffenen Gesellschafters die Ausschlußwirkung des Urteils von der aufschiebenden Bedingung der Zahlung der Abfindungssumme abhängig gemacht und im Urteilstenor ausdrücklich das Ruhen der Mitgliedschaftsrechte angeordnet wird, so gestaltet das Urteil die bestehende Rechtslage zumindest insoweit um, als daß der beklagte Gesellschafter mit Rechtskraft des Urteils nicht mehr zur Ausübung seiner Mitgliedschaftsrechte berechtigt ist. Die Anordnung des Ruhens der Mitgliedschaftsrechte in einem bedingten Gestaltungsurteil schafft damit in Bezug auf die Ausübung der Mitgliedschaftsrechte die Rechtslage, die auch nach Rechtskraft eines unbedingten Gestaltungsurteils bestehen würde. Das Ruhen der Mitgliedschaftsrechte und somit auch das Ruhen des Teilnahmerechts ist also eine Wirkung, die stets mit der Rechtsnatur des Gestaltungsurteils vereinbar ist.

Etwas anderes gilt dagegen für die weniger weitreichende Wirkung eines rechtskräftigen Leistungsurteils, das den Wohnungseigentümer nach § 18 Abs. 1 WEG zur Veräußerung seines Wohnungseigentums verpflichtet. Der Urteilstenor lautet dahin, daß der beklagte Wohnungseigentümer verurteilt wird, sein Wohnungseigentum zu veräußern.[145] Sofern der Wohnungseigentümer dem Urteil nicht freiwillig nachkommt, erfolgt eine Versteigerung des Wohnungseigentums im Verfahren nach §§ 53 ff. WEG. Dementsprechend ersetzt das rechtskräftige Leistungsurteil nach § 19 Abs. 1 S. 1 WEG lediglich die für die "freiwillige" Versteigerung des Wohnungseigentums und für die Übertragung des Wohnungseigentums auf den Ersteher erforderlichen Erklärungen. Da das rechtskräftige Leistungsurteil im Gegensatz zum Gestaltungsurteil nur inter partes, also zwischen den in notwendiger Streitgenossenschaft klagenden Wohnungseigentümern und dem Beklagten, wirkt, bedarf es einer ausdrücklichen gesetzlichen Anordnung nach § 19 Abs. 1 S. 2 WEG, wonach das Urteil auch als Vollstreckungstitel zugunsten des Erstehers im Rahmen der Zwangsvollstreckung auf Räumung und Herausgabe dient. Würde das Urteil darüberhinaus in seinem Tenor selbst das Ruhen der Mitgliedschaftsrechte bis zur Übertragung des Wohnungseigentums auf den Ersteher anordnen, so würde es insoweit bereits rechtsgestaltend wirken. Eine derartige unmittelbar rechtsgestaltende Wirkung ist jedoch mit der Rechtsnatur des Leistungsurteils in seiner konkreten Ausgestaltung nach § 19 Abs. 1 WEG unvereinbar. Gleiches gilt auch für die Ausschließung des GmbH-Gesellschafters, wenn man mit *Grunewald*[146] in der Ausschließungsklage entgegen der oben angeführten überwiegenden Ansicht keine Gestaltungsklage, sondern eine Leistungsklage sieht,

---

[145] Weitnauer/Lüke, § 18 Rdnr. 16.

[146] Ausschluß, S. 112 f.

die auf Abtretung des Geschäftsanteils Zug um Zug gegen Leistung der Abfindung gerichtet ist. Nach dieser Auffassung ist es konsequent, wenn dem Beklagten lediglich Zurückhaltung bei der Ausübung seiner Mitgliedschaftsrechte auferlegt wird, ohne daß diese mit Rechtskraft des Urteils ruhen.[147] Soweit mit der Rechtskraft des Leistungsurteils dennoch ein Ruhen von Mitgliedschaftsrechten verbunden sein soll, kann diese Wirkung nicht unmittelbar mit Rechtskraft des Leistungsurteils eintreten, da eine rechtsgestaltende Wirkung vom Urteilstenor nicht gedeckt ist. Vielmehr bedarf es einer zusätzlichen materiell-rechtlichen Regelung, die - wie § 25 Abs. 5, 3. Fall WEG für das Stimmrecht des Wohnungseigentümers - ausdrücklich das Ruhen von Mitgliedschaftsrechten anordnet.[148]

Aufgrund der unterschiedlichen verfahrensrechtlichen Ausgestaltung der Entziehung von Wohnungseigentum nach §§ 18, 19, 53 ff. WEG einerseits und der Ausschließung eines Gesellschafters andererseits kann sich ein Ruhen des Teilnahmerechts mit rechtskräftiger Verurteilung nach § 18 Abs. 1 WEG nicht aus einem für alle Personenvereinigungen geltenden Rechtsgrundsatz ergeben. Vielmehr kann ein Ruhen des Teilnahmerechts mit Rechtskraft des Urteils allenfalls aus dem WEG selbst hergeleitet werden. Insoweit kommt eine entsprechende Anwendung des § 25 Abs. 5, 3. Fall WEG auf das Teilnahmerecht des Wohnungseigentümers in Betracht.

b) Die entsprechende Anwendung des § 25 Abs. 5, 3. Fall WEG. Eine analoge Anwendung dieser Vorschrift auf das Teilnahmerecht setzt allerdings voraus, daß insoweit eine Regelungslücke im Sinne einer planwidrigen Unvollständigkeit des Gesetzes besteht.[149] Dies ist nur der Fall, wenn eine historische und teleologische Auslegung des § 25 Abs. 5, 3. Fall WEG ergibt, daß der gesetzliche Regelungsplan über den Wortlaut hinaus nicht nur das Ruhen des Stimmrechts sondern auch das Ruhen des Teilnahmerechts erfaßt.[150]

Die Beschränkung des Gesetzeswortlauts auf das Ruhen des Stimmrechts im Falle einer rechtskräftigen Verurteilung nach § 18 WEG läßt zunächst nicht den Schluß zu, daß der historische Gesetzgeber damit ein Ruhen des Teilnahmerechts bewußt ausschließen wollte; denn im Gegensatz zum Stimmrecht (vgl. § 25 Abs. 2 WEG) hat das Teilnahmerecht des Wohnungseigentümers im WEG keine

---

[147] So im Ergebnis Grunewald, Ausschluß, S. 115.

[148] Lotz-Störmer, Stimmrechtsausübung, S. 162 bemerkt insoweit zutreffend, daß der 3. Fall des § 25 Abs. 5 WEG im Recht der übrigen Personenvereinigungen keine Entsprechung findet.

[149] Vgl. Larenz, Methodenlehre, S. 373; Canaris, Feststellung von Lücken, S. 30.

[150] Vgl. Larenz, Methodenlehre, S. 373.

ausdrückliche Regelung erfahren. Da jedoch die Anordnung des Ruhens des Teilnahmerechts bei bestehender Mitgliedschaft in der Gemeinschaft der Wohnungseigentümer einen schwerwiegenden Eingriff in die bestehende Rechtsstellung des Wohnungseigentümers darstellt und einer rechtskräftigen Verurteilung zur Veräußerung von Wohnungseigentum nach den obigen Ausführungen eine derartige rechtsgestaltende Wirkung grundsätzlich nicht zukommt, ist die Vorschrift des § 25 Abs. 5, 3. Fall WEG dennoch eng auszulegen. Deshalb kommt eine Analoge Anwendung dieser Vorschrift auf das Teilnahmerecht nur in Betracht, soweit diese nach ihrem Sinn und Zweck zwingend geboten ist.

Das Ruhen des Stimmrechts nach § 25 Abs. 5, 3. Fall WEG bezweckt den Schutz der gemeinschaftlichen Willensbildung vor den gemeinschaftsfremden Interessen des rechtskräftig zur Veräußerung seines Wohnungseigentums verurteilten Wohnungseigentümers.[151] Denn mit der rechtskräftigen Verurteilung zur Veräußerung des Wohnungseigentums ist der betroffene Wohnungseigentümer zwar noch formal, aber nicht mehr materiell mit dem Schicksal der Gemeinschaft verbunden, so daß eine an den gemeinschaftlichen Interessen orientierte Ausübung seines Stimmrechts nicht mehr erwartet werden kann.[152] Zudem steht mit rechtskräftiger Verurteilung des Wohnungseigentümers bereits fest, daß die Fortführung der Gemeinschaft mit dem Betroffenen nicht mehr zumutbar ist. Somit ist es den übrigen Wohnungseigenümern bereits zu diesem Zeitpunkt unzumutbar, daß die gemeinschaftliche Willensbildung noch von dem verurteilten Wohnungseigentümer mitbeeinflußt wird.[153]

Wie oben bereits ausgeführt wird die gemeinschaftliche Willensbildung der Wohnungseigentümer nicht nur durch die Ausübung des Stimmrechts beeinflußt sondern auch durch die aktive Teilnahme an der Beratung der Beschlußgegenstände in der Versammlung, indem der einzelne Wohnungseigentümer durch seine Redebeiträge die Gelegenheit hat, auf den Inhalt der einzelnen Willenserklärungen und damit mittelbar auf das Beschlußergebnis einzuwirken.[154] Dementsprechend kann es nach dem Schutzzweck des § 25 Abs. 5, 3. Fall WEG nicht zugelassen werden, daß der rechtskräftig nach § 18 Abs. 1 WEG verurteilte Wohnungseigentümer zwar durch die Ausübung seines Teilnahmerechts die Willensbildung mittelbar beeinflußt, während ihm die unmittelbare Einflußnahme durch die Ausübung seines Stimmrechts versagt ist. Gebietet der Schutzzweck des § 25 Abs. 5,

---

151 Vgl. Kefferpütz, Stimmrechtsschranken, S. 187; Lotz-Störmer, Stimmrechtsausübung, S. 161 f.; Weitnauer/Lüke, § 25 Rdnr. 23.

152 Kefferpütz, Stimmrechtsschranken, S. 187.

153 Kefferpütz, Stimmrechtsschranken, S. 187.

154 Vgl. oben unter § 6 II.

3. Fall WEG den Schutz der gemeinschaftlichen Willensbildung vor gemeinschaftswidrigen Interessen schlechthin, so kann dies nicht nur für die unmittelbare Beeinflussung durch die Ausübung des Stimmrechts gelten. Vielmehr kann die Vorschrift ihre Schutzwirkung nur dann entfalten, wenn auch das Einwirken gemeinschaftsfremder Interessen auf die Beratung der Beschlußgegenstände in der Versammlung verhindert wird. Der Sinn und Zweck des § 25 Abs. 5, 3. Fall WEG erfaßt somit auch den Ausschluß des rechtskräftig zur Veräußerung seines Wohnungseigentums verurteilten Wohnungseigentümers von der aktiven Teilnahme an der Beratung, so daß insoweit eine planwidrige Unvollständigkeit des Gesetzes gegeben ist. Nach dem der Analogie zugrundeliegenden Gebot der Gleichbehandlung von Gleichwertigem[155] ist somit das Recht zur aktiven Teilnahme an der Beratung unter Berücksichtigung der ratio legis, die Willensbildung vor dem Einfluß gemeinschaftsfremder Interessen zu schützen, in rechtlicher Hinsicht gleich zu bewerten wie der in § 25 Abs. 5, 3. Fall WEG ausdrücklich geregelte Tatbestand der Stimmrechtsausübung. Soweit das Recht zur aktiven Teilnahme an der Beratung der Beschlußgegenstände in der Versammlung betroffen ist, gebietet der Schutzzweck des § 25 Abs. 5, 3. Fall WEG eine entsprechende Anwendung dieser Vorschrift auf das Teilnahmerecht des rechtskräftig zur Veräußerung seines Wohnungseigentums verurteilten Wohnungseigentümers.

Demgegenüber ist der Ausschluß des betroffenen Wohnungseigentümers von der bloß passiven Anwesenheit in der Versammlung nicht mehr von der ratio legis des § 25 Abs. 5, 3. Fall WEG gedeckt, da die gemeinschaftliche Willensbildung insoweit nicht aktiv von gemeinschaftsfremden Interessen beeinflußt wird. Vielmehr ergibt sich auch hier aus dem oben erwähnten funktionalen Zusammenhang zwischen der Anwesenheit in der Versammlung und der Ausübung des Beschlußanfechtungsrechts nach § 43 Abs. 1 Nr. 4 WEG, daß dem zur Beschlußanfechtung berechtigten Wohnungseigentümer die Möglichkeit gegeben sein muß, durch Anwesenheit in der Versammlung das Beschlußverfahren zu kontrollieren und etwaige zur Anfechtung berechtigende Beschlußmängel zu erkennen.[156] Denn auch der nach § 18 Abs. 1 WEG zur Veräußerung seines Wohnungseigentums rechtskräftig verurteilte Wohnungseigentümer ist bis zur Übertragung des Wohnungseigentums auf den Ersteher im Versteigerungsverfahren nach §§ 53 ff. WEG zur Beschlußanfechtung berechtigt, zumal er grundsätzlich an Beschlüsse und an Rechtshandlungen in Ausführung von Beschlüssen gebunden ist (vgl. § 10 Abs. 4 WEG), die die übrigen Wohnungseigentümer bis zu diesem Zeitpunkt ohne

---

155 Vgl. Larenz, Methodenlehre, S. 375 f., 381.

156 Vgl. oben unter § 7 I 2 a.

seine Mitwirkung fassen. Es besteht damit trotz rechtskräftiger Verurteilung nach § 18 Abs. 1 WEG ein schutzwürdiges Interesse des Wohnungseigentümers an einer Anfechtung fehlerhafter Beschlüsse nach §§ 23 Abs. 4, 43 Abs. 1 Nr. 4 WEG, so daß in diesem Fall ein Ruhen des in § 43 Abs. 1 Nr. 4 WEG ausdrücklich geregelten Beschlußanfechtungsrechts nicht angenommen werden kann. Aufgrund des funktionalen Zusammenhangs zwischen der Ausübung des Beschlußanfechtungsrechts und der Anwesenheit in der Versammlung bedarf die analoge Anwendung des § 25 Abs. 5, 3. Fall WEG auf das Teilnahmerecht also insoweit einer Einschränkung, als daß dem rechtskräftig zur Veräußerung seines Wohnungseigentums verurteilten Wohnungseigentümer zumindest das Recht zur passiven Teilnahme erhalten bleibt.[157]

c) **Ergebnis.** Zur Frage des Teilnahmerechts des rechtskräftig zur Veräußerung seines Wohnungseigentums verurteilten Wohnungseigentümers ist demnach eine differenzierende Lösung geboten. Soweit es um die aktive Teilnahme an der Beratung in der Versammlung und damit um die Teilhabe an der gemeinschaftlichen Willensbildung geht, ruht sein Teilnahmerecht analog § 25 Abs. 5, 3. Fall WEG. Soweit dagegen die Kontrolle des Beschlußverfahrens betroffen ist, bleibt dem Wohnungseigentümer sein Recht auf Anwesenheit in der Versammlung erhalten. Gegen diese differenzierende Lösung läßt sich nicht das abweichende Ergebnis zu den Stimmverbotsfällen des § 25 Abs. 5, 1. und 2. Fall WEG anführen,[158] da deren Schutzzweck lediglich den Einfluß eines privaten Sonderinteresses im Einzelfall verhindern will, während im dritten Fall des § 25 Abs. 5 WEG generell der Einfluß von gemeinschaftswidrigen Interessen auf die gemeinschaftliche Willensbildung verhindert werden soll.[159]

4. Das Ende des Ruhens des Teilnahmerechts

Das Ruhen des Rechts auf aktive Teilnahme an der Versammlung endet mit Beseitigung der formellen Rechtskraft des Urteils, durch das der Wohnungseigentümer zur Veräußerung seines Wohnungseigentums verurteilt wird. Deshalb

---

[157] Den funktionalen Zusammenhang zwischen Beschlußanfechtung und Anwesenheit in der Versammlung verkennen Scholz/Winter, § 15 Rdnr. 148 beim Ausschluß eines GmbH-Gesellschafters (vgl. oben a bb), indem sie dem verurteilten Gesellschafter zwar das Beschlußanfechtungsrecht zugestehen, ihn jedoch uneingeschränkt von der Teilnahme an der Gesellschafterversammlung ausschließen wollen.

[158] Vgl. oben unter § 7 I 2 c.

[159] Vgl. Kefferpütz, Stimmrechtsschranken, S. 187.

lebt das Teilnahmerecht wieder auf, wenn nach Ablauf der Rechtsmittelfrist einem Antrag des verurteilten Wohnungseigentümers auf Wiedereinsetzung in den vorigen Stand nach § 233 ZPO stattgegeben wird.[160] Gleiches gilt, wenn ein seitens des betroffenen Wohnungseigentümers gestellter Antrag auf Wiederaufnahme des Verfahrens nach § 578 ZPO zulässig und begründet ist.[161] Da der Antrag des Wohnungseigentümers sowohl bei der Wiedereinsetzung in den vorigen Stand als auch bei der Wiederaufnahme des Verfahrens keine aufschiebende Wirkung hat, genügt in beiden Fällen das bloße Stellen eines Antrags nicht aus, um das Ruhen des Teilnahmerechts zu beenden.[162] Wird der Wohnungseigentümer aufgrund einer groben Pflichtverletzung im Sinne von § 18 Abs. 2 Nr. 2 WEG (Verzug mit der Zahlung von Lasten- und Kostenbeiträgen) zur Veräußerung seines Wohnungseigentums verurteilt, so ist zu beachten, daß er gemäß § 19 Abs. 2 WEG im Falle einer rechtskräftigen Verurteilung die Veräußerung seines Wohnungseigentums abwenden kann, indem er noch vor Erteilung des Zuschlags nach § 57 WEG die Verpflichtungen zum Ersatz der durch den Rechtsstreit und durch das Versteigerungsverfahren entstandenen Kosten sowie die fälligen weiteren Verpflichtungen zur Lasten- und Kostentragung erfüllt. Da in diesem Fall die Fortführung der Gemeinschaft mit dem betroffenen Wohnungseigentümer wieder zumutbar ist, besteht nach dem Schutzzeck des § 25 Abs. 5, 3. Fall WEG keine Veranlassung mehr, das Recht auf aktive Teilnahme an der Versammlung ruhen zu lassen. Insoweit ist - ebenso wie für das Stimmrecht[163] - auch bei einer entsprechenden Anwendung dieser Vorschrift auf das Teilnahmerecht eine teleologische Reduktion geboten.

II. Ordnungsmaßnahmen der Versammlungsleitung

Die Versammlung kann ihren Zweck, die Willensbildung der Wohnungseigentümer zu ermöglichen, nur erfüllen, wenn ein ordnungsgemäßer Ablauf der Versammlung gesichert ist. Das Teilnahmerecht des Wohnungseigentümers als Recht auf Teilhabe an der Willensbildung in der Versammlung findet daher dort seine Grenze, wo ein ordnungsgemäßer Willensbildungsprozeß in der Versammlung nicht mehr gewährleistet ist. Deshalb wird die Ausübung des Teilnahmerechts

---

[160] Vgl. Kefferpütz, Stimmrechtsschranken, S. 188 f. zum Ruhen des Stimmrechts.
[161] Vgl. Kefferpütz, Stimmrechtsschranken, S. 189 zum Ruhen des Stimmrechts.
[162] Vgl. Hubernagel, § 25 Anm. 3 c; Pick, in: Bärmann/Pick/Merle, § 25 Rdnr. 58.
[163] Vgl. Kefferpütz, Stimmrechtsschranken, S. 190.

durch Ordnungsmaßnahmen beschränkt, die den ordnungsgemäßen Ablauf der Versammlung sicherstellen sollen. Zu unterscheiden sind hierbei einerseits Ordnungsmaßnahmen des Versammlungsvorsitzenden und andererseits Ordnungsmaßnahmen, die in die Zuständigkeit der Versammlung fallen und somit einer Beschlußfassung der Wohnungseigentümer bedürfen.

1. Ordnungsmaßnahmen des Versammlungsvorsitzenden

Soll die Ausübung des Teilnahmerechts durch eine Ordnungsmaßnahme des Versammlungsvorsitzenden eingeschränkt werden, fragt sich zunächst, woraus die Befugnis des Vorsitzenden zur Verhängung von Ordnungsmaßnahmen gegenüber den Wohnungseigentümern abzuleiten ist (a). Sodann bleibt zu klären, welchen Schranken die Verhängung von Ordnungsmaßnahmen ihrerseits unterliegt (b). Schließlich sind die einzelnen in Betracht kommenden Ordnungsmaßnahmen des Versammlungsvorsitzenden zu behandeln (c). Da die Willensbildung in der Versammlung der Wohnungseigentümer in den §§ 23 ff. WEG körperschaftlich in enger Anlehnung an das Vereinsrecht organisiert ist,[164] kann bei der Behandlung der angesprochenen Fragen auf die im Recht der Körperschaften entwickelten Grundsätze zurückgegriffen werden, soweit das WEG selbst keine ausdrückliche Regelung trifft.[165]

a) Das Ordnungsrecht des Versammlungsvorsitzenden. Das WEG regelt die Befugnis des Versammlungsvorsitzenden zur Verhängung von Ordnungsmaßnahmen gegenüber den Wohnungseigentümern nicht ausdrücklich. § 24 Abs. 5 WEG bestimmt lediglich, daß regelmäßig der Verwalter den Vorsitz in der Versammlung führt, sofern diese nichts anderes beschließt. Der Versammlungsvorsitzende ist nicht wie die Versammlung ein eigenes Organ, sondern hat als Funktionsgehilfe[166] die Aufgabe, für die sachgemäße Erledigung der Tagesordnung zu sorgen und eine ungestörte Willensbildung in der Versammlung sicherzustellen.[167] Aus dieser Aufgabe des Versammlungsvorsitzenden ergeben sich auch bei Fehlen

---

164 Vgl. BR-Drucks. 75/51 = PiG 8, 223 (234); vgl. § 1.

165 So ausdrücklich Bub, PiG 25, 49 (56) unter Hinweis auf Pick, in: Bärmann/Pick/-Merle, § 24 Rdnr. 2.

166 Vgl. Scholz/K. Schmidt, § 48 Rdnr. 29 zur GmbH.

167 Augustin, § 24 Rdnr. 7; Bub, PiG 25, 49 (57); BGHZ 44, 245 (248); Eckardt, in: Geßler/Hefermehl/Eckardt/Kropff, Vorb § 118 Rdnr. 35; Martens, WM 1981, 1010 zur AG; Hachenburg/Hüffer, § 48 Rdnr. 31 zur GmbH; Soergel/Hadding, § 32 Rdnr. 20 zum Verein.

einer ausdrücklichen gesetzlichen Regelung seine Befugnisse und deren Grenzen. Er hat danach alle Befugnisse, die ihn in die Lage versetzen, einen ordungsgemäßen Ablauf der Versammlung zu gewährleisten.[168] Zu diesem Zweck hat er auch die Befugnis, Ordnungsmaßnahmen gegen anwesende Wohnungseigentümer zu verhängen. Diese gegenüber den Wohnungseigentümern bestehende Befugnis läßt sich nicht auf das "Hausrecht" stützen.[169] Denn unter das Hausrecht fallen die Befugnisse, die der Hauseigentümer oder der über einen Raum Verfügungsberechtigte aufgrund seines Eigentums- oder Gebrauchsrechtes gegenüber außenstehenden Dritten hat;[170] es steht der Wohnungseigentümerversammlung als Organ und nicht dem Vorsitzenden zu.[171] Dagegen fallen die Befugnisse gegenüber den anwesenden Mitgliedern, die sich aus der Aufgabe der Versammlungsleitung ergeben, unter das Ordnungsrecht (Ordnungsgewalt) des Versammlungsvorsitzenden.[172] Da die Rechtsstellung des Vorsitzenden nach § 24 Abs. 5 WEG durch Beschluß aufgehoben und begründet werden kann, läßt sich im Wohnungseigentumsrecht - ebenso wie im GmbH-Recht, das keine ausdrückliche Regelung des Versammlungsvorsitzes kennt[173] - das Ordnungsrecht des Vorsitzenden als eine von der Versammlung abgeleitete Befugnis ansehen. Dies bedeutet jedoch nicht, daß er sich in Ausübung des Ordnungsrechts stets der Zustimmung der Mehrheit vergewissern muß. Vielmehr bleibt unabhängig von der Beschlußkompetenz der Versammlung nach § 24 Abs. 5 WEG als Inhalt des Ordnungsrechts eines jeden Vorsitzenden stets die Befugnis, in eigener Verantwortung rechtmäßige Ordnungsmaßnahmen zu ergreifen.[174] Aufgrund der von der Versammlung abgeleiteten Rechtsstellung des Vorsitzenden als Funktionsgehilfe kann die Versammlung jedoch jederzeit eine Ordnungsmaßnahme des Versammlungsleiters mit einfacher Mehrheit aufheben.[175] Denn wenn die Versammlung nach § 24 Abs. 5 WEG der Person des Vorsitzenden ihre Rechtsstellung als Versammlungsvorsitzender in ihrer Gesamtheit mit all ihren Befugnissen durch Mehrheitsbeschluß auch noch während der Versammlung entziehen und eine andere Person als Vorsitzenden

---

168 Augustin, § 24 Rdnr. 7; Bub, PiG 25, 49 (57); BGHZ 44, 245 (248) zur AG.

169 So wohl Korff, DWE 1982, 80; mißverständlich Bub, WE 1987, 68 (69).

170 BGHZ 44, 245 (251) zur AG.

171 Bub, WE 1987, 68 (69); Scholz/K. Schmidt, § 48 Rdnr. 33 zur GmbH.

172 Bub, A-Z, S. 234; ders., PiG 25, 49 (58); ders., WE 1987, 68 (69); BGHZ 44, 245 (251) zur AG; Scholz/K. Schmidt, § 48 Rdnr. 34 zur GmbH; zur entsprechenden Unterscheidung von Hausrecht und Ordnungsrecht bei Gemeinderatssitzungen vgl. - Schmidt-Aßmann, 2. Abschnitt Rdnr. 63.

173 Vgl. Scholz/K. Schmidt, § 48 Rdnr. 34; Hachenburg/Hüffer, § 48 Rdnr. 35.

174 So auch Scholz/K. Schmidt, § 48 Rdnr. 34 zur GmbH.

175 Vgl. Hachenburg/Hüffer, § 48 Rdnr. 35 zur GmbH.

einsetzen kann,[176] so muß sie erst Recht einzelne Ordnungsmaßnahmen des Vorsitzenden durch Beschluß aufheben können. Der Versammlung bleibt insoweit also die Letztentscheidung vorbehalten.[177]

Dem Ordnungsrecht des Vorsitzenden entspricht die Ordnungspflicht des einzelnen Wohnungseigentümers als Versammlungsteilnehmer. Die Unterwerfung des Wohnungseigentümers unter die Ordnungsgewalt rechtfertigt sich gerade aus der dem einzelnen Wohnungseigentümer obliegenden Ordnungspflicht, die ihm gebietet, Beeinträchtigungen der ordnungsgemäßen Willensbildung in der Versammlung zu unterlassen. Da insoweit jeder Wohnungseigentümer Verantwortung für den ordnungsgemäßen Ablauf der ihn bindenden Willensbildung trägt, wird sein Teilnahmerecht durch die Ordnungspflicht begrenzt. Dem Versammlungsvorsitzenden kommt lediglich die Aufgabe zu, die Einhaltung der Ordnungspflicht zu überwachen und notfalls durch Ordnungsmaßnahmen zu erzwingen.

b) Die inhaltliche Bindung des Ordnungsrechts. Grundsätzlich steht dem Versammlungsvorsitzenden bei der Ausübung seines Ordnungsrechts ein weiter Ermessensspielraum zu.[178] Da jedoch Ordnungsmaßnahmen des Vorsitzenden die betroffenen Wohnungseigentümer in der Ausübung ihres Teilnahmerechts einschränken und insoweit in deren Mitgliedschaft eingreifen, unterliegen Ordnungsmaßnahmen ihrerseits inhaltlichen Bindungen, die sich aus dem Gleichbehandlungsgrundsatz und dem Grundsatz der Verhältnismäßigkeit ergeben.[179]

aa) Der Gleichbehandlungsgrundsatz. Aufgrund des Gleichbehandlungsgrundsatzes ist der Versammlungsvorsitzende gehalten, die Wohnungseigentümer im Rahmen von Ordnungsmaßnahmen gleichmäßig zu behandeln. Denn ebenso wie im Gesellschaftsrecht[180] findet der Grundsatz der gleichmäßigen Behandlung der Mitglieder, der seine Rechtfertigung aus der Herrschaft der Mehrheit in einem Gemeinschaftsverhältnis erfährt,[181] auch auf das Gemeinschaftsverhältnis der Wohnungseigen-

---

176 Pick, in: Bärmann/Pick/Merle, § 24 Rdnr. 19; Weitnauer/Lüke, § 24 Rdnr. 14; Palandt/Bassenge, WEG § 24 Rdnr. 10; Bub, PiG 25, 49 (59).

177 Vgl. Hachenburg/Hüffer, § 48 Rdnr. 35; Scholz/K. Schmidt, § 48 Rdnr. 34 zur GmbH.

178 Vgl. Martens, WM 1981, 1010 zur AG.

179 Bub, PiG 25, 49 (57 ff.); ders., WE 1987, 68 (69); ders., A-Z, S. 234; KölnerKomm/Zöllner, § 119 Rdnr. 91; Martens, WM 1981, 1010 (1011) zur AG; Soergel/-Hadding, § 32 Rdnr. 20 zum Verein.

180 Vgl. K. Schmidt, Gesellschaftsrecht, § 16 II 4 b, S. 378 ff. m.w.N.

181 Vgl. K. Schmidt, Gesellschaftsrecht, § 16 II 4 b aa, S. 379 m.w.N.

tümer Anwendung.[182] Als immanente Schranke der Mehrheitsherrschaft greift der Gleichbehandlungsgrundsatz immer dann ein, wenn eine Mehrheit von Rechts wegen in der Lage ist, ihren Willen ohne Rücksicht auf die Willensübereinstimmung aller Betroffenen durchzusetzen.[183] Auch wenn eine Ordnungsmaßnahme des Versammlungsvorsitzenden nicht unmittelbar auf einer Mehrheitsentscheidung der Wohnungseigentümerversammlung beruht, handelt es sich doch um eine Maßnahme, die das Gemeinschaftsverhältnis der Wohnungseigentümer betrifft. Da das Ordnungsrecht dem Vorsitzenden lediglich von der originären Zuständigkeit der Versammlung abgeleitete Befugnisse verleiht, deren Ausübung unter dem Vorbehalt einer abweichenden Mehrheitsentscheidung der Versammlung steht (s.o. a), sind Ordnungsmaßnahmen letztlich Ausfluß der originären Mehrheitsherrschaft im Gemeinschaftsverhältnis der Wohnungseigentümer untereinander, so daß sie insoweit auch an dem allgemeinen Gleichbehandlungsgrundsatz zu messen sind. Der Gleichbehandlungsgrundsatz stellt keine starre Schranke der Ordnungsmaßnahme dar und verlangt keine absolute Gleichbehandlung aller Wohnungseigentümer; vielmehr verbietet er nur die willkürliche Ausübung des Ordnungsrechts.[184]

bb) Der Grundsatz der Verhältnismäßigkeit. Beschränkungen des Teilnahmerechts des Wohnungseigentümers durch Ordnungsmaßnahmen des Versammlungsvorsitzenden sind weiterhin nur dann rechtmäßig, wenn diese den Grundsatz der Verhältnismäßigkeit beachten.[185] Danach muß die Ordnungsmaßnahme, die einen ordnungsgemäßen Ablauf der Versammlung sicherstellen soll, zu diesem Zweck geeignet, erforderlich und angemessen sein. Als positive Wirksamkeitsvoraussetzung einer Ordnungsmaßnahme hat der Grundsatz der Verhältnismäßigkeit seine Grundlage ebenfalls in dem vom Mehrheitsprinzip beherrschten Gemeinschaftsverhältnis. Denn der Verhältnismäßigkeitsgrundsatz setzt als allgemeines Prinzip der Mehrheitsherrschaft insoweit Grenzen, als daß Mehrheitsbeschlüsse, die die Rechte einzelner Mitglieder beschränken, nur rechtmäßig gefaßt sind, wenn die Rechtsbeschränkung einen sachlichen Grund verfolgt und nach den

---

182 Vgl. BayObLG, WE 1993, 256; zum Gleichbehandlungsgrundsatz als Stimmrechtsschranke im Wohnungseigentumsrecht vgl. Kefferpütz, Stimmrechtsschranken, S. 217 ff.; zur schlichten Rechtsgemeinschaft vgl. G. Hueck, Gleichmäßige Behandlung, S. 128.

183 Vgl. Wiedemann, Gesellschaftsrecht I, § 8 II 2 a, S. 428 f.

184 Vgl. allgemein K. Schmidt, Gesellschaftsrecht § 16 II 4 b dd, S. 380; G. Hueck, Gleichmäßige Behandlung, S. 194.

185 Vgl. BGHZ 44, 245 (255).

Prinzipien der Verhältnismäßigkeit notwendig ist.[186] Gleiches hat für Ordnungsmaßnahmen des Versammlungsvorsitzenden zu gelten, dessen Ordnungsrecht sich nach den obigen Ausführungen gerade aus der Mehrheitsherrschaft der Wohnungseigentümer in der Versammlung ableitet und dessen Maßnahmen in gleicher Weise das Teilnahmerecht betroffener Wohnungseigentümer beschränken wie ein entsprechender Mehrheitsbeschluß der Versammlung. Auch Ordnungsmaßnahmen des Versammlungsvorsitzenden bedürfen daher der Rechtfertigung durch einen sachlichen Grund, nämlich der Aufrechterhaltung der Ordnung in der Versammlung. Zu diesem Zweck muß die jeweilige Maßnahme geeignet, erforderlich und angemessen sein. Das bedeutet, daß der Vorsitzende stets die mildeste geeignete Maßnahme zu wählen hat, die in das Teilnahmerecht des einzelnen möglichst schonend eingreift.[187]

c) Die einzelnen Ordnungsmaßnahmen. Aus dem Grundsatz der Verhältnismäßigkeit ergibt sich eine Stufung der einzelnen Ordnungsmaßnahmen je nach ihrer Eingriffsintensität. Im einzelnen ist im Rahmen von Ordnungsmaßnahmen zwischen einer bloßen Redezeitbeschränkung, dem Wortentzug sowie dem Ausschluß aus der Versammlung als ultima ratio zu unterscheiden.

aa) Die Beschränkung der Redezeit. Grundsätzlich zulässig ist die Einschränkung des Rederechts des Wohnungseigentümers durch eine Begrenzung der Redezeit, wenn sie aus dem sachlichen Grund erfolgt, die ordnungsgemäße Durchführung der Versammlung sicherzustellen.[188] Zu unterscheiden sind die allgemeine Redezeitbeschränkung vor Beginn der Beratung und die spezielle Redezeitbeschränkung nach Beginn der Beratung.

---

[186] Vgl. grundlegend Zöllner, Schranken, S. 351, der das Verhältnismäßigkeitsprinzip im Verbandsrecht als Parallele zum Grundsatz der Verhältnismäßigkeit von hoheitlichen Eingriffsmaßnahmen auf dem Gebiet des öffentlichen Rechts ansieht; vgl. auch BGHZ 71, 40 (46), zur Verhältnismäßigkeit eines Bezugsrechtsausschlusses nach § 186 Abs. 3 AktG.

[187] Vgl. Hachenburg/Hüffer, § 48 Rdnr. 33 zur GmbH.

[188] OLG Stuttgart, NJW-RR 1986, 1277; Soergel/Stürner, WEG § 24 Rdnr. 8; Augustin, § 24 Rdnr. 7; Palandt/Bassenge, WEG § 24 Rdnr. 8; Bub, A-Z, S. 235; ders., WE 1987, 68 (70); Wangemann, Eigentümerversammlung, Rdnr. C 154; Röll, Handbuch, Rdnr. 240; vgl. Soergel/Hadding, § 32 Rdnr. 20 zum Verein; vgl. BGHZ 44, 245 (248); KölnerKomm/Zöllner, § 119 Rdnr. 84 f.; Eckardt, in: Geßler/Hefermehl/-Eckardt/Kropff, Vorb § 118 Rdnr. 16; Quack, AG 1985, 145 (146 ff.); Martens, WM 1981, 1010 (1013) jeweils zur AG; Scholz/K. Schmidt, § 48 Rdnr. 34; Hachenburg/-Hüffer, § 48 Rdnr. 34 zur GmbH.

(1) Die allgemeine Beschränkung der Redezeit. Die vor Beginn der Beratung verhängte allgemeine Beschränkung der Redezeit betrifft die Redebeiträge sämtlicher in der Versammlung anwesender Wohnungseigentümer. Sie ist insbesondere bei großen Versammlungen mit einer Vielzahl von Teilnehmern ratsam. Eine generelle Beschränkung der Redezeit kann bereits in der Gemeinschaftsordnung vereinbart werden. Die dort bestimmten Redezeiten dienen jedoch regelmäßig nur als Anhaltspunkt für die Angemessenheit einer konkreten Redezeitbeschränkung in der Versammlung, so daß kein Wohnungseigentümer unter Berufung auf die Bestimmung in der Gemeinschaftsordnung in der Versammlung die Beendigung des Vortrags nach Ablauf der bestimmten Redezeit verlangen kann; in der Versammlung kann eine Überschreitung der in der Gemeinschaftsordnung festgelegten Redezeit zugelassen werden.[189]

(a) Die Zuständigkeit des Versammlungsvorsitzenden. Da die generelle Beschränkung der Redezeit alle anwesenden Wohnungseigentümer in gleicher Weise betrifft, erscheint fraglich, ob bei Fehlen einer ausdrücklichen Bestimmung in der Gemeinschaftsordnung eine derartige Einschränkung des Rederechts überhaupt in die Zuständigkeit des Versammlungsvorsitzenden fällt, oder ob nicht vielmehr die alleinige Zuständigkeit der Versammlung gegeben ist. Im letzteren Fall wäre zur generellen Beschränkung der Redezeit stets ein Mehrheitsbeschluß der Versammlung erforderlich.[190] Dagegen ist jedoch zu bedenken, daß der Versammlungsvorsitzende die Aufgabe hat, für den ordnungsgemäßen Ablauf der Versammlung zu sorgen, und daß ihm sämtliche Befugnisse zur Wahrnehmung dieser Aufgabe zustehen.[191] Soweit bereits vor Beginn der Beratung absehbar ist, daß angesichts von Art und Umfang der einzelnen Tagesordnungspunkte und der Anzahl der zu erwartenden Redebeiträge eine ordnungsgemäße Behandlung der Tagesordnung nicht möglich ist, so muß auch der Versammlungsvorsitzende die Befugnis haben, eine generelle Redezeitbeschränkung festzusetzen, ohne daß es eines Mehrheitsbeschlusses der anwesenden Wohnungseigentümer bedarf.[192] Zudem steht zu befürchten, daß die Mehrheit der Wohnungseigentümer im Zweifel kein Interesse an

---

[189] Wangemann, Eigentümerversammlung, Rdnr. C 154.

[190] So RGZ 36, 24 (26); Eckardt, in: Geßler/Hefermehl/Eckardt/Kropff, Vorb § 118 Rdnr. 46 zur AG; Meyer-Landrut, § 48 Rdnr. 11 zur GmbH; so wohl auch Wangemann, Eigentümerversammlung, Rdnr. C 155, der nur von einer Entscheidung der Versammlung spricht; offenlassend BGHZ 44, 245 (247) zur AG.

[191] S.o. a).

[192] So im Ergebnis auch LG Düsseldorf, BB 1962, 384; KölnerKomm/Zöllner, § 119 Rdnr. 84; Obermüller/Werner/Winden, S. 93 f.; Martens, WM 1981, 1010 (1013 Fn. 23); Quack, AG 1985, 145 (146) zur AG.

einer generellen Redezeitbeschränkung haben und sie sich deshalb nicht zu einer entsprechenden Beschlußfassung entschließen können. Die ordnungsgemäße Erledigung der Tagesordnung kann somit nur durch eine unvoreingenommene Entscheidung des Versammlungsvorsitzenden sichergestellt werden.[193] Neben der Versammlung kann also der Vorsitzende rechtmäßig eine generelle Beschränkung der Redezeit verhängen, ohne daß es einer Mehrheitsbeschlußfassung der anwesenden Wohnungseigentümer bedarf.

(b) Die gleichmäßige Beschränkung der Redezeit. Bei einer generellen Redezeitbeschränkung hat der Versammlungsvorsitzende darauf zu achten, daß sich jeder Wohnungseigentümer in angemessener Weise Gehör verschaffen kann; der Grundsatz der Gleichbehandlung gebietet insoweit, auch der Minderheit Gelegenheit zu verschaffen, ihre abweichende Ansicht in der Versammlung vorzubringen.[194] Die Anwendung des Gleichbehandlungsgrundsatzes wirft jedoch die Frage auf, ob die Gleichbehandlung der Wohnungseigentümer nach Köpfen oder nach dem jeweiligen Miteigentumsanteil am gemeinschaftlichen Eigentum zu bemessen ist.[195] Da sich gemäß § 25 Abs. 2 S. 1 WEG die Stimmkraft nach Köpfen bemißt, wird auch die Bemessung der Redezeit nach Köpfen einer gleichmäßigen Behandlung der Wohnungseigentümer entsprechen. Gleiches gilt grundsätzlich auch dann, wenn vereinbart wurde, die Stimmkraft nach Miteigentumsanteilen oder dem Objektsprinzip zu bestimmen; denn es wäre angesichts der die Minderheit schützenden Funktion des Rederechts unangemessen, daß ein Wohnungseigentümer, der den zehnfachen Miteigentumsanteil oder zehn Wohnungen innehat, auch zehnmal soviel Redezeit beanspruchen kann.[196] Das Rederecht dient gerade dazu, daß auch die Minderheit ihre Ansicht vortragen kann und die Möglichkeit hat, auf die Mehrheit einzuwirken. Bei der Bemessung der Redezeit ist jedoch zu beacheten, daß nicht in jedem Fall eine starre Gleichbehandlung zu wahren ist, sondern daß vielmehr in jedem Einzelfall nach dem Grundsatz der Verhältnismäßigkeit eine angemessene Regelung zu treffen ist.

(2) Die spezielle Beschränkung der Redezeit. Neben der generellen Beschränkung der Redezeit kann der Versammlungsvorsitzende kraft seiner Ordnungsgewalt auch eine spezielle Redezeitbeschränkung gegenüber einem einzelnen Redner

---

193 Vgl. Martens, WM 1981, 1010 (1013 Fn. 23) zur AG.

194 Bub, WE 1987, 68 (70).

195 Entsprechend stellt sich im Aktienrecht die Frage, ob die Redezeit nach Köpfen oder Kapitalanteil zu bemessen ist, vgl. KölnerKomm/Zöllner, § 119 Rdnr. 91.

196 Vgl. KölnerKomm/Zöllner, § 119 Rdnr. 91 zur AG.

verhängen, wenn der ordnungsgemäße Ablauf der Versammlung durch dessen Redebeitrag gestört wird.[197] Dies ist insbesondere anzunehmen, wenn der Redner weitschweifige Ausführungen macht, in denen er sich ständig wiederholt. Eine spezielle Redezeitbeschränkung ist ferner angebracht, wenn der Redner sich überhaupt nicht zu einem Gegenstand der Tagesordnung äußert oder unsachliche Bemerkungen macht. Ein derartiger Mißbrauch des Rederechts stört die ordnungsgemäße Abwicklung der Tagesordnung und rechtfertigt deshalb eine Beschränkung der Ausübung des Teilnahmerechts.[198] Bei der Bemessung der weiteren Redezeit im einzelnen ist wiederum der Grundsatz der Verhältnismäßigkeit zu beachten; maßgeblich ist auch hier die Anzahl der noch zu erwartenden Redebeiträge und die Art des Mißbrauchs des Rederechts. Kann von dem Redner Sachbezogenes nicht mehr erwartet werden, so kann die noch verbleibende Redezeit entsprechend kurz bemessen sein.[199] Betrifft der Redebeitrag beispielsweise einen in der Vergangenheit abgeschlossenen Sachverhalt, ohne daß eine Beschlußfassung in der gegenwärtigen Versammlung ansteht, so ist bei einer großen Wohnungseigentümergemeinschaft eine Redezeit von drei Minuten angemessen.[200] Als mildere Ordnungsmaßnahme ist die spezielle Beschränkung der Redezeit in jedem Fall einem Wortentzug vorzuziehen, wenn sie in gleicher Weise geeignet ist, die bestehende Störung des ordnungsgemäßen Ablaufs der Versammlung zu unterbinden.[201]

bb) Die Entziehung des Wortes. Überschreitet der jeweilige Redner die speziell oder generell festgelegte Redezeit, so kann der Versammlungsvorsitzende ihm nach vorheriger Abmahnung das Wort entziehen.[202] Ein derartiger Ausschluß von der Ausübung des Rederechts kommt auch ohne vorherige Redezeitbeschränkung in Betracht, wenn der Redner in Inhalt oder Form beleidigende Äußerungen

---

[197] Vgl. OLG Stuttgart, NJW-RR 1986, 1277 (Redezeitbeschränkung durch Versammlungsbeschluß); vgl. BGHZ 44, 245 (248); LG Frankfurt/M, AG 1984, 192 (194); - KölnerKomm/Zöllner, § 119 Rdnr. 85; Quack, AG 1985, 145 (147); Trouet, NJW 1986, 1302 (1306) zur AG; vgl. Soergel/Hadding, § 32 Rdnr. 20 zum Verein.

[198] Vgl. Bub, WE 1987, 68 (70); Quack, AG 1985, 145 (147) zur AG.

[199] Vgl. Quack, AG 1985, 145 (147) zur AG.

[200] So im Fall von OLG Stuttgart, NJW-RR 1986, 1277.

[201] Vgl. KölnerKomm/Zöllner, § 119 Rdnr. 85 zur AG.

[202] Bub, WE 1987, 68 (70); Wangemann, Eigentümerversammlung, Rdnr. C 156; LG Frankfurt/M, AG 1984, 192 (194); KölnerKomm/Zöllner, § 119 Rdnr. 86; Eckardt, in: Geßler/Hefermehl/Eckardt/Kropff, Vorb § 118 Rdnr. 47 zur AG; Soergel/Hadding, § 32 Rdnr. 20 zum Verein; Scholz/K. Schmidt, § 48 Rdnr. 34 zur GmbH.

macht.[203] Erfaßt werden jedoch nur beleidigende Werturteile; bloße Tatsachenmitteilungen, die zur Sache in Wahrnehmung eines berechtigten Interesses gemacht werden, genügen für einen Wortentzug auch dann nicht, wenn sie für einzelne Betroffene herabwürdigend sind.[204]

Da der Versammlungsvorsitzende auch bei der Entziehung des Wortes eine von der Zuständigkeit der Versammlung abgeleitete Befugnis wahrnimmt, steht der Versammlung auch im Fall des Wortentzugs das Letztentscheidungsrecht zu.[205] Der Entscheidung des Vorsitzenden über die Entziehung des Wortes kann also seitens der Versammlung widersprochen werden. In diesem Fall entscheidet die Versammlung durch Mehrheitsbeschluß verbindlich über die Entziehung des Wortes.[206]

cc) Der Ausschluß aus der Versammlung. Die gegenüber der Entziehung des Wortes einschneidendere Beschränkung des Teilnahmerechts ist der Ausschluß eines Wohnungseigentümers aus der Versammlung. Er beschränkt nicht nur das Rederecht, sondern hindert den betroffenen Wohnungseigentümer im vollen Umfang an der weiteren Ausübung seines Teilnahmerechts und darüberhinaus auch in der Ausübung seines Stimmrechts, das grundsätzlich in der Versammlung auszuüben ist.[207] Aufgrund dieses intensiven Eingriffs in die mitgliedschaftliche Rechtsstellung des Wohnungseigentümers kommt der Ausschluß aus der Versammlung nur als ultima ratio in Betracht.[208] Der Versammlungsvorsitzende kann danach den betroffenen Wohnungseigentümer nur dann von der Versammlung ausschließen, wenn er den ordnungsgemäßen Ablauf der Versammlung durch Lärmen, übermäßge Zurufe oder Obstruktionsreden (sog. Filibustern) erheblich stört und die Störung nicht durch ein milderes Mittel behoben werden kann.[209]

---

203 Bub, A-Z, S. 236; ders., WE 1987, 68 (70); Wangemann, Eigentümerversammlung, Rdnr. C 156; KölnerKomm/Zöllner, § 119 Rdnr. 86; Eckardt, in: Geßler/Hefermehl/Eckardt/Kropff, Vorb § 118 Rdnr. 47 zur AG.

204 Vgl. KölnerKomm/Zöllner, § 119 Rdnr. 86 zur AG.

205 S.o. unter a).

206 Wangemann, Eigentümerversammlung, Rdnr. C 156.

207 S.o. unter § 7 I 1.

208 Augustin, § 24 Rdnr. 7; vgl. BGHZ 44, 245 (255) zur AG; Scholz/K. Schmidt, § 48 Rdnr. 34 zur GmbH; Soergel/Hadding, § 32 Rdnr. 20 zum Verein.

209 Vgl. BGHZ 44, 245 (LS 1 c) zur AG.

Dagegen ist der Ausschluß eines Wohnungseigentümers aus der Versammlung nicht erst unter den strengen Voraussetzungen der Notwehr zulässig.[210] Eine andere Auffassung ließe sich nur vertreten, wenn man den Ausschluß als Reaktion auf einen gegenwärtigen rechtswidrigen Angriff auf das Hausrecht begreift. Da jedoch auch diese Ordnungsmaßnahme aus der Aufgabe des Versammlungsvorsitzenden folgt, den ordnungsgemäßen Ablauf der Versammlung zu gewährleisten, ist nicht das Hausrecht, sondern die Ordnungsgewalt des Versammlungsvorsitzenden Rechtsgrundlage für den Ausschluß eines Wohnungseigentümers aus der Versammlung.[211] Das Hausrecht ist damit als notwehrfähiges Rechtsgut nicht betroffen.[212] Daraus folgt jedoch nicht, daß die Störung des Versammlungsablaufs nicht gegenwärtig zu sein braucht. Vielmehr ist der Ausschluß aus der Versammlung nur dann zulässig, wenn er auf Beseitigung einer gegenwärtigen Störung gerichtet ist und diese Störung durch keine weniger einschneidende Ordnungsmaßnahme beseitigt werden kann.[213] Kommt der betroffene Wohnungseigentümer der Anordnung des Ausschlusses nicht nach, so kann der Vorsitzende ihn mit Gewalt aus der Versammlung entfernen lassen; hierzu kann er sich Saalordnern und notfalls sogar der Polizei bedienen.[214] Beim Ausschluß eines Wohnungseigentümers aus der Versammlung ist zu bedenken, daß dieser zur Beschlußunfähigkeit der Versammlung für nachfolgende Abstimmungen führen kann.[215]

2. Ordnungsbeschlüsse der Versammlung

Von den genannten Ordnungsmaßnahmen des Versammlungsvorsitzenden sind die Ordnungsbeschlüsse der Versammlung abzugrenzen. Da jeder Wohnungseigentümer an wirksam gefaßte Beschlüsse der Versammlung gebunden ist, kann sich eine Einschränkung in der Ausübung des Teilnahmerechts auch durch Ordnungsbeschlüsse ergeben. Ebenso wie die Ordnungsmaßnahmen des Versammlungsleiters verfolgen diese den Zweck, den ordnungsgemäßen Ablauf der Versammlung sicherzustellen. Rechtmäßige Ordnungsbeschlüsse setzen voraus, daß die Beschlußzuständigkeit der Versammlung gegeben ist. Da der Versammlung nach

---

210 Vgl. BGHZ 44, 245 (251); KölnerKomm/Zöllner, § 119 Rdnr. 89 m.w.N. zur früher vertretenen abweichenden Ansicht im Aktienrecht; vgl. auch Scholz/K. Schmidt, § 48 Rdnr. 34 zur GmbH.

211 S.o. unter a).

212 Vgl. BGHZ 44, 245 (251); KölnerKomm/Zöllner, § 119 Rdnr. 89 zur AG.

213 Vgl. KölnerKomm/Zöllner, § 119 Rdnr. 89.

214 Vgl. KölnerKomm/Zöllner, § 119 Rdnr. 90 zur AG.

215 Augustin, § 24 Rdnr. 7.

der hier vertretenen Ansicht (s.o. 1 a) auch im Rahmen der Ordnungsgewalt des Versammlungsvorsitzenden die Letztentscheidungskompetenz zusteht, stellt sich hier die Frage, welche Ordnungsmaßnahmen zu ihrer Rechtmäßigkeit zwingend einer Beschlußfassung der Versammlung bedürfen und vom Vorsitzenden nicht in eigener Zuständigkeit rechtmäßig verhängt werden können.

a) Die originäre Zuständigkeit der Versammlung. Die alleinige Zuständigkeit der Versammlung ist zunächst für solche Entscheidungen gegeben, in denen der Versammlungsvorsitzende deshalb nicht entscheidungsbefugt ist, weil die Entscheidung nicht nur auf den äußeren Ablauf der Versammlung einwirkt und die Einhaltung der Ordnungspflicht jedes einzelnen Wohnungseigentümers bewirkt, sondern darüberhinaus unmittelbar die Tagesordnung in der Sache und damit die Interessen aller an einer Sachdebatte betrifft.[216] Zu nennen sind hier die Absetzung einzelner Punkte von der Tagesordnung[217] sowie die Vertagung der Versammlung im Gegensatz zur zeitweiligen Unterbrechung der Sitzung, die nicht zuletzt zur Durchsetzung einer Ordnungsmaßnahme des Versammlungsvorsitzenden - z.B. eines Versammlungsausschlusses - notwendig sein kann.[218] Die erstgenannten Entscheidungen verhindern eine Beschlußfassung der konkret einberufenen Versammlung in der Sache; deshalb ist die alleinige Zuständigkeit der Versammlung gegeben. Im Falle der Vertagung der Versammlung bedarf es wiederum einer ordnungsgemäßen Einberufung der Versammlung nach § 23 Abs. 2 WEG, es sei denn, jeder einzelne Wohnungseigentümer verzichtet ausdrücklich auf eine erneute Einberufung.[219]

Fraglich ist, ob der Versammlung auch die alleinige Befugnis zukommt, den Schluß der Debatte zu beschließen,[220] oder ob auch dem Versammlungsvorsitzenden das Recht zusteht, ohne entsprechende Beschlußfassung der Versammlung den

216 Vgl. Scholz/K. Schmidt, § 48 Rdnr. 35 zur GmbH.

217 Vgl. Zöllner, in: Baumbach/Hueck, § 48 Rdnr. 10; Scholz/K. Schmidt, § 48 Rdnr. 35; Vogel, Gesellschafterbeschlüsse, S. 151 zur GmbH; Martens, WM 1981, 1010 (1013) zur AG.

218 Bub, WE 1987, 68 (70); vgl. Scholz/K. Schmidt, § 48 Rdnr. 35; Zöllner, in: Baumbach/Hueck, § 48 Rdnr. 10; Vogel, Gesellschafterbeschlüsse, S. 151 zur GmbH; Martens, WM 1981, 1010 (1013) zur AG.

219 Vgl. Vogel, Gesellschafterbeschlüsse, S. 91; Scholz/K. Schmidt, § 48 Rdnr. 35.

220 So Augustin, § 24 Rdnr. 7; Bub, A-Z, S. 235 f.; Wangemann, Eigentümerversammlung, Rdnr. C 156; vgl. Martens, WM 1981, 1010 (1013) zur AG; Soergel/Hadding, § 32 Rdnr. 20 zum Verein.

Schluß der Debatte anzuordnen.[221] Im Gegensatz zu einer generellen Beschränkung der Redezeit (s.o. unter 1. c aa (1)) wird durch eine derartige Entscheidung nicht nur der zeitliche Rahmen jedes einzelnen Redebeitrags beschränkt, sondern vielmehr die Sachdebatte selbst beendet. Da die Beendigung der Debatte insoweit die sachliche Erörterung von Tagesordnungspunkten betrifft, ist auch in dieser Frage von einer alleinigen Zuständigkeit der Versammlung auszugehen. Der Versammlungsvorsitzende kann also lediglich das Ende der Debatte anregen und die Versammlung darüber mehrheitlich beschließen lassen.[222] Der Antrag auf Beschlußfassung über das Ende der Debatte kann darüberhinaus von jedem anwesenden Wohnungseigentümer gestellt werden; weitere Wortmeldungen sind als Antrag auf Fortsetzung der Debatte auszulegen.[223] Der Beschluß der Versammlung über das Ende der Debatte ist nur dann rechtmäßig, wenn keine wesentlichen Wortbeiträge zur Sache mehr zu erwarten sind; das Rederecht der Minderheit darf auch in diesem Fall nicht ungebührlich beschränkt werden.[224]

b) Die Delegation von Zuständigkeiten des Versammlungsvorsitzenden an die Versammlung. Über die genannten Fälle der alleinigen Zuständigkeit der Versammlung hinaus ist fraglich, ob der Versammlungsvorsitzende im Einzelfall seine kraft seiner Ordnungsgewalt bestehende Entscheidungszuständigkeit für Ordnungsmaßnahmen auf die Versammlung delegieren kann, indem er die Versammlung über eine bestimmte Ordnungsmaßnahme mehrheitlich beschließen läßt.[225] Da im WEG die formale Ordnung in der Versammlung keine ausdrückliche Regelung erfahren hat und - abweichend von der aktienrechtlichen Regelung in § 119 Abs. 1 AktG[226] - im Wohnungseigentumsrecht die Zuständigkeit der Versammlung nicht beschränkt ist, sondern vielmehr innerhalb des Gemeinschaftsverhältnisses der Wohnungseigentümer im Grundsatz von einer Allzuständigkeit der Versammlung als Willensbildungsorgan der Wohnungseigentümer auszugehen ist, ergeben sich aus der wohnungseigentumsrechtlichen Zuständigkeitsordnung keine Beden-

---

221 So KölnerKomm/Zöllner, § 119 Rdnr. 94 zur AG; Scholz/K. Schmidt, § 48 Rdnr. 34 zur GmbH.

222 Augustin, § 24 Rdnr. 7; Bub, A-Z, S. 235.

223 Bub, A-Z, S. 235 f.

224 Vgl. Martens, WM 1981, 1010 (1013); KölnerKomm/Zöllner, § 119 Rdnr. 93 zur AG.

225 Vgl. BGHZ 44, 245 (249); KölnerKomm/Zöllner, § 119 Rdnr. 92; Martens, WM 1981, 1010 (1012 f.) zur entsprechenden Problematik bei der AG.

226 Martens, WM 1981, 1010 (1012) weist zutreffend darauf hin, daß sich aus § 119 Abs. 1 AktG für Ordnungsmaßnahmen keine abschließende Beschränkung der Zuständigkeit der Hauptversammlung ergibt; offenlassend BGHZ 44, 245 (249) zu § 103 AktG a.F.

ken gegen eine Delegation von Entscheidungszuständigkeiten des Vorsitzenden auf die Versammlung. Für die Zulässigkeit einer Übertragung von Entscheidungskompetenzen auf die Versammlung spricht vielmehr die von der Versammlung abgeleitete Rechtsstellung des Versammlungsvorsitzenden als Funktionsgehilfe der Versammlung.[227] Steht danach jede Ordnungsmaßnahme ohnehin unter dem Vorbehalt einer nachträglichen, der Maßnahme widersprechenden Mehrheitsbeschlußfassung der Versammlung,[228] so muß für den Versammlungsvorsitzenden die Möglichkeit bestehen, bereits im voraus die Versammlung über die Ordnungsmaßnahme beschließen zu lassen. Aufgrund der bestehenden Letztentscheidungskompetenz der Versammlung handelt es sich insoweit also lediglich um eine Rückübertragung einer originären Zuständigkeit der Versammlung. Hat danach der Vorsitzende die Entscheidung über eine bestimmte Ordnungsmaßnahme der Mehrheitsbeschlußfassung der Versammlung überantwortet, so ist er an einen entsprechenden Ordnungsbeschluß ebenso gebunden, wie wenn die Versammlung eine von ihm verhängte Ordnungsmaßnahme nachträglich durch Mehrheitsbeschluß aufheben würde.[229] Die Bindung des Vorsitzenden besteht allerdings nur im Verhältnis zur Versammlung, so daß die etwaige Rechtswidrigkeit der Ordnungsmaßnahme gegenüber dem Betroffenen durch eine Mehrheitsbeschlußfassung der Versammlung nicht behoben wird.[230]

3. Der Rechtsschutz gegen rechtswidrige Ordnungsmaßnahmen

Da eine rechtswidrige Ordnungsmaßnahme stets einen rechtswidrigen Eingriff in das Teilnahmerecht des Wohnungseigentümers darstellt, bleibt zu fragen, welche Rechtsschutzmöglichkeiten dem betroffenen Wohnungseigentümer zustehen.

Sowohl bei Ordnungsbeschlüssen der Versammlung als auch bei Ordnungsmaßnahmen des Versammlungsvorsitzenden ist zu bedenken, daß sie sich nur für die Dauer der konkret einberufenen Versammlung auswirken und sich mit Ablauf der Versammlung erledigen. Der nachträglichen Anfechtung eines Ordnungsbeschlusses im gerichtlichen Verfahren nach § 23 Abs. 4 WEG i.V.m. § 43 Abs. 1 Nr.

---

227 S.o. unter 1 a.

228 S.o. unter 1 a; vgl. Scholz/K. Schmidt, § 48 Rdnr. 34 zur GmbH.

229 So im Ergebnis auch Martens, WM 1981, 1010 (1013); KölnerKomm/Zöllner, § 119 Rdnr. 92; offenlassend BGHZ 44, 245 (249) zur AG; zur GmbH vgl. Scholz/K. Schmidt, § 48 Rdnr. 34.

230 Vgl. Scholz/K. Schmidt, § 48 Rdnr. 34 zur GmbH.

4 WEG fehlt daher das Rechtsschutzbedürfnis.[231] Gegen rechtswidrige Ordnungsmaßnahmen bleibt dem betroffenen Wohnungseigentümer die Möglichkeit, eine abweichende Beschlußfassung der Versammlung zu veranlassen.[232] Ergibt sich bereits im Vorfeld der Versammlung, daß ein vom Stimmrecht ausgeschlossener Wohnungseigentümer rechtswidrig von seinem Teilnahmerecht ausgeschlossen werden soll, so kann der betroffene Wohnungseigentümer zum Schutz seines aus dem Wohnungseigentum fließenden Teilnahmerechts gegenüber den anderen Wohnungseigentümern gemäß § 1004 BGB Unterlassung verlangen.[233] Zur rechtzeitigen Durchsetzung dieses Anspruchs kann der Erlaß einer einstweiligen Anordnung nach § 44 Abs. 3 WEG beantragt werden.[234]

Ausnahmsweise kann ein Beschluß, der einen Wohnungseigentümer oder seinen Vertreter über die gegenwärtige Versammlung hinaus auch für zukünftige Versammlungen rechtswidrig von der Teilnahme an der Versammlung ausschließt, isoliert im gerichtlichen Verfahren nach § 23 Abs. 4 WEG i.V.m. § 43 Abs. 1 Nr. 4 WEG angefochten werden.[235] Denn in diesem Fall erledigt sich der Beschluß nicht bereits mit Ablauf der konkret einberufenen Versammlung, so daß das Rechtsschutzbedürfnis für eine Beschlußanfechtung nicht entfallen ist.

Regelmäßig ist nachträglicher Rechtschutz gegen rechtswidrige Ordnungsmaßnahmen nur gegen Beschlüsse in der Sache möglich, die in der betreffenden Versammlung gefaßt worden sind.[236] Da es sich hierbei um einen Verfahrensmangel handelt, der den angefochtenen Beschlüssen nicht unmittelbar anhaftet, fragt sich, ob im Sinne potentieller Kausalität - ebenso wie bei anderen Ver-

---

[231] BayObLG, NJW-RR 1987, 1363; Palandt/Bassenge, WEG § 23 Rdnr. 9; Erman/-Ganten, § 23 Rdnr. 5; MünchKomm/Röll, WEG § 23 Rdnr. 13; vgl. auch BGHZ 44, 245 (249 f.); A. Hueck, Anfechtbarkeit und Nichtigkeit, S. 43 zur AG; Scholz/K. Schmidt, § 48 Rdnr. 36; Hachenburg/Hüffer, § 48 Rdnr. 36 zur GmbH.

[232] Vgl. Scholz/K. Schmidt, § 48 Rdnr. 36; Hachenburg/Hüffer, § 48 Rdnr. 36 zur GmbH.

[233] Vgl. Hachenburg/Hüffer, § 48 Rdnr. 36 zur GmbH; zur Anwendbarkeit des § 1004 BGB im Verhältnis der Wohnungseigentümer untereinander vgl. Augustin, § 15 Rdnr. 16; Schulze, in: Henkes/Niedenführ/Schulze, § 15 Rdnr. 14.

[234] Vgl. Scholz/K. Schmidt, § 48 Rdnr. 36 zur einstweiligen Verfügung nach § 940 ZPO bei der GmbH.

[235] Vgl. OLG Köln, Beschluß vom 14.8.1995, 16 Wx 126/95 zum Ausschluß eines unter Polizeischutz stehenden Vertreters.

[236] Vgl. Hachenburg/Hüffer, § 48 Rdnr. 36; Scholz/K. Schmidt, § 48 Rdnr. 37 zur GmbH.

fahrensmängeln[237] - die Möglichkeit bestehen muß, daß die angefochtenen Beschlüsse auf der rechtswidrigen Ordnungsmaßnahme beruhen, ob also die Antragsgegner im gerichtlichen Verfahren nach § 43 Abs. 1 Nr. 4 WEG mit dem Einwand zu hören sind, die angefochtenen Beschlüsse wären auch ohne die rechtswidrige Ordnungsmaßnahme mit dem gleichen Inhalt ebenso gefaßt worden.[238] Bei der Entscheidung dieser Frage ist zu berücksichtigen, daß jedenfalls dann, wenn die Ordnungsmaßnahme zu einer rechtswidrigen Beschränkung des Teilnahmerechts eines Wohnungseigentümers führt, zugleich ein schwerer Eingriff in dessen mitgliedschaftliche Rechtsstellung vorliegt und nachträglicher Rechtsschutz gegen diesen Eingriff auf andere Weise nicht zu erlangen ist. Deshalb kann es in diesem Fall nicht auf die potentielle Kausalität der rechtswidrigen Ordnungsmaßnahme für das Beschlußergebnis ankommen.[239] Es genügt insoweit bereits der Nachweis, daß die angefochtenen Beschlüsse nach der rechtswidrig das Teilnahmerecht beschränkenden Ordnungsmaßnahme gefaßt worden sind.[240]

§ 9 Beschränkungen des Teilnahmerechts durch Vereinbarung

Der vorangegangene Abschnitt hat gezeigt, daß das Gesetz dem mitgliedschaftlichen Teilnahmerecht des Wohnungseigentümers bestimmte Schranken setzt, die das Ruhen des Teilnahmerechts und die Ordnung in der Versammlung betreffen. Es fragt sich nunmehr, ob darüberhinaus zusätzliche Beschränkungen des Teilnahmerechts in der Gemeinschaftsordnung vereinbart werden können.

---

237 Vgl. zur fehlerhaften Einberufung BayObLGZ 1985, 436 (437); 1992, 79 (82); BayObLG, NJW-RR 1990, 784 (785); OLG Hamm, OLGZ 1992, 309 (312); WE 1996, 33 (35 f.).

238 So BayObLG, NJW-RR 1991, 531 (533).

239 So im Ergebnis auch Hachenburg/Hüffer, § 48 Rdnr. 28, 36; Scholz/K. Schmidt, § 45 Rdnr. 103, § 48 Rdnr. 37; Zöllner, in: Baumbach/Hueck, § 48 Rdnr. 7; Rowedder/-Koppensteiner, § 48 Rdnr. 11 zur GmbH; Hüffer, in: Geßler/Hefermehl/Eckardt/-Kropff, § 243 Rdnr. 37; offenlassend BGHZ 44, 245 (256) zur AG.

240 Vgl. Hachenburg/Hüffer, § 48 Rdnr. 36 zur GmbH.

I. Die Gestaltungsfreiheit nach § 10 Abs. 1 S. 2 WEG

Nach § 10 Abs. 1 S. 2 WEG können die Wohnungseigentümer von den Vorschriften des WEG abweichende Vereinbarungen treffen, soweit nicht etwas anderes ausdrücklich bestimmt ist. Diese Vorschrift räumt den Wohnungseigentümern und gemäß §§ 8 Abs. 2 S. 1, 5 Abs. 4 WEG auch dem teilenden Alleineigentümer bei der Begründung von Wohnungseigentum weitgehende Gestaltungsfreiheit ein. Aufgrund dieser Gestaltungsfreiheit können die Wohnungseigentümer grundsätzlich über die gesetzlichen Schranken des Teilnahmerechts hinaus zusätzliche Beschränkungen des Teilnahmerechts vereinbaren. Allerdings ist die Gestaltungsfreiheit der Wohnungseigentümer selbst nicht schrankenlos gewährleistet; sie kann nur in den allgemeinen Grenzen der Vertragsfreiheit (vgl. §§ 134, 138, 242 BGB) ausgeübt werden.[241] Im folgenden bleibt daher zu untersuchen, inwieweit die allgemeinen Grenzen der Vertragsfreiheit überhaupt Vereinbarungen zulassen, die das Teilnahmerecht beschränken.

II. Der unantastbare Kernbereich der Mitgliedschaft

Im Wohnungseigentumsrecht ist zunächst - ebenso wie im Gesellschaftsrecht[242] - ein Kernbereich der Mitgliedschaft des einzelnen Wohnungseigentümers anzuerkennen, in den die Wohnungseigentümer nicht durch Vereinbarung eingreifen können.[243] Diese sogenannte "Kernbereichslehre" bezweckt, dem einzelnen Mitglied einen unabdingbaren Bereich der Selbstbestimmung zu garantieren,[244] da "eine sachlich unbegrenzte Einschränkung der wirtschaftlichen und damit auch der persönlichen Freiheit eines einzelnen nicht gebilligt werden kann."[245] Im Gesellschaftsrecht werden zu den unverzichtbaren, durch Satzung oder Gesellschaftsvertrag nicht abdingbaren Rechten im Kernbereich der Mitgliedschaft insbesondere

---

241 Vgl. Weitnauer/Lüke, § 10 Rdnr. 26; Bornheimer, Stimmrecht, S. 77.

242 Vgl. BGH, NJW 1985, 974; K. Schmidt, Gesellschaftsrecht, § 16 III 3 b bb, S. 387; Wiedemann, Gesellschaftsrecht I, § 7 I 1 b, S. 362; Flume, Personengesellschaft, § 14 III, S. 217; Sina, GmbHR 1993, 136; Immenga, ZGR 1974, 385 (415 f.); Erman, Festschrift Nipperdey I, S. 277 (290 ff.).

243 Vgl. Bornheimer, Stimmrecht, S. 78.

244 Vgl. Flume, Personengesellschaft, § 14 III, S. 217.

245 So BGHZ 20, 363 (369) zum Stimmrechtsausschluß eines Kommanditisten; vgl. auch Erman, Festschrift Nipperdey I, S. 277 (290).

das Recht auf Teilnahme an der Versammlung[246] sowie das Recht zur Anfechtung von fehlerhaften Beschlüssen gezählt.[247] Gleiches hat auch für das Wohnungseigentumsrecht zu gelten; denn das Recht der Beschlußanfechtung im Verfahren nach § 43 Abs. 1 Nr. 4 WEG muß dem Wohnungseigentümer erhalten bleiben, da er sich nur auf diese Weise der Bindung an fehlerhafte Beschlüsse entziehen und so seine wirtschaftliche und persönliche Freiheit sichern kann. Nach dem oben bereits angeführten Rechtsgedanken vom funktionalen Zusammenhang zwischen dem Kontrollrecht der Beschlußanfechtung und dem Teilnahmerecht kann dem Wohnungseigentümer die fristgerechte Beschlußanfechtung innerhalb eines Monats (§ 23 Abs. 4 S. 2 WEG) nur zugemutet werden, wenn er in der Versammlung die Möglichkeit der Kontrolle des Beschlußverfahrens hat.[248] Daraus folgt für diesen Funktionsbereich, daß neben dem Beschlußanfechtungsrecht auch das Teilnahmerecht im Grundsatz als unverzichtbar anzusehen ist.[249] Für die Unverzichtbarkeit des Teilnahmerechts spricht zudem die im Gesellschaftsrecht vertretene Auffassung, wonach ein Stimmrechtsausschluß grundsätzlich zulässig ist, soweit dem Mitglied das Recht auf Teilnahme an der Versammlung, das Auskunftsrecht und das Recht zur Anfechtung von Beschlüssen erhalten bleibt.[250] Auch wenn im Wohnungseigentumsrecht gegen einen Stimmrechtsausschluß Bedenken bestehen,[251] so deutet diese Auffassung dennoch daraufhin, daß jedenfalls das Teilnahmerecht - unabhängig vom Stimmrecht - zum unentziehbaren Kernbereich der Mitgliedschaft zu zählen ist.[252] Eine Vereinbarung der Wohnungseigentümer kann danach zwar die Ausübung des Teilnahmerechts regeln und im Rahmen sachlicher Notwendigkeit - z.B. für den Fall der Störung des Versammlungsablaufs - beschränken.[253] Die Vereinbarung kann jedoch dem Woh-

---

246 Wiedemann, Gesellschaftsrecht I, § 7 II 1, S. 366 f.; K. Schmidt, Gesellschaftsrecht, § 16 II 3 a, S. 386; Teichmann, Gestaltungsfreiheit, S. 209 f.; Nitschke, Personengesellschaft, S. 282; zur GmbH: BGH, NJW-RR 1989, 347 (348); OLG Frankfurt/M, GmbHR 1984, 99 (100); Hachenburg/Hüffer, § 48 Rdnr. 23; Scholz/K. Schmidt, § 48 Rdnr. 15; Zöllner, in: Baumbach/Hueck, § 48 Rdnr. 3; zur KG: Immenga, ZGR 1974, 385 (414); abweichend Erman, Festschrift Nipperdey I, S. 277 (295 f.) zum Teilnahmerecht des Kommanditisten.

247 Vgl. K. Schmidt, Gesellschaftsrecht, § 16 II 3 a, S. 386.

248 S.o. unter § 7 I 2 a.

249 So auch Wiedemann, Gesellschaftsrecht I, § 7 II 1, S. 367 zum Gesellschaftsrecht; vgl. OLG Hamm, WE 1993, 24 (25).

250 Vgl. BGHZ 14, 264 (270 f.); Teichmann, Gestaltungsfreiheit, S. 209 f.

251 Vgl. Bornheimer, Stimmrecht, S. 81.

252 So im Ergebnis auch Pick, in: Bärmann/Pick/Merle, § 25 Rdnr. 62.

253 Vgl. Scholz/K. Schmidt, § 48 Rdnr. 15; Hachenburg/Hüffer, § 48 Rdnr. 23; Vogel, Gesellschafterbeschlüsse, S. 137 zur GmbH.

nungseigentümer das Teilnahmerecht nicht entziehen. Unzulässig ist insbesondere der generelle Ausschluß der Teilnahme, auch wenn dieser nach dem Gebot der Gleichbehandlung alle Wohnungseigentümer betrifft.[254]

III. Die "Teilversammlung"

Fraglich ist, ob mit den genannten Grundsätzen Bestimmungen in der Gemeinschaftsordnung vereinbar sind, wonach bei großen Gemeinschaften statt einer einheitlichen Versammlung der Wohnungseigentümer mehrere zeitlich oder räumlich getrennte Teilversammlungen für bestimmte abgrenzbare Gruppen von Wohnungseigentümern - z.B. eines Wohnblocks - abgehalten werden.

Unproblematisch sind derartige Teilversammlungen zunächst dann, wenn sie sich - insbesondere bei einer getrennten Verwaltung von einzelnen Wohnblocks - nur auf Angelegenheiten erstrecken, die nur die zu der jeweiligen Gruppe gehörenden Wohnungseigentümer betreffen. Denn in diesem Fall ist bereits das Stimmrecht auf diejenigen Beteiligten beschränkt, die von der jeweiligen Angelegenheit betroffen sind, so daß der Ausschluß von nicht stimmberechtigten Wohnungseigentümern von vornherein keine unzulässige Rechtsbeeinträchtigung darstellt.[255]

Soweit dagegen Teilversammlungen auch in Angelegenheiten vorgesehen sind, die alle stimmberechtigten Wohnungseigentümer betreffen, wird das Teilnahmerecht und insbesondere das Recht auf Gehör des einzelnen Wohnungseigentümers eingeschränkt. Der Wohnungseigentümer kann sich somit nur noch in der jeweiligen Teilversammlung Gehör verschaffen und so nur auf das Abstimmungsergebnis in der Teilversammlung Einfluß nehmen, das mit den Abstimmungsergebnissen der anderen Teilversammlungen addiert wird. Im Schrifttum wird darin zum Teil eine unzulässige Beschränkung des Rechts auf Gehör gesehen.[256] Denn eine Mehrheit für einen Beschluß könne bereits vorhanden sein, bevor die letzte Teilversammlung tagt; zum Schutz der Minderheit sei die Beschlußfassung durch mehrere Teilversammlungen - ebenso wie die Beschlußfassung außerhalb der Versammlung nach § 23 Abs. 3 WEG - unzulässig.

---

[254] Vgl. Hachenburg/Hüffer, § 48 Rdnr. 23 zur GmbH.

[255] Vgl. BayObLGZ 1983, 320 (323); BayObLG, DNotZ 1985, 414 (415); WuM 1994, 567 (568); Pick, in: Bärmann/Pick/Merle, § 23 Rdnr. 8; Weitnauer/Lüke, § 23 Rdnr. 6; Soergel/Stürner, WEG § 23 Rdnr. 2.

[256] Soergel/Stürner, WEG § 23 Rdnr. 2.

Gegen diese Auffassung spricht bereits, daß auch das Erfordernis der einstimmigen schriftlichen Beschlußfassung nach § 23 Abs. 3 WEG mangels "ausdrücklicher" Bestimmung nach § 10 Abs. 1 S. 2 WEG durch Vereinbarung abdingbar ist.[257] Zudem unterliegt auch § 23 Abs. 1 WEG der Abdingbarkeit durch Vereinbarung, so daß gegen die Vereinbarung von Teilversammlungen grundsätzlich keine Bedenken bestehen.[258] Daß damit eine Einschränkung des Rechts auf Gehör verbunden ist, ist hinzunehmen. Bei einer großen Gemeinschaft ist auch die Abhaltung einer einheitlichen Wohnungseigentümerversammlung mit einer faktischen Einschränkung des Rederechts verbunden. Insbesondere setzen hier Ordnungsmaßnahmen, die den ordungsgemäßen Ablauf der Versammlung sicherstellen sollen, der Ausübung des Rederechts Grenzen.[259] Da bei großen Gemeinschaften der ordnungsgemäße Ablauf einer einheitlichen Versammlung unter Wahrung sämtlicher Interessen der Wohnungseigentümer auch durch Ordnungsmaßnahmen nicht gewährleistet werden kann, besteht in diesen Fällen ein unabweisbares Bedürfnis der vereinfachten Organisationsform der Teilversammlung.[260] Besteht im Einzelfall ein berechtigtes Interesse eines einzelnen Wohnungseigentümers daran, sich nicht nur in seiner Teilversammlung Gehör zu verschaffen, so ist ihm auch in den Teilversammlungen Gehör einzuräumen, denen er nicht angehört.[261] Die Wohnungseigentümer in den jeweiligen Teilversammlungen sind in diesem Fall nach Treu und Glauben (§ 242 BGB) gehalten, sich nicht auf die Teilversammlungsklausel in der Gemeinschaftsordnung zu berufen.

Im Ergebnis ist damit bei großen Gemeinschaften die Beschlußfassung in Teilversammlungen auch in den Angelegenheiten möglich, die alle Wohnungseigentümer betreffen und bei denen alle stimmberechtigt sind. Erforderlich ist jedoch stets eine Vereinbarung im Sinne von § 10 Abs. 1 S. 2 WEG. Denn nach der gesetzlichen Regelung in § 23 Abs. 1 WEG, die von der "Beschlußfassung in *einer* Versammlung der Wohnungseigentümer" spricht, kommt dagegen eine Addition der Abstimmungsergebnisse aus mehreren Teilversammlungen nicht in Betracht.[262] Da diese Regelung mangels ausdrücklicher anderweitiger Bestimmung nach § 10 Abs. 1 S. 2 WEG abdingbar durch Vereinbarung ist, können wirksame

---

257 S.o. unter § 3 II 1 (Fn. 32) m.w.N. zur Gegenansicht.

258 So zutreffend OLG Stuttgart, DWE 1980, 62 (63) m. Anm. Vitzethum; Weitnauer/Lüke, § 23 Rdnr. 6; Palandt/Basssenge, WEG § 23 Rdnr. 3.

259 S.o. unter § 8 II 1 c.

260 So zutreffend OLG Stuttgart, DWE 1980, 62 (63).

261 So zutreffend Weitnauer/Lüke, § 23 Rdnr. 6.

262 OLG Köln, DWE 1994, 43 (LS).

Beschlüsse der Wohnungseigentümer in Teilversammlungen nur aufgrund einer entsprechenden Vereinbarung gefaßt werden.

§ 10 Besondere Formen der Ausübung des Teilnahmerechts

Die bisherige Darstellung des mitgliedschaftlichen Teilnahmerechts des Wohnungseigentümers und seiner Schranken ging davon aus, daß es sich bei dem Inhaber des Teilnahmerechts um eine natürliche Person handelt. Es stellt sich nunmehr die Frage, in welcher Weise das Teilnahmerecht auszuüben ist, wenn das einzelne Wohnungseigentum mehreren Mitberechtigten gemeinschaftlich zusteht oder eine juristische Person Inhaber des Wohnungseigentums ist.

I. Die Ausübung des Teilnahmerechts bei gemeinschaftlicher Mitberechtigung

Die Ausübung des Teilnahmerechts im Falle der gemeinschaftlichen Mitberechtigung mehrerer an einem Wohnungseigentum ist - ebenso wie das Teilnahmerecht selbst - nicht ausdrücklich geregelt. § 25 Abs. 2 S. 2 WEG enthält lediglich eine ausdrückliche Regelung für die Ausübung des Stimmrechts. Nach dieser Vorschrift können mehrere gemeinschaftlich an einem Wohnungseigentum Berechtigte das Stimmrecht nur einheitlich ausüben.[263] Da eine entsprechende Regelung für das Teilnahmerecht fehlt und sich die Willensbildung der Wohnungseigentümer in der Versammlung nach körperschaftlichen Grundsätzen vollzieht,[264] bleibt auch hier zu fragen, ob sich aus den für körperschaftlich strukturierten Gesellschaften geltenden Regelungen (vgl. § 18 Abs. 1 GmbHG zur GmbH, § 69 Abs. 1 AktG zur Aktiengesellschaft, § 77 Abs. 1 S. 3 GenG zur eingetragenen Genossenschaft) allgemeine Rechtsgrundsätze ergeben, die auch für die Frage der Ausübung des Teilnahmerechts bei gemeinschaftlicher Mitberechtigung mehrerer am Wohnungseigentum gelten. Da es in den Fällen der Ausübung des Teilnahmerechts mehrerer Mitberechtigter nicht nur um die Teilhabe an der gemeinschaftlichen Willens-

---

[263] Vgl. dazu ausführlich Bornheimer, Stimmrecht, S. 54 ff.; Bassenge, Festschrift Seuß, S. 33 ff.

[264] Vgl. § 1.

bildung der Wohnungseigentümer, sondern vielmehr auch um die davon zu unterscheidende Willensbildung der Mitberechtigten untereinander geht, sind zudem die für das jeweilige Rechtsverhältnis der Mitberechtigten geltenden Regelungen zu beachten. Im Überblick sind deshalb zunächst die von § 25 Abs. 2 S. 2 WEG erfaßten Formen der Mitberechtigung an einem Wohnungseigentum darzustellen,[265] um sodann unter Berücksichtigung wohnungseigentumsrechtlicher und gesellschaftsrechtlicher Wertungen zu klären, in welcher Weise die Mitberechtigten das Teilnahmerecht ausüben können.

1. Die Formen der Mitberechtigung am Wohnungseigentum

Eine gemeinschaftliche Mitberechtigung an einem Wohnungseigentum liegt nur vor, wenn das Wohnungseigentum mehreren natürlichen oder juristischen Personen dinglich zugeordnet ist. Zudem muß es sich um eine dingliche Zuordnung auf gleicher Ebene handelt, so daß die Belastung des Wohnungseigentums mit einem beschränkt dinglichen Recht (z.B. Nießbrauch) keine gemeinschaftliche Mitberechtigung darstellt.[266] Die gemeinschaftliche Mitberechtigung mehrerer kann sowohl auf rechtsgeschäftlichem als auch auf gesetzlichem Erwerb beruhen. Unerheblich ist zudem die Art der dinglichen Zuordnung; das Wohnungseigentum kann den Berechtigten nach Bruchteilen oder zur gesamten Hand dinglich zugeordnet sein.[267]

a) Die Mitberechtigung nach Bruchteilen. Bei einer Mitberechtigung nach Bruchteilen besteht unter den Mitberechtigten eine schlichte Bruchteilsgemeinschaft im Sinne von § 741 BGB.[268] Das interne Rechtsverhältnis der Mitberechtigten untereinander richtet sich also nach den §§ 741 ff. BGB. Die Verwaltung des gemeinschaftlichen Wohnungseigentums regeln danach die §§ 744, 745 BGB, soweit es nicht um die Verwaltung des gemeinschaftlichen Eigentums aller Wohnungseigentümer nach §§ 20 ff. WEG geht. Bei einer Mitberechtigung nach

---

265 Vgl. dazu ausführlich Bornheimer, Stimmrecht, S. 55 ff.

266 Vgl. Bornheimer, Stimmrecht, S. 55 zu § 25 Abs. 2, S. 2 WEG.

267 Vgl. Bornheimer, Stimmrecht, S. 55; Pick, in: Bärmann/Pick/Merle, § 25 Rdnr. 30; Ziege, NJW 1973, 2185; H. Müller, PiG 6, 53 (58); Bader, PiG 25, 67 (84) jeweils zu § 25 Abs. 2, S. 2 WEG.

268 Vgl. BayObLG, NJW-RR 1988, 271; OLG Neustadt, NJW 1960, 295 (296) m. Anm. Bärmann; Weitnauer, § 3 Rdnr. 120; Weitnauer/Lüke § 25 Rdnr. 9; Pick, in: Bärmann/Pick/Merle, § 1 Rdnr. 18 ff., § 25 Rdnr. 30; Bärmann, Wohnungseigentum, Rdnr. 129.

Bruchteilen kann gemäß § 747 BGB jeder Mitberechtigte über seinen Anteil am gemeinschaftlichen Wohnungseigentum verfügen.

b) Die Mitberechtigung zur gesamten Hand. Besteht dagegen eine Mitberechtigung mehrerer zur gesamten Hand, so kann der einzelne Mitberechtigte grundsätzlich nicht über seinen Anteil an einem zum gemeinschaftlichen Vermögen gehörenden Gegenstand verfügen (vgl. §§ 719 Abs. 1, 1419 Abs. 1, 2033 Abs. 2 BGB). Die Mitberechtigung zur gesamten Hand stellt nur dann eine Berechtigung mehrerer dar, wenn und soweit die Gesamthand als ein Sondervermögen der Berechtigten in ihrer gesamthänderischen Verbundenheit und nicht selbst als einheitlicher Rechtsträger anzusehen ist. Der damit angesprochene grundsätzliche Streit über die Rechtsnatur der Gesamthand kann an dieser Stelle nicht entschieden werden.[269] Geht man jedoch mit *K. Schmidt*[270] davon aus, daß die Gesamthand als Rechtsfigur jedenfalls einer rechtlichen Verselbständigung fähig ist, so kommt es für die Frage, ob die Gesamthandsberechtigung eine Berechtigung mehrerer an einem Wohnungseigentum darstellt, auf die positiv-rechtliche Ausgestaltung der einzelnen Gesamthandsgemeinschaft an.

aa) Die Personenhandelsgesellschaften. Eine weitgehende rechtliche Verselbständigung der Gesamthand ist zunächst für die Personenhandelsgesellschaften der OHG und KG gemäß § 124 Abs. 1 HGB (§ 161 Abs. 2 HGB) anzunehmen; denn nach dieser Vorschrift kann eine Personenhandelsgesellschaft unter ihrer Firma Rechte erwerben und Verbindlichkeiten eingehen, Eigentum und andere dingliche Rechte an Grundstücken erwerben, vor Gericht klagen und verklagt werden. Eine OHG oder KG kann danach unter ihrer Firma also auch Wohnungseigentum erwerben, so daß in diesem Fall die Gesellschaft selbst und nicht die Gesellschafter Inhaber des Wohnungseigentums sind. Aufgrund der weitgehenden

---

[269] Die Rechtssubjektivität der Gesamthand verneinen u.a. RGZ 141, 277 (280); BGHZ 34, 293 (296); Huber, Vermögensanteil, S. 89 ff. (101); Larenz, Allg. Teil, § 9 II 6, S. 146; G. Hueck, Gesellschaftsrecht, § 3 II; Kraft/Kreutz, Gesellschaftsrecht, D I 1 c cc; Wiedemann, Gesellschaftsrecht I, § 5 I 1 a, S. 245; a.A. u.a. Flume, Personengesellschaft, § 4 II, § 5 S. 54 ff.; MünchKomm/Ulmer, § 705 Rdnrn. 130.; Soergel/-Hadding, § 718 Rdnr. 3; zum Streitstand siehe K. Schmidt, Gesellschaftsrecht, § 8 III 2, S. 170 m.w.N.

[270] Gesellschaftsrecht, § 8 III 2 b.

Verselbständigung der Gesellschaft können OHG und KG nicht als gemeinschaftliche Berechtigung mehrerer an einem Wohnungseigentum angesehen werden.[271]

bb) Die Gesellschaft bürgerlichen Rechts. Im Gegensatz zu OHG und KG wird dagegen die Gesellschaft bürgerlichen Rechts (§§ 705 ff. BGB) im wohnungseigentumsrechtlichen Schrifttum einhellig als eine Form der gemeinschaftlichen Berechtigung mehrerer an einem Wohnungseigentum angesehen.[272] Dieser Auffassung müßte widersprochen werden, wenn man mit einer in der Literatur vertretenen Ansicht - ebenso wie bei OHG und KG - die Teilrechtsfähigkeit der Gesellschaft bürgerlichen Rechts anerkennt.[273] Dagegen ist anzuführen, daß das Gesetz für die Gesellschaft bürgerlichen Rechts eine dem § 124 Abs. 1 HGB entsprechende Regelung gerade nicht enthält. Vielmehr spricht das Gesetz ausdrücklich vom "gemeinschaftlichen Eigentum der Gesellschafter" (§ 706 Abs. 2, S. 1 BGB) und definiert das "Gesellschaftsvermögen" als "gemeinschaftliches Vermögen der Gesellschafter" (§ 718 Abs. 1 BGB). Es ist also davon auszugehen, daß die Gesellschaft bürgerlichen Rechts keine der OHG und KG entsprechende weitgehende rechtliche Verselbständigung erfahren hat und deshalb das zum Gesellschaftsvermögen gehörende Wohnungseigentum den einzelnen Gesellschaftern als Mitberechtigten und nicht der Gesellschaft als solcher zuzuordnen ist.[274]

cc) Der nicht rechtsfähige Verein. Sieht man in dem nicht rechtsfähigen Verein ebenfalls eine Berechtigung der Mitglieder zur gesamten Hand,[275] so stellt sich auch hier die Frage, ob ein zum Vereinsvermögen gehörendes Wohnungseigentum einer Mehrheit von Berechtigten zusteht. Für eine derartige Auffassung spricht

---

271 Vgl. Bornheimer, Stimmrecht, S. 56 f.; Ziege, NJW 1973, 2185 zu § 25 Abs. 2, S. 2 WEG; a.A. Deckert, ETW 5, S. 18r; zu § 18 GmbHG vgl. Scholz/Winter, § 18 Rdnr. 3; Hueck, in: Baumbach/Hueck, § 18 Rdnr. 2; zu § 69 AktG vgl. KölnerKomm/Lutter, § 69 Rdnr. 7.

272 Pick, in: Bärmann/Pick/Merle, § 25 Rdnr. 30; Weitnauer/Lüke, § 25 Rdnr. 9; Augustin, § 25 Rdnr. 18; Bornheimer, Stimmrecht, S. 57; Ziege, NJW 1973, 2185; Bader, PiG 25, 67 (84) jeweils zu § 25 Abs. 2, S. 2 WEG.

273 So insbesondere K. Schmidt, Gesellschaftsrecht, § 8 III 4 d; Flume, Personengesellschaft, § 4 II, S. 54 ff.; MünchKomm/Ulmer, § 705 Rdnrn. 130; Soergel/Hadding, § 718 Rdnr. 3; Habersack, JuS 1990, 179 (181 f.); vgl. auch Timm, NJW 1995, 3209 (3210 f.), der die Gesellschaft bürgerlichen Rechts unter Hinweis auf §§ 191 Abs. 2 Nr. 1, 202 Abs. 1 Nr. 1 UmwG als Rechtssubjekt ansieht.

274 Vgl. Bornheimer, Stimmrecht, S. 57; zu § 18 Abs. 1 GmbHG ebenso: Scholz/Winter, § 18 Rdnr. 6; Hachenburg/Zutt, § 18 Rdnr. 6; Roth, § 18 Anm. 2.

275 So RGZ 143, 212 (213); BGHZ 50, 325 (329); K. Schmidt, Gesellschaftsrecht, § 25 II 1 a; Medicus, Allg. Teil, Rdnr. 1148; Erman/Westermann, § 54 Rdnr. 8.

zunächst § 54 BGB, der ausdrücklich auf die für die Gesellschaft bürgerlichen Rechts geltenden Vorschriften verweist. Dagegen könnte eingewandt werden, daß der nicht rechtsfähige Verein - ebenso wie der rechtsfähige Verein - vom Bestand seiner Mitglieder unabhängig und somit im Gegensatz zur Gesellschaft bürgerlichen Rechts körperschaftlich strukturiert ist.[276] Ferner hat der Gesetzgeber selbst den nicht rechtsfähigen Verein für passiv partei- und vollstreckungsfähig (§§ 50 Abs. 2, 735 ZPO) sowie für konkurs- und vergleichsfähig (§§ 213 KO, 108 VerglO) erklärt, so daß der nicht rechtrechtsfähige Verein insoweit als verselbständigte rechtliche Einheit angesehen werden kann.[277] Allerdings ist zu bedenken, daß die rechtliche Verselbständigung gerade nicht die Rechtsfähigkeit im Sinne der Fähigkeit zur Vermögensträgerschaft erfaßt.[278] Dementsprechend kann also nicht davon ausgegangen werden, daß der nicht rechtsfähige Verein selbst die Fähigkeit zum originären oder derivativem Erwerb von Rechten und damit auch zum Erwerb von Wohnungseigentum hat.[279] Insofern liegt auch beim nicht rechtsfähigen Verein lediglich eine Mitberechtigung der Vereinsmitglieder vor.[280]

dd) Die eheliche Gütergemeinschaft. Eine weitere Form der Gesamthandsgemeinschaft ist die durch Ehevertrag begründete eheliche Gütergemeinschaft (vgl. § 1419 Abs. 1 BGB). Wohnungseigentum, das vor Begründung der Gütergemeinschaft zum Vermögen eines Ehegatten gehört oder nach Begründung der Gemeinschaft von einem Ehegatten erworben wird, ist nach § 1416 Abs. 1 BGB grundsätzlich dem Gesamtgut zuzurechnen. Das Gesamtgut ist nicht der Gemeinschaft als selbständiges Rechtssubjekt zugeordnet; Rechtsträger sind vielmehr die Ehege-

---

276 Vgl. RGZ 113, 169 (170); K. Schmidt, Gesellschaftsrecht, § 25 II 1 a; Jauernig, § 54 Anm. 1 a; die Verweisung in § 54 BGB hat deshalb in der Praxis ihre Bedeutung verloren; vgl. Medicus, Allg. Teil, Rdnr. 1143.

277 Mit dem Hinweis auf die rechtliche Verselbständigung verneint Bornheimer, Stimmrecht, S. 58 die Anwendbarkeit des § 25 Abs. 2, S. 2 WEG auf den nicht rechtsfähigen Verein; ebenso zu § 18 GmbHG: Hachenburg/Zutt, § 18 Rdnr. 12; Hueck, in: Baumbach/Hueck, § 18 Rdnr. 2; Lutter/Hommelhoff, § 18 Rdnr. 2.

278 Vgl. Medicus, Allg. Teil, Rdnr. 1148.

279 So aber K. Schmidt, Gesellschaftsrecht, § 25 II 1 a; Soergel/Hadding, § 54 Rdnr. 17.

280 So zu § 18 GmbHG auch Rowedder, § 18 Rdnr. 1; Roth, § 18 Anm. 2; Scholz/Winter, § 18 Rdnr. 3, der zutreffend auf die fehlende Publizität der rechtsgeschäftlichen Vertretungsmacht des Vorstands hinweist, die gerade zur Unsicherheit über divergierende Meinungsäußerungen in der Versammlung führt. Nach dem Schutzzweck des § 25 Abs. 2, S. 2 WEG, derartige Unsicherheiten zu vermeiden, erscheint deshalb die Anwendung dieser Vorschrift auf den nichtrechtsfähigen Verein geboten; a.A. Bornheimer, Stimmrecht, S. 58.

gatten in ihrer gesamthänderischen Verbundenheit,[281] so daß auch die eheliche Gütergemeinschaft als Form der gemeinschaftlichen Mitberechtigung an einem Wohnungseigentum anzusehen ist.[282]

ee) Die Miterbengemeinschaft. Fällt das Wohnungseigentum in den Nachlaß und hinterläßt der Erblasser mehrere Erben, so gehört das Wohnungseigentum zum gemeinschaftlichen Vermögen der Miterben (vgl. § 2032 Abs. 1 BGB). Das gemeinschaftliche Vermögen steht den Miterben ebenfalls zur gesamten Hand zu (vgl. § 2040 Abs. 1 BGB), ohne daß die Miterbengemeinschaft als rechtlich verselbständigte Einheit anzusehen ist.[283] Die Gemeinschaft der Miterben ist daher eine Form der gemeinschaftlichen Mitberechtigung am Wohnungseigentum.[284] Die Verwaltung des zum Nachlaß gehörenden Wohnungseigentums durch die Miterben richtet sich nach § 2038 BGB, soweit nicht die Verwaltung des gemeinschaftlichen Eigentums aller Wohnungseigentümer nach §§ 20 ff. WEG betroffen ist.

c) **Zusammenfassung.** Zusammenfassend läßt sich feststellen, daß eine gemeinschaftliche Mitberechtigung mehrerer an einem Wohnungseigentum in den Fällen der Bruchteilsgemeinschaft, der Gesamthandsgemeinschaften der Gesellschaft bürgerlichen Rechts, des nicht rechtsfähigen Vereins, der ehelichen Gütergemeinschaft sowie der Miterbengemeinschaft vorliegt. In diesen Fällen ordnet § 25 Abs. 2 S. 2 WEG die einheitliche Ausübung des Stimmrechts an, so daß sich im folgenden die Frage stellt, welche Folgerungen sich daraus für die Ausübung des Teilnahmerechts ergeben.

2. Die einheitliche Ausübung der Mitgliedschaftsrechte im Gesellschaftsrecht

Mit § 25 Abs. 2 S. 2 WEG vergleichbare Regelungen enthalten § 18 Abs. 1 GmbHG, § 69 Abs. 1 AktG und § 77 Abs. 1 S. 3 GenG für GmbH, Aktiengesellschaft und Genossenschaft. Da sämtliche Regelungen die einheitliche Ausübung

---

281 Bornheimer, Stimmrecht, S. 58 f.; Soergel/Gaul, § 1416 Rdnr. 2 m.w.N. zur Gegenansicht.

282 So auch Bornheimer, Stimmrecht, S. 58 f.; Ziege, NJW 1973, 2185; zur GmbH vgl. Rowedder, § 18 Rdnr. 1; Scholz/Winter, § 18 Rdnr. 10.

283 Vgl. Staudinger/Werner, § 2032 Rdnr. 5 ff.; Jauernig/Stürner, § 2032 Anm. 1; Brox, Erbrecht, Rdnr. 447.

284 Vgl. Bornheimer, Stimmrecht, S. 58; Ziege, NJW 1973, 2185; zur GmbH vgl. Wiedemann, GmbHR 1969, 247; Scholz/Winter, § 18 Rdnr. 8; Rowedder, § 18 Rdnr. 1.

von Mitgliedschaftsrechten im Falle der Mitberechtigung gewährleisten sollen, fragt sich, inwieweit sich aus den gesellschaftsrechtlichen Regelungen allgemeine Grundsätze für die Ausübung des Teilnahmerechts ergeben, die auch auf das Wohnungseigentum anzuwenden sind. Zu bedenken ist jedoch, daß sämtliche Vorschriften einen unterschiedlichen Anwendungsbereich haben, obwohl sie alle den Zweck verfolgen, im Interesse der Rechtsklarheit eine divergierende Ausübung der Mitgliedschaftsrechte zu verhindern.[285] § 77 Abs. 1 S. 3 GenG betrifft ebenso wie § 25 Abs. 2 S. 2 WEG nur das Stimmrecht und bestimmt für den Fall der einheitlichen Mitgliedschaft mehrerer Erben, daß diese das Stimmrecht in der Generalversammlung nur durch einen gemeinschaftlichen Vertreter ausüben können. Eine vergleichbare Regelung enthält § 69 Abs. 1 AktG für die Aktiengesellschaft, ohne sich jedoch auf das Stimmrecht und die Mitgliedschaft mehrerer Erben zu beschränken. Die Regelung gilt vielmehr für jede Form der Mitberechtigung mehrerer an einer Aktie und bestimmt, daß diese sämtliche Rechte aus der Aktie nur durch einen gemeinschaftlichen Vertreter ausüben können. Für die Ausübung des Teilnahmerechts folgt daraus, daß - unabhängig davon, ob es sich um eine Namens- oder Inhaberaktie handelt - nur der gemeinschaftliche Vertreter zur Teilnahme an der Hauptversammlung und damit zur Ausübung des Rederechts befugt ist.[286] § 18 Abs. 1 GmbHG enthält dagegen für die GmbH eine abweichende Regelung. Danach können mehrere Mitberechtigte, denen ein Geschäftsanteil ungeteilt zusteht, sämtliche Rechte aus dem Geschäftsanteil nur gemeinschaftlich ausüben. Die überwiegende Ansicht schließt daraus, daß die Mitberechtigten zwar nur gemeinschaftlich abstimmen dürfen, jeder Mitberechtigte jedoch berechtigt ist, persönlich an der Gesellschafterversammlung teilzunehmen.[287] Die Gegenansicht entnimmt der Pflicht zur gemeinschaftlichen Ausübung des Teilnahmerechts, daß mehrere Mitberechtigte zwar sämtlich zur Versammlung zugelassen werden können, aber auch nur dann zugelassen werden müssen, wenn dies ihrem Interesse objektiv dienlich und den Mitgesellschaftern zumutbar ist.[288] Nach dieser Auffassung können die Mitberechtigten auch ohne entsprechende Satzungsklausel zur Entsendung eines gemeinschaftlichen Vertreters gezwungen werden, während nach

---

285 Zu § 25 Abs. 2 S. 2 WEG vgl. Bornheimer, Stimmrecht, S. 54; zu § 18 Abs. 1 GmbHG vgl. BGHZ 108, 21 (31); Scholz/Winter, § 18 Rdnr. 17; zu § 69 Abs. 1 AktG vgl. KölnerKomm/Lutter, § 69 Rdnr. 2 zu § 77 Abs. 1 S. 3 GenG vgl. Schaffland, in: Lang/Weidmüller, § 77 Rdnr. 8.

286 Semler, in: MünchHB GesR, § 36 Rdnr. 10.

287 Hueck, in: Baumbach/Hueck, § 18 Rdnr. 4; Rowedder, § 18 Rdnr. 2; Hachenburg/-Zutt, § 18 Rdnr. 19; Hachenburg/Hüffer, § 48 Rdnr. 15; Wiedemann, GmbHR 1969, 247 (249) zur Miterbengemeinschaft.

288 Scholz/K. Schmidt, § 48 Rdnr. 13.

der erstgenannten Auffassung stets eine entsprechende Satzungsbestimmung erforderlich ist.[289]

Die Vorschriften der §§ 18 Abs. 1 GmbHG, 69 Abs. 1 AktG, 77 Abs. 1 S. 3 GenG weisen damit für die jeweilige Körperschaft unterschiedliche Regelungen auf, so daß sich aus ihnen insoweit kein allgemeiner Rechtsgrundsatz ableiten läßt. Jedoch zeigen die genannten Vorschriften die beiden Lösungsmöglichkeiten auf, die für Ausübung des Teilnahmerechts im Falle der gemeinschaftlichen Mitberechtigung mehrerer an einem Wohnungseigentum in Betracht kommen: Entweder die Mitberechtigten können gezwungen werden, einen allein teilnahmeberechtigten gemeinschaftlichen Vertreter zu bestellen, oder sämtliche Mitberechtigte sind berechtigt, an der Wohnungseigentümerversammlung teilzunehmen.

3. Das Teilnahmerecht des einzelnen Mitberechtigten

a) Der funktionale Zusammenhang zwischen Teilnahmerecht und Beschlußanfechtungsrecht. Für die Teilnahmeberechtigung sämtlicher Mitberechtigter könnte zunächst der oben bereits angesprochene Grundsatz vom funktionalen Zusammenhang zwischen dem Teilnahmerecht und dem Beschlußanfechtungsrecht nach § 43 Abs. 1 Nr. 4 WEG sprechen.[290] Nach diesem Grundsatz muß ein Wohnungseigentümer mit Rücksicht auf ein etwaiges Anfechtungsrecht in der Versammlung darüber wachen können, daß alle nach Gesetz oder Vereinbarung zur Beschlußfassung notwendigen Förmlichkeiten eingehalten werden.[291] Das Gebot effektiven Rechtsschutzes gegen fehlerhafte Beschlüsse verlangt deshalb, daß der zur Beschlußanfechtung berechtigte Wohnungseigentümer stets durch Anwesenheit in der beschließenden Versammlung die Möglichkeit haben muß, Fehler der Beschlußfassung zu erkennen;[292] denn nur wenn ein Wohnungseigentümer berechtigt ist, in der Versammlung anwesend zu sein, kann ihm die Beschlußanfechtung innerhalb der Monatsfrist des § 23 Abs. 4 S. 2 WEG zugemutet werden. Für die Ausübung des Teilnahmerechts bei gemeinschaftlicher Berechtigung ergibt sich daraus, daß der einzelne Mitberechtigte jedenfalls dann ein Recht auf Anwesenheit in der Versammlung hat, wenn ihm das Recht zusteht, ohne Zustimmung der anderen Mitberechtigten den Antrag auf gerichtliche Ungültigerklärung eines

289 Scholz/Winter, § 18 Rdnr. 19; Hachenburg/Zutt, § 18 Rdnr. 17; Lutter/Hommelhoff, § 18 Rdnr. 3; Rowedder, § 18 Rdnr. 2 unter Hinweis auf die Abdingbarkeit des § 18 Abs. 1 GmbHG.

290 Vgl. oben § 7 I 2 a.

291 Vgl. BGH, NJW 1971, 2225; Hachenburg/Hüffer, § 48 Rdnr. 13 zur GmbH.

292 Vgl. oben § 7 I 2 a bb.

Beschlusses nach § 43 Abs. 1 Nr. 4 WEG zu stellen. Ob allerdings der einzelne Mitberechtigte allein oder alle Mitberechtigte gemeinschaftlich das Antragsrecht nach § 43 Abs. 1 Nr. 4 WEG ausüben können, richtet sich nach der jeweiligen Rechtsform der Mitberechtigung am Wohnungseigentum.[293]

aa) Das Beschlußanfechtungsrecht des Mitberechtigten nach Bruchteilen. In Rechtsprechung[294] und Schrifttum[295] ist zunächst für die Bruchteilsgemeinschaft anerkannt, daß jeder einzelne Mitberechtigte ohne Zustimmung der anderen Mitberechtigten berechtigt ist, den Antrag auf gerichtliche Ungültigerklärung eines fehlerhaften Beschlusses nach § 43 Abs. 1 Nr. 4 WEG zu stellen. Zur Begründung des Beschlußanfechtungsrechts des einzelnen Mitberechtigten wird auf § 1011 BGB verwiesen,[296] wonach jeder Miteigentümer die Ansprüche aus dem Eigentum Dritten gegenüber in Ansehung der ganzen Sache geltend machen kann. Da diese Vorschrift allerdings ihrem Wortlaut nach nur "Ansprüche", also auf ein Tun oder Unterlassen gerichtete Rechte im Sinne von § 194 Abs. 1 BGB und keine Gestaltungsrechte erfaßt, kann es sich insoweit nur um eine analoge Anwendung des § 1011 BGB auf das Gestaltungsrecht der Beschlußanfechtung handeln.[297] Teilweise wird die rechtzeitige Beschlußanfechtung innerhalb der Frist des § 23 Abs. 4 S. 2 WEG auch als notwendige Maßregel zur Erhaltung des gemeinschaftlichen Wohnungseigentums angesehen, so daß ergänzend das Notverwal-

---

[293] BayObLG, NJW-RR 1991, 215 (216); Palandt/Bassenge, WEG § 43 Rdnr. 2.

[294] BayObLGZ 1975, 201 (203); KG, WE 1993, 312 (313).

[295] Merle, in: Bärmann/Pick/Merle, § 43 Rdnr. 57; Pick, in: Bärmann/Pick/Merle, § 23 Rdnr. 39; Weitnauer/Hauger, § 43 Rdnr. 29; Schulze, in: Henkes/Niedenführ/Schulze, § 23 Rdnr. 19; Schulze, in: Henkes/Niedenführ/Schulze, § 43 Rdnr. 51; Palandt/-Bassenge, WEG § 43 Rdnr. 2; Ziege, NJW 1973, 2185 (2188); abweichend zur GmbH: Hachenburg/Raiser, Anh § 47 Rdnr. 154; Scholz/K. Schmidt, § 45 Rdnr. 128 jeweils unter Hinweis auf § 18 Abs. 1 GmbHG (Anfechtungsklage in notwendiger Streitgenossenschaft nach § 62 ZPO)

[296] BayObLGZ 1975, 201 (203); KG, WE 1993, 312 (313); NJW-RR 1994, 278 (279); Niedenführ, in: Henkes/Niedenführ/Schulze, § 43 Rdnr. 51; Merle, in: Bärmann/-Pick/Merle, § 43 Rdnr. 57; Weitnauer/Hauger, § 43 Rdnr. 29.

[297] Unter Hinweis auf die Unterscheidung zwischen Ansprüchen und Gestaltungsrechten wird bei der Miterbengemeinschaft das Beschlußanfechtungsrecht des einzelnen Miterben nicht auf § 2039 S. 1 BGB gestützt, wonach bei der Erbengemeinschaft der Miterbe einen zum Nachlaß gehörenden Anspruch allein geltend machen kann; vgl. BGHZ 108, 21 (30); Soergel/Wolf, § 2029 Rdnr. 6; Jauernig/Stürner, § 2039 Anm. 1.

tungsrecht nach § 744 Abs. 2 BGB herangezogen wird.[298] Da somit der einzelne Bruchteilsberechtigte nach einhelliger Auffassung ohne Zustimmung der übrigen Mitberechtigten den Antrag nach § 43 Abs. 1 Nr. 4 WEG stellen kann, muß er zur Wahrnehmung seines Beschlußanfechtungsrechtes auch das Recht haben, in der beschließenden Versammlung anwesend zu sein.

bb) Das Beschlußanfechtungsrecht des Mitberechtigten zur gesamten Hand. Problematisch ist dagegen die Beschlußanfechtung durch den einzelnen Mitberechtigten im Falle der Gesamthandsberechtigung am Wohnungseigentum, da hier § 1011 BGB nicht anwendbar ist.[299]

(1) Der Meinungsstand. Während bei der Miterbengemeinschaft die rechtzeitige Beschlußanfechtung zur Beseitigung der Wirksamkeit eines rechtswidrigen Beschlusses als notwendige Erhaltungsmaßnahme im Sinne von § 2038 Abs. 1 S. 2 Halbs. 2 BGB angesehen und dementsprechend ein Beschlußanfechtungsrecht des einzelnen Miterben bejaht wird,[300] ist das Beschlußanfechtungsrecht des einzelnen Gesellschafters einer Gesellschaft bürgerlichen Rechts umstritten. Nach Ansicht des *BayObLG*[301] können die Gesellschafter das Antragsrecht zur Beschlußanfechtung nach § 43 Abs. 1 Nr. 4 WEG nur gemeinschaftlich ausüben, da es sich bei der Beschlußanfechtung um eine Maßnahme der Geschäftsführung handele, die nach § 709 Abs. 1 BGB den Gesellschaftern grundsätzlich gemeinschaftlich zusteht. Der einzelne Gesellschafter soll nur ausnahmsweise dann zur Beschluß-

---

298 Vgl. BayObLGZ 1975, 201 (203); KG, NJW-RR 1994, 278 (279); LG Bremen, DWE 1989, 33 (34) zu § 2038 Abs. 1 S. 2 Halbs. 2 BGB; vgl. auch MünchKomm/K. Schmidt, §§ 744, 745 Rdnr. 8; abweichend BayObLG, NJW-RR 1991, 215 (216), wonach allein die kurze Anfechtungsfrist keine Notgeschäftsführungsbefugnis des BGB-Gesellschafters analog § 744 Abs. 2 BGB rechtfertigt.

299 Vgl. BayObLG, NJW-RR 1991, 215 (216); BGH, WM 1964, 651; Palandt/Bassenge, § 1011 Rdnr. 3.

300 LG Bremen, DWE 1989, 33 (34); Palandt/Bassenge, WEG § 43 Rdnr. 2; vgl. BGHZ 108, 21 (30); Hachenburg/Raiser, Anh § 47 Rdnr. 154; Soergel/Wolf, § 2038 Rdnr. 14 zur gesellschaftlichen Anfechtungsklage im GmbH-Recht. Da § 18 Abs. 1 GmbHG die gemeinschaftliche Ausübung der Rechte aus dem Geschäftsanteil anordnet und somit auch die gemeinschaftliche Ausübung des Beschlußanfechtungsrechts erfaßt, sind gegen diese Auffassung Bedenken geäußert worden, vgl. Hueck, in: Baumbach/-Hueck, § 18 Rdnr. 4; Scholz/Winter, § 18 Rdnr. 20 m.w.N. Diese Bedenken betreffen jedoch nicht das Wohnungseigentumsrecht, da § 25 Abs. 2 S. 2 WEG nur die einheitliche Ausübung des Stimmrechts bestimmt.

301 BayObLG, NJW-RR 1991, 215 (216); zustimmend Palandt/Bassenge, WEG § 43 Rdnr. 2; Niedenführ, in: Henkes/Niedenführ/Schulze, § 43 Rdnr. 51; offenlassend KG, NJW-RR 1994, 278 (279).

anfechtung berechtigt sein, wenn die anderen Gesellschafter aus gesellschaftswidrigen Gründen im Zusammenwirken mit dem Antragsgegner ihre Zustimmung verweigern.[302] Die im Schrifttum vertretene Gegenansicht[303] hält dagegen den einzelnen Gesellschafter ohne Mitwirkung der übrigen Gesellschafter für anfechtungsberechtigt. Zur Begründung wird auf die formelle Beteiligung des einzelnen Mitberechtigten nach § 43 Abs. 4 WEG[304] sowie auf die Befugnis des einzelnen Gesellschafters zur Notgeschäftsführung analog § 744 Abs. 2 BGB verwiesen.[305]

(2) Das Anwesenheitsrecht des Mitberechtigten bei gemeinschaftlicher Verwaltung bzw. Geschäftsführung. Im Hinblick auf die hier entscheidende Frage der Teilnahmeberechtigung des einzelnen Gesamthandsberechtigten kann das Problem der Beschlußanfechtungsbefugnis letztlich dahinstehen, wenn sich aus dem funktionalen Zusammenhang zwischen Teilnahmerecht und Beschlußanfechtungsrecht ergibt, daß der einzelne Mitberechtigte auch im Falle einer erforderlichen gemeinschaftlichen Ausübung des Antragsrechts nach § 43 Abs. 1 Nr. 4 WEG ein Recht auf Anwesenheit in der Versammlung hat. Insofern betont das *BayObLG*[306] zutreffend, daß bei der Gesamtgeschäftsführung aller Gesellschafter es dem einzelnen Gesellschafter frei steht, die übrigen an der Geschäftsführung beteiligten Gesellschafter zu einer für notwendig gehaltenen Beschlußanfechtung zu bewegen. Der einzelne Gesellschafter hat jedoch faktisch nur dann die Möglichkeit, auf die Zustimmung der übrigen Gesellschafter zu einer Beschlußanfechtung hinzuwirken, wenn er zuvor als Anwesender in der Versammlung etwaige Beschlußmängel erkennen konnte. Deshalb muß der einzelne Gesellschafter im Außenverhältnis zumindest das Recht haben, in der Versammlung anwesend zu sein, um im Innenverhältnis die Zustimmung der übrigen Gesellschafter zur Beschlußanfechtung erwirken zu können. Aus dem funktionalen Zusammenhang zwischen dem Beschlußanfechtungsrecht und dem Teilnahmerecht ergibt sich danach auch dann ein Anwesenheitsrecht des einzelnen Gesellschafters, wenn das Antragsrecht nach § 43 Abs. 1 Nr. 4 WEG von allen Gesellschaftern gemeinschaftlich auszuüben ist.

---

[302] BayObLG, NJW-RR 1991, 215 (216) unter Hinweis auf die BGH-Rechtsprechung zur Prozeßführungsbefugnis des Gesellschafters zur Geltendmachung von Gesellschaftsforderungen im Ausnahmefall, vgl. BGHZ 39, 14 (16 ff.); Niedenführ, in: Henkes/-Niedenführ/Schulze, § 43 Rdnr. 51; vgl. U. Huber, Vermögensanteil, S. 127 f.

[303] Ziege, NJW 1973, 2185 (2188); Sauren, WE 1992, 40; wohl auch Soergel/Stürner, BGB § 43 Rdnr. 12b.

[304] So Ziege, NJW 1973, 2185 (2188).

[305] So Sauren, WE 1992, 40 unter Hinweis auf BGH, NJW 1989, 2694 = BGHZ 108, 21 (30) zu § 2038 Abs. 1 S. 2 Halbs. 2 BGB.

[306] BayObLG, NJW-RR 1991, 215 (216).

Dieser Grundsatz gilt nicht nur für die gemeinschaftliche Geschäftsführung der Gesellschafter nach § 709 Abs. 1 BGB, sondern darüber hinaus für alle Formen der Mitberechtigung am Wohnungseigentum, bei denen die Verwaltung des gemeinschaftlichen Vermögens durch die Mitberechtigten gemeinschaftlich ausgeübt wird. Denn sofern der einzelne Mitberechtigte im Innenverhältnis ein Mitverwaltungsrecht hat und er damit an der Entscheidung über die Beschlußanfechtung nach § 43 Abs. 1 Nr. 4 WEG zu beteiligen ist, muß er zur Wahrung dieses Rechts im Außenverhältnis auch zur Anwesenheit in der Versammlung der Wohnungseigentümer berechtigt sein. So ergibt sich für die Miterbengemeinschaft bereits aus der gemeinschaftlichen Verwaltung des Nachlasses nach § 2038 Abs. 1 S. 1 BGB ein Recht auf Anwesenheit in der Versammlung, ohne daß es des Hinweises auf das Notverwaltungsrecht des einzelnen Miterben nach § 2038 Abs. 1 S. 2 Halbs. 2 BGB bedarf. Dementsprechend steht auch jedem Ehegatten einer Gütergemeinschaft ein Anwesenheitsrecht zu, wenn beide Ehegatten nach § 1450 Abs. 1 BGB das Gesamtgut gemeinschaftlich verwalten.

(3) Der Ausschluß des Mitberechtigten von der Verwaltung bzw. Geschäftsführung. Etwas anderes kann nur dann gelten, wenn die Geschäftsführung oder die Verwaltung des gemeinschaftlichen Vermögens einem oder mehreren Mitberechtigten unter Ausschluß der übrigen Mitberechtigten übertragen worden ist. Bei der Gesellschaft bürgerlichen Rechts kann eine derartige Übertragung der Geschäftsführung nach § 710 S. 1 BGB im Gesellschaftsvertrag bestimmt werden. Entsprechendes gilt für die eheliche Gütergemeinschaft, wenn der Ehevertrag nach § 1421 S. 1 BGB die Verwaltung des Gesamtgutes durch einen Ehegatten bestimmt. In den genannten Fällen sind die übrigen Mitberechtigten grundsätzlich von der Geschäftsführung bzw. der Verwaltung des gemeinschaftlichen Vermögens ausgeschlossen, so daß deren Zustimmung zu einer Beschlußanfechtung im Verfahren nach § 43 Abs. 1 Nr. 4 WEG nicht erforderlich ist. Haben die von Geschäftsführung bzw. Verwaltung ausgeschlossenen Mitberechtigten damit nicht die rechtliche Möglichkeit, im Innenverhältnis auf eine Beschlußanfechtung hinzuwirken, so kann sich aus dem funktionalen Zusammenhang zwischen Teilnahmerecht und Beschlußanfechtungsrecht grundsätzlich auch kein Recht des von der Geschäftsführung bzw. der Verwaltung ausgeschlossenen Mitberechtigten auf Anwesenheit in der Versammlung der Wohnungseigentümer im Außenverhältnis ergeben. Da der von der Verwaltung- bzw. Geschäftsführung ausgeschlossene Mitberechtigte grundsätzlich nicht an der Entscheidung über die Ausübung des Beschlußanfechtungsrechts im Innenverhältnis beteiligt ist, bedarf es keiner

Anwesenheit in der Wohnungseigentümerversammlung, um seine Rechte im Innenverhältnis zu wahren.

Abweichendes könnte jedoch dann gelten, wenn dem von der Verwaltung bzw. Geschäftsführung ausgeschlossenen Mitberechtigten ein Notverwaltungs- bzw. Notgeschäftsführungsrecht zusteht und dieses zur Beschlußanfechtung durch den einzelnen Mitberechtigten berechtigt.

(a) Das Notgeschäftsführungsrecht des BGB-Gesellschafters analog § 744 Abs. 2 BGB. Nach überwiegender Ansicht ergibt sich für den Gesellschafter einer Gesellschaft bürgerlichen Rechts im Einzelfall ein Notgeschäftsführungsrecht aus einer entsprechenden Anwendung des § 744 Abs. 2 BGB.[307] Das Notgeschäftsführungsrecht soll auch dem von der Geschäftsführung nach § 710 Abs. 1 BGB ausgeschlossenen Gesellschafter zustehen.[308] Nach dieser Auffassung berechtigt das Notgeschäftsführungsrecht den Gesellschafter nicht nur zur Vornahme von Maßnahmen, die zur Erhaltung eines bestimmten Gegenstandes des Gesamthandsvermögens notwendig sind; das Geschäftsführungsrecht soll über den Wortlaut des § 744 Abs. 2 BGB hinaus bereits dann vorliegen, wenn der Gesellschaft selbst eine akute Gefahr droht und zu ihrer Abwehr rasches Handeln erforderlich ist.[309] Folgt man dieser Ansicht, so stellt sich allerdings die weitergehende Frage, ob diese Voraussetzungen bereits bei jeder Beschlußanfechtung im Verfahren nach § 43 Abs. 1 Nr. 4 WEG erfüllt sind. Das *BayObLG*[310] hat hierzu die Auffassung vertreten, daß allein die einmonatige Anfechtungsfrist des § 23 Abs. 4 S. 2 WEG eine Befugnis zur Notgeschäftsführung analog § 744 Abs. 2 BGB nicht rechtfertige. Das Gericht widerspricht jedoch insoweit seiner eigenen Rechtsprechung zur Bruchteilsgemeinschaft[311] und damit zum unmittelbaren Anwendungsbereich des § 744 Abs. 2 BGB sowie der Rechtsprechung des *BGH*[312] zu § 2038 Abs. 1 S. 2 Halbs. 2 BGB, der in einer rechtzeitigen Beschlußanfechtung ohne weiteres eine notwendige Erhaltungsmaßnahme im Sinne der genannten Vorschriften sieht,

---

307 BGHZ 17, 181 (183); MünchKomm/Ulmer, § 709 Rdnr. 21; Soergel/Hadding, § 744 Rdnr. 7; A. Hueck, OHG § 10 II 7, S. 125; G. Hueck, Gesellschaftsrecht § 8 I 3; Schulze-Osterloh, Gesamthänderische Bindung, S. 46 ff.; einschränkend MünchKomm/K. Schmidt, §§ 744, 745 Rdnr. 41; a.A. U. Huber, Vermögensanteil, S. 132; Staudinger/Huber, § 744 Rdnr. 28; Diederichsen, MDR 1963, 632 (635).

308 G. Hueck, Gesellschaftsrecht § 8 I 4 c.

309 MünchKomm/Ulmer, § 709 Rdnr. 21; MünchKomm/K. Schmidt, § 744, 745 Rdnr. 41; vgl. auch BayObLG, NJW-RR 1991, 215 (216).

310 BayObLG, NJW-RR 1991, 215 (216).

311 BayObLGZ 1975, 201 (203).

312 BGHZ 108, 21 (30); vgl. auch LG Bremen, DWE 1989, 33 (34).

da nur dadurch die Wirksamkeit eines rechtswidrigen Beschlusses beseitigt werden könne (vgl. § 23 Abs. 4 S. 1 WEG).[313]

Die unterschiedliche Rechtsprechung zum Beschlußanfechtungsrecht des Bruchteilsberechtigten und Miterben einerseits sowie zum Beschlußanfechtungsrecht des Gesellschafters andererseits wirft die Frage auf, inwieweit Unterschiede zwischen der Geschäftsführung der Gesellschaft einerseits und der Verwaltung des gemeinschaftlichen Gegenstandes bzw. des Nachlasses andererseits überhaupt eine entsprechende Anwendung des § 744 Abs. 2 BGB auf den gesellschaftsvertraglich von der Geschäftsführung ausgeschlossenen Gesellschafter rechtfertigen. Nach § 741 BGB sind die Regeln der §§ 742 bis 758 BGB auf die Gesellschaft als Zweckgemeinschaft nur subsidiär anwendbar, sofern sich aus dem Gesetz nichts anderes ergibt. § 744 Abs. 2 BGB ist also nur dann auf die Gesellschaft bürgerlichen Rechts entsprechend anwendbar, sofern die §§ 705 ff. BGB eine Gesetzeslücke enthalten.[314]

Gegen das Vorliegen einer Gesetzeslücke spricht, daß in den §§ 709 bis 713 BGB die Geschäftsführung der Gesellschaft bürgerlichen Rechts ausdrücklich gesetzlich geregelt ist und den Gesellschaftern ein weitreichender Gestaltungsspielraum zur gesellschaftsvertraglichen Organisation der Geschäftsführung eingeräumt wird, wohingegen das Notverwaltungsrecht in § 744 Abs. 2 BGB gerade das Fehlen einer die Geschäftsführung regelnden Organisation voraussetzt und so bei der Bruchteilsgemeinschaft, für die keine derartigen Organisationsregelungen bestehen, eine ordnungsgemäße Verwaltung des gemeinschaftlichen Gegenstandes erst ermöglicht.[315] Ebenso bedurfte es für die Miterbengemeinschaft einer ausdrücklichen Regelung eines Notgeschäftsführungsrechts des Miterben in § 2038 Abs. 1 S. 2 Halbs. 2 BGB, da auch für diese keine Organisation der Geschäfts-

---

313 Darauf weist Sauren, WE 1992, 40 zutreffend hin.

314 Vgl. Jauernig/Stürner, § 741 Anm. 3 b; G. Hueck, Gesellschaftsrecht § 1 II; Kraft/-Kreutz, Gesellschaftsrecht, D I 2 c.

315 Vgl. U. Huber, Vermögensanteil, S. 132; Staudinger/U. Huber, § 744 Rdnr. 28; MünchKomm/K. Schmidt, §§ 744, 745 Rdnr. 41; vgl. auch Diederichsen, MDR 1963, 632 (635). Dagegen läßt sich mit Schulze-Osterloh, Gesamthänderische Bindung, S. 47 aus dem Umstand, daß die Regelung des § 744 Abs. 2 BGB erst durch die zweite Kommission in das Recht der Bruchteilsgemeinschaft nach Abschluß der Beratungen über das Gesellschaftsrecht eingefügt worden ist, nicht zwingend auf die Absicht des historischen Gesetzgebers schließen, er habe die Anwendung der Vorschrift auf die Gesellschaft nicht bewußt ausschließen wollen. Denn ebenso könnte man daraus folgern, der Gesetzgeber habe in Ansehung der Regelung der Gesellschaft nur für die Bruchteilsgemeinschaft eine Regelung der Notverwaltung für notwendig erachtet.

führung vorhanden ist.[316] Gerade dann, wenn bei der Gesellschaft bürgerlichen Rechts die Geschäftsführung durch die Übertragung der Geschäftsführung auf einen oder mehrere Gesellschafter unter Ausschluß der übrigen Gesellschafter (vgl. § 710 S. 1 BGB) gesellschaftsvertraglich abweichend von der gesetzlichen Regel der gemeinschaftlichen Geschäftsführung (§ 709 Abs. 1 BGB) organisiert ist, gebührt dieser vertraglichen Organisation gegenüber einem subsidiären Notgeschäftsführungsrecht aus § 744 Abs. 2 BGB der Vorrang.[317] Die gesellschaftsvertraglich bestimmte Organisation der Geschäftsführung darf jedenfalls durch ein Notgeschäftsführungsrecht des von der Geschäftsführung ausgeschlossenen Gesellschafters analog § 744 Abs. 2 BGB nicht umgangen werden. Dies wäre jedoch der Fall, wenn der von der Geschäftsführung ausgeschlossene Gesellschafter unter Berufung auf sein Notgeschäftsführungsrecht stets bei drohendem Ablauf der Anfechtungsfrist nach § 23 Abs. 4 S. 2 WEG zur Beschlußanfechtung berechtigt wäre. Denn auch die Frage, ob ein Beschluß der Wohnungseigentümer im Außenverhältnis im Verfahren nach § 43 Abs. 1 Nr. 4 WEG angefochten werden soll, ist im Innenverhältnis grundsätzlich allein von den geschäftsführungsberechtigten Gesellschaftern zu entscheiden, ohne daß der von der Geschäftsführung ausgeschlossene Gesellschafter an deren Willensbildung zu beteiligen ist. Zudem kann es auch im Gesellschaftsinteresse geboten sein, einen fehlerhaften Wohnungseigentümerbeschluß nicht anzufechten, insbesondere wenn es sich nur um einen Formmangel handelt oder die Erfolgsaussichten eines gerichtlichen Verfahrens zweifelhaft sind und dementsprechend bei der Entscheidung über eine Beschlußanfechtung das Kostenrisiko zu berücksichtigen ist.[318] Gerade bei bloßen Formmängeln kann nicht davon ausgegangen werden, daß die drohende Bestandskraft des fehlerhaften Beschlusses und seine Bindungswirkung gegenüber den Gesellschaftern bereits eine "akute Gefahr" für die Gesellschaft darstellt und damit eine Notgeschäftsführung des von der Geschäftsführung ausgeschlossenen Gesellschafters rechtfertigt.[319] Der drohende Ablauf der Anfechtungsfrist nach § 23 Abs. 4 S. 2 WEG allein kann danach jedenfalls kein Notgeschäftsführungsrecht des von der Geschäftsführung ausgeschlossenen Gesellschafters begründen, das die vor-

---

316 Vgl. Brox, Erbrecht, Rdnr. 465. Der Verweis auf die Regelungen der Bruchteilgemeinschaft in § 2038 Abs. 2 S. 1 BGB nimmt ausdrücklich die Regelung des § 744 Abs. 2 BGB aus, so daß nicht davon ausgegangen werden kann, daß die Ausnahmevorschrift des § 744 Abs. 2 BGB generell auf Gesamthandsgemeinschaften entsprechend anwendbar ist.

317 MünchKomm/K. Schmidt, §§ 744, 745 Rdnr. 41.

318 So auch BayObLG, NJW-RR 1991, 215 (216).

319 So auch BayObLG, NJW-RR 1991, 215 (216).

rangige gesellschaftsvertragliche Geschäftsführung verdrängt. Ebenso wie die Geltendmachung von Gesamthandsforderungen gegenüber Dritten[320] obliegt die Entscheidung über eine Beschlußanfechtung grundsätzlich den zur Geschäftsführung berechtigten Gesellschaftern.

Etwas anderes könnte ausnahmsweise dann gelten, wenn eine Beschlußanfechtung im Gesellschaftsinteresse geboten ist, die geschäftsführungsberechtigten Gesellschafter sich jedoch pflichtwidrig weigern, den Antrag nach § 43 Abs. Nr. 4 WEG auf Ungültigerklärung des Beschlusses zu stellen. Da die gesellschaftsvertragliche Übertragung der Geschäftsführung zugleich die vertragliche Pflicht zur Geschäftsführung begründet, kann der von der Geschäftsführung ausgeschlossene Gesellschafter die Geschäftsführung im Wege der "actio pro socio" aus dem Gesellschaftsvertrag im normalen Klageverfahren auf Stellung des Antrags nach § 43 Abs. 1 Nr. 4 WEG verklagen (Vollstreckung nach § 894 ZPO), um nach obsiegenden Urteil die gerichtliche Ungültigerklärung des Beschlusses im Verfahren der freiwilligen Gerichtsbarkeit zu betreiben.[321] Aufgrund der unterschiedlichen Verfahrenszuständigkeit kommt eine Verbindung beider Verfahren nicht in Betracht (vgl. § 147 ZPO), so daß bei Einleitung des Beschlußanfechtungsverfahrens die Monatsfrist des § 23 Abs. 4 S. 2 BGB regelmäßig bereits abgelaufen ist. In diesem Fall kommt eine Wiedereinsetzung in den vorigen Stand analog § 22 Abs. 2 S. 1 FGG wegen unverschuldeter Fristversäumung ebenfalls nicht in Betracht,[322] da der nicht geschäftsführungsberechtigte Gesellschafter gemäß § 714 BGB im Außenverhältnis regelmäßig durch die geschäftsführungsberechtigten Gesellschafter vertreten wird und es nach § 22 Abs. 2 S. 2 FGG auf das Verschulden des Vertreters ankommt. Aus der letztgenannten Vorschrift ergibt sich damit die Wertung, daß sich der nicht geschäftsführungsberechtigte Gesellschafter das Unterlassen der fristgerechten Beschlußanfechtung durch die geschäftsführungs- und vertretungsberechtigten Gesellschafter auch dann im Außenverhältnis zurechnen lassen muß, wenn diese im Innenverhältnis eine Beschlußanfechtung pflichtwidrig verweigern. Denn wer sich freiwillig im Gesellschaftsvertrag gemäß § 710 S. 1 BGB seiner Teilhabe an der Geschäftsführung und damit gemäß § 714 BGB

---

320 Vgl. BGHZ 39, 14 (15).

321 Zur vergleichbaren Situation der Geltendmachung einer Gesellschaftsforderung gegenüber einem Dritten vgl. BGHZ 39, 14 (20); Kraft/Kreutz, Gesellschaftsrecht, D III 2 b dd.

322 Zur analogen Anwendung des § 22 Abs. 2 FGG vgl. BGHZ 54, 65 (79); BayObLGZ 1981, 21 (27); 1989, 13 (15); NJW-RR 1991, 976 (977); KG, DWE 1993, 153 (154); OLG Hamm, OLGZ 1985, 147 (150); Schulze, in: Henkes/Niedenführ/Schulze, § 23 Rdnr. 21.

seiner Teilhabe an der Vertretung nach außen begibt, kann sich nicht allein wegen eines im Innenverhältnis pflichtwidrigen Unterlassens der Beschlußanfechtung im Außenverhältnis zu den übrigen Wohnungseigentümern auf ein eigenes Antragsrecht nach § 43 Abs. 1 Nr. 4 WEG berufen.[323] Zudem ist zu berücksichtigen, daß der von der Geschäftsführung ausgeschlossene Gesellschafter im Falle der pflichtwidrigen Verweigerung der Beschlußanfechtung im Innenverhältnis nicht rechtlos gestellt ist; er kann vielmehr aufgrund der schuldhaften Verletzung der gesellschaftsvertraglichen Geschäftsführungspflicht die geschäftsführenden Gesellschafter auf Schadensersatz wegen positiver Vertragsverletzung in Anspruch nehmen.[324] Auch im Fall der pflichtwidrigen Verweigerung der Beschlußanfechtung rechtfertigt also der drohende Ablauf der Anfechtungsfrist nach § 23 Abs. 4 S. 2 WEG kein Notgeschäftsführungsrecht des von der Geschäftsführung ausgeschlossenen Gesellschafters analog § 744 Abs. 2 BGB.

Ob dagegen im Falle einer ausnahmsweise durch einen fehlerhaften Beschluß hervorgerufenen "akuten Gefahr" der Gesellschaft ein Notgeschäftsführungsrecht des von der Geschäftsführung ausgeschlossenen Gesellschafters analog § 744 Abs. 2 BGB anzunehmen ist,[325] kann hier dahinstehen; denn ein solcher Ausnahmefall würde jedenfalls nicht bereits generell das Recht zur Anwesenheit in der Wohnungseigentümerversammlung rechtfertigen, um ex ante im Hinblick auf eine mit dem Notgeschäftsführungsrecht verbundene Antragsbefugnis im Verfahren nach § 43 Abs. 1 Nr. 4 WEG einen derart schweren Beschlußmangel zur Kenntnis nehmen zu können. Zudem läßt sich aus dem Rechtsgedanken des § 166 Abs. 1, 2. Fall BGB entnehmen, daß sich der von der Geschäftsführung und Vertretung ausgeschlossene Gesellschafter - ebenso wie die schuldhafte Fristversäumung analog § 22 Abs. 2 S. 2 FGG - insoweit auch die im Rahmen der Vertretung in der Versammlung erlangte Kenntnis der nach § 714 BGB allein zur Vertretung

---

323 Vgl. BGHZ 39, 14 (20) zum Ausschluß der Einzelklagebefugnis nach § 432 BGB durch die Regelung der Gschäftsführung in § 709 BGB; vgl. auch K. Schmidt, Gesellschaftsrecht § 21 IV 7 b, S. 533, der zur Geltendmachung einer Gesellschaftsforderung gegenüber einem Dritten zutreffend betont, daß sich der Dritte als Schuldner nur auf eine Klage einzulassen brauche, die der Vertretungsordnung der Gesellschaft entspricht.

324 Vgl. G. Hueck, Gesellschaftsrecht § 8 I 7; K. Schmidt, Gesellschaftsrecht § 59 III 3 d, S. 1468.

325 MünchKomm/K. Schmidt, §§ 744, 755 Rdnr. 41 sowie Schulze-Osterloh, Gesamthänderische Bindung, S. 48 gehen insoweit nur von einem subsidiären Notgeschäftsführungsrecht aus, während U. Huber, Vermögensanteil, S. 132; Staudinger/U. Huber, § 744 Rdnr. 28 und Diederichsen, MDR 1963, 632 (635) eine Analogie zu § 744 Abs. 2 BGB grundsätzlich ablehnen.

berechtigten Gesellschafter über einen etwaigen Anfechtungsgrund zurechnen lassen muß.[326]

Im Ergebnis läßt sich damit festhalten, daß unter dem Gesichtspunkt des funktionalen Zusammenhangs zwischen dem Beschlußanfechtungsrecht und dem Teilnahmerecht dem von der Geschäftsführung ausgeschlossenen Gesellschafter einer Gesellschaft bürgerlichen Rechts auch bei Anerkennung eines Notgeschäftsführungsrechts analog § 744 Abs. 2 BGB kein Recht auf persönliche Anwesenheit in der Versammlung der Wohnungseigentümer zusteht.

(b) Das Notverwaltungsrecht des von der Verwaltung ausgeschlossenen Ehegatten nach § 1429 BGB. Eine vergleichbare Rechtslage könnte bei der ehelichen Gütergemeinschaft bestehen, wenn in dem Ehevertrag nach § 1421 S. 1 BGB die Verwaltung des Gesamtgutes durch einen Ehegatten bestimmt ist. Die Übertragung der Verwaltung auf einen Ehegatten gilt in diesem Fall als Ermächtigung zur Stimmrechtsausübung.[327] Der verwaltende Ehegatte ist insoweit als gemeinschaftlicher Vertreter anzusehen, der nach § 1422 S. 1 Halbs. 2 BGB sich auf das Gesamtgut beziehende Rechtsstreitigkeiten und damit auch als Verfahrensstandschafter das Verfahren der Beschlußanfechtung nach § 43 Abs. 1 Nr. 4 WEG in eigenem Namen führt.[328] Dementsprechend muß der nicht verwaltungsberechtigte Ehegatte analog § 22 Abs. 2 S. 2 FGG das schuldhafte Versäumen der Anfechtungsfrist des § 23 Abs. 4 S. 2 WEG durch den verwaltenden Ehegatten gegen sich gelten lassen. Zudem ergibt sich auch hier aus dem Rechtsgedanken des § 166 Abs. 1, 2. Fall BGB, daß der nichtverwaltende Ehegatte sich die Kenntnisnahme des verwaltenden Ehegatten von etwaigen Beschlußmängeln in der Versammlung zurechnen lassen muß, so daß insoweit das Interesse des nichtverwaltenden Ehegatten an der Anwesenheit in der Versammlung keinen Schutz verdient. Etwas anderes ergibt sich auch nicht aus dem eingeschränkten Not-

326 Zur Anwendbarkeit des § 166 Abs. 1 BGB auf die Vertretungsmacht nach § 714 BGB vgl. MünchKomm/Schramm, § 166 Rdnr. 20; Schilken, Wissenszurechnung, S. 105. Die Kenntnisnahme von Mängeln der Beschlußfassung in der Versammlung beeinflußt jedoch nicht unmittelbar die Rechtsfolgen einer "Willenserklärung", sondern ermöglicht die rechtzeitige Anfechtung eines fehlerhaften Beschlusses, der seinerseits aus einer Mehrzahl von Willenserklärungen besteht. Die Frage der Wirksamkeit eines fehlerhaften Beschlusses betrifft damit mittelbar eine "rechtliche Folge von mehreren Willenserklärungen"im Sinne des § 166 Abs. 1 BGB.

327 Augustin, § 25 Rdnr. 18; Bornheimer, Stimmrecht, S. 60.

328 Vgl. Jauernig/Schlechtriem, § 1422 Anm. 2 g; zu der der Verfahrensstandschaft entsprechenden Prozeßstandschaft im Zivilprozeß, vgl. Niedenführ, in: Henkes/-Niedenführ/Schulze, vor § 43 Rdnr. 52.

verwaltungsrecht des von der Verwaltung ausgeschlossenen Ehegatten nach § 1429 BGB, das nur im Fall der Verhinderung des Alleinverwalters wegen Krankheit oder Abwesenheit besteht. Da ein absichtliches Untätigbleiben des alleinverwaltenden Ehegatten kein Notverwaltungsrecht begründet,[329] bleibt die Letztentscheidung über eine Beschlußanfechtung nach § 43 Abs. 1 Nr. 4 WEG auch in diesem Fall dem Alleinverwalter überlassen. Aus dem funktionalen Zusammenhang zwischen Beschlußanfechtungsrecht und Teilnahmerecht folgt damit nur ein Anwesenheitsrecht des alleinverwaltenden Ehegatten, es sei denn dieser ist bereits zum Zeitpunkt der Versammlung wegen Krankheit oder Abwesenheit verhindert.

cc) Zusammenfassung. Zusammenfassend ergeben sich damit für sämtliche Formen der Mitberechtigung am Wohnungseigentum aus dem funktionalen Zusammenhang zwischen dem Beschlußanfechtungsrecht und dem Teilnahmerecht folgende Grundsätze: Ist der einzelne Mitberechtigte berechtigt, den Antrag nach § 43 Abs. 1 Nr. 4 WEG in eigenem Namen ohne die Zustimmung der übrigen Mitberechtigten zu stellen, oder entscheiden sämtliche Mitberechtigte gemeinschaftlich über eine Beschlußanfechtung, so muß jedem Mitberechtigten das Recht auf persönliche Anwesenheit in der beschließenden Versammlung der Wohnungseigentümer zustehen, um zumindest ihre Teilhabe an der Entscheidung über die Beschlußanfechtung im Innenverhältnis zu wahren. Abweichendes gilt dagegen, wenn der einzelne Mitberechtigte durch Vertrag von der Verwaltung bzw. Geschäftsführung ausgeschlossen ist. In diesem Fall rechtfertigt der Ausnahmefall der Notverwaltung bzw. -geschäftsführung nicht generell das Recht auf Anwesenheit.

b) Die Wertungen des § 25 Abs. 2 S. 2 WEG. Aus dem funktionalen Zusammenhang zwischen dem Beschlußanfechtungsrecht und dem Teilnahmerecht ergibt sich in den genannten Fällen jedoch lediglich ein Anwesenheitsrecht des Mitberechtigten. Es fragt sich nunmehr, ob ihm zusätzlich zum Anwesenheitsrecht auch das Rederecht zusteht.

aa) Die einheitliche Willensbildung der Mitberechtigten. Für eine das Rederecht umfassende Teilnahmeberechtigung sämtlicher Mitberechtigter könnte die Regelung des § 25 Abs. 2 S. 2 WEG sprechen. Auch wenn sie ausdrücklich nur die Stimmrechtsausübung betrifft, so handelt es sich insoweit um eine Ausprägung des

---

[329] Vgl. Jauernig/Schlechtriem, § 1429 Anm. 1 a.

in § 18 Abs. 1 GmbHG niedergelegten Grundsatzes, wonach Mitgliedschaftsrechte grundsätzlich nur gemeinschaftlich ausgeübt werden können. Da weder § 25 Abs. 2 S. 2 WEG noch § 18 Abs. 1 GmbHG - im Unterschied zu § 69 Abs. 1 AktG und § 77 Abs. 1 S. 3 GenG - vorschreiben, auf welche Weise die "einheitliche" bzw. "gemeinschaftliche" Rechtsausübung zu erfolgen hat, ist jedenfalls anzunehmen, daß nach dem WEG eine Stimmrechtsausübung durch einen gemeinschaftlichen Vertreter nicht zwingend vorgeschrieben ist.[330] Vielmehr bleibt die Art und Weise, wie unter den Mitberechtigten eine einheitliche Stimmabgabe erreicht werden kann, den für das Innenverhältnis der Mitberechtigten untereinander maßgeblichen Regelungen überlassen.[331] Im Grundsatz kann daher die gemeinschaftliche Stimmrechtsausübung durch übereinstimmendes Handeln aller Mitberechtigten in der Versammlung erfolgen.[332] Die Möglichkeit der gemeinschaftlichen Willensbildung der Mitberechtigten in der Versammlung der Wohnungseigentümer ist nach der gesetzlichen Regelung in § 25 Abs. 2 S. 2 WEG geradezu geboten;[333] denn wenn dort eine nach außen gegenüber den übrigen Wohnungseigentümern einheitliche Willensbildung der Mitberechtigten verlangt wird, dann muß das Gesetz im Außenverhältnis jeden einzelnen Mitberechtigten zumindest mit den Rechten ausstatten, die ihm die Beteiligung an der vorgelagerten Willensbildung im Innenverhältnis ermöglichen.

bb) Die Ladung des einzelnen Mitberechtigten zur Versammlung. Dieser Grundsatz hat auch in Rechtsprechung und Schrifttum Anerkennung gefunden, indem sämtliche Mitberechtigten zur Wohnungseigentümerversammlung jeweils getrennt zu laden sind.[334] Durch die getrennte Ladung soll sichergestellt werden, daß

---

330 So zutreffend Ziege, NJW 1973, 2185 (2186).

331 So BayObLG, WuM 1990, 322 (323); Bornheimer, Stimmrecht, S. 55; Palandt/Bassenge, WEG § 43 Rdnr. 3; Weitnauer/Lüke, § 25 Rdnr. 9 zu § 25 Abs. 2 S. 2 WEG; zu § 18 Abs. 1 GmbHG vgl. BGHZ 43, 181 (191); Scholz/Winter, § 18 Rdnr. 2 und 20; Hueck, in: Baumbach/Hueck, § 18 Rdnr. 3; Wiedemann, GmbHR 1969, 247 (249).

332 Nach Bornheimer, Stimmrecht, S. 59 und Ziege, NJW 1973, 2185 (2186) können sämtliche Mitberechtigten ohne weiteres in der Wohnungseigentümerversammlung erscheinen und dort die Stimme einheitlich ausüben; vgl. auch Scholz/Winter, § 18 Rdnr. 20 zu § 18 Abs. 1 GmbHG.

333 So auch Hachenburg/Hüffer, § 48 Rdnr. 15 zur GmbH.

334 OLG Köln, WE 1989, 30; Pick, in: Bärmann/Pick/Merle, § 24 Rdnr. 14; Weitnauer/Lüke, § 24 Rdnr. 10; Soergel/Stürner, WEG § 24 Rdnr. 6; Palandt/Bassenge, WEG § 24 Rdnr. 4; Ziege, NJW 1973, 2185 f., der zutreffend darauf hinweist, daß im Falle eines zur Passivvertretung berechtigten Vertreters der Mitberechtigten die Mitteilung der Ladung an diesen ausreicht.

keiner der Mitberechtigten seine Stimme im Innenverhältnis ohne Kenntnis und ohne vorangegangene Abstimmung mit den übrigen Mitberechtigten abgibt.[335] Da mit der Ladung stets die hinreichende Bezeichnung der in der Wohnungseigentümerversammlung anstehenden Beschlußgegenstände zu verbinden ist (§ 23 Abs. 2 WEG), kann sich der einzelne Mitberechtigte auf die Beratung der Beschlußgegenstände vorbereiten und nimmt so - wie ein Wohnungseigentümer als Alleineigentümer - am Schutz vor überraschenden Beschlüssen der Wohnungseigentümer teil.[336] Bezweckt damit der Inhalt der Ladung die Vorbereitung der Beratung der Beschlußgegenstände in der Versammlung der Wohnungseigentümer und wirkt der Austausch von Argumenten in dieser Versammlung auch auf die interne Willensbildung der Mitberechtigten untereinander ein, so kann eine getrennte Ladung jedes einzelnen Mitberechtigten nur Sinn machen, wenn jeder Mitberechtigte berechtigt ist, in der Versammlung anwesend zu sein und das Rederecht auszuüben. Aus dem Erfordernis der einheitlichen Stimmrechtsausübung nach § 25 Abs. 2 S. 2 WEG folgt damit notwendig das Teilnahmerecht jedes Mitberechtigten in dem beschriebenen Umfang.[337] Da sich das Teilnahmerecht des Mitberechtigten somit aus einer gesetzlichen Vorschrift ableitet, können die Mitberechtigten jedenfalls nicht ohne entsprechende Vereinbarung der Wohnungseigentümer (vgl. § 10 Abs. 1 S. 2 WEG) gezwungen werden, einen gemeinschaftlichen Vertreter zu bestellen.[338]

cc) Einschränkungen nach Sinn und Zweck des § 25 Abs. 2 S. 2 WEG. Eine Einschränkung des Teilnahmerechts des einzelnen Mitberechtigten ist auch nicht nach Sinn und Zweck des § 25 Abs. 2 S. 2 WEG geboten, wonach die Vorschrift im Interesse der Rechtsklarheit vor einer divergierenden Stimmrechtsausübung im Außenverhältnis gegenüber den übrigen Wohnungseigentümern schützen soll.[339]

---

335 OLG Köln, WE 1989, 30.

336 Zu diesem Schutzzweck des § 23 Abs. 2 WEG vgl. BayObLGZ 1981, 220 (226); 1992, 79 (84); OLG Hamm, NJW-RR 1993, 468 (469); Schulze, in: Henkes/Niedenführ/Schulze, § 23 Rdnr. 9; Bärmann/Pick, § 23 Rdnr. 9; Erman/Ganten, WEG § 23 Rdnr. 3; MünchKomm/Röll, WEG § 23 Rdnr. 3; Augustin, § 23 Rdnr. 6; Weitnauer/Lüke, § 23 Rdnr. 19.

337 So im Ergebnis auch Pick, in: Bärmann/Pick/Merle, § 25 Rdnr. 62; Hachenburg/-Hüffer, § 48 Rdnr. 15 zur GmbH.

338 Vgl. Ziege, NJW 1973, 2185 (2186); zur GmbH vgl. Scholz/Winter, § 18 Rdnr. 20; Wiedemann, GmbHR 1969, 247 (249); der oben unter 2) angeführten abweichenden Ansicht von Scholz/K. Schmidt, § 48 Rdnr. 13 zur GmbH kann deshalb nicht gefolgt werden.

339 Vgl. Bornheimer, Stimmrecht, S. 54 unter Hinweis auf den Schutzgedanken der §§ 18 Abs. 1 GmbHG, 69 Abs. 1 AktG, 77 Abs. 1 S. 3 GenG, vgl. oben 2.

Denn das Interesse an Rechtsklarheit ist nur dort schutzwürdig, wo es um eine verbindliche Erklärung gegenüber den Wohnungseigentümern oder um die alle Wohnungseigentümer bindende Beschlußfassung in der Versammlung geht.[340] Da die bloße Anwesenheit in der Versammlung und die Ausübung des Rederechts als solches keinen rechtsverbindlichen Charakter haben, wird der Schutzzweck des § 25 Abs. 2 S. 2 WEG nicht von der Teilnahme sämtlicher Mitberechtigter betroffen, soweit eine einheitliche Stimmrechtsausübung - etwa durch Ausgabe einer einheitlichen Stimmkarte für alle Mitberechtigten - gewährleistet ist. Gleiches gilt auch für die Ausübung des Beschlußantragsrechts durch einen Mitberechtigten; denn trotz seiner inhaltsbestimmenden Funktion zählt der Beschlußantrag anders als die Stimmabgabe nicht zum Beschlußtatbestand und hat somit keinen rechtsverbindlichen Charakter.[341] Deshalb ist auch hinsichtlich des Beschlußantragsrechts nach dem Sinn und Zweck des § 25 Abs. 2 S. 2 WEG keine Einschränkung des Teilnahmerechts des einzelnen Mitberechtigten geboten.[342] Dem einzelnen Mitberechtigten steht damit grundsätzlich sowohl die Ausübung des Rederechts als auch die Ausübung des Beschlußantragsrechts zu.

dd) Besonderheiten beim vertraglichen Ausschluß von der Vertretung. Abweichendes gilt nur, wenn die vertragliche Ausgestaltung des Rechtsverhältnisses der Mitberechtigten untereinander einzelne Mitberechtigte von der Vertretung im Außenverhältnis ausschließt. Dies ist der Fall, wenn der Gesellschaftsvertrag einer Gesellschaft bürgerlichen Rechts die Vertretungsbefugnis auf einen oder mehrere Gesellschafter überträgt mit der Folge, daß die übrigen Gesellschafter von der Vertretung ausgeschlossen sind. Gleiches gilt für die eheliche Gütergemeinschaft im Falle der Vereinbarung der Verwaltung des Gesamtgutes durch einen Ehegatten; auch hier ist der alleinverwaltende Ehegatte als gemeinschaftlicher Vertreter anzusehen, der im Außenverhältnis allein zur einheitlichen Stimmrechtsausübung nach § 25 Abs. 2 S. 2 WEG berechtigt ist.[343] Für diese Fälle des Ausschlusses einzelner Mitberechtigter von der Vertretung gilt der Grundsatz, daß nur die vertretungsberechtigten Mitberechtigten zur Teilnahme an der Versammlung und

---

340 Im Interesse der Rechtsklarheit ordnet § 23 Abs. 4 S. 2 WEG die Bestandskraft fehlerhafter Beschlüsse nach Ablauf der Monatsfrist an; vgl. BGHZ 54, 65 (69); OLG Hamm, OLGZ 1990, 180 (185); KG, OLGZ 1990, 421 (423); OLG Frankfurt/M, OLGZ 1992, 437 (438).

341 Vgl. oben § 6 III 2 b bb.

342 A.A. Hachenburg/Hüffer, § 48 Rdnr. 15 zur GmbH im Hinblick auf den weiteren sachlichen Anwendungsbereich des § 18 Abs. 1 GmbH, der nicht nur die Ausübung des Stimmrechts erfaßt.

343 Augustin, § 25 Rdnr. 18; Bornheimer, Stimmrecht, S. 60.

damit zur Ausübung des Rederechts berechtigt sind. Denn derjenige, der nach der Regelung im Innenverhältnis an der von § 25 Abs. 2 S. 2 WEG geforderten einheitlichen Willensbildung nach außen nicht zu beteiligen ist, hat kein schutzwürdiges Interesse an einer Versammlungsteilnahme.

c) Zusammenfassung. Unter Berücksichtigung wohnungseigentumsrechtlicher Wertungen läßt sich damit zusammenfassend feststellen, daß grundsätzlich jeder einzelne Mitberechtigte im Außenverhältnis gegenüber den übrigen Wohnungseigentümern zur Teilnahme an der Versammlung berechtigt ist. Für das Recht auf Anwesenheit in der Wohnungseigentümerversammlung ergibt sich dies bereits aus dem funktionalen Zusammenhang zwischen dem Beschlußanfechtungsrecht und dem Teilnahmerecht, soweit der einzelne Mitberechtigte im Innenverhältnis zumindest an der Entscheidung über eine Beschlußanfechtung im gerichtlichen Verfahren nach § 43 Abs. 1 Nr. 4 WEG zu beteiligen ist. Vorbehaltlich einer abweichenden Vereinbarung der Wohnungseigentümer ergibt sich zudem aus dem Rechtsgedanken des § 25 Abs. 2 S. 2 WEG, daß grundsätzlich jeder Mitberechtigte ein Recht auf Anwesenheit und Ausübung des Rederechts hat.

4. Die Bevollmächtigung eines gemeinschaftlichen Vertreters

Aus dem Rechtsgedanken des § 25 Abs. 2 S. 2 WEG ergibt sich nicht die Pflicht jedes Mitberechtigten zur persönlichen Teilnahme an der Versammlung; die Vorschrift verlangt nur die einheitliche Ausübung des Stimmrechts. Die Mitberechtigten sind also nicht gehindert, einen gemeinschaftlichen Vertreter zur einheitlichen Ausübung des Stimmrechts im Sinne von § 25 Abs. 2 S. 2 WEG zu bestellen. Es fragt sich nunmehr, welche Auswirkungen eine derartige Stimmrechtsvollmacht auf das Teilnahmerecht hat.

a) Die Stimmrechtsvollmacht und die Ermächtigung zur Ausübung des Teilnahmerechts. Die Mitberechtigten können einem von ihnen oder einem Dritten nach allgemeinen rechtsgeschäftlichen Regeln durch einseitige empfangsbedürftige Willenserklärung Stimmrechtsvollmacht erteilen (§ 167 Abs. 1 BGB).[344] Sind

---

[344] Zur Gesellschaft bürgerlichen Rechts vgl. Jauernig/Stürner, §§ 714, 715 Anm. 2 b; Kraft/Kreutz, Gesellschaftsrecht § 8 II 1; zur Bruchteilsgemeinschaft vgl. Jauernig/-Stürner, §§ 743-748 Anm. 3 a; zur Miterbengemeinschaft vgl. Brox, Erbrecht, Rdnr. 483. An dieser Stelle werden nur die Besonderheiten der Bevollmächtigung bei der Mitberechtigung am Wohnungseigentum behandelt; zur Bevollmächtigung eines Dritten und dessen Teilnahmerecht vgl. § 14.

Geschäftsführung und Vertretung bestimmten Mitberechtigten vertraglich eingeräumt worden (vgl. §§ 710 S. 1, 714 BGB), so können diese Stimmrechtsvollmacht erteilen. Die Stimmrechtsvollmacht ist in jedem Fall zunächst nur auf Ausübung des Stimmrechts und damit auf die Abgabe einer Willenserklärung im Namen der vertretenen Mitberechtigten mit Wirkung für und gegen alle Mitberechtigten gerichtet (vgl. § 164 Abs. 1 S. 1 BGB). Da die Stimmrechtsausübung regelmäßig die Anwesenheit in der Versammlung der Wohnungseigentümer voraussetzt, muß der Bevollmächtigte zur Anwesenheit berechtigt sein. Die Stimmrechtsvollmacht dient darüberhinaus dem Zweck, die interne Willensbildung der Mitberechtigten im Hinblick auf die Willensbildung der Wohnungseigentümer im Außenverhältnis einer Person zu übertragen. Der gemeinschaftliche Vertreter soll im Rahmen der durch den Umfang der Vollmacht begrenzten Vertretungsmacht die einheitliche Willensbildung für die Mitberechtigten vollziehen. Um aktiv am Willensbildungsprozeß in der Versammlung teilnehmen zu können, muß der Bevollmächtigte auch berechtigt sein, das Rederecht sowie das Beschlußantragsrecht auszuüben. In der Bevollmächtigung zur Stimmrechtsausübung ist damit zugleich die konkludente Ermächtigung zur Ausübung des Teilnahmerechts zu sehen.[345]

Es fragt sich nunmehr, wie sich diese Ermächtigung zur Ausübung des Teilnahmerechts auf das originäre Teilnahmerecht der Mitberechtigten auswirkt. Dabei ist zunächst davon auszugehen, daß die Mitberechtigten nur die Rechte zur Ausübung durch einen Dritten übertragen können, die ihnen im Außenverhältnis gegenüber den übrigen Wohnungseigentümern zustehen. Durch die in der Stimmrechtsvollmacht enthaltenen Ermächtigung zur Ausübung des Teilnahmerechts kann also der Rechtskreis der Mitberechtigten im Außenverhältnis nicht erweitert werden. Eine Verdoppelung der Mitgliedschaftsrechte zu Lasten der übrigen Wohnungseigentümer ist - wie der *BGH*[346] für das Stimmrecht ausdrücklich betont - unzulässig.[347] Daraus folgt, daß die ermächtigenden Mitberechtigten und der Ermächtigte nicht zur gleichzeitigen Ausübung des Teilnahmerechts befugt sind. Vielmehr sind die Mitberechtigten in dem Umfang der von ihnen erteilten Stimmrechtsvollmacht von der Rechtsausübung ausgeschlossen. Im Verhältnis der Mitberechtigten untereinander liegt damit in der Bevollmächtigung eines gemeinschaftli-

---

345 Die Ermächtigung bezeichnet im Gegensatz zur Vollmacht die Befugnis, im eigenen Namen ein fremdes Recht auszuüben, vgl. Palandt/Heinrichs, § 185 Rdnr. 13; Wiedemann, Übertragung, S. 267 f.; Müller-Freienfels, Vertretung, S. 98 ff.

346 BGHZ 106, 113 (120 f.) zum Stimmrecht des sog. "Wohnungsanwärters" vor Grundbucheintragung; zum Teilnahmerecht des "Wohnungsanwärters" vgl. § 12.

347 Vgl. Wiedemann, Übertragung, S. 351 f.

chen Vertreters zugleich der Verzicht der Mitberechtigten auf die im Außenverhältnis mögliche gleichzeitige persönliche Teilnahme aller Mitberechtigten an der Versammlung.[348] Der Umfang der Stimmrechtsvollmacht kann generell erteilt oder auf die Beschlußgegenstände einer Versammlung beschränkt sein,[349] so daß im letzteren Fall der Verzicht auf die persönliche Teilnahme nur die bestimmte Versammlung erfaßt.[350] Da der Verzicht auf die persönliche Ausübung des Teilnahmerechts jedoch vom Bestand der Vollmacht abhängig ist, sind die Mitberechtigten im Falle eines nach § 168 S. 2 BGB grundsätzlich zulässigen Widerrufs der Stimmrechtsvollmacht wieder zur persönlichen Ausübung des Teilnahmerechts berechtigt.[351]

b) Der Widerruf der Stimmrechtsvollmacht durch einen Mitberechtigten. Problematisch ist, ob die Stimmrechtsvollmacht und damit die Ermächtigung zur Ausübung des Teilnahmerechts bereits durch den Widerruf eines Mitberechtigten aufgehoben wird mit der Folge, daß der widerrufende Mitberechtigte sein Teilnahmerecht wieder persönlich ausüben kann.

aa) Der Widerruf als actus contrarius zur Erteilung der Vollmacht. Gemäß § 168 S. 3 BGB gelten für die Erklärung des Widerruf als actus contrarius[352] die gleichen Grundsätze wie für die Erteilung der Vollmacht. Sieht man in der Bevollmächtigung eines gemeinschaftlichen Vertreters eine Individualvollmacht jedes einzelnen Mitberechtigten, so muß die Vertretungsmacht und damit auch die Befugnis zur Ausübung des Teilnahmerechts bereits mit dem Widerruf eines Mitberechtigten entfallen. Diese Auffassung hat der *BGH*[353] zum Widerruf der Vollmacht durch die Mitberechtigten einer Miterbengemeinschaft vertreten; dementsprechend sieht er den Widerruf nicht als Verwaltungsmaßnahme im Sinne

---

348 Vgl. Hachenburg/Hüffer, § 48 Rdnr. 15 zur Bevollmächtigung eines gemeinschaftlichen Vertreters nach § 18 Abs. 3 GmbHG.

349 Schulze, in: Henkes/Niedenführ/Schulze, § 25 Rdnr. 11. Die auf eine Versammlung beschränkte Stimmrechtsvollmacht geht im Zweifel nicht über die angekündigte Tagesordnung hinaus; vgl. OLG Hamm, NJW-RR 1993, 468; Bärmann/Pick, § 25 Rdnr. 19; Scholz/K. Schmidt, § 47 Rdnr. 86 zur GmbH.

350 Zum im Einzelfall zulässigen Verzicht auf das Stimmrecht vgl. Pick, in: Bärmann/-Pick/Merle, § 25 Rdnr. 32; Bärmann, Wohnungseigentum, Rdnr. 510; Bornheimer, Stimmrecht, S. 87.

351 Vgl. Scholz/K. Schmidt, § 47 Rdnr. 88, § 48 Rdnr. 20; Hachenburg/Hüffer, § 48 Rdnr. 18; Rowedder/Koppensteiner, § 48 Rdnr. 8 zur GmbH; zum Widerruf der Stimmrechtsvollmacht und seine Auswirkung auf das Teilnahmerecht vgl. § 14 III.

352 So ausdrücklich Palandt/Heinrichs, § 168 Rdnr. 5.

353 BGHZ 30, 391(397 f.); vgl. auch RG, JW 1938, 1892.

von § 2038 Abs. 1 S. 1 BGB an, die den Miterben gemeinschaftlich zusteht.[354] Allerdings ist zu bedenken, daß es sich in dem vom BGH zu entscheidenden Fall um den Widerruf einer nach §§ 168 S. 1, 672 S. 1 BGB über den Tod hinauswirkenden Individualvollmacht des Erblassers und nicht um den Widerruf einer durch die Miterben nach dessen Ableben erteilten Vollmacht handelte. Mag in dem Fall einer Individualvollmacht des Erblassers der Actus-contrarius-Gedanke für die Zulässigkeit des individuellen Widerrufs durch den einzelnen Miterben sprechen,[355] so kann dies jedenfalls nicht für die Bevollmächtigung eines gemeinschaftlichen Vertreters durch die Miterben angenommen werden. Denn diese stellt im Gegensatz zur Individualvollmacht des Erblassers eine Verwaltungsmaßnahme im Sinne von § 2028 Abs. 1 S. 1 BGB dar, die grundsätzlich in die Entscheidungszuständigkeit aller Miterben fällt.[356]

Mit welcher Mehrheit die Bevollmächtigung eines gemeinschaftlichen Vertreters im Innenverhältnis zu erfolgen hat, richtet sich nach dem konkreten Gegenstand der Abstimmung.[357] Ist der Inhalt der Vollmacht auf Maßnahmen der ordnungsgemäßen Verwaltung beschränkt, so genügt für die Bevollmächtigung eines gemeinschaftlichen Vertreters gemäß §§ 2038 Abs. 2 S. 1, 745 Abs. 1 S. 1 BGB bereits ein Mehrheitsbeschluß der Miterben.[358] Gleiches gilt im unmittelbaren Anwendungsbereich des § 745 Abs. 1 S. 1 BGB für die Bevollmächtigung eines gemeinschaftlichen Vertreters durch die Bruchteilsberechtigten[359]. Die Mehrheitsherrschaft der Miterben bzw. der Bruchteilsberechtigten findet jedoch dort ihre Grenze, wo sie auf eine wesentliche Veränderung des zum gemeinschaftlichen Vermögen gehörenden Wohnungseigentums gerichtet ist; zu derartigen Maßnahmen bedarf es einer Vollmacht aller Bruchteilsberechtigten bzw. Miterben.[360] Nach der gesetzlichen Regelung in § 709 Abs. 1 BGB bedarf auch die Bevollmächtigung eines gemeinschaftlichen Vertreters durch die Gesellschafter einer

---

354 So auch Soergel/Leptien, § 168 Rdnr. 36; Palandt/Heinrichs, § 168 Rdnr. 4; Jauernig/Stürner, § 2038 Anm. 1; MünchKomm/Schramm, § 168 Rdnr. 25.

355 Kritisch jedoch Wiedemann, GmbHR 1969, 247 (250 f.).

356 Vgl. BGHZ 49, 183 (191); Scholz/Winter, § 18 Rdnr. 21; Scholz/K. Schmidt, § 47 Rdnr. 81; G. Hueck, in: Baumbach/Hueck, § 18 Rdnr. 5 zur GmbH.

357 Wiedemann, GmbHR 1969, 247 (251).

358 Bornheimer, Stimmrecht, S. 60; vgl. BGHZ 49, 183 (191 f.); Scholz/Winter, § 18 Rdnr. 21; Scholz/K. Schmidt, § 47 Rdnr. 81; G. Hueck, in: Baumbach/Hueck, § 18 Rdnr. 5; Lutter/Hommelhoff, § 18 Rdnr. 8; Rowedder, § 18 Rdnr. 4; Roth, § 18 Anm. 3.1.

359 BayObLG, WuM 1990, 322 (323); Bornheimer, Stimmrecht, S. 60.

360 Vgl. Scholz/K. Schmidt, § 47 Rdnr. 81; Wiedemann, GmbHR 1969, 247 (249 f.) zur GmbH.

Gesellschaft bürgerlichen Rechts der Zustimmung aller Gessellschafter, es sei denn, daß nach dem Gesellschaftsvertrag das Mehrheitsprinzip gilt (§ 709 Abs. 2 S. 1 BGB).[361] Da in jedem Fall die Bevollmächtigung eines gemeinschaftlichen Vertreters in die Entscheidungszuständigkeit der Mitberechtigten fällt, erfolgt die Einräumung der Vertretungsmacht und damit die Ermächtigung zur Ausübung des Teilnahmerechts im Gegensatz zur Individualvollmacht nicht durch eine rechtsgeschäftliche Erklärung jedes einzelnen Mitberechtigten nach § 167 Abs. 1 BGB.[362] Vielmehr handelt es sich um eine gemeinschaftliche Angelegenheit der Mitberechtigten, so daß die Einräumung der Vertretungsmacht und somit auch die Ermächtigung zur Teilnahme an der Versammlung ein gemeinschaftlicher Akt der Mitberechtigten darstellt, an den der einzelne Mitberechtigte aufgrund des Rechtsverhältnisses der Mitberechtigten untereinander gebunden ist.[363] Allerdings bedarf die vom gemeinschaftlichen Willen der Mitberechtigten getragene Vollmacht auch in diesem Fall nach § 167 Abs. 1 BGB einer rechtsgeschäftlichen Erklärung gegenüber dem zu Bevollmächtigenden oder dem Dritten, demgegenüber das Vertretergeschäft vorgenommen werden soll.

Die für die Bevollmächtigung des gemeinschaftlichen Vertreters durch die Mitberechtigten angeführten Grundsätze haben nunmehr auch für den actus contrarius des Widerrufs der Vollmacht zu gelten.[364] Der Widerruf der Vollmacht ist dementsprechend ebenfalls als eine Maßnahme der gemeinschaftlichen Verwaltung bzw. Geschäftsführung durch die Mitberechtigten anzusehen. Je nach den für den konkreten Abstimmungsgegenstand geltenden Mehrheitsverhältnissen muß der nach §§ 168 S. 3, 167 Abs. 1 BGB gegenüber dem Bevollmächtigten oder den Wohnungseigentümern als Dritten zu erklärende Widerruf der Vollmacht entweder von einem Mehrheitsbeschluß oder der Zustimmung aller Mitberechtigten getragen sein. Der individuelle Widerruf eines einzelnen Mitberechtigten hat danach jedenfalls keine Auswirkungen auf den Bestand der Stimmrechtsvollmacht, so daß auch die Ermächtigung des gemeinschaftlichen Vertreters zur Ausübung des Teilnahmerechts und der damit verbundene Verzicht auf die Ausübung des Teilnahmerechts durch die einzelnen Mitberechtigten bestehen bleibt. Der einzelne Mit-

---

361 Bornheimer, Stimmrecht, S. 60.

362 So zutreffend Schmid, DNotZ 1975, 138 (140) unter Hinweis auf Riezler, AcP 98, 372 (384).

363 Thiele, Zustimmung, S. 46 f. weist zutreffend darauf hin, daß es insoweit um die Gestaltung einer gemeinschaftlichen Rechtssphäre und nicht um die Gestaltung einer individuellen Rechtssphäre geht, so daß der einzelne Mitberechtigte im Bereich der Mehrheitsherrschaft einer Fremdbestimmung unterliegt; vgl. auch Bötticher, Gestaltungsrecht, S. 27 ff.

364 So ausdrücklich Scholz/Winter, § 18 Rdnr. 21 zur GmbH.

berechtigte kann also nicht durch Widerruf der Vollmacht sein eigenes Teilnahmerecht wiederaufleben lassen.

bb) Der Fortbestand der Vollmacht trotz Widerruf im Innenverhältnis. Der durch die Mitberechtigten nach den genannten Grundsätzen gegenüber dem gemeinschaftlichen Vertreter erklärte Widerruf vermag jedoch allein die Rechtsfolgen der Vollmacht nicht zu beseitigen, wenn die Vollmacht als Außenvollmacht gegenüber den übrigen Wohnungseigentümern erklärt, als Innenvollmacht den übrigen Wohnungseigentümern kundgegeben oder dem Vertreter eine Vollmachtsurkunde ausgehändigt worden ist. Denn in diesen Fällen bleibt die Vollmacht und damit die Ermächtigung zur Ausübung des Teilnahmerechts grundsätzlich solange bestehen, bis das Erlöschen der Außenvollmacht durch internen Widerruf den übrigen Wohnungseigentümern angezeigt (§ 170 BGB), die Kundgebung der Innenvollmacht, in der Weise wie sie erfolgt, selbst widerrufen (§ 171 Abs. 2 BGB) bzw. die Vollmachtsurkunde den Mitberechtigten zurückgegeben oder für kraftlos erklärt wird (§ 172 Abs. 2 BGB). Nach § 173 BGB gilt Abweichendes nur dann, wenn den Wohnungseigentümern als Dritten das Erlöschen der Vollmacht bekannt oder (vgl. § 122 Abs. 2 BGB) infolge von Fahrlässigkeit nicht bekannt war. In diesem Fall genügt die Kenntnis oder das Kennenmüssen des Versammlungsleiters oder eines Wohnungseigentümers.[365] Sind somit objektiv begründete Zweifel am Fortbestehen der Vollmacht vorhanden und ist dieser Mangel in der Versammlung gerügt worden, so braucht ein durch Außenvollmacht, Kundgabe oder Vollmachtsurkunde legitimierter Vertreter nicht zur Versammlung zugelassen zu werden.[366]

c) Die Legitimation des gemeinschaftlichen Vertreters. Fraglich ist, ob auch ohne konkrete Zweifel am Bestehen der Vollmacht der schriftliche Nachweis der Vollmacht verlangt und der gemeinschaftliche Vertreter damit - unabhängig vom Bestehen der Vollmacht - bereits unter Hinweis auf die fehlende Legitimation durch eine Vollmachtsurkunde von der Teilnahme an der Versammlung zurückgewiesen werden kann.

aa) Das Zurückweisungsrecht kraft Vereinbarung. Zunächst ist nach allgemeiner Meinung davon auszugehen, daß die Stimmrechtsvollmacht grundsätzlich formfrei

---

[365] Vgl. Scholz/K. Schmidt, § 47 Rdnr. 88 zur GmbH.

[366] So auch Bornheimer, Stimmrecht, S. 63; vgl. Scholz/K. Schmidt, § 47 Rdnr. 88 zur GmbH.

erteilt werden kann, soweit sie Inhalt und Umfang zweifelsfrei erkennen läßt.[367] Denn das WEG enthält keine § 47 Abs. 3 GmbHG entsprechende Regelung, wonach Vollmachten zu ihrer Gültigkeit der Schriftform bedürfen.[368] Abweichend davon kann die Gemeinschaftsordnung bestimmen, daß die Vertretung durch schriftliche Vollmacht zulässig ist.[369] Diese Vereinbarung ist dahingehend auszulegen, daß lediglich der schriftliche Nachweis der Vollmacht als Legitimation des Vertreters erforderlich ist. Die Klausel in der Gemeinschaftsordnung stellt insoweit kein echtes Wirksamkeitserfordernis auf, sondern begründet lediglich ein Zurückweisungsrecht; der Vertreter kann ohne Legitimation durch den schriftlichen Nachweis seiner Vollmacht von der Teilnahme an der Versammlung zurückgewiesen werden.[370] Unterbleibt eine Zurückweisung trotz fehlender Legitimation, so ist der Vertreter bei bestehender Vollmacht teilnahme- und stimmberechtigt.[371] Die Zurückweisung eines nicht legitimierten Vertreters kann im Einzelfall insbesondere dann rechtsmißbräuchlich sein, wenn der Versammlungsvorsitzende vom Bestehen der Vollmacht Kenntnis hat.[372] Das Zurückweisungsrecht in der Gemeinschaftsordnung soll die Gewähr für das Bestehen der Vollmacht erhöhen und dem Versammlungsvorsitzenden die Legitimationskontrolle erleichtern;[373] denn dem Vorsitzenden ist es gerade bei der Vertretung von Mitberechtigten regelmäßig nicht zuzumuten, Nachforschungen über die Einhaltung der für die Bevollmächtigung im Innenverhältnis der Mitberechtigten geltenden Mehrheitsverhält-

---

[367] Pick, in: Bärmann/Pick/Merle, § 25 Rdnr. 24; Bärmann/Pick, § 25 Rdnr. 21; Augustin, § 25 Rdnr. 20; Soergel/Stürner, WEG § 25 Rdnr. 3a; Weitnauer/Lüke, § 25 Rdnr. 14; Palandt/Bassenge, WEG § 25 Rdnr. 2; MünchKomm/Röll, WEG § 25 Rdnr. 7; Bärmann, Wohnungseigentum, Rdnr. 498; Röll, Handbuch, Rdnr. 245; Wangemann, Eigentümerversammlung, Rdnr. C 71; Bader, PiG 25, 67 (80 f.).

[368] Umstritten ist, ob nach § 47 Abs. 3 GmbHG die Schriftform als echtes Wirksamkeitserfordernis (so BGHZ 49, 183 (194); Wiedemann, Übertragung, S. 358; Zöllner, in: Baumbach/Hueck, § 47 Rdnr. 37; Lutter/Hommelhoff, § 47 Rdnr. 9; Roth, 3 47 Anm. 4.2.3.) oder als Legitimationsmittel (so Scholz/K. Schmidt, § 47 Rdnr. 85; Rowedder/Koppensteiner, § 47 Rdnr. 42) anzusehen ist.

[369] BayObLGZ 1981, 220 (224); BayObLG, WuM 1990, 621 (LS); Soergel/Stürner, WEG § 25 Rdnr. 3a; Weitnauer/Lüke, § 25 Rdnr. 14; Wangemann, Eigentümerversammlung, Rdnr. C 64.

[370] BayObLGZ 1984, 15 (18); BayObLG, WuM 1990, 621 (LS); Wangemann, Eigentümerversammlung, Rdnr. C 65; H. Müller, Praktische Fragen, S. 283; Weitnauer/Lüke, § 25 Rdnr. 14; Bärmann/Pick, § 25 Rdnr. 21.

[371] BayObLGZ 1984, 15 (22); Weitnauer/Lüke, § 25 Rdnr. 14; Soergel/Stürner, WEG § 25 Rdnr. 3a; Wangemann, Eigentümerversammlung, Rdnr. C 68; H. Müller, Praktische Fragen, S. 284.

[372] H. Müller, Praktische Fragen, S. 284.

[373] H. Müller, Praktische Fragen, S. 283.

nisse anzustellen.[374] Auf diese Weise unterstützt das vereinbarte Zurückweisungsrecht bei fehlendem schriftlichen Nachweis der Vollmacht den Zweck des § 25 Abs. 2 S. 2 WEG, Rechtssicherheit und Rechtsklarheit zu schaffen,[375] so daß eine entsprechende Vereinbarung nicht als unzulässige Einschränkung des Teilnahmerechts angesehen werden kann.

bb) Das gesetzliche Zurückweisungsrecht. Darüberhinaus wird im Schrifttum teilweise die Auffassung vertreten, daß auch ohne eine entsprechende Vereinbarung in der Gemeinschaftsordnung der schriftliche Nachweis der Vollmacht verlangt werden könne.[376] Diese Ansicht folgert aus einer entsprechenden Anwendung des § 174 BGB, daß die an der Versammlung teilnehmenden Wohnungseigentümer berechtigt sind, die Stimmabgabe eines Vertreters zurückzuweisen, der keine Vollmachtsurkunde vorzulegen vermag.[377] Fraglich ist, ob sich in diesem Fall aus § 174 BGB die weitergehende Befugnis der Wohnungseigentümer ergibt, den nicht durch eine Vollmachtsurkunde legitimierten gemeinschaftlichen Vertreter von der Teilnahme an der Versammlung zurückzuweisen.

(1) Der Wortlaut des § 174 S. 1 BGB. Nach dem Wortlaut des § 174 S. 1 BGB ist ein einseitiges Rechtsgeschäft des Bevollmächtigten unwirksam, wenn der Bevollmächtigte eine Vollmachtsurkunde nicht vorlegt und der Erklärungsgegner das Rechtsgeschäft aus diesem Grunde unverzüglich zurückweist. In zweierlei Hinsicht fällt jedoch der zu behandelnde Fall der Zurückweisung eines nicht durch eine Vollmachtsurkunde legitimierten gemeinschaftlichen Vertreters nicht unter den Wortlaut des § 174 S. 1 BGB: Zum einen ist das in § 174 S. 1 BGB enthaltene Zurückweisungsrecht objektsbezogen, indem es die Zurückweisung eines aus einer einseitigen empfangsbedürftigen Willenserklärung bestehenden Rechtsgeschäfts betrifft;[378] die Vorschrift erfaßt daher allenfalls die Zurückweisung der Stimmabgabe des Vertreters, nicht jedoch die subjektsbezogene Zurückweisung des Vertreters von der Teilnahme an der Versammlung. Zum anderen ist die

---

374 Vgl. Ziege, NJW 1973, 2185 (2186); Bornheimer, Stimmrecht, S. 62 f.

375 So Bornheimer, Stimmrecht, S. 63.

376 Bärmann, Wohnungseigentum, Rdnr. 498; Wangemann, Eigentümerversammlung, Rdnr. C 74; MünchKomm/Röll, WEG § 25 Rdnr. 7a; ders., Handbuch, Rdnr. 245, der allerdings auf die BayObLG-Entscheidung BayObLGZ 1984, 15 (22) verweist, die eine entsprechende Vereinbarung betrifft.

377 Wangemann, Eigentümerversammlung, Rdnr. C 74; Ziege, NJW 1973, 2185 (2187); vgl. auch G. Hueck, in: Baumbach/Hueck, § 18 Rdnr. 5; Hachenburg/Zutt, § 18 Rdnr. 22 zur GmbH; offenlassend Bornheimer, Stimmrecht, S. 63 (Fn. 177).

378 Vgl. Medicus, Allg. Teil, Rdnr. 202.

Anwendung des § 174 BGB auf die Stimmabgabe zumindest zweifelhaft, da diese zwar eine einseitige empfangsbedürftige Willenserklärung,[379] aber kein selbständiges Rechtsgeschäft darstellt.[380] Eine entsprechende Anwendung des § 174 BGB auf die Zurückweisung eines nicht durch eine Vollmachtsurkunde legitimierten gemeinschaftlichen Vertreters kommt allenfalls dann in Betracht, wenn insoweit eine Gesetzeslücke vorliegt und der nicht geregelte Tatbestand der subjektsbezogenen Zurückweisung eines nicht legitimierten Vertreters mit dem geregelten Tatbestand der objektsbezogenen Zurückweisung einer einseitigen empfangsbedürftigen Willenserklärung nach der ratio legis gleich zu bewerten ist.[381]

(2) Der Zweck des § 174 S. 1 BGB. Die Regelung des § 174 BGB verfolgt den Zweck, dem Erklärungsempfänger Klarheit über den Eintritt der mit dem Zugang (§ 130 Abs. 1 S. 1 BGB) der einseitigen empfangsbedürftigen Willenserklärung des Bevollmächtigen unmittelbar eintretenden Rechtsfolgen zu verschaffen.[382] Das Rechtssicherheitsinteresse des Erklärungsempfängers ist deshalb schutzwürdig, weil ihn ohne seine eigene Mitwirkung die Rechtsfolgen der durch den Vertreter abgegebenen einseitigen Willenserklärung treffen.

Dieser Schutzzweck rechtfertigt zunächst eine entsprechende Anwendung des § 174 S. 1 BGB auf die einzelne Stimmabgabe.[383] Denn obwohl es sich nicht um ein selbständiges Rechtsgeschäft handelt, ist sie als Bestandteil des Beschlusses auf eine für alle Wohnungseigentümer verbindliche Rechtsfolge gerichtet. Da es für das Beschlußergebnis auf die Wirksamkeit der Stimmabgabe des Vertreters ankommen kann, besteht ein schutzwürdiges Interesse daran, die Stimmabgabe eines nicht durch eine Vollmachtsurkunde legitimierten Vertreter zurückzuweisen, um so Klarheit über das Beschlußergebnis zu erhalten.

Der Schutzzweck des § 174 S. 1 BGB rechtfertigt es dagegen noch nicht, einen nicht durch eine Vollmachtsurkunde legitimierten Vertreter von der Teilnahme an

---

379 Vgl. Weitnauer/Lüke, § 23 Rdnr. 12; Bassenge, PiG 25, 101 (106); vgl. Scholz/K. Schmidt, § 45 Rdnr. 22 zur GmbH.

380 Vgl. Scholz/K. Schmidt, § 47 Rdnr. 87 zu § 180 BGB; Soergel/Hadding, § 32 Rdnr. 25 zum Verein.

381 Zu den genannten Voraussetzungen einer Analogie vgl. Larenz, Methodenlehre, S. 373/381.

382 Vgl. Palandt/Heinrichs, § 174 Rdnr. 1; MünchKomm/Schramm, § 174 Rdnr. 1; Brox, Allg. Teil, Rdnr. 501.

383 So auch Wangemann, Eigentümerversammlung, Rdnr. C 74, der ohne nähere Begründung von einer analogen Anwendung der §§ 174, 180 BGB ausgeht; ebenso MünchKomm/Röll, WEG § 25 Rdnr. 7a; Ziege, NJW 1973, 2185 (2187); offenlassend Bornheimer, Stimmrecht, S. 63 (Fn. 177).

der Versammlung auszuschließen. Denn im Gegensatz zur Stimmabgabe als Willenserklärung ist die bloße Teilnahme an der Versammlung nicht auf eine für alle Wohnungseigentümer verbindliche Rechtsfolge gerichtet. Dies gilt insbesondere auch für die Ausübung des Beschlußantragsrechts; denn der Beschlußantrag zählt nicht zum Beschlußtatbestand und hat somit keinen rechtsverbindlichen Charakter.[384] Das schutzwürdige Interesse der Wohnungseigentümer, Klarheit über das Zustandekommen von rechtsverbindlichen Beschlüssen zu erhalten, erfaßt damit nicht bereits den Ausschluß eines nicht durch Vollmachtsurkunde legitimierten Vertreters von der Teilnahme an der Versammlung.

Da somit die Zurückweisung des Vertreters von der Versammlung und die gesetzlich geregelte Zurückweisung eines einseitigen Rechtsgeschäfts des Vertreters rechtlich nicht gleich zu bewerten sind, kommt eine entsprechende Anwendung des § 174 S. 1 BGB nicht in Betracht. Daher ergibt sich aus dieser Vorschrift kein gesetzliches Zurückweisungsrecht der Wohnungseigentümer.

cc) Die Überprüfung der Legitimation. Die Zurückweisung eines nicht durch den schriftlichen Nachweis legitimierten Bevollmächtigten ist damit nur dann zulässig, wenn eine entsprechende Bestimmung in der Gemeinschaftsordnung einen derartigen Legitimationsnachweis verlangt. Der Versammlungsvorsitzende ist danach grundsätzlich verpflichtet, die Legitimation des für die Mitberechtigten Erschienenen zu überprüfen. Allerdings kann dem Vorsitzenden nicht die Überprüfung der für die Bevollmächtigung im Innenverhältnis der Mitberechtigten geltenden Mehrheitsverhältnisse und deren Einhaltung zugemutet werden. Aus dem Zweck des § 25 Abs. 2 S. 2 WEG, eine einheitliche Willensbildung der Mitberechtigten gegenüber den Wohnungseigentümern zu gewährleisten, ergibt sich insoweit das Recht, den als gemeinschaftlichen Vertreter Erschienenen von der Stimmrechtsausübung und der Teilnahme an der Versammlung zurückzuweisen, wenn das Bestehen der Vertretungsmacht und damit die Ermächtigung zur Ausübung des Teilnahmerechts unklar ist.[385] Dieser Grundsatz gilt allerdings uneingeschränkt nur, wenn ein Dritter als Bevollmächtigter der Mitberechtigten am Wohnungseigentum auftritt. Erscheint dagegen einer der Mitberechtigten als Vertreter, so vermögen ernsthafte Zweifel am Bestehen seiner Vollmacht keine Zurückweisung von der Teilnahme an der Versammlung zu rechtfertigen, da der einzelne Mitberechtigte nach den oben angeführten Grundsätzen ohne die Bevollmächtigung eines gemeinschaftlichen Vertreters ohnehin zur Teilnahme an der Versammlung

---

[384] S.o. § 6 III 2 b bb.

[385] Vgl. Bornheimer, Stimmrecht, S. 63 zur Stimmrechtsausübung.

der Wohnungseigentümer berechtigt wäre.[386] Die Legitimation des Mitberechtigten ergibt sich in diesem Fall aus der Grundbucheintragung nach § 47 GBO. Abweichendes gilt ausnahmsweise dann, wenn sich die Bevollmächtigung eines anderen Mitberechtigten oder Dritten durch die Mitberechtigten nachweisen läßt, da insoweit von einem Verzicht des erschienenen Mitberechtigten auf sein Teilnahmerecht auszugehen ist und durch einseitigen Widerruf das Teilnahmerecht in seiner Person nicht wiederauflebt.[387]

d) Der Vertretungszwang kraft Vereinbarung. Die bisherigen Ausführungen über die Ausübung des Teilnahmerechts durch einen gemeinschaftlichen Vertreter der Mitberechtigten gingen davon aus, daß § 25 Abs. 2 S. 2 WEG den Mitberechtigten die Wahl läßt zwischen dem gemeinschaftlichen persönlichen Handeln in der Versammlung und der Entsendung eines gemeinschaftlichen Vertreters. Es fragt sich nunmehr, ob davon abweichend in der Gemeinschaftsordnung oder Teilungserklärung eine zwangsweise Vertretung der Mitberechtigten mit der Folge bestimmt werden kann, daß nur der bevollmächtigte Vertreter zur Ausübung des Teilnahmerechts berechtigt ist. Zu denken wäre etwa an folgende Klausel: "Steht ein Wohnungseigentum im Eigentum mehrerer Personen, so sind diese zur Ausübung ihrer Rechte aus dem Wohnungseigentum verpflichtet, einen gemeinsamen Vertreter zu bestellen." Eine derartige Klausel würde für das Wohnungseigentum eine dem § 69 Abs. 1 AktG entsprechende Regelung schaffen, wonach mehrere Berechtigte an einer Aktie die Rechte aus der Aktie nur durch einen gemeinschaftlichen Vertreter ausüben können.[388] Die genannte Vereinbarung weicht damit in zweierlei Hinsicht von der Regelung in § 25 Abs. 2 S. 2 WEG ab: Zum einen erfaßt die Vereinbarung nicht nur die Ausübung des Stimmrechts, sondern sämtlicher Mitgliedschaftsrechte. Zum anderen können sämtliche Mitgliedschaftsrechte und damit auch das Teilnahmerecht nur von einem gemeinschaftlichen Vertreter ausgeübt werden. Von der gesetzlichen Regelung abweichende Vereinbarungen sind nach § 10 Abs. 1 S. 2 WEG grundsätzlich zulässig, soweit das Gesetz nicht ausdrücklich etwas anderes bestimmt. Allerdings sind bei

---

386 So im Ergebnis auch BayObLG, WuM 1994, 567 unter Hinweis auf den Rechtsgedanken des § 1011 BGB. Da der erschienene Mitberechtigte damit grundsätzlich keine Legitimation nachweisen muß, kann insoweit auch die Frage dahinstehen, ob mit Ziege, NJW 1973, 2185 (2187) von einer Anscheinsvollmacht des erschienenen Mitberechtigten und somit zugleich von einer "Anscheinsermächtigung" zur Ausübung des Teilnahmerechts auszugehen ist; kritisch Bornheimer, Stimmrecht, S. 61 f.

387 Vgl. oben a) und b) bb).

388 S.o. unter 2.

einer abweichenden Vereinbarung stets die Grenzen der Vertragsfreiheit zu beachten.[389]

aa) Das Verbot der verdrängenden Vollmacht. Der rechtsgeschäftlich begründete Vertretungszwang für Mitberechtigte könnte eine unzulässige Beschränkung des Teilnahmerechts der Mitberechtigten darstellen und so gegen das dem § 137 S. 1 BGB zugrundeliegende Verbot der unwiderruflichen verdrängenden Vollmacht verstoßen.[390] Denn wie dargestellt, bedeutet die Bevollmächtigung eines Dritten zugleich den Verzicht auf die Ausübung des Teilnahmerechts,[391] so daß durch den in der Gemeinschaftsordnung bestimmten Vertretungszwang mit dinglicher Wirkung (vgl. §§ 5 Abs. 4, 8 Abs. 2 S. 1, 10 Abs. 2 WEG) ein Zwang zum Verzicht auf das Teilnahmerecht auferlegt wird. Zugleich besteht für den einzelnen Mitberechtigten nicht die Möglichkeit, die Vollmacht und damit die Ermächtigung zur Ausübung des Teilnahmerechts einseitig zu widerrufen,[392] so daß insoweit die freie Widerruflichkeit der Vollmacht beschränkt ist. Unter dem Gesichtspunkt der verdrängenden Vollmacht könnte die vereinbarte Pflicht der Mitberechtigten zur Bestellung eines gemeinsamen Vertreters den gleichen Bedenken ausgesetzt sein, wie die Vereinbarung einer obligatorischen Gruppenvertretung der einzelnen Wohnungseigentümer in einer "Vertreterversammlung", die kraft Vereinbarung nach § 10 Abs. 1 S. 2 WEG an die Stelle der "Versammlung der Wohnungseigentümer" tritt.[393]

Die Vereinbarung eines Vertretungszwangs für Mitberechtigte am Wohnungseigentum ist jedoch nicht ohne weiteres mit der Vereinbarung einer obligatorischen Gruppenvertretung von einzelnen Wohnungseigentümern in einer Vertreterversammlung vergleichbar. Denn während die letztgenannte Regelung unmittelbar

---

389 S.o. unter § 9 I.

390 Nach h.M. ist die verdrängende Vollmacht unzulässig; vgl. BGHZ 3, 354 (357); Lutter/Hommelhoff, § 47 Rdnr. 9; Zöllner, in: Baumbach/Hueck, § 47 Rdnr. 36 zur Stimmrechtsvollmacht; Soergel/Hefermehl, § 137 Rdnr. 10; MünchKomm/Mayer-Maly, § 137 Rdnr. 17; MünchKomm/Schramm, § 168 Rdnr. 40; Palandt/Heinrichs, § 137 Rdnr. 4, § 168 Rdnr. 6; Flume, Rechtsgeschäft § 53/6, S. 883 f.; Liebs, AcP 175, 1 (41); Weitnauer, Festschrift Weber, S. 429 (433); a.A. Müller-Freienfels, Vertretung, S. 124 ff.; kritisch zur h.M. auch Gernhuber, JZ 1995, 381 (383 f.).

391 S.o. unter a.

392 S.o. unter b aa.

393 Vgl. Weitnauer/Lüke, § 23 Rdnr. 7; Weitnauer, Festschrift Weber, S. 429 (437); a.A. Tasche, DNotZ 1975, 581 ff., der die "Vertreterversammlung" für zulässig hält; zustimmend Gernhuber, JZ 1995, 381 (390). Bei der "Vertreterversammlung" handelt es sich nicht mehr um eine "Versammlung der Wohnungseigentümer" im Sinne von § 23 Abs. 1 WEG, so daß ihre Zulässigkeit hier nicht zu erörtern ist.

das Gemeinschaftsverhältnis der Wohnungseigentümer gestaltet und damit den Wohnungseigentümer in der Ausübung seiner Mitgliedschaftsrechte beschränkt, wirkt die Vereinbarung eines Vertretungszwangs für Mitberechtigte auf das vom Gemeinschaftsverhältnis der Wohnungseigentümer zu unterscheidende Gemeinschaftsverhältnis der an einem Wohnungseigentum Mitberechtigten ein. Die Vereinbarung eines Vertretungszwangs für Mitberechtigte betrifft allein die Organisation der "Untergemeinschaft" der Mitberechtigten im Innenverhältnis und nicht die Organsisation der "Obergemeinschaft" der Wohnungseigentümer im Außenverhältnis.[394] Es fragt sich also, inwieweit eine Vereinbarung im Sinne von § 10 Abs. 1 S. 2 WEG auf die Organisation des Rechtsverhältnisses der Mitberechtigten untereinander Einfluß nehmen darf.

bb) Die Unantastbarkeit der Organisation der Mitberechtigten. Insoweit ist zu berücksichtigen, daß das Gesetz in § 25 Abs. 2 S. 2 WEG ohnehin die einheitliche *Ausübung* des Stimmrechts gegenüber den übrigen Wohnungseigentümern anordnet. Wenn das WEG auf diese Weise bereits die Ausübung eines gemeinschaftlichen Rechtes regelt, so muß auch eine Vereinbarung im Sinne von § 10 Abs. 1 S. 2 WEG grundsätzlich die einheitliche Rechtsausübung durch die Mitberechtigten regeln können. Demgegenüber sind die Grenzen der Gestaltungsfreiheit der Wohnungseigentümer dort erreicht, wo nicht mehr die Ausübung von Rechten aus dem Wohnungseigentum im Verhältnis zu den übrigen Wohnungseigentümern in Rede steht, sondern auf die interne Willens*bildung* der Mitberechtigten eingewirkt wird.[395] Demgemäß müssen die für die Willensbildung der Mitberechtigten untereinander geltenden Regelungen unangetastet bleiben, so daß gemäß § 10 Abs. 1 S. 2 WEG nicht vereinbart werden kann, die einheitliche Stimmrechtsausübung bedürfe stets eines einstimmigen Beschlusses der Mitberechtigten oder der von der Zustimmung aller Mitberechtigten getragenen Bevollmächtigung, wo nach den Regelungen im Innenverhältnis bereits ein Mehrheitsbeschluß der Mitberechtigten ausreicht (vgl. §§ 2038 Abs. 2 S. 1, 745 Abs. 1 BGB).[396] Im Falle der Bevollmächtigung eines gemeinschaftlichen Vertreters

---

[394] Vgl. Wiedemann, Übertragung, S. 387 zur Beteiligung einer "Untergesellschaft" an einer "Obergesellschaft"; A. Hueck, ZHR 125, 1 (13) sieht in einer Mehrheit von Erben-Kommanditisten einer KG, die ebenfalls einem rechtsgeschäftlichen Vertretungszwang unterliegen, ebenfalls eine "Untergesellschaft" der KG; ähnlich auch BGHZ 49, 291 (295): "besonderes gesellschaftsähnliches Verhältnis"; dagegen zutreffend Wiedemann, GmbHR 1969, 247 (250).

[395] So auch Wiedemann, GmbHR 1969, 247 (250) zur Vertretung der Erbengemeinschaft in der GmbH.

[396] So im Ergebnis auch Wiedemann, GmbHR 1969, 247 (250).

ergibt sich die Beschränkung der Widerrufsbefugnis des einzelnen Mitberechtigten nicht aus der Vereinbarung eines Vertretungszwangs nach § 10 Abs. 1 S. 2 WEG, sondern aus den unangetastet gebliebenen Regelungen über die Willensbildung im Innenverhältnis.[397] Die Vereinbarung eines Vertretungszwangs für Mitberechtigte am Wohnungseigentum stellt damit keinen unzulässigen Eingriff in das Rechtsverhältnis der Mitberechtigten untereinander dar. Deshalb ist grundsätzlich von der Zulässigkeit einer Vereinbarung auszugehen, wonach die Mitberechtigten ihre Rechte aus dem Wohnungseigentum nur durch einen gemeinsamen Vertreter ausüben können.[398]

cc) Der Kernbereich der Mitgliedschaft. Im Hinblick auf die Regelung über die Ausübung des Teilnahmerechts findet die Gestaltungsfreiheit der Wohnungseigentümer nach § 10 Abs. 1 S. 2 WEG - ebenso wie die Satzungsautonomie der GmbH[399] - dort ihre Grenze, wo diese in den unantastbaren Kernbereich der Mitgliedschaft eingreift.[400] Der unverzichtbare Kern des Teilnahmerechts als Ausfluß der Mitgliedschaft wird durch eine Vereinbarung erst dann berührt, wenn die Person des gemeinsamen Vertreters nicht mehr vom Willen der einzelnen Mitberechtigten getragen ist, sondern ihnen ein Vertreter aufgezwungen wird, auf dessen Auswahl und Verhalten die Mitberechtigten nach den Regelungen des Innenverhältnisses keinen Einfluß ausüben können.[401] Deshalb greift die Vereinbarung eines Vertretungszwangs für Mitberechtigte am Wohnungseigentum solange nicht in den Kernbereich der Mitgliedschaft der Mitberechtigten ein, wie ihnen kein bestimmter Dritter als Vertreter aufgezwungen wird,[402] ihnen ein Weisungsrecht erhalten bleibt und sie nach Maßgabe des Innenverhältnis die Vollmacht jederzeit widerrufen können.

---

397 S.o. unter b aa.

398 So für die Ausübung der Rechte der Mitberechtigten an einem GmbH-Geschäftsanteil durch einen gemeinsamen Vertreters aufgrund einer Satzungsklausel auch BGH, NJW-RR 1989, 347 (348); Hachenburg/Hüffer, § 48 Rdnr. 27; Scholz/K. Schmidt, § 47 Rdnr. 81, § 48 Rdnr. 15; Wiedemann, GmbHR 1969, 247 (250).

399 Vgl. dazu BGH, NJW-RR 1989, 347 (348); OLG Frankfurt/M, GmbHR 1984, 99 (100); Hachenburg/Hüffer, § 48 Rdnr. 27; Roth, § 48 Anm. 3.4; Scholz/K. Schmidt, § 48 Rdnr. 15; Lutter/Hommelhoff, § 48 Rdnr. 3; Meyer-Landrut, § 48 Rdnr. 6; Vogel, Gesellschafterbeschlüsse, S. 137; Wiedemann, Gesellschaftsrecht I, § 7 II 1, S. 366.

400 S.o. § 9 II; vgl. Bornheimer, Stimmrecht, S. 77 f.; Bassenge, Rechtsprechung, S. 80; LG Regensburg, RPfleger 1991, 244.

401 Vgl. BGH, NJW-RR 1989, 347 (348); Hachenburg/Hüffer, § 48 Rdnr. 27; Raiser, Kapitalgesellschaften § 33 Rdnr. 23.

402 Zur Vertretungsbeschränkung auf bestimmte Dritte vgl. § 14 IV.

Ferner ist zu berücksichtigen, daß dem einzelnen Mitberechtigten das Wohnungseigentum nur anteilsmäßig zusteht und somit seine Rechtsstellung nicht mit der Mitgliedschaft eines einzelnen Wohnungseigentümers verglichen werden kann. Soweit jedem einzelnen Mitberechtigten grundsätzlich die persönliche Teilnahme an der Versammlung möglich ist, kommt ihnen im Vergleich zur Rechtsstellung eines einzelnen Wohnungseigentümers bezogen auf die einheitliche Mitgliedschaft ohnehin ein Überschuß an Rechtsmacht gegenüber den übrigen Wohnungseigentümern zu. Das grundsätzliche Teilnahmerecht jedes Mitberechtigten verschafft ihnen so die Möglichkeit, aus einer einheitlichen Mitgliedschaft durch das Auftreten mehrerer Personen in der Versammlung mit gleichgerichteten Diskussionsbeiträgen ihrer eigenen Ansicht besonderen Nachdruck zu verleihen.[403] Die anderen Wohnungseigentümer haben nunmehr ein schutzwürdiges Interesse daran, diesen Überschuß an Rechtsmacht durch einen Vertretungszwang in der Gemeinschaftsordnung einzuschränken. Deshalb haben die übrigen Wohnungseigentümer ein berechtigtes Interesse daran, durch eine Vertreterklausel in der Gemeinschaftsordnung die Teilnahme sämtlicher Mitberechtigter an der Versammlung auszuschließen und nur einen gemeinsamen Vertreter zuzulassen.

dd) Ergebnis. Da durch den Vertretungszwang für Mitberechtigte als solches der Kernbereich des Teilnahmerechts unberührt bleibt, kann für das Rechtsverhältnis der Wohnungseigentümer untereinander durch Vereinbarung gemäß § 10 Abs. 1 S. 2 WEG bestimmt werden, daß Mitberechtigte am Wohnungseigentum das Recht zur Teilnahme an der Versammlung nur durch einen gemeinsamen Vertreter wahrnehmen können. Etwas anderes ergibt sich auch nicht aus dem Rechtsgedanken vom funktionalen Zusammenhang zwischen dem Beschlußanfechtungsrecht und dem Teilnahmerecht, wonach der Anfechtungsberechtigte stets die Möglichkeit haben muß, etwaige Beschlußmängel in der Versammlung zu erkennen.[404] Auch dann, wenn der Mitberechtigten im Einzelfall das Antragsrecht nach § 43 Abs. 1 Nr. 4 WEG ausüben kann, muß er sich nach dem Rechtsgedanken des § 166 Abs. 1, 2. Fall BGB die Kenntnisnahme des gemeinsamen Vertreter zurechnen lassen,[405] wenn dieser von den Mitberechtigten frei ausgewählt und dessen Vollmacht nach Maßgabe des Innenverhältnisses jederzeit widerrufen werden kann.

---

403 Vgl. BGH, NJW-RR 1989, 347 (348) zur Gesamtvertretung einer juristischen Person.

404 S.o. unter § 7 I 2 a.

405 S.o. unter 3 a bb (3) (a) a.E..

II. Die Ausübung des Teilnahmerechts bei juristischen Personen und Personenhandelsgesellschaften

Die bisherigen Ausführungen betrafen allein die Ausübung des Teilnahmerechts bei einer Mehrheit von Berechtigten an einem Wohnungseigentum im Sinne von § 25 Abs. 2 S. 2 WEG. Davon zu unterscheiden ist die Frage, in welcher Weise das mitgliedschaftliche Teilnahmerecht ausgeübt werden kann, wenn eine juristische Person als selbständiges Rechtssubjekt Wohnungseigentümer ist. Die gleiche Frage stellt sich für die Ausübung des Teilnahmerechts bei Personenhandelsgesellschaften (OHG und KG), die als solche gemäß §§ 124 Abs. 1, 161 Abs. 2 HGB Wohnungseigentum unter ihrer Firma erwerben können. Wie dargestellt handelt es sich hierbei nicht um eine Form der Berechtigung mehrerer an einem Wohnungseigentum im Sinne von § 25 Abs. 2 S. 2 WEG, so daß insoweit die Personenhandelsgesellschaften im Rahmen ihrer Teilrechtsfähigkeit nach § 124 Abs. 1 HGB unabhängig von ihrer Rechtsnatur mit den juristischen Personen gleich zu behandeln sind.[406]

Sowohl die juristische Person als auch die Personenhandelsgesellschaft haben gemein, daß sie nur durch ihre vertretungsberechtigten Organe handlungsfähig sind.[407] Es ist daher anerkannt, daß nicht jedes Mitglied der juristischen Person und nicht jeder Gesellschafter der Personenhandelsgesellschaft an der Versammlung einer anderen Organisation und damit auch nicht an der Versammlung der Wohnungseigentümer teilnehmen kann; das Teilnahmerecht wird durch die vertretungsberechtigten Organe ausgeübt.[408]

Bei den Personenhandelsgesellschaften gilt das Prinzip der Selbstorganschaft;[409] danach handelt die Gesellschaft durch ihre nach Maßgabe des § 125 HGB zur Vertretung berechtigten Gesellschafter. Die juristischen Personen handeln durch ihren Vorstand (rechtsfähiger Verein, § 26 Abs. 2 BGB; Aktiengesellschaft, § 78 Abs. 1 AktG; eingetragene Genossenschaft, § 24 Abs. 1 GenG) oder durch die Geschäftsführer (GmbH, § 35 Abs. 1 GmbHG). Diese "Vertretungsorgane" vertreten die juristische Person bzw. die Personenhandelsgesellschaft auch im

406 S.o. unter I 1 b aa.

407 Zur organschaftlichen Vertretung bei der Personenhandelsgesellschaft vgl. K. Schmidt, Gesellschaftsrecht, § 48 II 2 a, S. 1157.

408 Vgl. Hachenburg/Hüffer, § 48 Rdnr. 16, 17; Scholz/K. Schmidt, § 48 Rdnr. 13 zur GmbH.

409 Zum Prinzip der Selbstorganschaft bei Personengesellschaften vgl. BGHZ 33, 105 (108); G. Hueck, Gesellschaftsrecht, § 14 II 1; Kraft/Kreutz, Gesellschaftsrecht, E II c cc.

Verhältnis zu den übrigen Wohnungseigentümern. Da sich das jeweilige Vertretungsorgan zumeist aus einer Mehrzahl von natürlichen Personen, den sog. "Organwaltern"[410] zusammensetzt (vgl. § 26 Abs. 1 S. 2 BGB), fragt sich, ob sämtliche Vertreter oder nur jeweils ein Vertreter an der Versammlung der Wohnungseigentümer teilnehmen kann. Bei der Beantwortung dieser Frage ist die nähere Ausgestaltung der jeweiligen organschaftlichen Vertretung zu beachten; es ist zwischen der Einzelvertretung durch einen einzelnen und der Gesamtvertretung durch mehrere Vertreter zu unterscheiden.

1. Die Ausübung des Teilnahmerechts bei Einzelvertretung

Bei einer Mehrheit von organschaftlichen Vertretern kann Einzelvertretungsmacht jedes einzelnen Vertreters bestehen. Dies ist für die Personenhandelsgesellschaften der OHG und der KG der gesetzliche Regelfall gemäß § 125 Abs. 1 HGB bzw. §§ 161 Abs. 2, 125 Abs. 1 HGB: "Zur Vertretung der Gesellschaft ist jeder Gesellschafter ermächtigt, wenn er nicht durch den Gesellschaftsvertrag von der Vertretung ausgeschlossen ist." Für die KG besteht nach § 170 HGB die Besonderheit, daß grundsätzlich die Vertretungsmacht und damit auch die Einzelvertretungsmacht nur dem Komplementär und nicht dem Kommanditisten zusteht. Bei der Aktivvertretung der Aktiengesellschaft besteht dagegen Einzelvertretung durch das einzelne Vorstandsmitglied nur, wenn die Satzung dies ausdrücklich bestimmt (vgl. § 78 Abs. 2 S. 1 AktG); gleiches gilt für den Vorstand der eingetragenen Genossenschaft (vgl. § 25 Abs. 1 S. 2 GenG).

Im Gesellschaftsrecht ist für die genannten Fälle der Einzelvertretung anerkannt, daß nur jeweils ein Vorstandsmitglied, Geschäftsführer bzw. ein vertretungsberechtigter Gesellschafter zur Gesellschafterversammlung zugelassen werden muß.[411] Das Teilnahmerecht der juristischen Person bzw. der Personenhandelsgesellschaft soll durch die Teilnahme eines einzelvertretungsberechtigten Vertreters verbraucht sein.[412]

Im Wohnungseigentumsrecht könnte sich dagegen aus dem funktionalen Zusammenhang zwischen dem Beschlußanfechtungsrecht und dem Teilnahmerecht ein anderes Ergebnis ergeben. Wenn man von dem Grundsatz ausgeht, daß jeder, der nach § 43 Abs. 1 Nr. 4 WEG zur Anfechtung fehlerhafter Beschlüsse berechtigt

---

410 Vgl. Baltzer, Beschluß, S. 31.

411 Vgl. Hachenburg/Hüffer, § 48 Rdnr. 16, 17; Zöllner, in: Baumbach/Hueck, § 48 Rdnr. 4; Semler, in: MünchHB GesR, § 36 Rdnr. 16; Großfeld/Spennemann, AG 1979, 128 (130).

412 Vgl. Großfeld/Spennemann, AG 1979, 128 (130).

ist, nach dem Gebot effektiven Rechtsschutzes zugleich auch das Recht auf Anwesenheit haben muß,[413] so könnte sich daraus zumindest ein Anwesenheitsrecht sämtlicher Einzelvertreter ergeben. Denn da jeder einzelne von ihnen berechtigt ist, im Namen der juristischen Person bzw. der Personenhandelsgesellschaft mit Wirkung für und gegen diese den Antrag nach § 43 Abs. 1 Nr. 4 WEG zu stellen, so könnte man argumentieren, daß auch jeder einzelne Vertreter die Möglichkeit haben muß, Mängel des Beschlußfassung in der Versammlung der Wohnungseigentümer zu erkennen.

Gegen diese Argumentation spricht jedoch entscheidend, daß es sich - im Unterschied zu den oben behandelten Fällen der Mitberechtigung mehrerer an einem Wohnungseigentum[414] - um ein Antragsrecht der juristischen Person bzw. der Personenhandelsgesellschaft selbst handelt. Die organschaftlichen Vertreter machen im Verfahren nach § 43 Abs. 1 Nr. 4 WEG kein eigenes, sondern ein fremdes Beschlußanfechtungsrecht der juristischen Person bzw. der Personenhandelsgesellschaft in deren Namen geltend. Im gerichtlichen Beschlußanfechtungsverfahren steht den übrigen Wohnungseigentümern als Beteiligten nach § 43 Abs. 4 Nr. 2 WEG damit ein einheitliches Rechtssubjekt und keine Mehrheit von Berechtigten gegenüber. Die Organisationsstruktur der Einzelvertretung verfolgt zwar den Zweck, den Aktionsradius der juristischen Person zu erweitern.[415] Diese Erweiterung des Aktionsradius kann jedoch im Verhältnis zu den übrigen Wohnungseigentümern zu keiner Erweiterung der Mitgliedschaftsrechte führen, da in diesem Verhältnis nach dem - auch im Wohnungseigentumsrecht geltenden[416] - Gleichbehandlungsgrundsatz eine Gleichbehandlung der juristischen Person mit der natürlichen Person als Wohnungseigentümer geboten ist. Ebenso wie für die natürliche Person eine Vervielfältigung von Mitgliedschaftsrechten nicht möglich ist,[417] kann auch die juristische Person oder die Personenhandelsgesellschaft ihr mitgliedschaftliches Teilnahmerecht nicht aufgrund ihrer Organisationsstruktur durch eine Mehrzahl von Einzelvertretern ausüben, die sämtlich an der Versammlung der Wohnungseigentümer teilnehmen. Durch eine derartige Organisationsstruktur wären die Möglichkeiten der Einflußnahme auf die Versammlung erheblich größer als die einer natürlichen Person. Der Gleichbehandlungsgrundsatz verlangt vielmehr, daß nur so viele Vertreter an der Versammlung teilnehmen

---

413 S.o. unter § 7 I 2 a.

414 S.o. unter I.

415 Vgl. Baumann, ZGR 1973, 284 (290); Schilken, Wissenszurechnung, S. 134.

416 Vgl. § 8 II 1 b aa sowie Merle, System, S. 153; Kefferpütz, Stimmrechtsschranken, S. 217 f.; Bornheimer, Stimmrecht, S. 32; BayObLG, WE 1992, 26 (27).

417 S.o. unter I 4 a.

dürfen, wie zur wirksamen Vertretung erforderlich sind.[418] Im Fall der Einzelvertretung ist damit auch im Wohnungseigentumsrecht das Teilnahmerecht der juristischen Person bzw. der Personenhandelsgesellschaft bereits mit der Teilnahme eines Vertreters verbraucht.[419] Im Hinblick auf eine etwaige Beschlußanfechtung nach § 43 Abs. 1 Nr. 4 WEG muß sich die juristische Person bzw. die Personenhandelsgesellschaft die Kenntnisnahme von Beschlußmängeln durch den jeweiligen anwesenden Vertreter zurechnen lassen.[420]

Etwas anderes ergibt sich auch dann nicht, wenn die juristische Person oder die Personenhandelsgesellschaft mehrfache Inhaberin von Wohnungseigentum ist. Denn da die Mitgliedschaft in der Gemeinschaft der Wohnungseigentümer subjektsbezogen ist, kommt auch in diesem Fall eine Vervielfältigung des Teilnahmerecht nicht in Betracht.[421] Im Ergebnis gilt damit auch für das Wohnungseigentumsrecht der Grundsatz, daß im Falle der Einzelvertretung nur jeweils ein Vorstandsmitglied, Geschäftsführer bzw. ein vertretungsberechtigter Gesellschafter zur Teilnahme an der Versammlung der Wohnungseigentümer zugelassen werden muß.

2. Die Ausübung des Teilnahmerechts bei Gesamtvertretung

a) Das Problem. Ein anderes Ergebnis kann sich ergeben, wenn im Falle der Gesamtvertretung alle oder mehrere Vertreter nur in Gemeinschaft zur Vertretung berechtigt sind. Die Gesamtvertretung ist der gesetzliche Regelfall für die Vertretung der Aktiengesellschaft durch einen aus mehreren Personen bestehenden Vorstand (§ 78 Abs. 2 S. 1 AktG). Gleiches gilt nach § 25 Abs. 1 S. 1 GenG für den zweigliedrigen Vorstand der eingetragenen Genossenschaft. Gemäß § 35 Abs. 2 S. 2 GmbHG besteht bei der GmbH grundsätzlich Gesamtvertretung durch sämtliche Geschaftsführer, soweit die Satzung nichts anderes bestimmt. Der Gesellschaftsvertrag von OHG und KG kann nach § 125 Abs. 2 S. 1 HGB bzw. §§ 161 Abs. 2, 125 Abs. 2 S. 1 HGB ebenfalls Gesamtvertretung der Gesellschaft durch alle oder mehrere vertretungsberechtigte Gesellschafter bestimmen. Neben

---

418 Vgl. Großfeld/Spennemann, AG 1979, 128 (130).

419 Vgl. Großfeld/Spennemann, AG 1979, 128 (132) zum Gesellschaftsrecht.

420 Zur umstittenen Frage der Wissenszurechnung bei juristischen Personen und Personenhandelgesellschaften analog § 166 Abs. 1 BGB oder § 31 BGB vgl. Schilken, Wissenszurechnung, S. 116 ff., 127 ff.; K. Schmidt, Gesellschaftsrecht, § 10 V 2, S. 246 f.; Baumann, ZGR 1973, 284 ff.

421 Vgl. Zöllner, in: Baumbach/Hueck, § 48 Rdnr. 4 zur Stellung der juristischen Person als Inhaberin von mehreren GmbH-Geschäftsanteilen.

der Gesamtvertretung durch mehrere vertretungsberechtigte Gesellschafter kann gemäß § 125 Abs. 3 S. 1 HGB bzw. §§ 161 Abs. 2, 125 Abs. 3 S. 1 HGB gesellschaftsvertraglich eine sogenannte "unechte" Gesamtvertretung vereinbart werden, so daß ein vertretungsberechtigter Gesellschafter, wenn nicht mehrere zusammen handeln, nur gemeinschaftlich mit einem Prokuristen der Gesellschaft vertretungsbefugt ist.[422] Eine entsprechende Regelung der unechten Gesamtvertretung können nach § 78 Abs. 3 AktG die Satzung der Aktiengesellschaft sowie nach § 25 Abs. 2 GenG das Statut der eingetragenen Genossenschaft bestimmen.

Im Gesellschaftsrecht ist die Frage der Ausübung des Rechts auf Teilnahme an der Gesellschafterversammlung in den genannten Fällen der Gesamtvertretung umstritten. Während nach einer Ansicht - ebenso wie bei der Einzelvertretung - das Teilnahmerecht nur für einen Vertreter bestehen soll, der von einer gesamtvertretungsberechtigten Zahl der Vertreter entsprechend zu ermächtigen ist,[423] nimmt die Gegenansicht an, daß die zur Vertretung erforderliche Zahl der Gesamtvertreter teilnahmeberechtigt sei.[424] Es fragt sich nunmehr, welcher dieser Auffassungen für das Wohnungseigentumsrecht gefolgt werden kann.

b) Die Rechtslage im Wohnungseigentumsrecht. Für die letztgenannte Auffassung spricht zunächst der Zweck der Gesamtvertretung, im Interesse des Vermögensinhabers und seines Mißtrauens gegen eine leichtfertige und unehrliche Verwaltung eine gegenseitige Kontrolle in der Geschäftsführung sicherzustellen.[425] Denn soweit es dabei um die Verwaltung von Wohnungseigentum geht, kann diese gegenseitige Kontrolle nur erfolgen, wenn die zur Vertretung berechtigte Zahl von Gesamtvertretern an der Versammlung der Wohnungseigentümer teilnimmt. Sind die Gesamtvertreter dagegen gezwungen, einen einzelnen von ihnen im voraus zur Ausübung des Teilnahmerechts und des Stimmrechts zu ermäch-

---

422 Zur umstritten Frage, ob unechte Gesamtvertretung als ausschließliche Vertretungsregelung zulässig ist, vgl. ablehnend BGHZ 26, 330 (333); Kraft/Kreutz, Gesellschaftsrecht, E III 2 c bb; G. Hueck, Gesellschaftsrecht, § 15 II 2 a cc; K. Schmidt, Gesellschaftsrecht, § 48 II 3 c, S. 1160.

423 So Zöllner, in: Baumbach/Hueck, § 48 Rdnr. 4; Scholz/K. Schmidt, § 48 Rdnr. 19 zur GmbH.

424 So Hachenburg/Hüffer, § 48 Rdnr. 16; Großfeld/Spennemann, AG 1979, 128 (132) zur GmbH; Semler, in: MünchHB GesR, § 36 Rdnr. 16 zur AG; Metz, in: Lang/-Weidmüller, § 43 Rdnr. 13 zur eingetragenen Genossenschaft; so wohl auch BGH, NJW-RR 1989, 347 (348), wonach die Satzung einer GmbH bestimmen kann, daß jeder Gesellschafter nur einen Vertreter in die Gesellschafterversammlung entsenden darf.

425 Vgl. Wiedemann, Übertragung, S. 379.

tigen, so erfolgt die interne Willensbildung der Gesamtvertreter außerhalb der Wohnungseigentümerversammlung. Da die interne Willensbildung der Gesamtvertreter - ebenso wie die der Berechtigten an einem Wohnungseigentum[426] - von der Beratung der Beschlußgegenstände in der Versammlung beeinflußt wird, wären die nicht teilnehmenden Gesamtvertreter in diesem Fall in ihrer Einflußnahme auf die interne Willensbildung und damit auch in der Ausübung ihrer Kontrollfunktion eingeschränkt. Das Rechtsverhältnis der Wohnungseigentümer würde dann in seiner gesetzlichen Ausgestaltung die Organisationsstruktur der juristischen Person bzw. der Personenhandelsgesellschaft als Wohnungseigentümer überlagern. Denn nach der Organisationsstruktur der Gesamtvertretung haben die Gesamtvertreter die Wahl, ob sie gemeinschaftlich handeln oder ob sie einzelne von ihnen zur Vornahme bestimmter Geschäfte ermächtigen (vgl. § 125 Abs. 2 S. 2 HGB, § 78 Abs. 4 AktG, § 25 Abs. 3 GenG).[427] Für eine derartige Überlagerung der Organisationsstruktur im Innenverhältnis ergeben sich aus der gesetzlichen Regelung des WEG keine Anhaltspunkte. Vielmehr muß die jeweilige Organisationsstruktur der juristischen Person bzw. der Personenhandelsgesellschaft im Grundsatz ebenso gewahrt bleiben wie die Regelung im Innenverhältnis zwischen mehreren Berechtigten an einem Wohnungseigentum. Ebenso wie § 25 Abs. 2 S. 2 WEG die Mitberechtigten nicht zwingt, einen gemeinsamen Vertreter zu bevollmächtigen,[428] können die Gesamtvertreter einer juristischen Person oder einer Personenhandelsgesellschaft aufgrund der gesetzlichen Regelung nicht gezwungen werden, einen ermächtigten Gesamtvertreter in die Versammlung der Wohnungseigentümer zu entsenden. Für die Gesamtvertretung hat somit auch der für die Einzelvertretung maßgebliche Grundsatz zu gelten, daß so viele Vertreter an der Versammlung der Wohnungseigentümer teilnehmen dürfen, wie nach der Organisationsstruktur des Personenverbandes zur wirksamen Vertretung erforderlich sind.[429] Hat die zur wirksamen Vertretung erforderliche Gesamtzahl der Gesamtvertreter einen Vertreter zur alleinigen Ausübung des Teilnahmerechts ermächtigt (§ 125 Abs. 2 S. 2 HGB, § 78 Abs. 4 AktG, § 25 Abs. 3 GenG), so gilt diese Ermächtigung

---

426 S.o. unter I 3 b aa.

427 Zur Rechtsnatur der "Ermächtigung" vgl. Wiedemann, Übertragung, S. 381; Schlegelberger/K. Schmidt, § 125 Rdnr. 44.

428 S.o. unter I 3 b aa.

429 So im Ergebnis auch Hachenburg/Hüffer, § 48 Rdnr. 16; Großfeld/Spennemann, AG 1979, 128 (132) zur GmbH; Metz, in: Lang/Weidmüller, § 43 Rdnr. 13 zur eingetragenen Genossenschaft.

zugleich als Verzicht des Ermächtigenden auf die Ausübung des Teilnahmerechts.[430]

c) Abweichende Vereinbarungen. Der Grundsatz von der Teilnahme der zur wirksamen Vertretung erforderlichen Zahl von Gesamtvertretern kann jedoch im Einzelfall zu einer bedenklichen Vielzahl von teilnehmenden Gesamtvertretern und somit bei der Beratung zu einer erhöhten Einflußnahme auf den Willensbildungsprozeß der Wohnungseigentümer führen. Es fragt sich daher, ob die Wohnungseigentümer im Rahmen ihrer Gestaltungsfreiheit nach § 10 Abs. 1 S. 2 WEG in der Gemeinschaftsordnung vereinbaren können, daß sich ein Wohnungseigentümer in der Versammlung der Wohnungseigentümer nur durch eine Person vertreten lassen kann. Ist eine solche Vereinbarung zulässig, so sind die Gesamtvertreter verpflichtet, einen von ihnen zur Ausübung des Teilnahmerechts für die juristische Person bzw. für die Personenhandelsgesellschaft zu ermächtigen.

Zur Beurteilung der Zulässigkeit einer derartigen "Vertreterklausel" ist zunächst von dem Grundsatz auszugehen, daß Vereinbarungen über die Ausübung des Teilnahmerechts zulässig sind, soweit dadurch der unverzichtbare Kernbereich der Mitgliedschaft unberührt bleibt.[431] Für die Zulässigkeit der Vertreterklausel spricht in diesem Fall - ebenso wie für die Vertretung von Mitberechtigten am Wohnungseigentum[432] - das berechtigte Interesse der Wohnungseigentümer, einen übermäßigen Einfluß des jeweiligen Personenverbandes durch die Teilnahme mehrerer Gesamtvertreter an der Beratung auszuschließen. Denn andernfalls hätte es der jeweilige Personenverband durch die Ausgestaltung seiner Organisationsstruktur in Form der Gesamtvertretung in der Hand, sich trotz des ohnehin einheitlich auszuübenden Stimmrechts einen erhöhten Einfluß auf die Willensbildung der Wohnungseigentümer zu sichern. Das Interesse des Personenverbandes an einer erhöhten Einflußnahme in der Versammlung ist nach dem Zweck des mitgliedschaftlichen Teilnahmerechts gegenüber dem Interesse der übrigen Wohnungseigentümer nicht als schutzwürdig anzusehen. Denn es ist davon auszugehen, daß das Teilnahmerecht lediglich bezweckt, die Interessen des Personenverbandes als Wohnungseigentümer, so wie sie sich aus der internen Willensbildung ergeben, gegenüber den übrigen Wohnungseigentümern zur Geltung zu bringen.[433] Dagegen verfolgt das Teilnahmerecht nicht den Zweck, den

---

430 S.o. unter I 4 a zur Ermächtigung eines gemeinsamen Vertreters zur Ausübung des Teilnahmerechts im Falle der Berechtigung mehrerer am Wohnungseigentum.

431 S.o. unter I 4 d.

432 S.o. unter I 4 d.

433 Vgl. BGH, NJW-RR 1989, 347 (348) zur GmbH.

hinter dem Personenverband stehenden "Gruppierungen zusätzliche (...) Auskunftsquellen zu sichern und ihnen ein Forum zur Darlegung ihrer divergierenden Standpunkte zu eröffnen" oder "mit Hilfe eines zahlenmäßig starken personellen Aufgebots seinen Ansichten vor der Abstimmung durch gleichgerichtete Diskussionsbeiträge mehrerer Vertreter besonderen Nachdruck zu verleihen."[434] Durch die Vertreterklausel sind damit keine schutzwürdigen Belange der juristischen Person oder der Personenhandelsgesellschaft als Wohnungseigentümer betroffen. Zudem greift der damit verbundene Zwang zur Ermächtigung eines einzelnen Gesamtvertreters durch die übrigen Gesamtvertreter nicht in den Kernbereich der Mitgliedschaft ein, da den Gesamtvertretern die Möglichkeit bleibt, die Person des zur Ausübung des Teilnahmerechts Ermächtigten selbst zu bestimmen und ihm entsprechende Weisungen zu erteilen.[435] In der Gemeinschaftsordnung kann somit nach § 10 Abs. 1 S. 2 WEG wirksam vereinbart werden, daß im Falle der Gesamtvertretung einer juristischen Person oder einer Personenhandelsgesellschaft jeweils nur ein Vertreter an der Versammlung der Wohnungseigentümer teilnehmen darf.[436]

3. Zusammenfassung

Im Ergebnis läßt sich damit zur Frage der Ausübung des mitgliedschaftlichen Teilnahmerecht durch die organschaftlichen Vertreter einer juristischen Person oder einer Personenhandelsgesellschaft folgendes festhalten:

Zunächst ist von dem Grundsatz auszugehen, daß jedenfalls so viele Vertreter zu Teilnahme an der Wohnungseigentümerversammlung zuzulassen sind, wie nach der jeweiligen Organisationsstruktur der juristischen Person bzw. Personenhandelsgesellschaft zur wirksamen Vertretung erforderlich sind. Für den Fall der Einzelvertretung folgt daraus, daß jeweils nur ein Vertreter an der Versammlung teilnehmen darf. Bei Gesamtvertretung ist grundsätzlich die zur wirksamen Vertretung erforderliche Zahl von Gesamtvertretern teilnahmeberechtigt. Die Wohnungseigentümer können jedoch vereinbaren, daß sich eine juristische Person

---

434 BGH, NJW-RR 1989, 347 (348).

435 Vgl. BGH, NJW-RR 1989, 347 (348) zur GmbH; s.o. unter I 4 d zum Vertretungszwang bei der Berechtigung mehrerer an einem Wohnungseigentum.

436 So im Ergebnis auch BGH, NJW-RR 1989, 347 (348); Hachenburg/Hüffer, § 48 Rdnr. 26; Rowedder/Koppensteiner, § 48 Rdnr. 9 zur GmbH; abweichend zur AG: Semler, in: MünchHB GesR, § 36 Rdnr. 18; Großfeld/Spennemann, AG 1979, 128 (129) unter Hinweis auf den beschränkten Gestaltungsspielraum nach § 23 Abs. 5 AktG.

oder Personenhandelsgesellschaft als Wohnungseigentümer nur durch eine Person vertreten lassen kann. Dies bedeutet im Fall der Gesamtvertretung, daß nur eine von den Gesamtvertretern ermächtigte Person teilnahmeberechtigt ist.

3. Abschnitt
Die Teilnahme Dritter an der Versammlung der Wohnungseigentümer

§ 11 Grundsätze zur Teilnahme Dritter an der Versammlung

Nachdem im 2. Abschnitt das mitgliedschaftliche Teilnahmerecht des Wohnungseigentümers mit seinem Inhalt und seinen Schranken behandelt wurde, bleibt nunmehr zu erörtern, ob auch Dritte, die nicht als Wohnungseigentümer im Wohnungsgrundbuch eingetragen sind, ein Recht auf Teilnahme an der "Versammlung der Wohnungseigentümer" haben.

I. Der Grundsatz der Nichtöffentlichkeit der Versammlung

1. Die Rechtsgrundlage

Im Wohnungseigentumsrecht ist - ebenso wie im Gesellschaftsrecht[1] - der ungeschriebene Grundsatz anerkannt, daß die Wohnungseigentümerversammlung nicht

---

[1] Vgl. zur GmbH: T. Raiser, Kapitalgesellschaften, § 33 Rdnr. 23; Vogel, Gesellschafterbeschlüsse, S. 141; Lotz, GmbHR 1992, 611; vgl. zur AG: Hüffer, § 118 Rdnr. 16; Eckardt, in: Geßler/Hefermehl/Eckardt/Kropff, § 118 Rdnr. 42; KölnerKomm/Zöllner, § 118 Rdnr. 29, § 119 Rdnr. 75; vgl. zur eingetragenen Genossenschaft: Meyer/Meulenbergh/Beuthien, § 43 Rdnr. 25; vgl. zum Verein: Sauter/Schweyer, Verein, Rdnr. 196. Eine ausdrückliche Regelung der Unzulässigkeit der Teilnahme Dritter enthält § 109 Abs. 1 S. 1 AktG für den Aufsichtsrat.

öffentlich ist.[2] Nach diesem Grundsatz der Nichtöffentlichkeit haben Dritte, die nicht Wohnungseigentümer sind, grundsätzlich kein Recht auf Teilnahme an der Versammlung der Wohnungseigentümer. Da die Nichtöffentlichkeit der Versammlung im WEG nicht ausdrücklich bestimmt ist, stellt sich die Frage nach dem Geltungsgrund des Nichtöffentlichkeitsgrundsatzes.

Der Grundsatz der Nichtöffentlichkeit der Versammlung folgt aus dem gesetzlich begründeten Gemeinschaftsverhältnis der Wohnungseigentümer untereinander.[3] In diesem Gemeinschaftsverhältnis kommt der "Versammlung der Wohnungseigentümer" im Sinne von § 23 Abs. 1 WEG die Funktion eines Willensbildungsorgans zu.[4] Als Willensbildungsorgan verfolgt die Versammlung den Zweck, die Willensbildung der Wohnungseigentümer zu ermöglichen, indem durch Beschlußfassung in der Versammlung ein normatives Zurechnungsverhältnis zwischen einer rechtlichen Regelung und den daran gebundenen Rechtssubjekten, den einzelnen Wohnungseigentümern, begründet wird.[5] Da die Willensbildung in der Versammlung das Gemeinschaftsverhältnis der Wohnungseigentümer gestaltet und die Wohnungseigentümer als Mitglieder der Gemeinschaft bindet, bleibt der Kreis der Versammlungsteilnehmer grundsätzlich auf den Kreis der Wohnungseigentümer als Organmitglieder der Versammlung beschränkt.[6] Der Grundsatz der Nichtöffentlichkeit der Versammlung rechtfertigt sich damit aus der Bindungswirkung der Beschlußfassung in der Versammlung im Verhältnis der Wohnungseigentümer untereinander. Außenstehende Dritte sind dagegen grundsätzlich weder an der Beschlußfassung zu beteiligen noch sind sie an eine Beschlußfassung der Wohnungseigentümer gebunden, so daß sie grundsätzlich kein schutzwürdiges Interesse haben, an der Versammlung teilzunehmen.[7] Demgegenüber ist das Interesse der Wohnungseigentümer an der Nichtöffentlichkeit der Versammlung schutzwürdig, um fremden Einfluß von der Wohnungseigentümerversammlung fernzuhalten, einen ungestörten Versammlungsablauf zu gewährleisten und eine

---

[2] BGHZ 121, 236 (241); OLG Hamm, OLGZ 1990, 57 (58); OLG Frankfurt/M, NJW 1995, 3395; OLG Düsseldorf, NJW-RR 1995, 1294 (1295); Weitnauer/Lüke, § 23 Rdnr. 5; Wangemann, Eigentümerversammlung, Rdnr. C 30; W. Lüke, WE 1993, 260 (262); Wenzel, WE 1993, 335.

[3] Zur Einordnung des Gemeinschaftsverhältnisses der Wohnungseigentümer als gesetzliches Schuldverhältnis vgl. BGHZ 121, 236 (238); Weitnauer/Lüke, § 10 Rdnr. 10; a.A. Junker, Gesellschaft, S. 74.

[4] S.o. § 3.

[5] S.o. § 2 I.

[6] S.o. § 5.

[7] Zur Sonderstellung des Verwalters von Wohnungseigentum vgl. unten § 16 I.

unnötige Verbreitung der privaten Angelegenheiten der Wohnungseigentümer in der Öffentlichkeit zu vermeiden.[8]

Die Nichtöffentlichkeit der Versammlung hat zur Folge, daß bereits der Versammlungsort so auszuwählen ist, daß stets die Zurückweisung von nicht an der Willensbildung beteiligten Personen möglich bleibt.[9] Der Nichtöffentlichkeitsgrundsatz verlangt weiterhin, daß der Versammlungsvorsitzende, der kraft seines Amtes als zur Ausübung des Hausrechts ermächtigt anzusehen ist,[10] ohne entsprechende Beschlußfassung der Versammlung unbeteiligte Personen auffordert, den Versammlungsraum zu verlassen.[11]

2. Die Zulassung Dritter durch Mehrheitsbeschluß und Vereinbarung

Demgegenüber steht der Grundsatz der Nichtöffentlichkeit nicht entgegen, wenn die Wohnungseigentümer in der Versammlung mit Mehrheit gemäß § 21 Abs. 3 WEG beschließen, bestimmte Dritte (z.B. Mieter und Pächter) zur Teilnahme an der Versammlung zuzulassen. Denn durch die Zulassung einzelner Dritter wird noch keine "Öffentlichkeit" der Versammlung im Sinne einer nicht zu überschauenden Vielzahl von Personen hergestellt. Da die Nichtöffentlichkeit zudem allein im Interesse der Wohnungseigentümer besteht, haben die Wohnungseigentümer im Gegensatz zum Versammlungsvorsitzenden auch die Kompetenz, Dritten die Teilnahme an der Versammlung durch Mehrheitsbeschluß zu gestatten.[12] Kraft ihrer Gestaltungsfreiheit nach § 10 Abs. 1 S. 2 WEG können die Wohnungseigentümer eine grundsätzliche Regelung der Teilnahme Dritter an der Versammlung in der Gemeinschaftsordnung vereinbaren. Die Hinzuziehung Dritter kann

---

[8] OLG Hamm, OLGZ 1990, 57 (58 f.); OLG Frankfurt/M. NJW 1995, 3395; Wangemann, Eigentümerversammlung, Rdnr. C 30; einschränkend W. Lüke, WE 1993, 260 (262), der im Hinblick auf die Teilnahme von Beratern den Schutz vor unnötiger Verbreitung interner Angelegenheiten nicht als Zweck der Nichtöffentlichkeit ansieht, vgl. dazu unten § 15 III 2 a.

[9] Vgl. OLG Hamm, OLGZ 1990, 57 (59) zur Versammlung in einer Gaststätte; vgl. auch Wangemann, Eigentümerversammlung, Rdnr. C 31.

[10] Das Hausrecht gegenüber Dritten steht originär der Versammlung und nicht dem Versammlungsvorsitzenden zu, vgl. Scholz/K. Schmidt, § 48 Rdnr. 33 zur GmbH; a.A. Wangemann, Eigentümerversammlung, Rdnr. C 30, nach dem das Hausrecht dem Versammlungsvorsitzenden zusteht; zur Unterscheidung zwischen Hausrecht und Ordnungsrecht s.o. § 8 II 1 a.

[11] Vgl. Wangemann, Eigentümerversammlung, Rdnr. C 30.

[12] Vgl. Vogel, Gesellschafterbeschlüsse, S. 142; Scholz/K. Schmidt, § 48 Rdnr. 21; Zöllner, in: Baumbach/Hueck, § 48 Rdnr. 5; Rowedder/Koppensteiner, § 48 Rdnr. 10; Hachenburg/Hüffer, § 48 Rdnr. 22 zur GmbH.

insbesondere dann sinnvoll sein, wenn sie zur sachgerechten Information der Wohnungseigentümer beitragen und so den Willensbildungsprozeß in der Versammlung fördern (z.B. die Teilnahme von Architekten, Rechtsanwälten und sonstigen Sachverständigen).

3. Die Rechtsfolgen der unzulässigen Teilnahme Dritter

Wird die Teilnahme eines Dritten nicht durch eine Vereinbarung oder einen Mehrheitsbeschluß gestattet, so fragt sich, wie sich die Teilnahme eines Unbefugten auf die Wirksamkeit der in der Versammlung gefaßten Beschlüsse auswirkt.

Eine Anfechtbarkeit der Beschlüsse nach § 23 Abs. 4 WEG im gerichtlichen Verfahren nach § 43 Abs. 1 Nr. 4 WEG kommt nur dann in Betracht, wenn die unbefugte Teilnahme Dritter eine rechtswidrige Beeinträchtigung der Willensbildung der Wohnungseigentümer darstellt. Die bloße Anwesenheit eines nicht teilnahmeberechtigten Dritten kann zwar das Abstimmungsverhalten der Wohnungseigentümer im Einzelfall entscheidend beeinflussen und somit die vom Grundsatz der Nichtöffentlichkeit geschützte Vertraulichkeit der Beratung beeinträchtigen. Jedoch vermag diese Einflußnahme nicht schon ohne weiteres die Anfechtbarkeit aller in Anwesenheit eines Dritten gefaßten Beschlüsse zu rechtfertigen. Denn eine rechtlich zu mißbilligende Beinflussung der einzelnen Wohnungseigentümer bei ihrer Stimmabgabe ist erst dann anzunehmen, wenn die Einflußnahme zur Anfechtung der einzelnen Stimmabgabe berechtigt. Dies ist jedoch nach § 123 Abs. 1 BGB nur dann der Fall, wenn der Dritte den Abstimmenden durch widerrechtliche Drohung zur Stimmabgabe bestimmt hat.[13] Da die unbefugte Teilnahme eines Dritten regelmäßig diesen Grad der Einflußnahme nicht erreicht, ist auch für das Wohnungseigentumsrecht der im Gesellschaftsrecht allgemein geltende Grundsatz maßgeblich, wonach die Teilnahme Unbefugter an der Versammlung nicht zur Anfechtbarkeit der in der Versammlung gefaßten Beschlüsse führt.[14]

Liegt im Einzelfall ausnahmsweise eine widerrechtliche Drohung des Dritten vor, so ist die einzelne Stimmabgabe als Willenserklärung nach § 123 Abs. 1 BGB auch nach Ablauf der Frist des § 23 Abs. 4 S. 2 WEG anfechtbar. Diese Anfechtung der einzelnen Stimme nach BGB führt jedoch nur dann zur gericht-

---

[13] Vgl. Baums, ZGR 1983, 300 (324); Kindl, Aufsichtsratssitzung, S. 193 zu § 109 Abs. 1 AktG; vgl. § 7 I 2 b m.w.N.

[14] Vgl. Scholz/K. Schmidt, § 45 Rdnr. 102, § 48 Rdnr. 21; Hachenburg/Hüffer, § 48 Rdnr. 28; Zöllner, in: Baumbach/Hueck, § 48 Rdnr. 7; Meyer-Landrut, § 48 Rdnr. 9 zur GmbH; Kindl, Aufsichtsratssitzung, S. 192 zu § 109 Abs. 1 AktG.

lichen Ungültigerklärung des Beschlusses, wenn der Antrag auf Ungültigerklärung nach § 43 Abs. 1 Nr. 4 WEG innerhalb der Monatsfrist des § 23 Abs. 4 S. 2 WEG gestellt wird und sich die Nichtigkeit der Einzelstimme nach § 142 Abs. 1 BGB auf das Beschlußergebnis auswirkt.[15]

II. Das Abspaltungsverbot

Besteht nach dem Grundsatz der Nichtöffentlichkeit der Versammlung grundsätzlich kein Recht Dritter auf Teilnahme an der Versammlung der Wohnungseigentümer, so ist damit nicht ohne weiteres ausgeschlossen, daß der Wohnungseigentümer als Rechtsinhaber sein Teilnahmerecht gemäß §§ 413, 398 BGB an einen Dritten abtritt und diesem so die Möglichkeit der Teilnahme an der Versammlung verschafft. Einer derartigen von der Übertragung des Wohnungseigentums unabhängigen Abtretung des Teilnahmerechts könnte jedoch das sogenannte "Abspaltungsverbot" entgegenstehen, nach dem die aus einer Mitgliedschaft fließenden Verwaltungsrechte nicht selbständig übertragen und somit von der Mitgliedschaft "abgespalten" werden können.[16]

1. Abspaltungsverbot und Stimmrechtsabtretung

Das Abspaltungsverbot gilt nicht nur im Gesellschaftsrecht, sondern auch für die mit dem Wohnungseigentum untrennbar verbundene Mitgliedschaft des Wohnungseigentümers.[17] Im Wohnungseigentumsrecht ist das Abspaltungsverbot zunächst zur Begründung der Unabtretbarkeit des Stimmrechts angeführt wor-

---

[15] Vgl. OLG Frankfurt/M, OLGZ 1979, 144 (145 f.); Merle, PiG 18, 125 (140 f.); Pick, in: Bärmann/Pick/Merle, § 23 Rdnr. 55.

[16] Zum Abspaltungsverbot im Gesellschaftsrecht vgl. allgemein: K. Schmidt, Gesellschaftsrecht, § 19 III 4; Wiedemann, Übertragung, S. 278 f.; zur Personengesellschaft: BGHZ 3, 354 (357) m. Anm. A. Hueck, JZ 1952, 115; BGHZ 20, 363 (365); BGH, LM § 105 HGB Nr. 6; Ulmer, Festschrift Fleck, S. 383 (384 f.); H.P. Westermann, Vertragsfreiheit, S. 382 ff.; zu den Kapitalgesellschaften: BGHZ 43, 261 (267); BGH, NJW 1987, 780; BayObLG, GmbHR 1986, 87; Fleck, Festschrift Rob. Fischer, S. 107 f.; Reuter, ZGR 1978, 633 (634 f.); Immenga, Personalistische Kapitalgesellschaft, S. 83 f.; Schön, ZHR 158 (1994), 229 (251); Hachenburg/Hüffer, § 48 Rdnr. 14; zum Verein: Soergel/Hadding, § 32 Rdnr. 22, § 38 Rdnr. 29.

[17] Vgl. Bornheimer, Stimmrecht, S. 145 f.

den.[18] Da es sich sowohl beim Stimmrecht als auch beim Teilnahmerecht um Verwaltungsrechte des Wohnungseigentümers handelt, die auf Teilhabe an der gemeinschaftlichen Willensbildung der Wohnungseigentümer gerichtet sind, ist zunächst auf die dogmatische Begründung der Unabtretbarkeit des Stimmrechts einzugehen, um sodann zu fragen, ob die gleichen Erwägungen auch einer Übertragung des Teilnahmerechts entgegenstehen.

Das Verbot der mit einer Abtretung verbundenen Abspaltung des Stimmrechts von der Mitgliedschaft wird zunächst auf den Grundgedanken des § 137 S. 1 BGB gestützt.[19] Obwohl die Abtretung des Stimmrechts nicht unmittelbar das in § 137 S. 1 BGB normierte Verbot rechtsgeschäftlicher Verfügungsbeschränkungen berührt, hängen bei einer Mitgliedschaft Verfügungs- und Verwaltungsrechte so eng zusammen, daß die selbständige Abtrennung des Stimmrechts als "wesentlicher Bestandteil" der Mitgliedschaft zu einer Aushöhlung der Mitgliedschaft führen würde. Eine derart "verewigte"[20] Abspaltung des Stimmrechts von der Mitgliedschaft verstößt gegen den Grundgedanken des § 137 S. 1 BGB, die Freiheit und Rechtssicherheit im Rechtsverkehr zu schützen,[21] indem ein Rechtsnachfolger nur ein Wohnungseigentum ohne seine wesentlichen Verwaltungsbefugnisse erwerben könnte.[22]

Ferner läßt sich das Verbot der Stimmrechtsabspaltung mit dem materiellen Anliegen der Wohnungseigentümer begründen, den Einfluß außenstehender Dritter von der Willensbildung der Wohnungseigentümer fernzuhalten.[23] Denn durch die Abspaltung des Stimmrechts von der Mitgliedschaft besteht die Gefahr, daß das Stimmrecht nicht im Interesse des Wohnungseigentümers, sondern im Drittinteresse ausgeübt wird und der Wohnungseigentümer sich so in eine unkontrollierte Abhängigkeit von einem außenstehenden Dritten begibt. Um dieser Gefahr zu begegnen, muß sichergestellt sein, daß die Ausübung des Stimmrechts stets an das

---

[18] Zur Unabtretbarkeit des Stimmrechts des Wohnungseigentümers vgl. Pick, in: Bärmann/Pick/Merle, § 25 Rdnr. 19; Bärmann/Pick, § 25 Rdnr. 17; Weitnauer/Lüke, § 25 Rdnr. 7; Bader, PiG 25, 67 (79); Bornheimer, Stimmrecht, S. 145 f., der allerdings im Anschluß an Fleck, Festschrift Rob. Fischer, S. 107 (119 f.) eine weisungsgebundene und frei widerrufliche "Abtretung" zulassen will.

[19] Bornheimer, Stimmrecht, S. 145; vgl. auch Wiedemann, Übertragung, S. 283 f.; Fleck, Festschrift Rob. Fischer, S. 107 (111 f.) zum Gesellschaftsrecht.

[20] So Fleck, Festschrift Rob. Fischer, S. 107 (112).

[21] Zum diesem Schutzzweck des § 137 S. 1 BGB vgl. Soergel/Hefermehl, § 137 Rdnr. 1; Däubler, NJW 1968, 1117 (1120); Wagner, AcP 194 (1994), 451 (473 f.).

[22] Vgl. Bornheimer, Stimmrecht, S. 145.

[23] Vgl. Wiedemann, Gesellschaftsrecht I, § 7 II 1, S. 373; Rob. Fischer, GmbHR 1952, 113 (116).

Wohnungseigentümerinteresse und somit an das Wohnungseigentum selbst gebunden ist.[24]

2. Abspaltungsverbot und Teilnahmerecht

Die gegen die Abtretbarkeit des Stimmrechts vorgebrachten Gründe sprechen in gleicher Weise auch für die Unübertragbarkeit des Teilnahmerechts auf einen Dritten. Denn das Teilnahmerecht ist im Verhältnis zum Stimmrecht als Hilfsrecht anzusehen, das dessen Ausübung in der Versammlung erst ermöglicht.[25] Da der Wohnungseigentümer das Teilnahmerecht zur Ausübung des selbständig nicht abtretbaren Stimmrechts benötigt, kann er auch das Teilnahmerecht nicht selbständig auf einen Dritten übertragen.[26] Ferner kommt dem Teilnahmerecht die Funktion eines Kontrollrechts zu, indem es dem Wohnungseigentümer im Hinblick auf eine spätere Beschlußanfechtung nach § 43 Abs. 1 Nr. 4 WEG erst die Möglichkeit verschafft, Mängel der Beschlußfassung zur Kenntnis zu nehmen.[27] Wenn nunmehr der Wohnungseigentümer nach einer isolierten Abtretung des Teilnahmerechts an einen Dritten sein Wohnungseigentum auf einen Rechtsnachfolger übertragen würde, so würde dieser nicht nur eine Mitgliedschaft erlangen, der das Teilnahmerecht entzogen wurde, sondern er wäre zudem nicht in der Lage, seine verbleibenden Mitgliedschaftsrechte - insbesondere das Beschlußanfechtungsrecht - auszuüben. Eine derartige Verselbständigung der inhaltlichen Befugnisse der Mitgliedschaft würde jedoch zu einer wirtschaftlichen Aushöhlung des Wohnungseigentums führen, so daß die von § 137 S. 1 BGB geschützte Freiheit und Sicherheit des Rechtsverkehrs insoweit auch verlangt, daß der Rechtsnachfolger mit dem Wohnungseigentum auch das Teilnahmerecht des Wohnungseigentümers als wesentlichen Bestandteil der Mitgliedschaft erlangt. Ebenso wie nach § 137 S. 1 BGB die mit einem Recht verbundene Verfügungsbefugnis nicht isoliert übertragen werden kann,[28] kommt eine isolierte Übertragung des mit dem Wohnungseigentum untrennbar verbundenen mitgliedschaftlichen Teilnahmerechts ohne die Übertragung des Wohnungseigentums nicht in Betracht.

Darüberhinaus rechtfertigt auch das schutzwürdige Interesse der Wohnungseigentümer, den fremden Einfluß Dritter von der gemeinschaftlichen Willensbil-

---

[24] So zutreffend Bornheimer, Stimmrecht, S. 145.
[25] S.o. § 7 I 1 e.
[26] Vgl. Wiedemann, Gesellschaftsrecht I, § 7 II 1, S. 373.
[27] S.o. § 7 I 2 a.
[28] Vgl. Thiele, Zustimmung, S. 199.

dung der Wohnungseigentümer fernzuhalten, das Verbot einer isolierten Abtretung des Teilnahmerechts durch den Wohnungseigentümer. Das Abspaltungsverbot hat insoweit die gleiche Schutzrichtung wie der Grundsatz der Nichtöffentlichkeit der Versammlung.[29] Schließlich zählt das Teilnahmerecht zum unverzichtbaren Kernbereich der Mitgliedschaft des Wohnungseigentümers;[30] das Teilnahmerecht ist danach grundsätzlich nicht nur seitens der übrigen Wohnungseigentümer unentziehbar, sondern darüberhinaus auch seitens des einzelnen Wohnungseigenümers unverzichtbar und mithin nicht übertragbar.

Im Ergebnis bleibt damit festzuhalten, daß aufgrund des Abspaltungsverbots die isolierte, von der Übertragung des Wohnungseigentums unabhängige Abtretung des Teilnahmerechts an einen Dritten grundsätzlich ausgeschlossen ist.

§ 12 Die Teilnahmeberechtigung des Wohnungsanwärters

I. Das Problem

Da nach den Ausführungen unter § 5 II nur der im Grundbuch eingetragene materiell berechtigte Wohnungseigentümer als Mitglied der Gemeinschaft der Wohnungseigentümer und damit auch als Inhaber des mitgliedschaftlichen Teilnahmerechts anzusehen ist, muß bei der Veräußerung von Wohnungseigentum nach §§ 873, 925 BGB[31] auch der Erwerber im Verhältnis zu den Wohnungseigentümern als Dritter bezeichnet werden, solange sein Rechtserwerb noch nicht durch Eintragung im Grundbuch vollzogen ist. Auch wenn der Besitz an der Wohnung aufgrund eines wirksamen Erwerbsvertrages bereits übergegangen ist, wäre dieser sogenannte "Wohnungsanwärter"[32] als Dritter vor seiner Grundbuch-

[29] S.o. I 1.
[30] S.o. § 9 II.
[31] Da die Übertragung von Wohnungseigentum im WEG nicht geregelt ist, erfolgt die Übertragung von Wohnungseigentum nach §§ 873, 925 BGB durch Auflassung und Eintragung im Grundbuch, vgl. Merle, System, S. 173 f.; Weirich, Grundstücksrecht, Rdnr. 746.
[32] So ausdrücklich BGHZ 106, 113 (117) m. Anm. Merle, JR 1989, 505; KG, WuM 1994, 714; Drasdo, ZMR 1995, 145; Deckert, WE 1989, 34; Bornheimer, Stimmrecht, S. 48; stattdessen wird auch die Bezeichnung "werdender" oder "faktischer" Wohnungseigentümer verwandt, vgl. BGH, NJW 1989, 2697; OLG Frankfurt/M, NJW-RR 1992, 1170; KG, WE 1988, 91; BayObLGZ 1981, 50; Röll, NJW 1989, 1070; Seuß, Festschrift Bärmann/Weitnauer (1990), S. 599; Fr. Schmidt, Festschrift Bärmann/Weitnauer (1990), S.

eintragung nach den genannten Grundsätzen nicht zur Teilnahme an der Versammlung der Wohnungseigentümer berechtigt. Er könnte nur durch Vereinbarung oder Mehrheitsbeschluß der Wohnungseigentümer zur Teilnahme an der Versammlung zugelassen werden.

Es fragt sich jedoch, ob der grundsätzliche Ausschluß des Wohnungsanwärters von der Teilnahme an der Versammlung gerechtfertigt ist, wenn er anstelle des Veräußerers bereits Besitz an der Wohnung erlangt hat und damit nach dem Kaufvertrag im Verhältnis zum Veräußerer die Lasten und Kosten des gemeinschaftlichen Eigentums im Sinne von § 16 Abs. 2 WEG zu tragen hat (vgl. § 446 Abs. 1 S. 2 BGB). Für die Beteiligung des Wohnungsanwärters an der gemeinschaftlichen Willensbildung spricht, daß der überwiegende Teil der in der Versammlung gefaßten Beschlüsse ohnehin ausschließlich ihn als späteren Rechtsinhaber treffen (vgl. § 10 Abs. 3 WEG) und der Veräußerer als noch eingetragener Wohnungseigentümer deshalb in der Regel kein Interesse mehr an der Ausübung seines Teilnahmerechts hat.[33] Auch für das Teilnahmerecht stellt sich damit die allgemeine Frage, ob der Wohnungsanwärter bereits vor der Grundbucheintragung ebenso wie der Wohnungseigentümer eine mitgliedschaftliche Rechtsstellung innehat mit der Folge, daß ihm in gleicher Weise ein Teilnahmerecht zusteht. Zu beachten ist jedoch, daß sich die Frage, ob der Wohnungsanwärter bereits vor der Grundbucheintragung ein Recht auf Teilnahme an der Versammlung der Wohnungseigentümer hat, nur dann stellt, wenn durch Eintragung von mindestens zwei Wohnungseigentümern im Grundbuch überhaupt eine Gemeinschaft der Wohnungseigentümer im Sinne von §§ 10 ff. WEG rechtlich in Vollzug gesetzt worden ist und damit von einer Versammlung der Wohnungseigentümer im Sinne von § 23 Abs. 1 WEG gesprochen werden kann.[34] Deshalb bedarf es an dieser Stelle keiner Erörterung der Rechtsstellung des Ersterwerbers vor dem Entstehen der Wohnungseigentümergemeinschaft;[35] vielmehr ist im folgenden lediglich auf

545 (561); ders., Festschrift Seuß, S. 241 (249).

[33] Zum Stimmrecht vgl. Bornheimer, Stimmrecht, S. 147.

[34] S.o. unter § 5 II.

[35] Zu den Voraussetzungen einer entsprechenden Anwendung des WEG nach der Lehre von der "werdenden Wohnungseigentümergemeinschaft" vgl. BayObLGZ 1990, 101 (102); 1991, 150 (152); KG, NJW OLG Hamm, NJW-RR 1994, 975 (976 f.); KG, OLGZ 1970, 198 (201); NJW-RR 1986, 1274; OLG Stuttgart, OLGZ 1979, 34 (35 f.); OLG Karlsruhe, OLGZ 1978, 177 (178); Merle, WE Sonderausgabe 1993, 41 (44); Weitnauer/Lüke, Anh § 10 Rdnr. 3; Bärmann, in: Bärmann/Pick/Merle, Einleitung Rdnr. 652; Seuß, Festschrift Bärmann/Weitnauer (1990), S. 599 ff.; F. Schmidt, Festschrift Bärmann/Weitnauer (1990), S. 545 (561); ders., Festschrift Seuß, S. 241 (247); Lotz-Störmer, Stimmrechtsausübung, S. 32 ff.

die Rechtsstellung des Zweiterwerbers nach rechtlicher Invollzugsetzung der Wohnungseigentümergemeinschaft einzugehen.

II. Das originäre Teilnahmerecht des Wohnungsanwärters

In Rechtsprechung und Schrifttum ist die Frage bisher noch nicht behandelt worden, ob dem Wohnungsanwärter als Zweiterwerber vor seiner Eintragung im Grundbuch ein originäres Teilnahmerecht zusteht, das mit dem Teilnahmerecht des eingetragenen Wohnungseigentümers inhaltsgleich ist. Neben der Frage der Lasten- und Kostentragungspflicht des Wohnungsanwärters analog § 16 Abs. 2 WEG[36] und der Beteiligteneigenschaft im gerichtlichen Verfahren nach §§ 43 ff. WEG[37] wurde das Problem der Rechtsstellung des Wohnungsanwärters bisher insbesondere für das Stimmrecht nach § 25 Abs. 2 WEG erörtert.[38] Da das Teilnahmerecht ebenso wie das Stimmrecht auf die Beteiligung an der gemeinschaftlichen Willensbildung abzielt, ist für die Frage des Teilnahmerechts des Wohnungsanwärters zunächst von der für das Stimmrecht geltenden Rechtslage auszugehen, zumal die Stimmrechtsausübung regelmäßig die Teilnahme an der Versammlung voraussetzt.[39]

1. Die Parallele zur Stimmrechtsproblematik

In Übereinstimmung mit dem *BGH*[40] wird überwiegend die Auffassung vertreten, daß dem Wohnungsanwärter vor der Eintragung im Grundbuch kein eigenes Stimmrecht zustehe.[41] Nach einer vormals vom *BayObLG*[42] und von Teilen des

---

[36] Vgl. BGHZ 87, 138 (141); BGH, NJW 1989, 2697 (2698); Niedenführ, in: Henkes/-Niedenführ/Schulze, § 16 Rdnrn. 22 ff.; Augustin, § 16 Rdnr. 31.

[37] Vgl. BGH, NJW 1974, 1140 (1141); BayObLZ 1990, 101 (104); 1991, 150 (152); BayObLG, NJW-RR 1992, 597 (598); WE 1991, 367; KG, NJW-RR 1986, 444; NJW-RR 1986, 1274; OLG Köln, OLGZ 1978, 151; vgl. auch Niedenführ, in: Henkes/-Niedenführ/Schulze, vor § 43 Rdnr. 63.

[38] Vgl. BGHZ 106, 113 (117) m. Anm. Merle, JR 1989, 505; BayObLGZ 1981, 50 (54); KG, OLGZ 1979, 290; WuM 1994, 714; Bornheimer, Stimmrecht, S. 48 ff.; Lotz-Störmer, Stimmrechtsausübung, S. 30 ff.; Drasdo, ZMR 1995, 145; Coester, NJW 1990, 3184; Röll, NJW 1989, 1070 (1071); Deckert, WE 1989, 34.

[39] S.o. unter § 7 I 1.

[40] BGHZ 106, 113 (118).

[41] KG, NJW-RR 1986, 444 (445); Merle, JR 1989, 505; Weitnauer/Lüke, Anh. § 10 Rdnr. 6; Weitnauer, WE 1986, 92 (93); Bornheimer, Stimmrecht, S. 52; Coester, NJW 1990, 3184 (3185); Seuß, Festschrift Bärmann/Weitnauer (1990), S. 599 (617); Schulze, in:

Schrifttums[43] vertretenen Gegenansicht hat dagegen der Wohnungsanwärter, wenn die Auflassung erklärt ist und auf ihn nach dem Kaufvertrag Besitz, Nutzungen und Lasten übergegangen sind und zu seinen Gunsten eine Auflassungsvormerkung eingetragen ist, jedenfalls in den ihn berührenden Angelegenheiten ein eigenes Stimmrecht, welches dasjenige des eingetragenen Veräußerers verdrängt. Gegen ein verdrängendes Stimmrecht wird vorgebracht, daß der Veräußerer bis zur Eigentumsumschreibung rechtlich Mitglied der Wohnungseigentümergemeinschaft sei und daß aus dieser Mitgliedschaft zwangsläufig auch das Stimmrecht als Mitverwaltungsrecht im Sinne von § 20 Abs. 1 WEG folge.[44] Ferner müsse das Stimmrecht bereits aus praktischen Erwägungen an formale Kriterien gebunden sein, so daß auch insoweit die Funktion des Grundbuchs, Auskunft über den Inhaber des Wohnungseigentums zu geben, nicht eingeschränkt und der Grundsatz nicht aufgegeben werden könne, daß der Erwerb von Wohnungseigentum untrennbar mit der Eintragung im Grundbuch verbunden ist.[45] Schließlich komme auch ein Aufteilung des Stimmrechts zwischen dem Wohnungseigentümer und dem Wohnungsanwärter danach, wessen Angelegenheiten berührt sind, nicht in Betracht, da eine solche Trennung nach dem Abstimmungsgegenstand auf unüberwindbare praktische Schwierigkeiten stoße und sich nicht mit der Notwendigkeit, das Stimmrecht an klare Voraussetzungen zu binden, vereinbaren lasse.[46]

Die genannten Erwägungen gegen ein verdrängendes Stimmrecht des Wohnungsanwärters lassen sich in gleicher Weise gegen ein verdrängendes Teilnahmerecht des Wohnungsanwärters anführen. Denn solange der eingetragene Veräußerer noch als materiell berechtigter Wohnungseigentümer im Grundbuch eingetragen und damit Mitglied der Wohnungseigentümergemeinschaft ist, bleibt ihm auch das Teilnahmerecht als Mitgliedschaftsrecht erhalten. Dagegen läßt sich auch nicht anführen, daß nach dem Kaufvertrag dem Wohnungsanwärter bereits der Besitz übertragen wurde und er die Lasten und Kosten zu tragen hat. Denn hierbei handelt es sich lediglich um eine schuldrechtliche Vereinbarung im Verhältnis zwischen Veräußerer und Erwerber, die die anteilsmäßige Haftung des im Grundbuch eingetragenen Veräußerers für Lasten und Kosten des gemein-

---

Henkes/Niedenführ/Schulze, § 25 Rdnr. 6; Erman/Ganten, § 2 Rdnr. 3a; Palandt/-Bassenge, WEG § 25 Rdnr. 2.

42 BayObLGZ 1981, 50 (54); im Anschluß an die BGH-Rechtsprechung wurde diese Auffassung in BayObLGZ 1989, 351 (353); 1990, 101 (103 f.) aufgegeben.

43 Soergel/Stürner, WEG § 25 Rdnr. 2b; MünchKomm/Röll, WEG § 25 Rdnr. 10; ders., RPfleger 1986, 169 (170); Moritz, JZ 1985, 216 (223).

44 BGHZ 106, 113 (118 f.).

45 BGHZ 106, 113 (119); 87, 138 (143).

46 BGHZ 106, 113 (119 f.).

schaftlichen Eigentums nach § 16 Abs. 2 WEG im Verhältnis zu den übrigen Wohnungseigentümers bis zur Eigentumsumschreibung unberührt läßt.[47] Insoweit gilt hier der Grundsatz, das derjenige, der für die Lasten und Kosten des gemeinschaftlichen Eigentums haftet, zwingend auch ein Recht auf Beteiligung an der gemeinschaftlichen Willensbildung in der Versammlung hat.[48] Ein das mitgliedschaftliche Teilnahmerecht des eingetragenen Wohnungseigentümers verdrängendes Teilnahmerecht des Wohnungsanwärters ist damit abzulehnen.

Aber auch gegen ein mit dem mitgliedschaftlichen Teilnahmerecht des Wohnungseigentümers konkurrierendes Teilnahmerecht des Wohnungsanwärters gleichen Inhalts bestehen Bedenken. Denn damit würde durch die Veräußerung von Wohnungseigentum zeitweilig eine Verdoppelung von Mitgliedschaftsrechten eintreten,[49] indem bezüglich eines Wohnungseigentums sowohl der noch im Grundbuch eingetragenene Veräußerer als auch der noch nicht eingetragene Erwerber durch aktive Teilnahme an der Versammlung Einfluß auf die Willensbildung der Wohnungseigentümer ausüben könnten. Im Gegensatz zur dinglichen Berechtigung mehrerer an einem Wohnungseigentum im Sinne von § 25 Abs. 2 S. 2 WEG, die nach den oben genannten Grundsätzen eine Teilnahme sämtlicher Mitberechtigten rechtfertigt,[50] steht der Wohnungsanwärter vor der Eintragung im Grundbuch in keiner rechtlichen Beziehung zu den übrigen Wohnungseigentümern, so daß er kraft Gesetzes im Verhältnis zu den übrigen Wohnungseigentümern nicht zur Ausübung von Mitgliedschaftsrechten berechtigt ist. Denn im Interesse der Rechtsklarheit bestimmt das Gesetz, daß erst mit der Grundbucheintragung die mit dem Wohnungseigentum untrennbar verbundene Mitgliedschaft und damit auch das mitgliedschaftliche Teilnahmerecht auf den Erwerber übergeht. Somit ist mangels einer Gesetzeslücke auch eine im Schrifttum[51] vertretene Ansicht abzulehnen, wonach der Wohnungsanwärter und der eingetragene Wohnungseigentümer das Stimmrecht analog § 25 Abs. 2 S. 2 WEG gemeinschaftlich ausüben können.[52]

In Übereinstimmung mit der Rechtsprechung des BGH zum Stimmrecht ist damit auch für das Teilnahmerecht des Wohnungsanwärters von dem Grundsatz

---

[47] Vgl. BGHZ 106, 113 (119); 87, 138 (142); BGH, NJW 1989, 2697 (2698); Niedenführ, in: Henkes/Niedenführ/Schulze, § 16 Rdnr. 24; Drasdo, ZMR 1985, 145 (147).

[48] Zu diesem Grundsatz "keine Haftung ohne Herrschaft" vgl. Bornheimer, Stimmrecht, S. 83.

[49] So BGHZ 106, 113 (120) zum Stimmrecht; vgl. Coester, NJW 1990, 3184.

[50] S.o. unter § 10 I 3.

[51] Sauren, RPfleger 1985, 261 (263); 1986, 171 (173).

[52] Vgl. BGHZ 106, 113 (120); KG, NJW-RR 1986, 444 (445); Bornheimer, Stimmrecht, S. 49 ff.

auszugehen, daß ihm vor der Eigentumsumschreibung im Grundbuch weder ein verdrängendes noch ein konkurrierendes mitgliedschaftliches Teilnahmerecht zusteht.

2. Die Vorwirkung der Mitgliedschaft des im Grundbuch eingetragenen Erwerbers

Sobald der Erwerber als Wohnungseigentümer im Grundbuch eingetragen wird, erwirbt er die Mitgliedschaft in der Gemeinschaft der Wohnungseigentümer und ist damit zur Ausübung der Mitgliedschaftsrechte im Verhältnis zu den übrigen Wohnungseigentümern berechtigt. Danach ist er nach § 43 Abs. 1 Nr. 1 WEG auch berechtigt, die Ungültigkeit von fehlerhaft zustandegekommenen Versammlungsbeschlüssen im gerichtlichen Verfahren durch Antrag geltend zu machen. Aus dem oben bereits dargestellten funktionalen Zusammenhang zwischen diesem Beschlußanfechtungsrecht und dem Teilnahmerecht[53] könnte dem Erwerber als Wohnungsanwärter bereits vor der Eintragung im Grundbuch auch ohne Mitgliedschaft in der Gemeinschaft der Wohnungseigentümer ein gesetzliches Teilnahmerecht zustehen. Denn nach dem aus Art. 14 Abs. 1 GG herzuleitenden Gebot des effektiven Rechtsschutzes gegen fehlerhafte Beschlüsse hat der nachträglich zur Beschlußanfechtung Berechtigte auch stets das Recht, zuvor in der beschließenden Versammlung anwesend zu sein, um dort etwaige Fehler der Beschlußfassung zu erkennen und daraufhin innerhalb der Monatsfrist des § 23 Abs. 4 S. 2 WEG den Antrag nach § 43 Abs. 1 Nr. 4 WEG stellen zu können.[54] Aus dem Beschlußanfechtungsrecht des im Grundbuch eingetragenen Erwerbers könnte sich bereits insoweit eine Vorwirkung auf seine zum Zeitpunkt der Versammlung lediglich bestehende Rechtsstellung als Wohnungsanwärter ergeben, als daß er zu diesem Zeitpunkt, ohne im Grundbuch eingetragen zu sein, zumindest das Recht haben muß, in der beschließenden Versammlung anwesend zu sein und das Beschlußverfahren kontrollieren zu können.

a) Das Beschlußanfechtungsrecht des im Grundbuch eingetragenen Erwerbers gemäß § 43 Abs. 1 Nr. 4 WEG. Eine derartige, aus dem funktionellen Zusammenhang zwischen Beschlußanfechtung und Teilnahme an der Versammlung abgeleitete Vorwirkung zugunsten des Erwerbers kann jedoch nur angenommen werden, wenn es für die Ausübung des Beschlußanfechtungsrechts nach § 43 Abs.

---

[53] S.o. unter § 7 I 2 a.

[54] S.o. unter § 7 I 2 a cc.

1 Nr. 4 WEG genügt, daß der Erwerber zum Zeitpunkt der Antragstellung als Wohnungseigentümer im Grundbuch eingetragen ist. Das Beschlußanfechtungsrecht nach § 43 Abs. 1 Nr. 4 WEG würde dagegen keine Vorwirkung im Hinblick auf die Teilnahme an der beschließenden Versammlung haben, wenn es zusätzlich voraussetzt, daß der anfechtende Erwerber bereits zum Zeitpunkt der Beschlußfassung in der Versammlung als Wohnungseigentümer im Grundbuch eingetragen sein muß. Da es sich bei der Frage der Beschlußanfechtungsberechtigung des Sondernachfolgers um ein Problem handelt, das alle Personenvereinigungen betrifft, bei denen fehlerhafte Beschlüsse grundsätzlich nicht ipso iure nichtig sind, sondern erst in einem gerichtlichen Anfechtungsverfahren für ungültig zu erklären sind, soll zunächst die für diese geltende Rechtslage in Betracht gezogen werden, um sie sodann mit den Besonderheiten des Wohnungseigentumsrechts zu vergleichen.

aa) Die Beschlußanfechtungsbefugnis des Erwerbers von Gesellschaftsanteilen. Ein mit dem Verfahren nach §§ 23 Abs. 4, 43 Abs. 1 Nr. 4 WEG vergleichbares Beschlußanfechtungsverfahren besteht nach § 243 Abs. 1 AktG für die Aktiengesellschaft sowie nach § 51 Abs. 1 GenG für die Genossenschaft. Danach sind Beschlüsse der Hauptversammlung bzw. der Generalversammlung wegen Verletzung des Gesetzes oder der Satzung grundsätzlich durch Klage anfechtbar. Zur Anfechtung befugt ist nach § 245 Nr. 1 AktG jeder in der Hauptversammlung erschienene Aktionär, wenn er gegen den Beschluß Widerspruch zur Niederschrift erklärt hat. Eine entsprechende Regelung besteht nach § 51 Abs. 2 S. 1 GenG für die Anfechtungsbefugnis des Genossen. Die überwiegende Ansicht in Rechtsprechung[55] und Literatur[56] folgert aus dem Wortlaut dieser Vorschriften, die ausdrücklich auf das Erscheinen des Aktionärs bzw. des Genossen in der Versammlung abstellen, daß der Sondernachfolger nur dann anfechtungsberechtigt ist, wenn die Aktionärseigenschaft bereits zum Zeitpunkt der Beschlußfassung bestanden hat. Nach der Gegenauffassung soll es für die Anfechtungsbefugnis des Sondernachfolgers genügen, daß die Aktionärseigenschaft im Zeitpunkt der Kla-

---

[55] OLG Celle, WM 1984, 494 (500); KG, NJW 1959, 439 f. verlangt darüberhinaus die Aktionärseigentschaft zum Zeitpunkt der Einberufung der Hauptversammlung.

[56] Hüffer, § 245 Rdnr. 7; ders., in: Geßler/Hefermehl/Eckardt/Kropff, § 245 Rdnr. 23; Baumbach/Hueck, AktG, § 245 Rdnr. 2; A. Hueck, Anfechtbarkeit und Nichtigkeit, S. 137 f.; Obermüller/Werner/Winden, S. 340; Beyerle, DB 1982, 837; abweichend davon soll im Falle einer Gesamtrechtsnachfolge der Nachfolger in die gesamte Rechtsstellung des Vorgängers und damit auch in die Anfechtungsbefugnis einrücken, vgl. Hüffer, in: Geßler/Hefermehl/Eckardt/Kropff, § 245 Rdnr. 23; A. Hueck, Anfechtbarkeit und Nichtigkeit, S. 138; zu § 51 Abs. 2 GenG vgl. K. Müller, GenG § 51 Rdnr. 73.

geerhebung vorliegt, sofern er die Aktionärsstellung von einem Aktionär erworben hat, der die Anfechtungsvoraussetzungen nach § 245 Nr. 1 AktG erfüllt.[57]

Für das gerichtliche Beschlußanfechtungsverfahren des GmbH-Rechts[58] ist dagegen anerkannt, daß die Regelung des § 245 Nr. 1 AktG keine entsprechende Anwendung findet und damit das Anfechtungsrecht des Gesellschafters nicht dessen Teilnahme an der Versammlung voraussetzt.[59] Deshalb geht das Anfechtungsrecht im Falle der zwischen der Beschlußfassung und der Klageerhebung erfolgten Veräußerung des Geschäftsanteils mit der Mitgliedschaft auf den Erwerber über, ohne daß dieser zum Zeitpunkt der Beschlußfassung bereits Gesellschafter der GmbH war.[60] Gegenüber der GmbH ist nach § 16 Abs. 1 GmbHG für das Anfechtungsrecht des Erwerbers jedoch der Zeitpunkt maßgeblich, zu dem der GmbH die Veräußerung des Geschäftsanteils angezeigt worden ist.[61]

Für die Personenvereinigungen des Gesellschaftsrechts mit gerichtlichem Beschlußanfechtungsverfahren läßt sich also festhalten, daß jedenfalls dann, wenn die Beschlußanfechtungsbefugnis nicht ausdrücklich die Teilnahme an der Versammlung voraussetzt (vgl. § 245 Nr. 1 AktG; § 51 Abs. 2 S. 1 GenG), das Anfechtungsrecht des Mitglieds als mitgliedschaftliches Kontrollrecht[62] untrennbar mit der Übertragung der Mitgliedschaft auf einen Erwerber übergeht und somit der Erwerber auch dann anfechtungsberechtigt ist, wenn er die Mitgliedschaft zwar nicht zum Zeitpunkt der Beschlußfassung in der Versammlung aber vor der Erhebung der Anfechtungsklage erworben hat.

bb) Das Beschlußanfechtungsrecht als untrennbarer Bestandteil der Mitgliedschaft des Wohnungseigentümers. Dieser im Gesellschaftsrecht geltende Grundsatz ist

---

[57] KölnerKomm/Zöllner, § 245 Rdnr. 21.

[58] Im GmbH-Recht ist in Anlehnung an das Aktienrecht nach herkömmlicher Auffassung ein gerichtliches Beschlußanfechtungsverfahren statthaft, vgl. RGZ 166, 129 (131); BGHZ 11, 231 (236); 36, 207 (210 f.); 104, 66 (68 f.); 108, 21 (23); Scholz/K. Schmidt, § 45 Rdnr. 36 ff.; ders., Gesellschaftsrecht, § 36 III 4 b, S. 915; dagegen neuerdings Noack, Fehlerhafte Beschlüsse, S. 152; Zöllner/Noack, ZGR 1989, 525 (532 ff.); zum Streitstand vgl. Schröder, GmbHR 1994, 532 ff.

[59] Zöllner, in: Baumbach/Hueck, Anh § 47 Rdnr. 72; Scholz/K. Schmidt, § 45 Rdnr. 129; Hachenburg/Raiser, Anh § 47 Rdnr. 152; A. Hueck, Festschrift E. Molitor, S. 401 (422).

[60] BGHZ 43, 261 (267); Hachenburg/Raiser, Anh § 47 Rdnr. 157; Scholz/K. Schmidt, § 45 Rdnr. 132; Zöllner, in: Baumbach/Hueck, Anh § 47 Rdnr. 74; Lutter/Hommelhoff, Anh § 47 Rdnr. 59; Roth, § 47 Anm. 6.5.1.; Rowedder/Koppensteiner, § 47 Rdnr. 117.

[61] BGH, NJW 1969, 133; Rowedder/Koppensteiner, § 47 Rdnr. 117; Hachenburg/Raiser, Anh § 47 Rdnr. 153.

[62] Vgl. Noack, Fehlerhafte Beschlüsse, S. 43.

auch auf die Beschlußanfechtung im Verfahren der freiwilligen Gerichtsbarkeit nach § 43 Abs. 1 Nr. 4 WEG anwendbar. Denn auch das Beschlußanfechtungsrecht des Wohnungseigentümers nach §§ 23 Abs. 4, 43 Abs. 1 Nr. 1 WEG folgt als Mitverwaltungsrecht aus der Mitgliedschaft des Wohnungseigentümers, die untrennbar mit dem Wohnungseigentum verbunden ist.[63] Mit der Übertragung von Wohnungseigentum auf einen Erwerber durch Auflassung und Eintragung des Erwerbers im Wohnungsgrundbuch entsprechend §§ 873, 925 BGB[64] geht auch das Beschlußanfechtungsrecht als Bestandteil des Wohnungseigentums auf den Erwerber über. Voraussetzung für das Anfechtungsrecht des Erwerbers ist somit nur, daß dieser zum Zeitpunkt der Antragstellung im Wohnungsgrundbuch als Berechtigter eingetragen ist, ohne daß es darauf ankommt, ob er bereits zum Zeitpunkt der Beschlußfassung in der Versammlung als eingetragener Wohnungseigentümer stimmberechtigt war.[65]

cc) Die Bindung des Erwerbers an bestandskräftige Beschlüsse gemäß § 10 Abs. 3 WEG. Für das Beschlußanfechtungsrecht des zwischen Beschlußfassung und Antragstellung nach § 43 Abs. 1 Nr. 4 WEG im Grundbuch eingetragenen Erwerbers spricht auch die Vorschrift des § 10 Abs. 3 WEG, wonach belastende Beschlüsse - im Gegensatz zur Vereinbarung (vgl. § 10 Abs. 2 WEG) - auch ohne Eintragung im Grundbuch gegen den Sondernachfolger eines Wohnungseigentümers wirken.[66] So ist der Erwerber beispielsweise an einen fehlerhaft zustandegekommenen Beschluß über den Wirtschaftsplan (vgl. § 28 Abs. 5 WEG) gebunden, nach dem sich die Höhe der monatlichen Wohngeldansprüche auch gegen den Erwerber richtet. Mag der Erwerber nach § 10 Abs. 3 WEG zwar einen mangels rechtzeitiger Anfechtung innerhalb der Frist des § 23 Abs. 4 S. 2 WEG bestandskräftig gewordenen fehlerhaften Beschluß gegen sich gelten lassen müssen, so kann dies nicht für den Fall gelten, in dem mangels Fristablaufs noch keine Bestandskraft eingetreten ist. Wird der Erwerber noch innerhalb der einmonatigen Anfechtungsfrist im Grundbuch eingetragen, so muß er sich einer Bindung an einen ihn belastenden fehlerhaften Beschluß nach § 10 Abs. 3 WEG, an dessen Zustandekommen er nicht beteiligt war, durch rechtzeitige Antragstellung nach § 43 Abs. 1 Nr. 4 WEG entziehen können. Da allerdings der Beginn der Anfechtungsfrist nach § 23 Abs. 4 S. 2 WEG - unabhängig vom Zeitpunkt des Über-

---

[63] Vgl. Merle, System, S. 152 f., 156 f.

[64] Vgl. Merle, System, S. 173.

[65] OLG Frankfurt/M, OLGZ 1992, 439 (440) = NJW-RR 1992, 1170; Niedenführ, in: Henkes/Niedenführ/Schulze, § 43 Rdnr. 51.

[66] OLG Frankfurt/M, OLGZ 1992, 439 (440) = NJW-RR 1992, 1170.

gangs der Anfechtungsbefugnis auf den Erwerber - an den Zeitpunkt der Beschlußfassung gebunden ist, muß sich der anfechtungsberechtigte Erwerber den bis zu seiner Eintragung erfolgten Fristablauf anrechnen lassen, so daß er gleichsam in die laufende Anfechtungsfrist eintritt.[67]

Im Ergebnis bleibt damit festzuhalten, daß der Erwerber von Wohnungseigentum, der während des Laufs der Anfechtungsfrist des § 23 Abs. 4 S. 2 WEG im Grundbuch eingetragen wird, zur Beschlußanfechtung nach § 43 Abs. 1 Nr. 4 WEG berechtigt ist, auch wenn er in der Versammlung, in der die fehlerhaften Beschlüsse gefaßt worden sind, als noch nicht eingetragener Wohnungsanwärter nicht stimmberechtigt gewesen ist.[68] Um dem eingetragenen Erwerber in diesem Fall effektiven Rechtsschutz gegen fehlerhaft zustandegekommene Beschlüsse zu gewähren, muß er als Wohnungsanwärter bereits vor seiner Eintragung im Grundbuch das Recht haben, zur Kontrolle des Beschlußverfahrens in der beschließenden Versammlung anwesend zu sein. Da insoweit die Ausübung des mitgliedschaftlichen Beschlußanfechtungsrechts die Anwesenheit in der Versammlung bereits vor der Eintragung des Erwerbers im Grundbuch erfordert, ist in diesem Fall von einer "Vorwirkung" der Mitgliedschaft des Wohnungseigentümers auszugehen.

b) Die Voraussetzungen einer Vorwirkung der Mitgliedschaft. Die beschriebene Vorwirkung der Mitgliedschaft kann dem noch nicht im Grundbuch eingetragenen Wohnungsanwärter jedoch nur dann ein Recht auf Anwesenheit in der Versammlung der Wohnungseigentümer vermitteln, wenn zum Zeitpunkt der Versammlung von Rechts wegen überhaupt die Möglichkeit besteht, daß der Wohnungsanwärter innerhalb der Monatsfrist des § 23 Abs. 4 S. 2 WEG als Wohnungseigentümer im Grundbuch eingetragen wird.

Diese Voraussetzung ist nicht schon mit einer wirksamen, durch notarielle Beurkundung gemäß § 873 Abs. 2 BGB bindenden Auflassung erfüllt.[69] Denn die

---

[67] OLG Frankfurt/M, WE 1989, 171; Palandt/Bassenge, WEG § 23 Rdnr. 17; Soergel/Stürner, WEG § 23 Rdnr. 9; vgl. auch LG Frankfurt/M, ZMR 1991, 193 (194) für den Fall des originären Erwerbs von Wohnungseigentum in der Zwangsversteigerung.

[68] So auch OLG Frankfurt/M, OLGZ 1992, 439 (440).

[69] Umstritten ist, ob die Bindung an die Auflassung bereits mit der Form des § 925 Abs. 1 BGB eintritt - so BayObLGZ 1957, 229 (231); Jauernig, § 925 Anm. 6; RGRK/Augustin, §§ 925, 925a Rdnr. 28; Staudinger/Ertl, § 925 Rdnr. 111 -, oder ob die Voraussetzungen des § 873 Abs. 2 BGB erfüllt sein müssen - so MünchKomm/Kanzleiter, § 925 Rdnr. 29; Soergel/Stürner, § 925 Rdnr. 42; Palandt/Bassenge, § 925 Rdnr. 22; Bassenge, RPfleger 1977, 8 (9). Der Streit wird praktisch kaum relevant, da die Auflassung im Hinblick auf §§ 20, 29 GBO die von § 873 Abs. 2 BGB geforderte notarielle

bindende Auflassung schützt den Erwerber gemäß § 878 BGB nur vor einer nachträglichen Verfügungsbeschränkung des Veräußerers, läßt dagegen allein noch nicht die alsbaldige Eintragung im Grundbuch erwarten.

Deshalb wird man neben einer wirksamen Auflassung nach § 925 BGB zumindest verlangen müssen, daß gemäß § 13 GBO der Antrag auf Eintragung des Erwerbers beim Grundbuchamt gestellt worden ist. Denn mit Stellen des Eintragungsantrags können sowohl der Erwerber als auch der Veräußerer den Zeitpunkt der Eintragung und damit den endgültigen Rechtserwerb nicht mehr beeinflussen. Für die Maßgeblichkeit des Zeitpunkts der Antragstellung spricht auch die ausdrückliche Regelung des § 892 Abs. 2 BGB, in der das Gesetz für den Kenntnisstand des Erwerbers im Rahmen des gutgläubigen Erwerbs ebenfalls auf den Zeitpunkt der Antragstellung abstellt.

Das Interesse der übrigen Wohnungseigentümer, Dritte von der Versammlung fernzuhalten,[70] könnte darüberhinaus erfordern, daß eine Vorwirkung der Mitgliedschaft im Hinblick auf ein Anwesenheitsrecht des Wohnungsanwärters erst zu dem Zeitpunkt eintreten kann, zu dem der zukünftige Erwerb der Mitgliedschaft bereits eine rechtliche Sicherung erfahren hat. So könnte die Vorwirkung der Mitgliedschaft erst zu dem Zeitpunkt eintreten, zu dem der endgültige Rechtserwerb durch den Veräußerer nicht mehr einseitig verhindert werden kann, also bereits eine rechtlich gesicherte Anwartschaft bzw. ein Anwartschaftsrecht des Wohnungsanwärters besteht.[71] Dann müßte zusätzlich verlangt werden, daß der Wohnungsanwärter selbst den Antrag auf Eintragung beim Grundbuchamt nach § 13 Abs. 2 GBO gestellt hat,[72] da dieser gemäß §§ 13, 31 GBO nur vom Antragsteller selbst und damit nicht mehr durch den Veräußerer einseitig zurückgenommen werden kann.[73] Zu diesem Zeitpunkt würde zudem § 17 GBO, wonach mehrere Eintragungen nach der zeitlichen Reihenfolge der jeweiligen Anträge zu erfolgen haben, regelmäßig eine gewisse Sicherheit vor einer den Rechtserwerb des Wohnungsanwärters vereitelnden zweiten Verfügung des Veräußerers bieten.[74] Betont man dagegen den Rechtscharakter des § 17 GBO als formelle Ordnungsvorschrift, die im Falle ihrer Nichtbeachtung den materiellen Rechtserwerb des

---

Beurkundung praktisch immer erfüllt, vgl. Medicus, BR Rdnr. 467.

[70] S.o. unter § 11 I 1.

[71] Vgl. BGHZ 49, 197 (201); 83, 395 (399); 114, 161 (164); Staudinger/Ertl, § 925 Rdnr. 123; Erman/Hagen, § 925 Rdnr. 41; MünchKomm/Kanzleiter, § 925 Rdnr. 34; Hager, JuS 1991, 1 (2); Schneider, MDR 1994, 1057.

[72] Vgl. BGHZ 49, 197 (200); 89, 395 (399).

[73] Vgl. Horber/Demharter, § 13 Rdnr. 37; Kuntze/Ertl/Herrmann/Eickmann, § 13 Rdnr. 47.

[74] Vgl. BGHZ 49, 197 (201 f.); 83, 395 (399); Schneider, MDR 1994, 1057 (1058).

Zweiterwerbers nicht ausschließt,[75] so könnte eine Vorwirkung der Mitgliedschaft nur dann angenommen werden, wenn zugunsten des Wohnungsanwärters eine Vormerkung im Grundbuch eingetragen ist, die gemäß §§ 883 Abs. 2, 888 BGB absoluten Schutz vor anderweitigen Verfügungen des Veräußerers gewährt.[76]

Nach der Funktion der Vorwirkung der Mitgliedschaft ist eine derartige gesicherte Erwerbsposition des Wohnungsanwärters jedoch nicht erforderlich. Denn die Vorwirkung der Mitgliedschaft soll dem Wohnungsanwärter als späteren Wohnungseigentümer die Ausübung des mitgliedschaftlichen Beschlußanfechtungsrechts nach seiner Eintragung im Grundbuch ermöglichen. Zur Wahrung seiner Rechte als zukünftiges Mitglied der Gemeinschaft der Wohnungseigentümer kommt es damit lediglich darauf an, daß der Antrag auf Eintragung beim Grundbuchamt gestellt wurde und somit die Möglichkeit der Eintragung des Wohnungsanwärters innerhalb der Frist des § 23 Abs. 4 S. 2 WEG besteht. Eine gesicherte Erwerbsposition im Sinne eines Anwartschaftsrechts, das Schutz vor anderweitigen Verfügungen des Veräußerers gewährt und das weitgehend den Regeln über das Vollrecht unterliegt,[77] bedarf es bereits deshalb nicht, weil es gerade nicht darum geht, die Rechtsposition des Wohnungsanwärters den Regeln über das Wohnungseigentum zu unterstellen.[78] Es geht ferner nicht um den antizipierten absoluten Schutz des Wohnungsanwärters vor Beeinträchtigungen seiner Erwerbsposition durch Dritte; vielmehr sollen durch eine Vorwirkung der zukünftigen Mitgliedschaft nur die zukünftigen Rechte aus der Mitgliedschaft des im Grundbuch eingetragenen Erwerbers gewahrt werden. Daß hierbei im Ausnahmefall durch eine nachfolgende Verfügung des Veräußerers an einen Dritten der Rechtserwerb des Wohnungsanwärters durch vorherige Eintragung des Dritten im Grundbuch vereitelt werden kann, ist ebenso hinzunehmen wie der Umstand, daß Wohnungsanwärter nicht rechtzeitig vor Ablauf der Monatsfrist des § 23 Abs. 4

---

[75] Vgl. BGHZ 49, 197 (201); Horber/Demharter, § 17 Rdnr. 17; Kuntze/Ertl/Herrmann/-Eickmann, § 17 Rdnr. 34; Medicus, BR Rdnr. 469; ders., DNotZ 1990, 275 (280 f.).

[76] Vgl. Medicus, BR Rdnr. 469; ders., DNotZ 1990, 275 (283); Westermann/Eickmann, Sachenrecht II, § 92 I 6; Wilhelm, Sachenrecht, Rdnr. 509, die ein Anwartschaftsrecht des Auflassungsempfängers mit Stellung des Eintragungsantrags durch den Erwerber verneinen. BGHZ 83, 395 (397); 106, 108 (111); MünchKomm/Kanzleiter, § 925 Rdnr. 34; Soergel/Stürner, § 873 Rdnr. 14; Palandt/Bassenge, § 925 Rdnr. 20; RGRK/Augustin, §§ 925, 925a Rdnr. 84 nehmen dagegen sowohl mit Stellung des Eintragungsantrags durch den Erwerber als auch bei Eintragung einer Vormerkung zugunsten des Erwerbers ein Anwartschaftsrecht des Auflassungsempfängers an; vgl. zum Streitstand Hager, JuS 1991, 1 (2 ff.).

[77] Vgl. BGHZ 49, 197 (202); MünchKomm/Kanzleiter, § 925 Rdnr. 35; Erman/Hagen, § 925 Rdnr. 45; Hager, JuS 1991, 1 (4); Schneider, MDR 1994, 1057.

[78] S.o. unter 1.

S. 2 WEG im Grundbuch eingetragen wird. Denn aus einer ex ante Betrachtung zum Zeitpunkt der Versammlung muß zum Schutz der Interessen des Wohnungsanwärters mit einem künftigen Rechtserwerb innerhalb der Anfechtungsfrist gerechnet werden, wenn der Antrag auf Eintragung beim Grundbuchamt gestellt worden ist. Demgegenüber ist den Wohnungseigentümern unter dieser Voraussetzung die Anwesenheit des Wohnungsanwärters neben der Anwesenheit des veräußernden Wohnungseigentümers zumutbar, da dem Wohnungsanwärter zu diesem Zeitpunkt die Mitgliedschaftsrechte noch nicht zustehen und deshalb kein Fall der unzulässigen Verdoppelung von Mitgliedschaftsrechten zu Lasten der Wohnungseigentümer vorliegt.[79] Der Wohnungsanwärter ist nämlich, auch nachdem der Eintragungsantrags gestellt wurde, von der aktiven Beteiligung an der gemeinschaftlichen Willensbildung der Wohnungseigentümer ausgeschlossen; nach dem Schutzzweck der Vorwirkung der Mitgliedschaft steht ihm nur das Recht auf Anwesenheit zu, um im Hinblick auf ein etwaiges künftiges Beschlußanfechtungsrecht als eingetragener Wohnungseigentümer nach § 43 Abs. 1 Nr. 4 WEG das Beschlußverfahren in der Versammlung kontrollieren zu können.

c) Ergebnis. Im Ergebnis ergibt sich damit aus dem Gebot des effektiven Rechtsschutzes des im Grundbuch eingetragenen Erwerbers gegen ihn bindende fehlerhafte Beschlüsse, daß ihm als Wohnungsanwärter vor seiner Eintragung bereits das Recht zusteht, in der beschließenden Versammlung anwesend zu sein und auf diese Weise im Hinblick auf ein späteres Beschlußanfechtungsrecht als eingetragener Wohnungseigentümer nach § 43 Abs. 1 Nr. 4 WEG Fehler der Beschlußfassung zu erkennen. Eine derartige Vorwirkung der Mitgliedschaft setzt allerdings voraus, daß von Rechts wegen die Möglichkeit besteht, daß der Wohnungsanwärter noch innerhalb der Monatsfrist des § 23 Abs. 4 S. 2 WEG durch Eintragung im Grundbuch Wohnungseigentum erwirbt. Diese Voraussetzung ist erfüllt, wenn zum Zeitpunkt der Versammlung bereits der Antrag auf Eintragung beim Grundbuchamt gestellt worden ist. Dem Wohnungsanwärter kann also nur dann die Anwesenheit in der Versammlung untersagt werden, wenn er die Antragstellung nicht nachzuweisen vermag.

---

[79] S.o. unter 1; vgl. BGHZ 106, 113 (120).

III. Die Ermächtigung des Wohnungsanwärters zur Ausübung des Teilnahmerechts

Über die bloße Anwesenheit in der Versammlung hinaus wäre der Wohnungsanwärter zur Ausübung des mitgliedschaftlichen Teilnahmerechts samt Ausübung des Rede- und Beschlußantragsrechts berechtigt, wenn er durch den veräußernden Wohnungseigentümer hierzu in zulässiger Weise ermächtigt worden ist. Versteht man unter dem Begriff der "Ermächtigung" die Befugnis, im eigenem Namen ein fremdes Recht auszuüben,[80] so könnte der Wohnungsanwärter aufgrund einer entsprechenden Ausübungsermächtigung zur Ausübung des mitgliedschaftlichen Teilnahmerechts im eigenen Namen berechtigt sein. Im folgenden bleibt zunächst zu klären, ob eine derartige Ausübungsermächtigung überhaupt zulässig ist. Nur wenn diese Frage zu bejahen ist, stellt sich die weitergehende Frage, auf welche Weise die Ausübungsermächtigung durch den Veräußerer erteilt werden kann.

1. Die Zulässigkeit der Ausübungsermächtigung

a) Ausübungsermächtigung und Abspaltungsverbot. Gegen die Zulässigkeit einer Ausübungsermächtigung könnte das Abspaltungsverbot sprechen, das einer isolierten Übertragung von Mitgliedschaftsrechten auf einen Dritten entgegensteht.[81] Da der eingetragene Wohnungseigentümer bei der Ausübungsermächtigung formal Inhaber des mitgliedschaftlichen Teilnahmerechts bleibt, handelt es sich zwar nicht um die Abtretung eines Mitgliedschaftsrechts im Sinne von §§ 413, 398 BGB;[82] dennoch könnte die Ausübung des Teilnahmerechts durch den Wohnungsanwärter der Schutzzweck des Abspaltungsverbots verletzen, den Einfluß Dritter auf die Willensbildung der Wohnungseigentümer fernzuhalten.[83]

Der Wohnungsanwärter verfolgt im Gegensatz zu sonstigen Dritten jedoch keine gemeinschaftsfremden Interessen, wenn ihm bereits der Besitz an der Wohnung eingeräumt wurde, ihm nach dem Kaufvertrag mit dem veräußernden Wohnungseigentümer einerseits die Nutzungen zustehen und er andererseits verpflichtet ist,

---

[80] Vgl. KG, OLGZ 1979, 290 (292); Palandt/Heinrichs, § 185 Rdnr. 13; Wiedemann, Übertragung, S. 267; Flume, Rechtsgeschäft, § 11/5 c, S. 143.

[81] S.o. unter § 11 II.

[82] Den Unterschied zwischen einer Ausübungsermächtigung und einer Abtretung verkennt Drasdo, ZMR 1995, 145 (146), der sowohl von einer "Ermächtigung" als auch von einer "Rechtsübertragung" im Sinne von § 398 BGB spricht; zur Abtretung des Stimmrechts an den Wohnungsanwärter vgl. Bornheimer, Stimmrecht, S. 147 f.

[83] S.o. unter § 11 II 1.

die Lasten und Kosten zu tragen. In diesem Fall hat sich der veräußernde Wohnungseigentümer bereits "innerlich seiner Eigentumswohnung begeben", so daß er kein Interesse mehr hat, an einer Versammlung teilzunehmen.[84] Vielmehr trifft der überwiegende Teil der in der Versammlung gefaßten Beschlüsse ohnehin den Wohnungsanwärter als späteren Wohnungseigentümer,[85] so daß er statt des noch im Grundbuch eingetragenen Veräußerers die typischen Interessen eines Wohnungseigentümers vertritt. Da die Ausübungsermächtigung damit nicht zu einem Interessenwiderstreit zwischen Wohnungseigentümerinteressen und Drittinteressen führt, kann sie insoweit auch nicht den Schutzzweck des Abspaltungsverbotes verletzen.

Ferner berührt die Ausübungsermächtigung auch nicht den Grundgedanken des § 137 S. 1 BGB, die Freiheit des Rechtsverkehrs zu gewährleisten,[86] wenn sichergestellt ist, daß kein Dritter Wohnungseigentum ohne die damit verbundenen Mitgliedschaftsrechte erwirbt. Diese Voraussetzung ist jedenfalls dann erfüllt, wenn der Anspruch des Wohnungsanwärters auf Übertragung des Wohnungseigentums dinglich durch die Eintragung einer Vormerkung gesichert ist, die den Wohnungsanwärter gemäß §§ 883 Abs. 2, 888 BGB vor einer anderweitigen Verfügung an einen Dritten schützt.[87] Denn ist nach § 883 Abs. 2 BGB die Verfügung an einen Dritten zu Lasten des Wohnungsanwärters ausgeschlossen, so ist die Freiheit des Rechtsverkehrs bereits durch das Gesetz eingeschränkt und damit der Schutzzweck des § 137 S. 1 BGB von vornherein nicht betroffen. Aber auch ohne Eintragung einer Vormerkung zu Gunsten des Wohnungsanwärters wird die Freiheit des Rechtsverkehrs durch eine Ausübungsermächtigung nicht verletzt. Da der Veräußerer als eingetragener Wohnungseigentümer bei einer dem Wohnungsanwärter erteilten Ausübungsermächtigung formal Inhaber des mitgliedschaftlichen Teilnahmerechts bleibt, kann ein Dritter aufgrund einer anderweitigen Verfügung des Wohnungseigentümers auch die volle Mitgliedschaft einschließlich des mitgliedschaftlichen Teilnahmerechts erwerben. Sobald der Dritte aufgrund der Zweitverfügung vor dem bisherigen Wohnungsanwärter im Grundbuch eingetragen wird, verliert der verfügende Wohnungseigentümer seine Mitgliedschaft und sein Teilnahmerecht. Zu diesem Zeitpunkt ist auch der bisherige Wohnungsanwärter nicht mehr zur Ausübung des mitgliedschaftlichen Teilnahme-

---

[84] So ausdrücklich Bornheimer, Stimmrecht, S. 147 zur Stimmrechtsabtretung; vgl. auch KG, WuM 1994, 714 (715) = WE 1995, 119 (120) m. Anm. Röll.

[85] Vgl. Bornheimer, Stimmrecht, S. 147.

[86] S.o. unter § 11 II 1.

[87] So im Ergebnis KG, OLGZ 1979, 290 (292 f.); WuM 1994, 714 zur Stimmrechtsausübung.

rechts berechtigt, da eine aufgrund der objektsbezogenen Ausübungsermächtigung vorgenommene Handlung - hier die Teilnahme an der Versammlung - stets der Zustimmung des jeweiligen Rechtsinhabers bedarf.[88] Der Dritte ist nunmehr als neuer Rechtsinhaber, der der Ausübung des Teilnahmerechts durch den bisherigen Wohnungsanwärter nicht zugestimmt hat, allein zur Ausübung des Teilnahmerechts berechtigt, so daß eine Beeinträchtigung der Freiheit des Rechtsverkehrs durch eine Ausübungsermächtigung nicht eintreten kann. Die Ermächtigung des Wohnungsanwärters zur Ausübung des mitgliedschaftlichen Teilnahmerechts verstößt damit auch dann nicht gegen das Abspaltungsverbot, wenn zu seinen Gunsten keine Vormerkung im Grundbuch eingetragen worden ist.

b) Die Verdoppelung des Teilnahmerechts. Schwerwiegender ist dagegen der - seitens des *BGH*[89] gegen die Ermächtigung zur Stimmrechtsausübung vorgebrachte - Einwand der unzulässigen Verdoppelung von Mitgliedschaftsrechten durch den ermächtigenden Wohnungseigentümer. Danach sei zwar grundsätzlich gegen eine Ermächtigung zur Stimmabgabe im eigenen Namen nichts einzuwenden; sie dürfe aber nicht dazu führen, daß sich das Stimmrecht des Veräußerers in unzulässiger Weise vervielfache.[90]

Das Verbot der Verdoppelung der Mitgliedschaftsrechte gilt ebenfalls für das Teilnahmerecht und erfaßt nicht nur ein konkurrierendes gesetzliches Teilnahmerecht des Wohnungsanwärters,[91] sondern in gleicher Weise die Ermächtigung zur Ausübung des mitgliedschaftlichen Teilnahmerechts durch den Veräußerer. Denn für die übrigen Wohnungseigentümer macht es keinen Unterschied, ob ein erhöhter Einfluß auf die Willensbildung in der Versammlung durch die gleichzeitige Teilnahme von Veräußerer und Wohnungsanwärter auf gesetzlicher oder rechtsgeschäftlicher Grundlage beruht. Zudem besteht bei einer gleichzeitigen Teilnahme von Veräußerer und Wohnungsanwärter die Gefahr, daß aufgrund der unterschiedlichen Interessen des Veräußerers einerseits und des Wohnungsanwärters andererseits[92] ein zusätzlicher Interessenstreit in die Versammlung hineingetragen

---

[88] Vgl. Wiedemann, Übertragung, S. 270.

[89] BGHZ 106, 113 (120 f.).

[90] Dementsprechend verneint der BGH - BGHZ 106, 113 (121) - die Zulässigkeit der Ermächtigung zur Stimmrechtsausübung im Falle des gesetzlichen Kopfstimmrechts nach § 25 abs. 2 S. 1 WEG, während er im Falle der abweichenden Vereinbarung eines Anteils- oder Objektsstimmrechts eine Aufteilung des Stimmrechts im Wege einer Ausübungsermächtigung als zulässig ansieht; zustimmend KG, WuM 1994, 714; kritisch dazu Drasdo, ZMR 1995, 145 (146).

[91] S.o. unter II 1.

[92] S.o. unter a).

wird. Eine dem Wohnungsanwärter erteilte Ermächtigung zur Ausübung des Teilnahmerechts ist deshalb nur dann als zulässig anzusehen, wenn der ermächtigende Veräußerer zugleich auf die Ausübung seines Teilnahmerechts verzichtet. Da der veräußernde Wohnungseigentümer regelmäßig kein Interesse an der Teilnahme an der Versammlung hat,[93] ist die Ausübungsermächtigung stets zugleich als Ausübungsverzicht durch den Veräußerer auszulegen.[94] Falls der Erwerb des Wohnungseigentums später scheitert und der Veräußerer damit Wohnungseigentümer bleibt, hat dieser die Möglichkeit, die Ausübungsermächtigung und damit auch den Ausübungsverzicht aus wichtigem Grund zu widerrufen.[95]

Im Ergebnis ist somit eine Ermächtigung des Wohnungsanwärters zur Ausübung des Teilnahmerechts unter gleichzeitigem Verzicht des Veräußerers auf die persönliche Ausübung seitens des Veräußerers zulässig.

2. Die Erteilung der Ausübungsermächtigung

Mit der Zulässigkeit der Ermächtigung zur Ausübung des Teilnahmerechts ist jedoch noch nicht die weitergehende Frage geklärt, auf welche Weise die Ausübungsermächtigung durch den Veräußerer erklärt werden kann. Als empfangsbedürftige Willenserklärung kann sie grundsätzlich ausdrücklich oder konkludent durch schlüssiges Verhalten erteilt werden. Die Ermächtigung zur Ausübung des Teilnahmerechts wird in der Praxis regelmäßig nicht ausdrücklich erteilt. Da aber die Ausübung des Stimmrechts in der Versammlung die Teilnahme an der Versammlung voraussetzt,[96] ist regelmäßig davon auszugehen, daß die Ermächtigung zur Ausübung des Stimmrechts auch die konkludent erklärte Ermächtigung zur Ausübung des Teilnahmerechts enthält. Die Ermächtigung zur Ausübung von Stimm- und Teilnahmerecht ist damit einheitlich zu beurteilen, so daß im folgenden die zur Stimmrechtsermächtigung bestehende Rechtslage zu berücksichtigen ist.

a) Die ausdrückliche Ausübungsermächtigung als Inhalt des schuldrechtlichen Erwerbsvertrages. Die Ermächtigung zur Ausübung des Teilnahme- und Stimm-

---

[93] S.o. unter a).
[94] Insoweit zutreffend Drasdo, ZMR 1995, 145 (146). Zur entsprechenden Rechtlage zur Bevollmächtigung eines gemeinschaftlichen Vertreters durch mehrere Mitberechtigte vgl. § 10 I 4 a.
[95] Vgl. Bornheimer, Stimmrecht, S. 148 zum Widerruf einer Stimmrechtsabtretung.
[96] S.o. unter § 7 I 1.

rechts kann zunächst ausdrücklich in dem zwischen Veräußerer und Erwerber geschlossenen schuldrechtlichen Erwerbsvertrag erteilt werden. So hat das *KG*[97] einer Klausel des notariellen (vgl. § 313 S. 1 BGB) Erwerbsvertrages, nach der die Nutzungen und Lasten zu einem bestimmten Zeitpunkt vor der Eigentumsumschreibung im Grundbuch auf den Erwerber übergehen, den Inhalt beigelegt, daß spätestens zum Zeitpunkt der Eintragung einer Vormerkung zu Gunsten des Erwerbers das Stimmrecht vom Erwerber in eigenem Namen ausgeübt werden kann. Dieser Auffassung ist auch für das Teilnahmerecht zu folgen, wenn es sich bei der Ausübung des Teilnahmerechts um eine "Nutzung" des Wohnungseigentums handelt.

Gemäß § 100 BGB sind Nutzungen neben den Früchten einer Sache oder eines Rechts die Vorteile, welche der Gebrauch einer Sache oder eines Rechts gewährt. Versteht man mit einer verbreiteten Ansicht unter einem "Gebrauchsvorteil" im Sinne dieser Vorschrift auch die Ausübung von Rechten, die mit der Sache oder dem Recht verbunden sind,[98] so stellt auch die Ausübung des mit dem Wohnungseigentum verbundenen mitgliedschaftlichen Teilnahme- und Stimmrechts einen Gebrauchsvorteil und damit eine Nutzung des Wohnungseigentums dar.[99] Demgegenüber wird die Auffassung vertreten, daß Mitverwaltungsrechte im Gegensatz zu den Vermögensrechten nicht zu den Gebrauchsvorteilen der Mitgliedschaft gehören, da sonst jede aus einem Recht fließende Einzelbefugnis ein Vorteil wäre.[100] Aber auch wenn man mit letzterer Ansicht die Ausübung des Teilnahmerechts nicht als Gebrauchsvorteil und damit als Nutzung des Wohnungseigentums im Sinne von § 100 BGB ansieht, ist in der Vereinbarung eines Nutzungsübergangs im schuldrechtlichen Erwerbsvertrag jedenfalls die konkludente Ermächtigung des Erwerbers zu erblicken. Denn der vereinbarte Nutzungsübergang verfolgt den Zweck, dem Erwerber bereits vor dem noch ungewissen Zeitpunkt der Eigentumsumschreibung im Grundbuch die Gebrauchsvorteile aus dem Wohnungseigentum zu sichern und ihm insoweit bereits die Rechtsstellung eines Wohnungseigentümers einzuräumen. Diesen Zweck erfüllt der zwischen Veräußerer und Erwerber vereinbarte Nutzungsübergang vor Eintragung nur,

---

97 KG, OLGZ 1979, 290 (293).

98 Vgl. Palandt/Heinrichs, § 100 Rdnr. 1; MünchKomm/Holch, § 100 Rdnr. 3; Erman/-Michalski, § 100 Rdnr. 2.

99 So KG, OLGZ 1979, 290 (293).

100 Vgl. Wiedemann, Übertragung, S. 411; Schön, ZHR 158 (1994), 229 (248 f.); U. Huber, Vermögensanteil, S. 416 zur Frage, ob dem Nießbraucher an einem Gesellschaftsanteil gemäß §§ 1068 Abs. 2, 1030 Abs. 1, 100 BGB Mitverwaltungsrechte als "Nutzungen" zustehen.

wenn der Erwerber zu diesem Zeitpunkt an der Beschlußfassung in der Versammlung beteiligt wird, die den Gebrauch des Wohnungseigentums berührt.[101] Nach ihrem Sinn und Zweck enthält eine in dem schuldrechtlichen Erwerbsvertrag enthaltene Bestimmung, wonach die Nutzungen zu einem bestimmten Zeitpunkt auf den Erwerber übergehen, somit auch die Ermächtigung des Erwerbers zur Ausübung des mitgliedschaftlichen Teilnahmerechts des veräußernden Wohnungseigentümers. Entgegen der Auffassung des *KG* entfaltet diese Ausübungsermächtigung ihre Rechtswirkung bereits zum Zeitpunkt des im Erwerbsvertrag bestimmten Nutzungsübergangs; nach den obigen Ausführungen bedarf es hierzu nicht der zusätzlichen Voraussetzung der Eintragung einer Vormerkung zu Gunsten des Erwerbers,[102] soweit die Vereinbarung im notariellen Erwerbsvertrag nicht auf diesen Zeitpunkt abstellt.

b) Die stillschweigende Erteilung der Ausübungsermächtigung. Liegt im Einzelfall keine ausdrücklich Ermächtigung des noch nicht im Grundbuch eingetragenen Erwerbers zur Ausübung des Teilnahmerechts vor, so bleibt zu fragen, ob die Ausübungsermächtigung durch den Veräußerer auch durch schlüssiges Verhalten oder stillschweigend erteilt werden kann.

aa) Die Ansicht des KG zur Stimmrechtsausübung. Ohne die Frage zu entscheiden, hat das *KG* in dem oben bezeichneten Beschluß bereits für die Stimmrechtsausübung angedeutet, daß in der tatsächlichen Überlassung des Besitzes an der Wohnung bereits eine stillschweigende Ermächtigung des Erwerbers zur Stimmrechtsausübung gesehen werden kann, wenn der noch nicht im Grundbuch eingetragene Erwerber durch Auflassung und Eintragung einer Vormerkung bereits faktisch in die Wohnungseigentümergemeinschaft eingegliedert ist.[103] Hieran anknüpfend hat das Gericht nunmehr ausdrücklich festgestellt, daß der Erwerber auch ohne Regelung des Nutzungsübergangs im schuldrechtlichen Erwerbsvertrags regelmäßig als zur Ausübung des Stimmrechts ermächtigt anzusehen ist, wenn ihm das Wohnungseigentum aufgelassen und der Eigentumsverschaffungsanspruch durch Vormerkung gesichert ist.[104] Nach dieser Ansicht ist damit von einer stillschweigend, durch die Eintragung einer Vormerkung aufschiebend bedingt erteilten Ausübungsermächtigung des die Auflassung erklärenden Veräußerers

---

[101] Vgl. KG, OLGZ 1987, 417 (420 f.) zum Nießbrauch am Wohnungseigentum, vgl. dazu § 14 I 1.

[102] S.o. unter 1 a.

[103] KG, OLGZ 1979, 290 (293 f.).

[104] KG, WuM 1994, 714 = WE 1995, 119 m. Anm. Röll.

auszugehen. Wolle der Veräußerer das Stimmrecht bis zur Umschreibung des Wohnungseigentums ausschließlich ausüben, so könne er sich dies vorbehalten; ein derartiger Vorbehalt müsse jedoch festgestellt werden.[105]

bb) Die Lehre von der stillschweigenden Verfügungsermächtigung des Auflassungsempfängers. In Bezug auf die Ausübung des Teilnahmerechts durch den Wohnungsanwärter könnte für die Ansicht des KG sprechen, daß nach überwiegender Ansicht[106] in der Auflassung nach § 925 BGB zugleich die stillschweigend erklärte Ermächtigung des berechtigten Eigentümers zur Weiterveräußerung durch den nichtberechtigten Auflassungsempfänger im eigenen Namen nach § 185 BGB zu sehen ist. Wenn danach die Auflassung bereits die Ermächtigung zur Verfügung über das fremde Wohnungseigentum als ganzes enthält, so ließe sich a majore ad minus argumentieren, daß dann erst Recht in der Auflassung die stillschweigende Ermächtigung zur Ausübung der mit dem Wohnungseigentum verbundenen Mitgliedschaftsrechte und somit auch des Teilnahmerechts enthalten sein muß. Zudem berufen sich sowohl die Lehre von der stillschweigenden Verfügungsermächtigung als auch die Lehre von der stillschweigenden Ausübungsermächtigung auf die Auslegung der Auflassung: Während sich die stillschweigende Verfügungsermächtigung daraus ergibt, daß der Veräußerer nach der typischen Interessenlage das Eigentum mit der Auflassung aus der Hand gegeben hat,[107] stellt auch das KG zur Begründung einer stillschweigenden Ausübungsermächtigung auf die typische Interessenlage ab, nach der der Veräußerer von Wohnungseigentum sich innerlich seines Wohnungseigentums bereits begeben und daher regelmäßig kein Interesse an der Ausübung seiner Mitgliedschaftsrechte habe.[108]

Gegen einen Vergleich der Ausübungsermächtigung mit der Verfügungsermächtigung spricht jedoch, daß der Auflassung nicht ohne weiteres die Zustimmung zu einer Verfügung entnommen werden kann, die den veräußernden Wohnungseigentümer bereits vor der Eigentumsumschreibung mit zusätzlichen Rechts-

105 KG, WuM 1994, 714 = WE 1995, 119 (120).

106 RGZ 129, 150 (153); BGHZ 106, 108 (112); MünchKomm/Kanzleiter, § 925 Rdnr. 41; Staudinger/Ertl, § 925 Rdnr. 126; Jauernig, § 925 Rdnr. 2 e; Westermann/Eickmann, Sachenrecht II, § 92 I 4 a, S. 97; Wilhelm, Sachenrecht, Rdnr. 509; kritisch: Schneider, MDR 1994, 1057 (1058); K. Müller, Sachenrecht, Rdnr. 1024c; Münzberg, Festschrift-Schiedermair, S. 439 (460) Fn. 26; Hoche, NJW 1955, 652 (653); Schönfeld, JZ 1959, 140 (144), die von einer Fiktion der Ermächtigung ausgehen.

107 MünchKomm/Kanzleiter, § 925 Rdnr. 41.

108 KG, WuM 1994, 714 (715) = WE 1995, 119 (120).

pflichten belastet.[109] Daraus ergibt sich die Wertung, daß nach dem Willen des Veräußerers seine Rechtsstellung als Wohnungseigentümer bis zur Eintragung des Auflassungsempfängers oder eines Zweiterwerbers regelmäßig unangetastet bleiben soll. Der Wohnungseigentümer gibt daher sein Wohnungseigentum durch die Erklärung der Auflassung nur insoweit aus der Hand, als daß er sein Wohnungseigentum durch die Eintragung eines anderen im Grundbuch verliert, ohne bis zu diesem Zeitpunkt zusätzliche Rechtspflichten zu übernehmen oder auf seine bestehenden Rechte als Wohnungseigentümer zu verzichten.

Für die Ausübung von Teilnahme- und Stimmrecht ergibt sich aus dieser Erwägung, daß der Auflassung nicht ohne weiteres der mit einer stillschweigenden Ausübungsermächtigung notwendig verbundene Verzicht auf die Ausübung dieser Mitgliedschaftsrechte entnommen werden kann.[110] Insoweit kann der Auffassung des *KG*[111] nicht gefolgt werden, wonach sich der Veräußerer die Ausübung seines Stimmrechts vorbehalten müsse, wenn er es bis zur Umschreibung des Wohnungseigentums im Grundbuch ausüben wolle. Vielmehr kann ein schlüssig erklärter Verzicht auf die Ausübung von Teilnahme- und Stimmrecht nicht ohne weitere, über die typische Interessenlage hinausgehende eindeutige Anhaltspunkte angenommen werden, die auf einen entsprechenden Verzichtswillen des Veräußerers hindeuten.[112] Die mit dem Verzicht auf die Rechtsausübung verbundene Ausübungsermächtigung stellt damit gegenüber der Verfügungsermächtigung ein "Mehr" dar, so daß von einer mit der Auflassung erklärten Verfügungsermächtigung nicht bereits auf eine Ermächtigung zur Ausübung von Teilnahme- und Stimmrecht durch den Auflassungsempfänger geschlossen werden kann.

Ferner läßt sich der Annahme einer stillschweigend erklärten Ausübungsermächtigung ebenso wie der Rechtsfigur der stillschweigenden Verfügungsermächtigung entgegenhalten, daß nicht der konkrete Wille des Veräußerers, sondern eine als typisch erachtete Interessenlage als Grundlage einer rechtsgeschäftlichen Erklärung angesehen und insoweit eine rechtsgeschäftliche Ermächtigung nicht im konkreten Fall durch Auslegung ermittelt, sondern regelmäßig fingiert wird.[113] Gegen eine derartige Fiktion einer Willenserklärung bestehen bereits deshalb Bedenken, weil

---

[109] Vgl. MünchKomm/Kanzleiter, § 925 Rdnr. 41.

[110] S.o. unter 1 b.

[111] KG, WuM 1994, 714 = WE 1995, 119 (120).

[112] So im Ergebnis auch Drasdo, ZMR 1995, 145 (146), der in analoger Anwendung des § 397 BGB von einem Verzichtsvertrag ausgeht. Zu den Veraussetzungen eines stillschweigenden Forderungsverzichts vgl. BGH, NJW 1984, 1346 (1347); Jauernig, § 397 Anm. 2 b.

[113] Drasdo, ZMR 1995, 145 (146) spricht insoweit von eine "cessio legis". Zur stillschweigenden Verfügungsermächtigung vgl. Schneider, MDR 1994, 1057 (1058).

dem Stillschweigen grundsätzlich nur kraft Parteiabrede oder kraft Gesetzes Erklärungsgehalt zukommt.[114] Insoweit ist es auch bedenklich, daß der Veräußerer sich nur durch einen ausdrücklichen Vorbehalt den Rechtsfolgen seines Stillschweigens entziehen können soll.[115] Zudem führt die auf einer Bewertung der typischen Interessenlage beruhende Fiktion einer rechtsgeschäftlichen durch die Eintragung einer Vormerkung zugunsten des Wohnungsanwärters aufschiebend bedingten Ausübungsermächtigung praktisch zum gleichen Ergebnis wie die vom BGH[116] ausdrücklich abgelehnte Lehre vom "faktischen Wohnungseigentümer", die ebenfalls im Falle der Eintragung einer Vormerkung aufgrund derselben Interessenlage ein gesetzliches Teilnahme- und Stimmrecht des Wohnungsanwärters bejaht.[117] Durch die Annahme einer Ausübungsermächtigung wird unter Beibehaltung der materiellen Voraussetzungen lediglich das mit der Eintragung einer Vormerkung entstehende gesetzliche Anwartschaftsrecht des Wohnungsanwärters durch die Fiktion einer rechtsgeschäftlichen Grundlage des Teilnahme- und Stimmrechts ersetzt. Da nach den obigen Ausführungen bereits die Lehre vom "faktischen Wohnungseigentümer" und damit ein mitgliedschaftliches Teilnahmerecht des Wohnungsanwärters vor seiner Eintragung im Grundbuch abzulehnen ist, können die gleichen Rechtsfolgen unter den gleichen Voraussetzungen nicht allein durch eine andere Rechtsgrundlage bewirkt werden. Damit ist die Auffassung des KG abzulehnen, wonach vor Umschreibung des Wohnungseigentums der im Grundbuch abgesicherte Erwerber regelmäßig als zur Ausübung von Teilnahme- und Stimmrecht ermächtigt anzusehen ist.[118]

c) Ergebnis. Für die Art und Weise der Erteilung der Ermächtigung zur Ausübung des Teilnahmerechts durch den Veräußerer läßt sich damit im Ergebnis festhalten, daß die Ausübungsermächtigung zunächst konkludent als Inhalt des schuldrechtlichen Erwerbsvertrags erteilt werden kann, indem die Nutzungen zu einem bestimmten Zeitpunkt auf den Erwerber übergehen sollen. Darüber hinaus ist auch eine Ermächtigung durch schlüssiges Verhalten des Veräußerers möglich. Da die dem Wohnungsanwärter erteilte Ausübungsermächtigung zugleich mit dem Verzicht auf die Rechtsausübung seitens des Veräußerers verbunden ist, bedarf es

---

114 Vgl. Medicus, Allg. Teil, Rdnr. 346 f.; vgl. auch die Warnung vor der unzulässigen Fiktion einer Willenserklärung bei Jauernig, Vor § 116 Anm. 4 a aa.

115 So KG, WuM 1994, 714 = WE 1995, 119 (120).

116 BGHZ 106, 113 (118); s.o. unter II 1.

117 Vgl. BayObLGZ 1981, 50 (54), aufgegeben durch BayObLGZ 1990, 101 (103 f.); s.o. unter II 1.

118 So im Ergebnis auch Drasdo, ZMR 1995, 145 (146); Röll, WE 1995, 121.

zur Annahme einer konkludenten Ermächtigung stets konkreter Hinweise, die im Einzelfall auf einen entsprechenden Verzichtswillen des Veräußerers schließen lassen. Ohne solche konkreten Anhaltspunkte kann eine Ausübungsermächtigung durch bloßes Schweigen des Veräußerers nicht angenommen werden.

3. Der Ausschluß der Ausübungsermächtigung durch Vertreterklausel

Der Zulässigkeit der Ermächtigung des Wohnungsanwärters zur Ausübung des Teilnahmerechts des Veräußerers könnte eine in der Gemeinschaftsordnung vielfach verwendete Klausel entgegenstehen, wonach sich ein Wohnungseigentümer nur durch den Verwalter, seinen Ehegatten oder einen anderen Wohnungseigentümer vertreten lassen kann.

Im Schrifttum[119] wird die Ansicht vertreten, daß eine derartige, nach der Rechtsprechung[120] zulässige Vertretungsbeschränkung auch die Bevollmächtigung des Wohnungsanwärters ausschließt. Versteht man unter dem Begriff der "Vertretung" nicht nur im Rechtssinne das rechtsgeschäftliche Handeln im Namen des Vertretenen (§§ 164 ff. BGB), sondern auch die Wahrnehmung fremder Interessen in sonstiger Weise,[121] so ist nach dieser Auffasssung auch die Ermächtigung des Wohnungsanwärters zur Ausübung des Teilnahmerechts ausgeschlossen. Dieser Ansicht kann jedoch nur zugestimmt werden, wenn der Zweck der genannten Vertretungsklausel auch den Ausschluß der Ermächtigung des Wohnunganwärters zur Teilnahme an der Versammlung der Wohnungseigentümer gebietet.

Die vereinbarte Beschränkung der Vertretung auf einen bestimmten Personenkreis verfolgt den Zweck, gemeinschaftsfremde Einflüsse von der Versammlung der Wohnungseigentümer fernzuhalten.[122] Der in gleicher Weise vom Abspaltungsverbot[123] bezweckte Schutz vor Überfremdung läßt sich jedoch nicht gegenüber dem zur Teilnahme ermächtigten Wohnungsanwärter anführen. Denn soweit diesem nach den Bestimmungen des schuldrechtlichen Erwerbsvertrages mit dem Veräußerer die Nutzungen zustehen und er im Verhältnis zum Veräußerer bereits die Lasten des Wohnungseigentums zu tragen hat, nimmt der

---

[119] Drasdo, ZMR 1995, 145 (147); Deckert, WE 1989, 34 (36); Röll, NJW 1989, 1070 (1072); a.A. nunmehr Röll, WE 1995, 121 (122).

[120] Vgl. BGHZ 99, 90 (93 f.); 121, 236 (238 f.); BayObLGZ 1981, 161 (163 f.); OLG Frankfurt/M, OLGZ 1979, 134 (135); OLG Braunschweig, NJW-RR 1990, 979 (980); a.A. Weitnauer/Lüke, § 25 Rdnr. 16; Weitnauer, JZ 1987, 465; Lüke, WE 1993, 260. Zum Streitstand vgl. § 14 IV 1.

[121] Vgl. BGHZ 121, 236 (239); zur Auslegung der Vertreterklausel vgl. § 15 IV 1.

[122] Vgl. BGHZ 99, 90 (93); 121, 236 (240).

[123] S.o. unter § 11 II.

Wohnungsanwärter die typischen Interessen eines Wohnungseigentümers anstelle des noch im Grundbuch eingetragenen Veräußerers wahr, so daß insoweit eine Überfremdung der Willensbildung in der Versammlung durch die Teilnahme eines Wohnungsanwärters nicht zu befürchten ist.[124] Der Schutzzweck der vereinbarten Vertretungsbeschränkung erfaßt somit nicht den Ausschluß des ermächtigten Wohnungsanwärters von der Teilnahme an der Versammlung; insoweit ist also die Vertretungsklausel einschränkend auszulegen. Entgegen der vorgenannten Auffassung schließt damit die Vereinbarung einer Vertretungsbeschränkung nicht die Teilnahme eines ermächtigten Wohnungsanwärters an der Versammlung der Wohnungseigentümer aus.[125] Zu dem gleichen Ergebnis gelangt man, wenn man im Falle eines zur Teilnahme ermächtigten Wohnungsanwärters den Ausschluß von der Teilnahme als unzumutbar ansieht und daher nach Treu und Glauben (§ 242 BGB) die Berufung auf die Vertretungsklausel als unzulässig erachtet.[126]

§ 13 Die Teilnahmeberechtigung Dritter kraft Gesetzes

I. Das Teilnahmerecht dinglich Berechtigter

Wohnungseigentum kann als selbständiges Belastungsobjekt nach § 873 BGB durch Einigung und Eintragung im Wohnungsgrundbuch mit dinglichen Rechten Dritter belastet werden.[127] Es fragt sich dann, ob der Inhaber eines dinglichen Rechts am Wohnungseigentum berechtigt ist, an der Versammlung der Wohnungseigentümer teilzunehmen. Da es sich bei dem Teilnahmerecht um ein Mitverwaltungsrecht im Sinne von § 20 Abs. 1 WEG handelt,[128] kann sich aus einer dinglichen Berechtigung am Wohnungseigentum ein Teilnahmerecht nur ergeben, wenn diese dem dinglich Berechtigten nach den gesetzlichen Bestimmungen Mitverwaltungsbefugnisse im Verhältnis zu den Wohnungseigentümern einräumt.

---

124 So auch Bornheimer, Stimmrecht, S. 147 f.; Röll, WE 1995, 121 (122); s.o. unter 1 a.

125 So im Ergebnis auch Merle, JR 1989, 505; Bornheimer, Stimmrecht, S. 52; offenlassend KG, WuM 1994, 714 (715) = WE 1995, 119 (120) zum Stimmrecht.

126 So Röll, WE 1995, 120 (121); offenlassend BGHZ 99, 90 (96).

127 Vgl. Merle, System, S. 174. Nach der Theorie von der Prädominanz des Miteigentums erfolgt eine Belastung des Miteigentumsanteils gemäß §§ 747 S. 1, 873 BGB, vgl. Weitnauer, § 3 Rdnr. 107.

128 S.o. unter § 5 I.

Soweit die dingliche Berechtigung dem Dritten Mitverwaltungsbefugnisse vermittelt, stellt sich die weitergehende Frage, wie sich das Teilnahmerecht des dinglich Berechtigten auf das Teilnahmerecht des Wohnungseigentümers auswirkt.

1. Die Teilnahme von Grundpfandgläubigern

Wohnungseigentum kann mit Grundpfandrechten Dritter (Hypothek, §§ 1113 ff. BGB; Grundschuld, §§ 1191 ff. BGB) belastet sein. Hierbei handelt es sich lediglich um beschränkte dingliche Rechte, die dem Dritten als Grundpfandgläubiger nur das Recht gewähren, sich aus dem Wohnungseigentum zu befriedigen (vgl. §§ 1113, 1147, 1191, 1192 BGB). Dem Grundpfandgläubiger steht nur ein Verwertungsrecht zu, ohne daß ihm kraft Gesetzes Mitverwaltungsrechte hinsichtlich der Verwaltung des gemeinschaftlichen Eigentums der Wohnungseigentümer eingeräumt werden. Das Grundpfandrecht vermittelt dem Dritten damit keine dingliche Rechtsposition, die zur Teilnahme an der Versammlung der Wohnungseigentümer berechtigt.[129]

Gleiches gilt auch für einen Dritten, der als Vollstreckungsgläubiger im Rahmen der Zwangsvollstreckung in das Wohnungseigentum nach §§ 864 Abs. 1, 867 Abs. 1 ZPO eine Sicherungshypothek erworben hat.[130] Denn auch die Sicherungshypothek gewährt dem Vollstreckungsgläubiger lediglich ein Recht auf Befriedigung aus dem Wohnungseigentum, ohne ihm zusätzliche Mitverwaltungsbefugnisse bezüglich der Verwaltung des gemeinschaftlichen Eigentums im Verhältnis zu den Wohnungseigentümern zu verleihen.[131]

---

[129] Vgl. Bornheimer, Stimmrecht, S. 178; Pick, in: Bärmann/Pick/Merle, § 25 Rdnr. 21; Bärmann/Pick, § 25 Rdnr. 20; Bader, PiG 25, 67 (71) zum Stimmrecht. Zur vergleichbaren Rechtslage beim Pfandrecht an einem Gesellschaftsanteil vgl. RGZ 139, 224 (228); Scholz/K. Schmidt, § 48 Rdnr. 13; Hachenburg/Hüffer, § 48 Rdnr. 19; Vogel, Gesellschafterbeschlüsse, S. 140; Fleck, Festschrift Rob. Fischer, S. 107 (120).

[130] Die Zangsvollstreckung in das Wohnungseigentum unterliegt gemäß § 864 Abs. 1 ZPO den Regeln über die Zwangsvollstreckung in das unbewegliche Vermögen, vgl. Merle, System, S. 178. Die Theorie von der Prädominanz des Miteigentums nimmt allerdings eine Zwangsvollstreckung in den Bruchteil eines Grundstücks nach § 864 Abs. 2 ZPO an, vgl. Weitnauer, § 3 Rdnr. 124.

[131] Vgl. Bornheimer, Stimmrecht, S. 178 f.

2. Das Teilnahmerecht des Nießbrauchers

Ein gesetzliches Teilnahmerecht könnte sich jedoch für einen Dritten ergeben, zu dessen Gunsten ein Wohnungseigentum mit einem Nießbrauch belastet ist, der gemäß § 1030 Abs. 1 BGB ein umfassendes Nutzungsrecht gewährt.[132] Für den Nießbrauch am Wohnungseigentum gelten zunächst die gesetzlichen Regelungen der §§ 1030 ff. BGB über den Nießbrauch an Sachen.[133] Die Frage, inwieweit sich aus diesen Vorschriften Mitverwaltungsrechte des Nießbrauchers im Verhältnis zu den übrigen Wohnungseigentümern hinsichtlich der Verwaltung des gemeinschaftlichen Eigentums ergeben, ist bisher nur für das Stimmrecht diskutiert worden.[134] Da dem Teilnahmerecht im Verhältnis zum Stimmrecht eine Hilfsfunktion zukommt,[135] ist der Nießbraucher, soweit er zur Ausübung des Stimmrechts berechtigt ist, jedenfalls auch zur aktiven Teilnahme an der Versammlung der Wohnungseigentümer berechtigt. Es ist deshalb zunächst auf den Meinungsstand zum Stimmrecht und dessen Auswirkung auf die Frage der Teilnahmeberechtigung des Nießbrauchers einzugehen.

a) Der Meinungsstand zum Stimmrecht des Nießbrauchers. Im Schrifftum wird teilweise die Auffassung vertreten, daß allein der Wohnungseigentümer als Nießbrauchbesteller und nicht der Nießbraucher zur Ausübung des Stimmrechts berechtigt ist.[136] Stellt man auf die Hilfsfunktion des Teilnahmerechts für die Ausübung des Stimmrechts ab, so müßte nach dieser Ansicht allein der Wohnungseigentümer zur Teilnahme an der Versammlung der Wohnungseigentümer berechtigt sein.

---

132 Zur Zulässigkeit der Bestellung eines Nießbrauchs am Wohnungseigentum vgl. Merle, System, S. 174; Pick, in: Bärmann/Pick/Merle, § 1 Rdnr. 52; Weitnauer, § 3 Rdnr. 107; Augustin, § 3 Rdnr. 14; MünchKomm/Röll, WEG Vor § 1 Rdnr. 26; Bärmann, Wohnungseigentum, Rdnr. 239.

133 Vgl. Bornheimer, Stimmrecht, S, 149; Schöner, DNotZ 1975, 78 (80) unter Hinweis auf die Rechtsnatur von Wohnungseigentum als echtes Eigentum an einer Sache. Gleiches gilt auch für die Lehre vom Wohnungseigentum als grundstücksgleiches Recht (vgl. Merle, System, S. 174), da auch die Belastung von grundstücksgleichen Rechten mit einem Nießbrauch den für den Sachnießbrauch geltenden Regelungen unterliegt, vgl. Jauernig, § 1030 Anm. 2.

134 Vgl. die Darstellung bei Bornheimer, Stimmrecht, S. 149 ff.; Lotz-Störmer, Stimmrechtsausübung, S. 59 ff.

135 S.o. unter § 7 I 1.

136 Lotz-Störmer, Stimmrechtsausübung, S. 66; Soergel/Stürner, WEG § 25 Rdnr. 7; MünchKomm/Röll, WEG § 25 Rdnr. 13a; Bader, PiG 25, 67 (71 f.).

Die überwiegende Ansicht in Rechtsprechung[137] und Schrifttum[138] beruft sich dagegen auf die Vorschrift des § 1066 Abs. 1 BGB und begründet damit ein alleiniges Stimmrecht des Nießbrauchers bei allen Beschlüssen, die den Gebrauch, die Nutzung und die ordnungsgemäße Verwaltung des belasteten Wohnungseigentums betreffen (vgl. §§ 15, 16 Abs. 1, 21 Abs. 3 WEG). Nach dieser Auffassung würde dem Nießbraucher in den bezeichneten Angelegenheiten ein das Teilnahmerecht des Wohnungseigentümers verdrängendes Teilnahmerecht zustehen.

Demgegenüber wird geltend gemacht, daß die Aufspaltung des Stimmrechts nach unterschiedlichen Beschlußgegenständen zu praktischen Schwierigkeiten in der Versammlung der Wohnungseigentümer führen und damit zur Rechtsunsicherheit beitragen würde.[139] *Weitnauer*[140] und *Schöner*[141] vertreten deshalb die Ansicht, daß das Stimmrecht von Wohnungseigentümer und Nießbraucher analog § 25 Abs. 2 S. 2 WEG bzw. analog § 25 Abs. 2 S. 2 WEG, § 18 GmbHG, § 69 AktG nur gemeinschaftlich ausgeübt werden könne. Hinsichtlich des Teilnahmerechts würde insoweit die gleiche Rechtslage gelten wie bei der Berechtigung mehrerer am Wohnungseigentum. Da die einheitliche Ausübung des Stimmrechts zuvor eine interne Willensbildung beider Berechtigten unter Teilnahme an der Beratung in der Versammlung voraussetzt, müßte man nach dieser Ansicht von einer Teilnahmeberechtigung sowohl des Wohnungseigentümers als auch des Nießbrauchers ausgehen.[142]

Eine differenzierende Ansicht vertritt *Bornheimer*.[143] Nach seiner Auffassung steht dem Nießbraucher, dessen Recht sich auf alle zum Sondereigentum gehörenden Räume erstreckt, eine eigenständige Stimmberechtigung bei Beschlüssen zu, die den Gebrauch des Sondereigentums und Gemeinschaftseigentums sowie die Nutzungen des gemeinschaftlichen Eigentums betreffen (vgl. §§ 15, 16 Abs. 1 WEG). Bei Beschlüssen über die ordnungsgemäße Verwaltung, die weder Gebrauch noch die Nutzungen betreffen, sollen Wohnungseigentümer und Nießbraucher analog § 25 Abs. 2 S. 2 WEG das Stimmrecht nur gemeinschaftlich ausüben können, da beide insoweit zur Lasten- und Kostentragung verpflichtet

---

[137] KG, OLGZ 1987, 417 (421); OLG Hamburg, NJW-RR 1988, 267.

[138] Pick, in: Bärmann/Pick/Merle, § 25 Rdnr. 26; Palandt/Bassenge, WEG § 5 Rdnr. 2; Augustin, § 25 Rdnr. 24; Sauren, § 25 Rdnr. 9; MünchKomm/Petzoldt, § 1030 Rdnr. 26; Staudinger/Frank, § 1066 Rdnr. 12

[139] Weitnauer/Lüke, § 25 Rdnr. 11; Weitnauer, WE 1987, 131 (132); Schöner DNotZ 1975, 78 (85); Soergel/Stürner, WEG § 25 Rdnr. 7.

[140] Weitnauer/Lüke, § 25 Rdnr. 11.

[141] DNotZ 1975, 78 (84 ff.).

[142] S.o. unter § 10 I 3 b aa.

[143] Stimmrecht, S. 164.

seien. Dem Wohnungseigentümer soll das alleinige Stimmrecht in solchen Angelegenheiten verbleiben, die über die ordnungsgemäße Verwaltung hinausgehen.[144]

Im folgenden bleibt nunmehr zu klären, welchen der vorgenannten Ansichten in ihren Konsequenzen für die Teilnahmeberechtigung des Nießbrauchers zu folgen ist.

b) Teilnahmeberechtigung des Nießbrauchers und Abspaltungsverbot. Gegen ein Teilnahme- und Stimmrecht des Nießbrauchers wird der Grundgedanke des Abspaltungsverbotes eingewandt, daß Teilnahme- und Stimmrecht als Mitgliedschaftsrechte untrennbar mit dem Wohnungseigentum verknüpft seien und daher keinem Dritten zustehen könnten.[145] Bei der Frage der Zuweisung von Mitverwaltungsrechten an den Nießbraucher handelt es sich jedoch nicht um eine Problem der willkürlichen Abspaltung von Mitgliedschaftsrechten, sondern vielmehr um ein Problem, das sich aus der gesetzlichen Zulassung des Nießbrauchs ergibt.[146] Denn es liegt in der Natur des Nießbrauchs als beschränktes dingliches Recht begründet, daß ein Teil der mit dem Vollrecht verbundenen Herrschaftsrechte (vgl. § 1030 Abs. 1 BGB: Nutzungsrecht; § 1036 Abs. 1 BGB: Besitzrecht) vom Vollrecht abgespalten werden. Somit handelt es sich auch beim Nießbrauch am Wohnungseigentum um eine - mit § 137 S. 1 BGB vereinbare - gesetzlich zugelassene Abspaltung von Herrschaftsrechten, die einer Ausübung von Mitverwaltungsrechten durch den Nießbraucher nicht entgegensteht.

Auch der vom Abspaltungsverbot verfolgte Zweck, fremden Einfluß von der Gemeinschaft der Wohnungseigentümer fernzuhalten,[147] läßt sich nicht gegen eine Ausübung von Mitverwaltungsrechten durch den Nießbraucher anführen; denn durch die Zuweisung von Rechten des Wohnungseigentümers nimmt der Nießbraucher in diesem Rechtskreis gerade typische Wohnungseigentümerinteressen wahr, so daß durch den Nießbraucher keine Überfremdung zu befürchten ist.[148] Insofern vermag auch der Einwand *Stürners*[149] nicht zu überzeugen, die Stimmberechtigung des Nießbrauchers habe zur Folge, daß sich die Wohnungseigentümer durch die Nießbrauchbestellung plötzlich einem unerwünschten Dritten

---

144 Bornheimer, Stimmrecht, S. 165.

145 So Soergel/Stürner, WEG § 25 Rdnr. 7.

146 So zutreffend Bornheimer, Stimmrecht, S. 155; Schöner, DNotZ 1975, 78 (81); vgl. auch K. Schmidt, Gesellschaftsrecht, § 19 III 4 b, S. 456; Wiedemann, Übertragung, S. 411 zum Nießbrauch am Gesellschaftsanteil.

147 S.o. unter § 11 II 1.

148 Vgl. Bornheimer, Stimmrecht, S. 154.

149 Soergel/Stürner, WEG § 25 Rdnr. 7.

gegenübersähen, dessen Eintritt sie im Falle der Veräußerung nach § 12 WEG unterbinden könnten. Denn hierbei ist zu berücksichtigen, daß die Veräußerungsbeschränkung nach § 12 Abs. 1 WEG einer Vereinbarung der Wohnungseigentümer bedarf und gemäß § 12 Abs. 2 WEG nur bei Vorliegen eines wichtigen Grundes eine Veräußerung verhindern kann.[150] Zudem hat § 12 WEG keinen abschließenden Charakter, so daß die Wohnungseigentümer gleichfalls eine entsprechende Beschränkung der Belastung von Wohnungseigentum mit einem Nießbrauch vereinbaren können, die einer Gebrauchsregelung im Sinne von § 15 Abs. 1 WEG entspricht und die damit das nach § 10 Abs. 1 S. 2 WEG durch Vereinbarung regelbare Verhältnis der Wohnungseigentümer untereinander betrifft.[151]

Da sich somit gegen die Ausübung von Mitverwaltungsrechten durch den Nießbraucher keine grundsätzlichen Bedenken ergeben, bleibt nunmehr zu erörtern, in welchem Umfang der Nießbraucher zur Ausübung des Teilnahme- und Stimmrechts berechtigt ist.

c) Die Rechte des Nießbrauchers nach § 1066 Abs. 1 BGB. Teilnahme- und Stimmrecht des Nießbrauchers könnten sich aus § 1066 Abs. 1 BGB ergeben, wonach beim Nießbrauch an einem Miteigentumsanteil der Nießbraucher die Rechte ausübt, die sich aus der Gemeinschaft der Miteigentümer in Ansehung der Verwaltung der Sache und der Art ihrer Benutzung ergeben.

Für den Nießbrauch am Wohnungseigentum kann jedoch aus dieser Vorschrift ein Teilnahme- und Stimmrecht des Nießbrauchers nur dann hergeleitet werden, wenn sie auch die Rechte des Nießbrauchers im Verhältnis zu den anderen Wohnungseigentümern regelt. § 10 Abs. 1 S. 1 WEG bestimmt zunächst ausdrücklich, daß auf das Verhältnis der Wohnungseigentümer untereinander die Vorschriften über die Bruchteilsgemeinschaft subsidiär anwendbar sind. Da bezüglich der Rechte des Nießbrauchers im WEG keine vorrangigen Sonderregelungen bestehen, findet § 1066 Abs. 1 BGB unabhängig von der Rechtsnatur des Wohnungseigentums auch auf den Nießbrauch am Wohnungseigentum Anwendung.[152]

---

[150] Schöner, DNotZ 1975, 78 (81) weist insoweit zutreffend auf den Regelfall der freien Veräußerlichkeit von Wohnungseigentum hin.

[151] Bornheimer, Stimmrecht, S. 156; vgl. BGHZ 37, 203 (209); Schulze, in: Henkes/-Niedenführ/Schulze, § 12 Rdnr. 3 zum Dauerwohnrecht; ablehnend Weitnauer/Lüke, § 12 Rdnr. 3; MünchKomm/Röll, WEG § 12 Rdnr. 11.

[152] KG, OLGZ 1987, 417 (420); Schulze, in: Henkes/Niedenführ/Schulze, § 10 Rdnr. 11; Bornheimer, Stimmrecht, S. 150; Schöner, DNotZ 1975, 78 (82); a.A. MünchKomm/Röll, WEG § 25 Rdnr. 13a, der in den körperschaftlichen Regelungen des WEG eine abschließende Sonderregelung sieht, die die Anwendung des § 1066 BGB

Damit betrifft die Regelung des § 1066 Abs. 1 BGB gerade die Ausübung von Rechten des Nießbrauchers gegenüber den Wohnungseigentümern, so daß die Vorschrift nicht nur das Innenverhältnis zwischen dem Nießbraucher und dem beschwerten Wohnungseigentümer regelt. Soweit letztere Ansicht vertreten wird,[153] widerspricht dies der Rechtsnatur des Nießbrauchs als dingliches Recht mit absoluter Wirkung gegenüber jedermann.[154] Also stehen dem Nießbraucher gemäß § 1066 Abs. 1 BGB anstelle des Wohnungseigentümers die Mitgliedschaftsrechte aus dem Wohnungseigentum im Verhältnis zu den übrigen Wohnungseigentümern zu, soweit es um die Nutzungen des gemeinschaftlichen Eigentums (§ 16 Abs. 1 WEG),[155] den Gebrauch von Sondereigentum und Gemeinschaftseigentum (§ 15 WEG) sowie der Verwaltung des gemeinschaftlichen Eigentums (§ 21 WEG) geht.[156]

Hinsichtlich der Verwaltung des gemeinschaftlichen Eigentums kann sich aus § 1066 Abs. 1 BGB für den Nießbraucher jedoch kein uneingeschränktes Teilnahme- und Stimmrecht ergeben. Denn die Ausübung von Rechten durch den Nießbraucher beim Nießbrauch an einem Miteigentumsanteil oder einem Wohnungseigentum hat die rechtlichen Schranken des Nießbrauchs an einer Sache zu beachten.[157] So bestimmt § 1037 Abs. 1 BGB ausdrücklich, daß der Nießbraucher nicht berechtigt ist, die belastete Sache umzugestalten oder wesentlich zu verändern. Demgemäß ist der Nießbraucher nur in solchen Angelegenheiten stimmberechtigt, die die ordnungsgemäße Verwaltung des gemeinschaftlichen Eigentums betreffen.[158] In Angelegenheiten, die über die ordnungsgemäße Verwaltung hinausgehen (z.B. bauliche Veränderungen oder besondere Aufwendungen im Sinne von § 22 Abs. 1 WEG), bleibt allein der Wohnungseigentümer teilnahme- und stimmberechtigt.

---

ausschließt.

153 So Lotz-Störmer, Stimmrechtsausübung, S. 62; Bader, PiG 25, 67 (71 f.).

154 So zutreffend Bornheimer, Stimmrecht, S. 152 f.

155 Unter den Nutzungen im Sinne von § 16 Abs. 1 WEG sind lediglich die "Früchte" im Sinne von § 99 BGB zu verstehen, nicht dagegen die Gebrauchsvorteile im Sinne von § 100 BGB, da an solchen keine Bruchteile möglich sind, vgl. Niedenführ, in: Henkes/Niedenführ/Schulze, § 16 Rdnr. 7.

156 Insoweit auch Pick, in: Bärmann/Pick/Merle, § 25 Rdnr. 26; Bornheimer, Stimmrecht, S. 152; Schöner, DNotZ 1975, 78 (82).

157 Vgl. BGH, NJW 1983, 932; Staudinger/Frank, § 1066 Rn. 4; RGRK/Rothe, § 1066 Rn. 2.

158 Bornheimer, Stimmrecht, S. 153; Weitnauer/Lüke, § 25 Rdnr. 11; Schöner, DNotZ 1975, 78 (82 f.).

Gegen eine derartige "Kompetenzaufspaltung" zwischen Nießbraucher und Wohnungseigentümer wird geltend gemacht, sie führe zu erheblicher Rechtsunsicherheit, wenn nicht feststehe, ob eine Maßnahme noch zur ordnungsgemäßen Verwaltung gehöre oder schon darüber hinausgehe.[159] Dieser Argumentation ist jedoch entgegenzuhalten, daß die Unterscheidung zwischen den gemäß § 21 Abs. 3 WEG mit Stimmenmehrheit zu beschließenden Maßnahmen ordnungsgemäßer Verwaltung und den darüber hinausgehenden Maßnahmen bereits im Gesetz angelegt und somit von den Wohnungseigentümern das Risiko der Beschlußanfechtung wegen fehlender einstimmiger Beschlußfassung zu tragen ist. Mutet damit das Gesetz der beschließenden Versammlung die Entscheidung darüber, ob eine Maßnahme ordnungsgemäßer Verwaltung oder eine darüberhinausgehende Maßnahme vorliegt, ohnehin zu, so bietet diese Differenzierung eine geeignete, auf gesetzlicher Grundlage beruhende Richtschnur für die Frage der Stimm- und Teilnahmeberechtigung des Nießbrauchers.[160] Die Rechtssicherheit wird durch § 23 Abs. 4 S. 2 WEG geschützt, indem ein fehlerhaft zustande gekommener Beschluß nach Ablauf einer einmonatigen Anfechtungsfrist bestandskräftig wird.

Aus der unter Berücksichtigung des § 1037 BGB restriktiv auszulegenden Vorschrift des § 1066 Abs. 1 BGB ergibt sich damit jedenfalls ein Teilnahme- und Stimmrecht des Nießbrauchers in allen Angelegenheiten, die den Gebrauch von Sonder- und Gemeinschaftseigentum, die Nutzungen gemäß § 16 Abs. 1 WEG sowie die ordnungsgemäße Verwaltung des gemeinschaftlichen Eigentums betreffen.

d) Die Haftung für Lasten und Kosten nach § 16 Abs. 2 WEG. Es fragt sich jedoch, ob dem Nießbraucher das Stimmrecht in Angelegenheiten der ordnungsgemäßen Verwaltung ungeteilt zusteht. Denn nach § 16 Abs. 2 WEG ist der Wohnungseigentümer, dessen Wohnungseigentum mit einem Nießbrauch belastet ist, im Verhältnis zu den anderen Wohnungseigentümern verpflichtet, die Lasten und Kosten des gemeinschaftlichen Eigentums entsprechend seinem Anteil am gemeinschaftlichen Eigentum zu tragen. An dieser Rechtslage ändert auch § 1047 BGB nichts. Denn diese Vorschrift erfaßt nur die für die Dauer des Nießbrauchs auf dem Wohnungseigentum ruhenden ordentlichen öffentlichen Lasten sowie die privatrechtlichen Lasten, die bereits zur Zeit der Bestellung des Nießbrauchs auf dem Wohnungseigentum ruhten. Zudem spricht § 1047 BGB ausdrücklich von

---

[159] Schöner, DNotZ 1975, 78 (83); Weitnauer/Lüke, § 25 Rdnr. 11; Lotz-Störmer, Stimmrechtsausübung, S. 62 f.

[160] So auch Bornheimer, Stimmrecht, S. 157; OLG Hamburg, NJW-RR 1988, 267 (268).

einer Verpflichtung des Nießbrauchers gegenüber dem Eigentümer, so daß die anteilige Lasten- und Kostentragungspflicht des beschwerten Wohnungseigentümers gegenüber den anderen Wohnungseigentümern nach § 16 Abs. 2 WEG bestehen bleibt.[161] Aufgrund der Haftung für die Kosten und Lasten des gemeinschaftlichen Eigentums muß auch der Wohnungseigentümer nach dem Grundsatz "keine Herrschaft ohne Haftung"[162] an der gemeinschaftlichen Willensbildung der Wohnungseigentümer beteiligt sein, so daß ihm insoweit sowohl ein Stimmrecht als auch ein Teilnahmerecht zusteht.

e) Die analoge Anwendung des § 25 Abs. 2 S. 2 WEG. Da für Maßnahmen der ordnungsgemäßen Verwaltung sowohl der Nießbraucher als auch der beschwerte Wohnungseigentümer zur Ausübung des Stimmrechts sowie zur Teilnahme an der beschließenden Versammlung berechtigt sind, könnte sich aus einer analogen Anwendung des § 25 Abs. 2 S. 2 WEG ergeben, daß insoweit das Stimmrecht durch Nießbraucher und Wohnungseigentümer gegenüber den anderen Wohnungseigentümern einheitlich auszuüben ist. Dies hätte nach den oben genannten Grundsätzen über die Teilnahme von mehreren Mitberechtigten zur Folge, daß in Angelegenheiten der ordnungsgemäßen Verwaltung sowohl der Nießbraucher als auch der beschwerte Wohnungseigentümer zur aktiven Teilnahme an der Versammlung berechtigt sind.[163]

Eine analoge Anwendung des § 25 Abs. 2 S. 2 WEG setzt eine Gesetzeslücke im Sinne einer planwidrigen Unvollständigkeit des Gesetzes voraus.[164] Eine ausdrückliche Regelung der gemeinschaftlichen Stimmrechtsausübung durch Nießbraucher und Wohnungseigentümer ist gesetzlich nicht vorgesehen. Da der Gesetzgeber die grundsätzliche Stimmberechtigung beider in Angelegenheiten der ordnungsgemäßen Verwaltung des gemeinschaftlichen Eigentums der Wohnungseigentums nicht bedacht hat, eine Regelung dieser Frage jedoch erforderlich ist, muß in dieser Hinsicht von einer planwidrigen Unvollständigkeit des Gesetzes ausgegangen werden.[165]

Diese Gesetzeslücke ist im Wege der Analogie zu schließen, wenn der gesetzlich nicht geregelte Tatbestand der Stimmrechtsausübung von Nießbraucher und Wohnungseigentümer rechtlich ebenso zu bewerten ist wie der in § 25 Abs. 2 S.

---

161 Weitnauer/Lüke, § 25 Rdnr. 11; Bornheimer, Stimmrecht, S. 157 f.; Lotz-Störmer, Stimmrechtsausübung, S. 63.

162 Vgl. dazu Bornheimer, Stimmrecht, S. 83.

163 S.o. unter § 10 I 3 b aa.

164 Vgl. Larenz, Methodenlehre, S. 373.

165 So zutreffend Bornheimer, Stimmrecht, S. 160.

2 WEG ausdrücklich geregelte Tatbestand der Stimmrechtsausübung durch mehrere Mitberechtigte am Wohnungseigentum.[166]

Gegen eine übereinstimmende rechtliche Bewertung beider Tatbestände wird vorgebracht, daß die Mitberechtigten, denen das Wohnungseigentum auf gleicher Ebene dinglich zugeordnet ist, alle Mitgliedschaftsrechte mit gleichläufigen Interessen ausüben, wohingegen beim Nießbrauch Mitgliedschaftsrechte vom Wohnungseigentum abgespalten werden und insoweit von Nießbraucher und Wohnungseigentümer unterschiedliche Interessen vertreten werden.[167] Dieser Argumentation kann für die hier zu entscheidende Frage der Stimmberechtigung in Angelegenheiten ordnungsgemäßer Verwaltung nicht gefolgt werden, da nach den obigen Ausführungen diesbezüglich keine Abspaltung von Verwaltungsrechten und damit keine generelle Verdrängung des im Verhältnis zu den anderen Wohnungseigentümern lasten- und kostentragungspflichtigen Wohnungseigentümers aus seinem Rechtskreis stattfindet.[168] Vielmehr haben Nießbraucher und Wohnungseigentümer in gleicher Weise ein Interesse an einer ordnungsgemäßen Verwaltung. Ein derartiges Interesse ergibt sich für den Nießbraucher bereits daraus, daß eine gegenteilige Verwaltung notwendigerweise sein Gebrauchsrecht beeinträchtigten würde. Ebenso hat der beschwerte Wohnungseigentümer im Hinblick auf die Zeit nach Beendigung des Nießbrauchs das Interesse, durch eine ordnungsgemäße Verwaltung den Wert und die Substanz seines Wohnungseigentums zu sichern oder zu steigern.[169] Eine grundsätzliche Interessendivergenz ist somit zwischen Nießbraucher und Wohnungseigentümer nicht festzustellen.

Für eine analoge Anwendung spricht dagegen der Zweck des § 25 Abs. 2 S. 2 WEG, wonach die mit der Innehabung eines Rechts verbundenen Befugnisse gegenüber der Gemeinschaft der Wohnungseigentümer nur einheitlich ausgeübt werden können, ohne daß sich die übrigen Wohnungseigentümer mit dem internen Verhältnis der Berechtigten untereinander auseinandersetzen müssen.[170] Dieser Schutzzweck erfaßt auch die Stimmrechtsausübung durch Nießbraucher und Wohnungseigentümer in Angelegenheiten der ordnungsgemäßen Verwaltung; denn eine Kompentenzaufspaltung je nach der Verteilung der Lasten- und Kostentragungspflicht im Innenverhältnis zwischen Nießbraucher und Wohnungseigentümer würde zu einer unzumutbaren Beeinträchtigung des Versammlungsablaufs führen, wenn in der Versammlung die jeweilige Lasten- und Kostentragungspflicht

---

[166] Vgl. Larenz, Methodenlehre, S. 381 f.

[167] So OLG Hamburg, NJW-RR 1988, 267; Lotz-Störmer, Stimmrechtsausübung, S. 65.

[168] S.o. unter d.

[169] So zutreffend Bornheimer, Stimmrecht, S. 162.

[170] Zu diesem Schutzzweck des § 25 Abs. 2 S. 2 WEG s.o. unter § 10 I 2.

im Innenverhältnis geklärt werden müßte, um die Teilnahme- und Stimmberechtigung des Nießbrauchers bzw. des Wohnungseigentümers zu klären.[171] Nach der ratio legis des § 25 Abs. 2 S. 2 WEG soll die Ausübung des Stimmrechts unabhängig von den Regelungen des Innenverhältnisses im Außenverhältnis gegenüber den anderen Wohnungseigentümern einheitlich erfolgen. Demgemäß bilden Nießbraucher und Wohnungseigentümer hinsichtlich des Stimmrechts in Angelegenheiten der ordnungsgemäßen Verwaltung eine "Gemeinschaft" im Sinne des § 741 BGB, so daß insoweit eine entsprechende Anwendung des § 25 Abs. 2 S. 2 WEG geboten ist.[172]

In Angelegenheiten der ordnungsgemäßen Verwaltung des gemeinschaftlichen Eigentums der Wohnungseigentümer nach § 21 Abs. 3 WEG haben Nießbraucher und Wohnungseigentümer das Stimmrecht analog § 25 Abs. 2 S. 2 WEG gemeinschaftlich auszuüben. Daraus folgt, daß beide in gleicher Weise aktiv an der Willensbildung in der Versammlung zu beteiligen sind, damit sie in der Versammlung vor der Abstimmung eine einheitliche interne Willenbildung untereinander vollziehen können.[173]

Demgegenüber stehen dem Nießbraucher Stimm- und Teilnahmerecht grundsätzlich allein zu, soweit es ausschließlich um den Gebrauch von Sondereigentum und gemeinschaftlichen Eigentum nach § 15 WEG sowie um die Nutzungen des gemeinschaftlichen Eigentums im Sinne von § 16 Abs. 1 WEG geht.

Dies gilt jedoch nicht, soweit die Regelung des Gebrauchs bzw. der Nutzungen auch die Zeit nach Beendigung eines befristeten Nießbrauchs betrifft und damit die zeitlichen Grenzen des Nießbrauchs überschritten werden.[174] Denn soweit die zu beschließende Maßnahme die Grenzen des Nutzungsrechts überschreitet, bedarf der Nießbraucher, der sich hiermit einverstanden erklären will, der Zustimmung des beschwerten Wohnungseigentümers.[175] Anders als beim Nießbrauch am schlichten Miteigentumsanteil ist allerdings die Wirksamkeit eines ohne Zustimmung des beschwerten Wohnungseigentümers zustandegekommenen Beschlusses nicht auf die Nießbrauchszeit begrenzt.[176] Vielmehr ist der Wohnungseigentümer nach Beendigung des Nießbrauchs an einen Beschluß über den Gebrauch des

---

[171] Vgl. Bornheimer, Stimmrecht, S. 159.

[172] Vgl. Bornheimer, Stimmrecht, S. 163; insoweit auch Schöner, DNotZ 1975, 78 (86).

[173] S.o. unter § 10 I 3 b aa.

[174] Zur befristeten Nießbrauchbestellung vgl. Palandt/Bassenge, Einf v § 1030 Rn. 2; Erman/Michalski, § 1030 Rn. 5.

[175] Vgl. Staudinger/Frank, § 1066 Rn. 4; RGRK/Rothe, § 1066 Rn. 4 zum Nießbrauch am Miteigentumsanteil.

[176] So Wolff/Raiser, § 119 I zum Nießbrauch am Miteigentumsanteil.

gemeinschaftlichen Eigentums gebunden, der nach Ablauf der Beschlußanfechtungsfrist nach § 23 Abs. 4 S. 2 WEG bestandskräftig geworden ist.

Der Wohnungseigentümer behält trotz der Nießbrauchbestellung sein mitgliedschaftliches Stimm- und Teilnahmerecht hinsichtlich solcher Maßnahmen, die über die ordnungsgemäße Verwaltung des gemeinschaftlichen Eigentums hinausgehen.[177]

f) Die Kontrollrechte des Wohnungseigentümers in der Versammlung. Der Wohnungseigentümer, dessen Wohnungseigentum mit einem Nießbrauch belastet ist, könnte jedoch auch in den Angelegenheiten des Gebrauchs von Sonder- und Gemeinschaftseigentum sowie der Nutzungen im Sinne von § 16 Abs. 1 WEG, in denen dem Nießbraucher ausschließlich das Stimmrecht zusteht, zumindest das Recht auf Anwesenheit in der Versammlung haben. Aufgrund des funktionalen Zusammenhangs zwischen dem Beschlußanfechtungsrecht und dem Teilnahmerecht läßt sich in diesen Angelegenheiten ein Anwesenheitsrecht des Wohnungseigentümers zum Zweck der Kontrolle des Beschlußverfahrens in der Versammlung bejahen, wenn der beschwerte Wohnungseigentümer auch insoweit zur Anfechtung fehlerhafter Beschlüsse nach § 43 Abs. 1 Nr. 4 WEG berechtigt ist.

Durch das gerichtliche Verfahren in § 43 Abs. 1 Nr. 4 WEG hat die Geltendmachung der Ungültigkeit eines Beschlusses eine Formalisierung erfahren, die dadurch zum Ausdruck kommt, daß nach dieser Vorschrift jeder Wohnungseigentümer antragsberechtigt ist, ohne im konkreten Fall ein Rechtsschutzbedürfnis nachweisen zu müssen.[178] Die generelle Antragsberechtigung ergibt sich daraus, daß der Wohnungseigentümer gemäß § 23 Abs. 4 WEG an die Bestandskraft eines fehlerhaften Beschlusses gebunden ist.[179] Dies gilt auch für den Wohnungseigentümer, dessen Wohnungseigentum mit einem Nießbrauch belastet ist; denn auch er ist angesichts des gemäß § 1061 BGB ungewissen Zeitpunkts der Beendigung des Nießbrauchs an eine fehlerhafte Gebrauchsregelung gebunden, an deren Zustandekommen er nicht beteiligt war. Das Beschlußanfechtungsrecht folgt insoweit nicht zwingend dem Stimmrecht.[180] Deshalb geht das *KG*[181] zutreffend davon aus, daß in den Angelegenheiten, in denen ein alleiniges Stimmrecht des Nießbrauchers besteht, neben dem Nießbraucher jedenfalls auch der Wohnungs-

---

[177] So im Ergebnis auch Bornheimer, Stimmrecht, S. 164 f.

[178] Vgl. Merle, in: Bärmann/Pick/Merle, § 43 Rdnr. 51; Niedenführ, in: Henkes/Niedenführ/Schulze, vor § 43 Rdnr. 38.

[179] KG, OLGZ 1987, 417 (423); Merle, in: Bärmann/Pick/Merle, § 43 Rdnr. 51.

[180] Vgl. OLG Frankfurt/M, OLGZ 1992, 439 f.; KG, WuM 1994, 714 (715).

[181] KG, OLGZ 1987, 417 (423); so auch Schöner, DNotZ 1975, 78 (86).

eigentümer als Inhaber des Vollrechts geladen werden muß. Aus dem formalisierten Beschlußanfechtungsrecht des Wohnungseigentümers in § 43 Abs. 1 Nr. 4 WEG ergibt sich damit, daß auch derjenige, dessen Wohnungseigentum mit einem Nießbrauch belastet ist, zur Kontrolle des Beschlußverfahrens ein Recht auf Anwesenheit in der Versammlung auch hinsichtlich der Angelegenheiten hat, in denen eine ausschließliche Stimmberechtigung des Nießbrauchers besteht. Das Anwesenheitsrecht des Wohnungseigentümers als Ausfluß eines mitgliedschaftlichen Kontrollrechts führt allerdings bei gleichzeitiger Anwesenheit des Nießbrauchers zu einer Verdoppelung der Rechtszuständigkeit. Anders als eine rechtsgeschäftliche Verdoppelung der Rechtszuständigkeit im Wege der Ausübungsermächtigung[182] bestehen gegen eine gleichzeitige, nach dem gesetzlichen Gebot des effektiven Rechtsschutzes gegen fehlerhafte Beschlüsse zu gewährleistende Anwesenheit in der Versammlung keine Bedenken, da es sich insoweit nur um die Wahrnehmung eines defensiven Kontrollrechts zum Schutz von Nießbraucher und Nießbrauchbesteller und nicht um die aktive Beeinflussung der Willensbildung zu Lasten der anderen Wohnungseigentümer handelt.[183]

g) Ergebnis. Im Ergebnis bleibt somit festzuhalten, daß dem Nießbraucher in den Angelegenheiten des Gebrauchs von Sonder- und Gemeinschaftseigentum (§ 15 WEG) sowie der Nutzungen nach § 16 Abs. 1 WEG, in denen er für die Zeit des Nießbrauchs ausschließlich zur Stimmrechtsausübung berechtigt ist, auch ein Recht auf aktive Teilnahme an der Versammlung der Wohnungseigentümer zusteht. Gleiches gilt auch für Maßnahmen der ordnungsgemäßen Verwaltung im Sinne von § 21 Abs. 3 WEG, in denen Nießbraucher und Wohnungseigentümer das Stimmrecht analog § 25 Abs. 2 S. 2 WEG gemeinschaftlich ausüben. In diesen Fällen sowie bei Maßnahmen, die über die ordnungsgemäße Verwaltung hinausgehen, bleibt auch der beschwerte Wohnungseigentümer zur aktiven Teilnahme an der Versammlung berechtigt. Schließlich steht ihm im Hinblick auf sein Beschlußanfechtungsrecht nach § 43 Abs. 1 Nr. 4 WEG auch in den Angelegenheiten des Gebrauchs von Gemeinschafts- und Sondereigentum sowie der Nutzungen ein Recht auf Anwesenheit in der Versammlung zu.

---

182 S.o. unter § 12 III 1 b.

183 Vgl. Schön, ZHR 158 (1994), 229 (263 f.) zum Nießbrauch am Gesellschaftsanteil.

3. Das Teilnahmerecht des Wohnungsberechtigten im Sinne von § 1093 BGB

Das Wohnungseigentum kann zugunsten eines Dritten nicht nur mit einem Nießbrauch, sondern auch mit einem Wohnungsrecht im Sinne von § 1093 BGB belastet werden. Ob sich in diesem Fall für den Wohnungsberechtigten ein Recht auf Teilnahme an der Versammlung der Wohnungseigentümer ergibt, hängt aufgrund der Hilfsfunktion des Teilnahmerechts wiederum von der Reichweite eines eventuellen Stimmrechts des Wohnungsberechtigten ab.

a) Das Stimmrecht des Wohnungsberechtigten. Auch zur Beurteilung des Stimmrechts des Wohnungsberechtigten und seiner Reichweite ist zunächst zu fragen, inwieweit durch die Belastung des Wohnungseigentums mit einem dinglichen Wohnungsrecht Herrschaftsrechte des Wohnungseigentümers vom Vollrecht getrennt und dem Wohnungsberechtigten zur Ausübung übertragen werden.

Gemäß § 1093 Abs. 1 BGB hat der Wohnungsberechtigte, dessen Wohnungsrecht sich auf sämtliche zum Sondereigentum gehörende Räume erstreckt, das Recht, diese Räume als Teile des Gebäudes unter Ausschluß des Wohnungseigentümers zu benutzen. Aus § 1093 Abs. 3 BGB ergibt sich zudem das Recht des Wohnungsberechtigten, die Anlagen und Einrichtungen mitzubenutzen, die zum gemeinschaftlichen Gebrauch der Wohnungseigentümer bestimmt sind.[184] Daraus folgt, daß der Wohnungsberechtigte anstelle des Wohnungseigentümers in den Angelegenheiten ausschließlich stimmberechtigt ist, die den Gebrauch der im Sondereigentum befindlichen Räume und den Mitgebrauch der im gemeinschaftlichen Eigentum befindlichen Anlagen und Einrichtungen betreffen.[185]

Da dem Wohnungsberechtigten im Gegensatz zum Nießbraucher kein Nutzungsrecht zusteht, bleibt demgegenüber in den Fällen des § 16 Abs. 1 WEG allein der Wohnungseigentümer stimmberechtigt.[186]

Fraglich ist dagegen, ob bei den sonstigen Maßnahmen der ordnungsgemäßen Verwaltung im Sinne von § 21 Abs. 3 WEG das Stimmrecht ausschließlich dem

---

[184] Vgl. Bornheimer, Stimmrecht, S. 170.

[185] Insoweit zutreffend BGH, DNotZ 1978, 157 (158) = Rpfleger 1977, 55 (LS); Bornheimer, Stimmrecht, S. 170; Pick, in: Bärmann/Pick/Merle, § 25 Rdnr. 19; Palandt/Bassenge, WEG § 25 Rdnr. 2; Augustin, § 25 Rdnr. 24; Sauren, § 25 Rdnr. 10; Erman/Ganten, WEG § 25 Rdnr. 3; MünchKomm/Petzold, § 1030 Rdnr. 26; a.A. Lotz-Störmer, Stimmrechtsausübung, S. 67; Soergel/Stürner, WEG § 25 Rdnr. 7; MünchKomm/Röll, WEG § 25 Rdnr. 13; Bader, PiG 25, 67 (71), die sich gegen ein Stimmrecht des Wohnungsberechtigten aussprechen.

[186] So zutreffend Bornheimer, Stimmrecht, S. 171.

Wohnungseigentümer zusteht. Der *BGH*[187] hat diese Frage bejaht und sich dabei auf die Instandhaltungs- und Instandsetzungspflicht der Wohnungseigentümer als wesentlichen Teil der Verwaltung gestützt. Diese Auffassung mag für Instandsetzungsmaßnahmen zutreffen, die einen über das gewöhnliche Maß hinausgehenden Aufwand erfordern.[188] Aus der gemäß § 1093 Abs. 1 S. 2 BGB auch auf das dingliche Wohnungsrecht anwendbaren Vorschrift des § 1041 BGB ergibt sich jedoch, daß auch der Wohnungsberechtigte für die gewöhnliche Erhaltung und Unterhaltung der Gemeinschaftsanlagen im Sinne von § 1093 Abs. 3 BGB Sorge zu tragen hat.[189] Aufgrund der mit der Erhaltungs- und Unterhaltungspflicht verbundenen Kostentragungspflicht muß dem Wohnungsberechtigten in diesen Angelegenheiten auch das Stimmrecht eingeräumt werden.[190] Da jedoch der Wohnungseigentümer gemäß § 16 Abs. 2 WEG gegenüber den anderen Wohnungseigentümern zur Kostentragung verpflichtet ist, muß der Wohnungseigentümer an der Abstimmung über Maßnahmen der ordnungsgemäßen Verwaltung nach § 21 Abs. 1 WEG ebenfalls beteiligt werden, so daß insoweit die gleiche Interessenlage wie beim Nießbrauch besteht. Im Falle des dinglichen Wohnungsrechts würde eine Aufspaltung des Stimmrechts zwischen Wohnungseigentümer und Wohnungsberechtigten je nach der Kostentragungspflicht im Einzelfall zu einer Funktionsbehinderung der Versammlung führen, so daß aufgrund der übereinstimmenden Interessenlage in den Angelegenheiten ordnungsgemäßer Verwaltung ebenfalls von einer einheitlichen Ausübung des Stimmrechts durch Wohnungseigentümer und Wohnungsberechtigten analog § 25 Abs. 2 S. 2 WEG auszugehen ist.[191]

Demgegenüber ergibt sich aus der Verweisung des § 1093 Abs. 1 S. 2 BGB auf § 1037 BGB, daß der Wohnungsberechtigte ebenso wie der Nießbraucher nicht in die Substanz der belasteten Sache eingreifen darf. Deshalb bleibt der Wohnungseigentümer auch im Falle der Belastung seines Wohnungseigentums mit einem dinglichen Wohnungsrecht ausschließlich in Angelegenheiten stimmberechtigt, die über die ordnungsgemäße Verwaltung des gemeinschaftlichen Eigentums hinausgehen.[192]

---

187 DNotZ 1978, 157 (158 f.).

188 Vgl. BGHZ 52, 234 (237).

189 So auch Bornheimer, Stimmrecht, S. 171; offenlassend BGHZ 52, 234 (236).

190 Vgl. Bornheimer, Stimmrecht, S. 172.

191 So zutreffend Bornheimer, Stimmrecht, S. 172.

192 So auch Bornheimer, Stimmrecht, S. 172.

b) Die Konsequenzen für das Teilnahmerecht des Wohnungsberechtigten. Für das Teilnahmerecht des Wohnungsberechtigten ergibt sich damit eine mit dem Teilnahmerecht des Nießbrauchers vergleichbare Differenzierung. Aus dem Charakter des Teilnahmerechts als Hilfsrecht folgt, daß der Wohnungsberechtigte in allen Angelegenheiten das Recht auf aktive Teilnahme an der Versammlung hat, in dem ihm auch das Stimmrecht zusteht. Er ist daher zunächst teilnahmeberechtigt, soweit der Gebrauch der Räume des Sondereigentums sowie der Mitgebrauch des gemeinschaftlichen Eigentums berührt wird (vgl. § 15 Abs. 2 WEG). Um eine analog § 25 Abs. 2 S. 2 WEG einheitliche interne Willensbildung zwischen Wohnungseigentümer und Wohnungsberechtigten in Angelegenheiten der ordnungsgemäßen Verwaltung herbeizuführen, steht ihm ein Teilnahmerecht insoweit neben dem Wohnungseigentümer zu. Der Wohnungseigentümer bleibt dagegen in all den Angelegenheiten ausschließlich teilnahmeberechtigt, die die Nutzungen im Sinne von § 16 Abs. 1 WEG oder Maßnahmen betreffen, die über die ordnungsgemäße Verwaltung des gemeinschaftlichen Eigentums hinausgehen (z.B. bauliche Veränderungen im Sinne von § 22 Abs. 1 WEG). Aufgrund seines Beschlußanfechtungsrechts nach § 43 Abs. 1 Nr. 4 WEG, das durch die Bestellung eines dinglichen Wohnungsrechts nicht beeinträchtigt wird, hat der Wohnungseigenümer auch in den Angelegenheiten des Gebrauchs von Sonder- und Gemeinschaftseigentum jedenfalls ein Recht auf Anwesenheit, um in der Versammlung Fehler des Beschlußverfahrens zur Kenntnis nehmen zu können.[193]

4. Das Teilnahmerecht des Dauerwohnberechtigten im Sinne von § 31 WEG

Das Wohnungseigentum kann schließlich zu Gunsten eines Dritten auch mit einem Dauerwohnrecht im Sinne von § 31 WEG belastet werden.[194] Auch hierbei handelt es sich um ein beschränktes dingliches Recht,[195] das unter gleichzeitiger Verdrängung des Wohnungseigentümers dem Dauerwohnberechtigten die Ausübung von mit dem belasteten Wohnungseigentum verbundenen Herrschaftsrechten überträgt. Da das Dauerwohnrecht weitgehend dem dinglichen Wohnungsrecht im Sinne von § 1093 BGB nachgebildet ist,[196] gelten hinsichtlich des Teilnahmerechts des

---

[193] S.o. unter 2 f.

[194] Vgl. Schulze, in: Henkes/Niedenführ/Schulze, § 31 Rdnr. 11; Bärmann, Wohnungseigentum, Rdnr. 242.

[195] Vgl. Pick, in: Bärmann/Pick/Merle, § 31 Rdnr. 23.

[196] Vgl. BR-Drucks. 75/51, II. Teil: Dauerwohnrecht = PiG 8, 223 (235).

Dauerwohnberechtigten grundsätzlich die gleichen Prinzipien wie für das Teilnahmerecht des Wohnungsberechtigten.[197]

Nach § 31 Abs. 1 S. 1 WEG hat der Dauerwohnberechtigte, dessen Dauerwohnrecht sich auf das gesamte Sondereigentum erstreckt, das Recht, die zum Sondereigentum gehörenden Räume zu bewohnen oder in anderer Weise zu nutzen. Zudem ist er gemäß § 33 Abs. 3 WEG ebenso wie der Inhaber eines dinglichen Wohnungsrechtes nach § 1093 Abs. 3 BGB berechtigt, auch die zum gemeinschaftlichen Gebrauch bestimmten Teile, Anlagen und Einrichtungen mitzubenutzen. Insoweit ergibt sich also auch für den Dauerwohnberechtigten ein Stimmrecht und ein Recht auf aktive Teilnahme an der Versammlung der Wohnungseigentümer, soweit der ordnungsgemäße Gebrauch des Sondereigentums oder der Mitgebrauch von Anlagen und Einrichtungen des gemeinschaftlichen Eigentums der Wohnungseigentümer nach § 15 Abs. 2 BGB betroffen ist.[198] Da der Dauerwohnberechtigte analog §§ 1093 Abs. 1 S. 2, 1041 BGB an der gewöhnlichen Instandhaltung und Instandsetzung des gemeinschaftlichen Eigentums neben dem beschwerten Wohnungseigentümer zu beteiligen ist,[199] üben Dauerwohnberechtigter und Wohnungseigentümer in diesen Angelegenheiten das Stimmrecht entsprechend § 25 Abs. 2 S. 2 WEG einheitlich aus, so daß zum Zwecke der einheitlichen internen Willenbildung in der Versammlung sowohl der Dauerwohnberechtigte als auch der Wohnungseigentümer zur aktiven Teilnahme an der Versammlung berechtigt sind. In der Frage der Nutzungen des gemeinschaftlichen Eigentums im Sinne von § 16 Abs. 1 WEG bleibt ausschließlich der Wohnungseigentümer teilnahme- und stimmberechtigt, da dem Dauerwohnberechtigte nach § 31 Abs. 1 S. 1 WEG nur die Nutzungen der im Sondereigentum stehenden Wohnräume zustehen.[200] Schließlich ist auch der Wohnungseigentümer, dessen Wohnungseigentum mit einem Dauerwohnrecht belastet ist, stets berechtigt, zum Zwecke der Beschlußanfechtung in der Versammlung anwesend zu sein.[201]

---

[197] So auch Bornheimer, Stimmrecht, S. 177 zum Stimmrecht des Dauerwohnberechtigten.

[198] So auch Bornheimer, Stimmrecht, S. 176 zum Stimmrecht.

[199] Zutreffend Bornheimer, Stimmrecht, S. 176; a.A. Pick, in: Bärmann/Pick/Merle, § 33 Rdnr. 93; Augustin, § 33 Rdnr. 9.

[200] Vgl. Bornheimer, Stimmrecht, S. 175.

[201] S.o. unter 2 f.

II. Die Teilnahme von Vermögensverwaltern

Vermögensverwalter, die kraft Gesetzes das gesamte Vermögen einer Person oder einen Teil desselben verwalten, sind Zwangsverwalter, Konkursverwalter, Nachlaßverwalter und Testamentsvollstrecker. Erstreckt sich die Vermögensverwaltung auch auf Wohnungseigentum, so stellt sich die Frage, ob der jeweilige Vermögensverwalter als Dritter abweichend von den in § 11 genannten Grundsätzen zur Teilnahme an der Versammlung der Wohnungseigentümer berechtigt ist.

1. Das Teilnahmerecht des Zwangsverwalters

Das Wohnungseigentum unterliegt gemäß § 864 Abs. 1 ZPO den Regeln über die Zwangsvollstreckung in das unbewegliche Vermögen.[202] Während im Falle der Anordnung der Zwangsversteigerung die Beschlagnahme gemäß § 23 Abs. 1 ZVG lediglich die Wirkung eines relativen Veräußerungsverbots im Sinne der §§ 135, 136 BGB hat, das die Mitgliedschaftsrechte und damit auch das mitgliedschaftliche Teilnahmerecht des Wohnungseigentümers unberührt läßt,[203] wird im Fall der Anordnung der Zwangsverwaltung gemäß § 148 Abs. 2 ZVG dem Wohnungseigentümer als Vollstreckungsschuldner durch die Beschlagnahme die Verwaltung und Benutzung des Wohnungseigentums entzogen. Da sich die Beschlagnahme insoweit auf die Mitgliedschaftsrechte des Wohnungseigentümers erstreckt,[204] fragt sich, inwieweit der Zwangsverwalter anstelle des Wohnungseigentümers dessen Teilnahmerecht ausüben kann.

Die Teilnahmeberechtigung des Zwangsverwalters hängt von dessen Rechtsstellung ab, die ihm das Gesetz zuweist. Gemäß § 152 Abs. 1 ZVG hat der Zwangsverwalter das Recht, alle Handlungen vorzunehmen, die erforderlich sind, um das Wohnungseigentum in seinem wirtschaftlichen Bestand zu erhalten und ordnungsmäßig zu benutzen. Unabhängig von der umstrittenen Rechtsstellung des Zwangsverwalters[205] übt er im Bereich der in § 152 Abs. 1 ZVG genannten Auf-

---

[202] Merle, System, S. 178 nach der Theorie vom Wohnungseigentum als grundstücksgleiches Recht; nach der Theorie von der Prädominanz des Miteigentums erfolgt die Zwangsvollstreckung in den Bruchteil eines Grundstückes gemäß § 864 Abs. 2 ZPO, vgl. Weitnauer, § 3 Rdnr. 124.

[203] Vgl. Bornheimer, Stimmrecht, S. 179; Weitnauer/Lüke, § 25 Rdnr. 11 zum Stimmrecht.

[204] BayObLGZ 1991, 93 (97); Zeller/Stöber, § 152 Rdnr. 16.1.

[205] Folgt man der sog. "Amtstheorie", so handelt der Zwangsverwalter im eigenem Namen und aus eigenem Recht; nach der sog. "Vertretertheorie" handelt er als gesetzlicher Vertreter des Vollstreckungsschuldners in dessen Namen und aus fremden

gaben die Mitgliedschaftsrechte anstelle des Wohnungseigentümers aus. In Rechtsprechung[206] und Literatur[207] wird danach überwiegend die Auffassung vertreten, daß dem Zwangsverwalter das Stimmrecht in der Wohnungseigentümerversammlung zusteht. Demgemäß ist der Zwangsverwalter auch zur Teilnahme an der Versammlung berechtigt. Dagegen soll dem Zwangsverwalter nach Ansicht des *KG*[208] das Stimmrecht nur zustehen, soweit die zu beschließende Maßnahme durch den Zweck der Zwangsverwaltung gedeckt ist, im Interesse der Befriedigung des Vollstreckungsgläubigers das Wohnungseigentum in seinem wirtschaftlichen Bestand zu erhalten und ordnungsmäßig zu benutzen. Da jedoch nach Ansicht des KG zu vermuten ist, daß die Beschlußgegenstände die Zwangsverwaltung berühren,[209] muß zur Wahrung der Rechte des Zwangsverwalters auch nach dieser Ansicht von einem Teilnahmerecht ausgegangen werden. Nach dem Grundsatz "keine Haftung ohne Herrschaft" muß der Zwangsverwalter schon deshalb an der Versammlung teilnehmen können, weil er gemäß § 155 Abs. 1 ZVG verpflichtet ist, die während der Beschlagnahme fällig werdenden Beiträge zu den Lasten und Kosten des gemeinschaftlichen Eigentums im Sinne von § 16 Abs. 2 WEG als Ausgaben der Verwaltung aus den Nutzungen des Wohnungseigentums vorweg zu bestreiten.[210] Ein Recht auf Anwesenheit des Zwangsverwalters ergibt sich bereits aus seinem Recht, Versammlungsbeschlüsse durch Antrag auf Ungültigerklärung gemäß §§ 23 Abs. 4, 43 Abs. 1 Nr. 4 WEG anzufechten;[211] denn aufgrund des funktionalen Zusammenhangs von Beschlußanfechtungsrecht und Teilnahmerecht muß der Zwangsverwalter zur Anwesenheit in der Versammlung berechtigt sein, um im Hinblick auf eine etwaige Beschlußanfechtung das Beschlußverfahren kontrollieren zu können.[212] Da § 152 Abs. 1 ZVG in gleichem Umfang auch

---

Recht; nach der sog. "Organtheorie" übt er fremde Rechte für eine selbständige Vermögensmasse aus; zum Streitstand vgl. die Übersichten bei Zeller/Stöber, § 152 Rdnr. 2.2; Steiner/Hagemann, § 152 Rdnr. 9 ff.

206 BayObLGZ 1991, 93 (97); OLG Hamm, DWE 1987, 54; OLG Karlsruhe, DWE 1990, 106.

207 Bornheimer, Stimmrecht, S. 181; Lotz-Störmer, Stimmrechtsausübung, S. 58 f.; Pick, in: Bärmann/Pick/Merle, § 25 Rdnr. 21; Palandt/Bassenge, § 25 Rdnr. 2; Augustin, § 25 Rdnr. 24; MünchKomm/Röll, WEG § 25 Rdnr. 14; Bader, PiG 25, 67 (76); Steiner/Hagemann, § 152 Rdnr. 108.

208 KG, WE 1987, 120; zustimmend Soergel/Stürner, WEG § 25 Rdnr. 7; Zeller/Stöber, § 152 Rdnr. 16.2.

209 KG, WuM 1990, 324; Zeller/Stöber, § 152 Rdnr. 16.2.

210 Vgl. BayObLGZ 1991, 93 (94); OLG Karlsruhe, DWE 1990, 106; OLG Düsseldorf, RPfleger 1991, 18.

211 Vgl. BayObLGZ 1991, 93 (97); Zeller/Stöber, § 152 Rdnr. 16.2.

212 S.o. unter § 7 I 2.

Pflichten des Zwangsverwalters begründet, besteht für ihn nicht nur das Recht, sondern im Verhältnis zum Vollstreckungsgläubiger auch die Pflicht zur Teilnahme an der Versammlung der Wohnungseigentümer.[213] Demgegenüber ist der Wohnungseigentümer bis zur gerichtlichen Aufhebung der Zwangsverwaltung nach § 161 ZVG nicht zur Teilnahme an der Versammlung berechtigt; denn gemäß § 148 Abs. 2 ZVG wird ihm durch die Beschlagnahme die Verwaltung und Benutzung des Wohnungseigentums entzogen.

2. Das Teilnahmerecht des Konkursverwalters

Ein das Teilnahmerecht des Wohnungseigentümers verdrängendes Teilnahmerecht könnte auch dem Konkursverwalter zustehen, wenn das Wohnungseigentum als Vermögenswert zum Zeitpunkt der Konkurseröffnung gemäß § 1 Abs. 1 KO zur Konkursmasse gehört.[214]

Nach § 6 Abs. 1 KO verliert der Wohnungseigentümer als Gemeinschuldner mit der Eröffnung des Konkursverfahrens die Befugnis, sein zur Konkursmasse gehörendes Vermögen zu verwalten und darüber zu verfügen. Das Verwaltungs- und Verfügungsrecht wird gemäß § 6 Abs. 2 KO ab diesem Zeitpunkt durch den Konkursverwalter ausgeübt. Der Konkursverwalter ist danach zur Vornahme aller Maßnahmen berechtigt, die dem Konkurszweck, der größtmöglichen und gleichmäßigen Befriedigung der Konkursgläubiger, dienen.[215] Nach der gesetzlichen Regelung ist damit davon auszugehen, daß der Konkursverwalter unter Verdrängung des Wohnungseigentümers als Gemeinschuldner zur Ausübung der Mitgliedschaftsrechte und somit auch zur Ausübung des mitgliedschaftlichen Teilnahmerechts berechtigt ist.[216]

---

[213] Zeller/Stöber, § 152 Rdnr. 16.2 mit dem Hinweis auf eine Schadensersatzpflicht im Falle der pflichtwidrigen Abwesenheit.

[214] Vgl. Kuhn/Uhlenbruck, § 1 Rdnr. 14.

[215] Kilger/K. Schmidt, § 6 Anm. 4 a.

[216] Wangemann, Eigentümerversammlung, Rdnr. C 56; vgl. zum Stimmrecht des Konkursverwalters: Bornheimer, Stimmrecht, S. 183 f.; Lotz-Störmer, Stimmrechtsausübung, S. 58 f.; Palandt/Bassenge, § 25 Rdnr. 2; Augustin, § 25 Rdnr. 24; MünchKomm/Röll, WEG § 25 Rdnr. 14; H. Müller, PiG 6, 53 (60); Bader, PiG 25, 67 (76). Zum Teilnahmerecht des Konkursverwalters im Konkurs des GmbH-Gesellschafters vgl. Hachenburg/Hüffer, § 48 Rdnr. 16; Scholz/K. Schmidt, § 48 Rdnr. 19, allerdings mit dem Hinweis, daß daneben der Gesellschafter zugelassen werden sollte.

3. Das Teilnahmerecht des Nachlaßverwalters

Eine der Regelung des § 6 KO entsprechende Regelung besteht für den Nachlaßverwalter in §§ 1984 Abs. 1, 1985 Abs. 1 BGB. Fällt Wohnungseigentum in den Nachlaß,[217] so verliert der Erbe als neuer Wohnungseigentümer mit der Anordnung der Nachlaßverwaltung die Befugnis, sein zum Nachlaß gehörendes Wohnungseigentum zu verwalten und darüber zu verfügen (§ 1984 Abs. 1 BGB). Nach § 1985 Abs. 1 BGB ist nunmehr der Nachlaßverwalter berechtigt und verpflichtet, den Nachlaß und damit das Wohnungseigentum zu verwalten. Ebenso wie der Konkursverwalter hat damit nach diesen Vorschriften auch der Nachlaßverwalter das Recht, die Mitgliedschaftsrechte anstelle des Wohnungseigentümers auszuüben. Damit ist der Nachlaßverwalter unter Verdrängung des Wohnungseigentümers zur Teilnahme an der Versammlung der Wohnungseigentümer berechtigt.

4. Das Teilnahmerecht des Testamentsvollstreckers

Das vererbliche Wohnungseigentum ist auch einer Testamentsvollstreckung zugänglich, um gemäß § 2203 BGB die letztwillige Verfügung des Erblassers durch einen Testamentsvollstrecker auszuführen. Soweit nichts anderes bestimmt ist und die Verwaltung des Nachlasses ohne Einschränkung angeordnet wurde, ist der Testamentsvollstrecker nach § 2205 BGB berechtigt und verpflichtet, das zum Nachlaß gehörende Wohnungseigentum zu verwalten. Demgemäß ist der Testamentsvollstrecker anstelle der Wohnungseigentümererben zur Ausübung des mitgliedschaftlichen Teilnahmerechts berechtigt.[218]

III. Die Teilnahme gesetzlicher Vertreter

Kraft Gesetzes zur Teilnahme an der Versammlung der Wohnungseigentümer berechtigt sind die gesetzlichen Vertreter eines Wohnungseigentümers, wie die Eltern eines minderjährigen Wohnungseigentümers (§ 1629 Abs. 1 BGB), sein Vormund (§ 1793 BGB), der Betreuer im Rahmen seines Aufgabenkreises (§ 1896

---

217 Zur Vererblichkeit von Wohnungseigentum vgl. Weitnauer, § 3 Rdnr. 87.

218 Zum Stimmrecht vgl. Bornheimer, Stimmrecht, S. 183; Palandt/Bassenge, WEG § 25 Rdnr. 2. Zum ausschließlichen Stimmrecht des Testamentsvollstreckers aus einem GmbH-Geschäftsanteil vgl. Scholz/K. Schmidt, § 48 Rdnr. 19; Hachenburg/Hüffer, § 48 Rdnr. 16; MünchKomm/Brandner, § 2205 Rdnr. 42; Soergel/Damrau, § 2205 Rdnr. 49; Groß, GmbHR 1994, 596 (597).

BGB) sowie der Abwesenheitspfleger (§ 1911 BGB). Besteht eine Mehrheit von gesetzlichen Vertretern, so gilt ebenso wie für die organschaftliche Vertretung von juristischen Personen und Personenhandelsgesellschaften der Grundsatz, daß so viele Vertreter an der Versammlung teilnehmen können, wie zur wirksamen Vertretung bei der Abstimmung in der Versammlung erforderlich sind.[219] Im Falle der Gesamtvertretung (vgl. § 1629 Abs. 1 S. 2 BGB) sind daher sämtliche gesetzlichen Vertreter teilnahmeberechtigt. Besteht dagegen Einzelvertretungsmacht (vgl. § 1629 Abs. 1 S. 3 BGB), so ist nur der Einzelvertreter zur Teilnahme an der Versammlung der Wohnungseigentümer berechtigt.

§ 14 Die Teilnahme Bevollmächtigter

Außer den bisher erörterten Fällen der gesetzlichen Teilnahmeberechtigung kommt eine Teilnahme Dritter an der Versammlung der Wohnungseigentümer auch als Bevollmächtigter eines Wohnungseigentümers in Betracht.

I. Die Zulässigkeit der Stellvertretung

Sowohl das WEG als auch die gemäß § 10 Abs. 1 S. 1 WEG subsidiär anwendbaren §§ 741 ff. BGB enthalten keine Bestimmungen darüber, ob sich Wohnungseigentümer bei Abstimmungen in der Versammlung vertreten lassen können. Mangels einer ausdrücklichen Regelung könnte nach den allgemeinen Regeln in §§ 164 ff., 166 Abs. 2 S. 1 BGB die rechtsgeschäftliche Stellvertretung durch einen Bevollmächtigten zulässig sein.

In anderen Personenvereinigungen sind die allgemeinen Stellvertretungsregeln der §§ 164 ff. BGB jedoch nicht uneingeschränkt anwendbar. So sind beim rechtsfähigen Verein nach § 38 S. 2 BGB die Mitgliedschaftsrechte persönlich auszuüben, so daß eine Stimmrechtsausübung durch Bevollmächtigte nur dann zulässig ist, wenn gemäß § 40 BGB die Satzung dies ausdrücklich bestimmt.[220] Da die Vorschriften über den rechtsfähigen Verein auf die körperschaftlich strukturierten

---

219 S.o. unter § 10 II 3.
220 Vgl. Soergel/Hadding, § 32 Rdnr. 27, § 38 Rdnr. 29.

Personenverbände des Gesellschaftsrechts subsidiär anwendbar sind,[221] bedurfte es für diese Personenverbände ausdrücklicher gesetzlicher Bestimmungen, soweit die Ausübung des Stimmrechts durch Bevollmächtigte abweichend von § 38 S. 2 BGB zulässig sein soll (vgl. § 134 Abs. 3 AktG, § 47 Abs. 3 GmbHG, § 43 Abs. 5 GenG).

Aus dem Umstand, daß für die Gemeinschaft der Wohnungseigentümer keine ausdrückliche Bestimmung über die Zulässigkeit der Stimmrechtsvollmacht besteht, läßt sich nunmehr nicht folgern, daß auch hier die Stimmrechtsausübung durch Bevollmächtigte grundsätzlich ausgeschlossen ist. Denn obwohl die vereinsrechtlichen Vorschriften dem Gesetzgeber bei der Organisation der Willensbildung der Wohnungseigentümer in den §§ 23 ff. WEG als Vorbild gedient haben,[222] hat der Gesetzgeber eine mit § 38 S. 2 BGB vergleichbare Bestimmung nicht in das WEG aufgenommen. Es bleibt damit bei der allgemeinen Regel, daß sich der Wohnungseigentümer bei der Abstimmung in der Versammlung durch einen Bevollmächtigten vertreten lassen kann.[223]

II. Stimmrechtsvollmacht und Teilnahme an der Versammlung

Die Erteilung einer Stimmrechtsvollmacht ist unmittelbar nur auf die Ausübung des Stimmrechts im Namen des vertretenen Wohnungseigentümers gerichtet. Dennoch ist mit der Bevollmächtigung nach § 167 Abs. 1 BGB zur Ausübung des Stimmrechts auch die Teilnahmeberechtigung des Bevollmächtigten verbunden.[224] Denn als Träger des rechtsgeschäftlichen Willens im Rahmen seiner Vertretungsmacht muß der Bevollmächtigte an der Beratung in der Versammlung teilnehmen können, um bereits im Vorfeld der Abstimmung die Willensbildung der Wohnungseigentümer beeinflussen zu können. Zudem ist das Stimmrecht regelmäßig

---

221 Vgl. G. Hueck, Gesellschaftsrecht, § 20 I 1, S. 175.

222 Vgl. BR-Drucks. 75/51 zu § 23 = PiG 8, 223 (234).

223 BGHZ 99, 90 (93); BayObLGZ 1981, 161 (164); 1981, 220 (224); BayObLG, WuM 1988, 418; OLG Celle, NJW 1958, 307; Hubernagel, § 25 Anm. 1 g; Pick, in: Bärmann/Pick/Merle, § 25 Rdnr. 19; Weitnauer/Lüke, § 25 Rdnr. 14; Schulze, in: Henkes/Niedenführ/Schulze, § 25 Rdnr. 11; MünchKomm/Röll, WEG § 25 Rdnr. 7; Soergel/Stürner, WEG § 25 Rdnr. 3; Augustin, § 25 Rdnr. 20; Palandt/Bassenge, WEG § 25 Rdnr. 2; Bassenge, Rechtsprechung, S. 74; Lotz-Störmer, Stimmrechtsausübung, S. 54.

224 Weitnauer/Lüke, § 23 Rdnr. 5; Bassenge, Rechtsprechung, S. 80; vgl. Scholz/K. Schmidt, § 48 Rdnr. 20; Hachenburg/Hüffer, § 48 Rdnr. 18; Vogel, Gesellschafterbeschlüsse, S. 139; Saenger, Beteiligung Dritter, S. 96, 181 zur GmbH.

in der Versammlung auszuüben, so daß die Stimmrechtsvollmacht den Zweck der rechtsgeschäftlichen Vertretung des bevollmächtigenden Wohnungseigentümers nur erfüllen kann, wenn der Bevollmächtigte an der Versammlung teilnimmt. Die Bevollmächtigung eines Dritten zur Stimmrechtsausübung enthält damit zugleich die konkludente Ermächtigung zur Ausübung des Teilnahmerechts.[225]

Der Umfang der Teilnahmeberechtigung des Bevollmächtigten richtet sich nach dem Umfang der Stimmrechtsvollmacht, die generell für mehrere Versammlungen erteilt oder auf eine Versammlung beschränkt werden kann. Im letzteren Fall betrifft die Vollmacht nach dem für die Auslegung gemäß §§ 133, 157 BGB maßgeblichen erkennbaren Willen des bevollmächtigenden Wohnungseigentümers im Zweifel lediglich die Beschlußgegenstände, die bereits in der Ladung angegeben sind.[226] Zur Legitimation des Bevollmächtigten gegenüber den anderen Wohnungseigentümern gelten die gleichen Grundsätze wie für die Legitimation eines gemeinsamen Vertreters mehrerer Mitberechtigter.[227]

III. Die Konkurrenz zwischen Wohnungseigentümer und Bevollmächtigten

Durch die Bevollmächtigung eines Dritten zur Stimmrechtsausübung bleibt der Wohnungseigentümer als Vollmachtgeber Inhaber des mitgliedschaftlichen Teilnahmerechts. Denn bei der mit der Bevollmächtigung verbundenen Ermächtigung zur Ausübung des Teilnahmerechts handelt es sich nicht um eine unzulässige isolierte Abtretung des Teilnahmerechts.[228] Der Dritte ist lediglich berechtigt, das fremde Teilnahmerecht des Wohnungseigentümers auszuüben. Dem Bevollmächtigten steht insoweit nur eine abgeleitete Teilnahmeberechtigung zu. Da der Wohnungseigentümer durch die Bevollmächtigung sein Teilnahmerecht nicht verliert, fragt sich, ob er als Inhaber des mitgliedschaftlichen Teilnahmerechts neben dem Bevollmächtigten selbst an der Versammlung der Wohnungseigentümer teilnehmen darf. Bei der damit angesprochenen Frage der konkurrierenden Teilnahme von Vollmachtgeber und Bevollmächtigten ist zwischen der nach § 168

---

225 Vgl. bereits § 10 II 4 a.

226 AG Neuss, WuM 1994, 505 (506).

227 Vgl. § 10 I 4 c.

228 So zutreffend Scholz/K. Schmidt, § 48 Rdnr. 20 zur GmbH. Renkl, Gesellschafterbeschluß, S. 83 spricht jedoch mißverständlich von einer "Übertragung" des Teilnahmerechts auf den Bevollmächtigten.

S. 2 BGB grundsätzlich widerruflichen Vollmacht und der ausnahmsweise unwiderruflich erteilten Vollmacht zu unterscheiden.

1. Die widerrufliche Vollmacht

Für die widerrufliche Vollmacht wird das Recht des Vollmachtgebers auf gleichzeitige Teilnahme an einer Versammlung vereinzelt mit der jederzeitigen Widerruflichkeit der Vollmacht begründet.[229] Wenn der Vollmachtgeber das Recht habe, die Vollmacht jederzeit zu widerrufen, dann müsse er auch selbst an der Versammlung teilnehmen können, um von seinem Widerrufsrecht Gebrauch machen zu können. Ferner bestehe ein Bedürfnis für eine gleichzeitige Teilnahme von Vollmachtgeber und Bevollmächtigten, wenn der Vollmachtgeber sich gewisse Einzelentscheidungen vorbehalten wolle, bei denen er selbst sachkundig ist.[230]

Praktische Bedürfnisse und die Widerruflichkeit der Vollmacht als solches vermögen jedoch eine gleichzeitige Teilnahme von Vollmachtgeber und Bevollmächtigten nicht zu rechtfertigen. Denn würde man dem Vollmachtgeber neben dem Bevollmächtigten ein zusätzliches Teilnahmerecht und damit auch ein zusätzliches Rederecht zugestehen, wären die Mitgliedschaftsrechte verdoppelt mit der Folge, daß derjenige, der einen Bevollmächtigten zur Versammlung mitbringt, seinen Interessen zu Lasten der übrigen Wohnungseigentümer größeren Nachdruck verleihen könnte.[231] Eine derartige Verdoppelung von Mitgliedschaftsrechten zu Lasten der anderen Wohnungseigentümer ist mit dem *BGH*[232] als unzulässig anzusehen. Der einzelne Wohnungseigentümer kann nicht ohne Zustimmung der übrigen Wohnungseigentümer durch Bevollmächtigung eines Dritten seine Rechte aus der Mitgliedschaft einseitig erweitern. Deshalb ist er nicht berechtigt, neben dem Bevollmächtigten an der Versammlung teilzunehmen.[233]

Das Verbot der gleichzeitigen Teilnahme von Vollmachtgeber und Bevollmächtigtem widerspricht nicht dem Grundsatz vom konkurrierenden Handeln,

---

229 So H. M. Schmidt, GmbHR 1963, 145 zur GmbH.

230 H. M. Schmidt, GmbHR 1963, 145.

231 So zutreffend Wiedemann, Übertragung, S. 351 f.

232 Vgl. BGHZ 106, 113 (120 f.) zum Stimmrecht, s.o. § 10 I 4 a, § 12 III 1 b.

233 So im Ergebnis auch Scholz/K. Schmidt, § 48 Rdnr. 20; Hachenburg/Hüffer, § 48 Rdnr. 18; Rowedder/Koppensteiner, § 48 Rdnr. 8; Zöllner, in: Baumbach/Hueck, § 47 Rdnr. 34; Wiedemann, Übertragung, S. 351; Vogel, Gesellschafterbeschlüsse, S. 139; Renkl, Gesellschafterbeschluß, S. 83; Saenger, Beteiligung Dritter, S. 96 zur GmbH; a.A. Wenzel, WE 1993, 335, nach dem "der Wohnungseigentümer mit einer bevollmächtigten Vertrauensperson an der Versammlung teilnehmen" kann.

wonach der Vollmachtgeber jederzeit selbst seine Rechte ausüben kann.[234] Denn im Unterschied zur Bevollmächtigung eines gemeinsamen Vertreters durch mehrere, gemäß § 25 Abs. 2 S. 2 WEG zur einheitlichen Rechtsausübung verpflichtete Mitberechtigte enthält die widerrufliche Bevollmächtigung eines Dritten durch einen einzelnen Wohnungseigentümer im Verhältnis zu diesem keinen Verzicht auf die persönliche Ausübung des Teilnahmerechts.[235] Der Wohnungseigentümer ist damit als Rechtsinhaber trotz bestehender Vollmacht zur Teilnahme an der Versammlung berechtigt, wenn der Bevollmächtigte nicht an der Versammlung teilnimmt. Sobald der Bevollmächtigte durch seine Teilnahme das Teilnahmerecht "verbraucht", besteht es hinsichtlich der konkreten Versammlung auch für den Wohnungseigentümer als Vollmachtgeber nicht mehr.[236] Vor diesem Zeitpunkt kann der Wohnungseigentümer noch in der Versammlung durch Widerruf der Vollmacht und somit auch der Ermächtigung zur Ausübung des Teilnahmerechts nach §§ 168 S. 2, 167 Abs. 1 BGB dem bevollmächtigten Dritten die Teilnahmeberechtigung jederzeit entziehen und sein mitgliedschaftliches Teilnahmerecht persönlich ausüben.[237]

Erscheint der Wohnungseigentümer neben dem Bevollmächtigten in der Versammlung, so ist dieses Verhalten als konkludent erklärter Widerruf der Vollmacht auszulegen.[238] Da eine gleichzeitige Teilnahme von Vollmachtgeber und Bevollmächtigtem rechtlich nicht zulässig ist und der Wohnungseigentümer durch seine Anwesenheit in der Versammlung das Teilnahmerecht bereits tatsächlich ausübt, ist dem Verhalten aus Sicht der übrigen anwesenden Wohnungseigtümer als Erklärungsempfänger im Sinne von § 167 Abs. 1, 2. Fall BGB der Erklärungsgehalt beizumessen,[239] daß der Bevollmächtigte nicht mehr zur Ausübung des Teilnahmerechts berechtigt und damit die mit der Vollmacht erteilte Ausübungsermächtigung widerrufen ist. Ob der bevollmächtigte Dritte nach dem Widerruf

---

[234] Vgl. MünchKomm/Schramm, § 164 Rdnr. 113; Riezler, AcP 98, 372: "Wer einem anderen Vollmacht erteilt, vermindert dadurch seine eigenene Macht zu rechtsgeschäftlichem Handeln um nichts."

[235] Vgl. § 10 I 4 a. In der widerruflichen Bevollmächtigung eines gemeinsamen Vertreters durch die Mitberechtigten liegt der Verzicht auf eine rechtlich mögliche "gleichzeitige" Teilnahme im Verhältnis der Mitberechtigten untereinander, die im Verhältnis zwischen Vollmachtgeber und Bevollmächtigten von vornherein ausgeschlossen ist.

[236] Vgl. Wiedemann, Übertragung, S. 352.

[237] Vgl. Hachenburg/Hüffer, § 48 Rdnr. 18; Lotz, GmbHR 1992, 611 (612).

[238] So auch Saenger, Beteiligung Dritter, S. 96; Renkl, Gesellschafterbeschluß, S. 83; Scholz, JR 1958, 17 jeweils zur GmbH.

[239] Die Auslegung nach dem objektiven Empfängerhorizont findet betrifft auch die Frage, ob überhaupt eine Willenserklärung vorliegt, vgl. Jauernig, § 133 Anm. 1 a.

der Vollmacht noch zur Teilnahme an der Versammlung zugelassen werden muß, richtet sich nach den für Beistände des Wohnungseigentümers geltenden Grundsätzen.[240]

Im Ergebnis ist damit eine gleichzeitige Teilnahme von Vollmachtgeber und Bevollmächtigten an der Versammlung der Wohnungseigentümer ausgeschlossen. Der Vollmachtgeber hat jedoch bei der widerruflichen Vollmacht jederzeit die Möglichkeit, durch Widerruf der Vollmacht das Teilnahmerecht persönlich auszuüben.

2. Die unwiderrufliche Vollmacht

Die Möglichkeit des Wohnungseigentümers, durch Widerruf der Vollmacht jederzeit sein Teilnahmerecht persönlich auszuüben, besteht dagegen nicht, wenn er dem Dritten wirksam eine unwiderrufliche Stimmrechtsvollmacht und damit auch eine unwiderrufliche Ermächtigung zur Ausübung seines Teilnahmerechts erteilt hat. Da der Wohnungseigentümer als Vollmachtgeber nicht neben dem Bevollmächtigten an der Versammlung teilnehmen kann, kommt die unwiderruflich erteilte Vollmacht einem Verzicht des Rechtsinhabers auf die persönliche Ausübung seiner Rechte gleich. Fraglich ist, ob ein derartiger Verzicht auf die persönliche Ausübung des Teilnahmerechts wirksam erklärt werden kann.

a) Die Zulässigkeit der unwiderruflichen Vollmacht. Grundsätzlich ergibt sich die Zulässigkeit, die Widerruflichkeit der Vollmacht auszuschließen, bereits aus § 168 S. 2 BGB. Denn danach kann eine Vollmacht dann nicht widerrufen werden, wenn sich ihre Unwiderruflichkeit aus dem ihr zugrundeliegenden Rechtsverhältnis ergibt.[241] Da sich der Vollmachtgeber jedoch mit der unwiderruflichen Vollmachtserteilung in eine gewisse Abhängigkeit begibt, kann die Unwiderruflichkeit der Vollmacht nicht unbeschränkt vereinbart werden.

Zunächst muß sich der Vollmachtgeber einer dauerhaften Bindung an die Vollmacht entziehen können, die für ihn unzumutbar geworden ist. Deshalb sind die anerkannten Grundsätze über die Kündigung von Dauerschuldverhältnissen (vgl.

---

240 Vgl. Scholz/K. Schmidt, § 48 Rdnr. 20; vgl. dazu § 15.

241 Vgl. Larenz, Allg. Teil, § 31 III b, S. 625; Medicus, Allg. Teil, Rdnr. 942.

§ 626, 723 Abs. 1 S. 2 BGB) entsprechend anzuwenden, so daß ein außerordentlicher Widerruf der Vollmacht aus wichtigem Grund stets möglich ist.[242]

Zudem kann die Widerruflichkeit der Vollmacht nur dann ausgeschlossen werden, wenn der Ausschluß des Widerrufs durch besondere Zwecke der Vollmacht gerechtfertigt ist.[243] Diese besonderen Zwecke der Vollmacht können sich sowohl aus dem der Vollmacht zugrundeliegenden Rechtsverhältnis zwischen Vollmachtgeber und Bevollmächtigten als auch aus dem Rechtsverhältnis des Vollmachtgebers mit einem Dritten ergeben. Die unwiderrufliche Vollmacht muß also nach dem jeweiligen Rechtsverhältnis im vorwiegenden Interesse des Bevollmächtigten, im gemeinsamen Interesse von Vollmachtgeber und Bevollmächtigten oder im Interesse eines Dritten erteilt worden sein.[244] Jedenfalls rechtfertigt eine Bevollmächtigung ausschließlich im Interesse des Vollmachtgebers keinen Ausschluß der Widerruflichkeit.[245]

b) Unwiderrufliche Vollmacht und Abspaltungsverbot. Ob allerdings unter den genannten Voraussetzungen im Wohnungseigentumsrecht eine unwiderrufliche Stimmrechtsvollmacht und damit auch eine unwiderrufliche Ermächtigung zur Ausübung des Teilnahmerechts wirksam ist, muß bezweifelt werden. Denn die Zulässigkeit der unwiderruflichen Vollmacht steht unter der Prämisse, daß sie den Vollmachtgeber nicht an einer persönlichen Rechtsausübung hindert, also keine den Vollmachtgeber verdrängende Wirkung hat.[246] Die unwiderruflich erteilte Stimmrechtsvollmacht ist jedoch stets mit einer Verdrängung des Vollmachtgebers verbunden, da das Verbot der doppelten Ausübung von Mitgliedschaftsrechten zu

---

242 Vgl. MünchKomm/Schramm, § 168 Rdnr. 39; Soergel/Leptien, § 168 Rdnr. 26; Staudinger/Dilcher, § 168 Rdnr. 14; Erman/Brox, § 168 Rdnr. 19; Larenz, Allg. Teil, § 31 III b, S. 625; Gernhuber, JZ 1995, 381 (382); Scholz, JR 1958, 17; a.A. Flume, Rechtsgeschäft, § 53/4, S. 881 f.; Medicus, Allg. Teil, Rdnr. 942, die neben einer Kündigung des zugrundeliegenden Rechtsverhältnisses aus wichtigem Grund einen Widerruf der Vollmacht aus wichtigem Grund für überflüssig halten, da mit der Kündigung des Grundverhältnisses nach § 168 S. 1 BGB bereits die Vollmacht erlischt.

243 Vgl. v. Tuhr, Allg.Teil II/2, § 85 VII, S. 408; MünchKomm/Schramm, § 168 Rdnr. 32.

244 v. Tuhr, Allg.Teil II/2, § 85 VII, S. 408 f.; MünchKomm/Schramm, § 168 Rdnr. 32; a.A. Flume, Rechtsgeschäft, § 53/3, S. 879, wonach die unwiderrufliche Vollmacht nur zur Erfüllung des Anspruchs des Vollmachtgebers auf Vornahme des Geschäfts erteilt werden kann, zu welchem die Vollmacht berechtigt.

245 Vgl. MünchKomm/Schramm, § 168 Rdnr. 32; Larenz, Allg. Teil, § 31 III b, S. 626.

246 Vgl. Flume, Rechtsgeschäft, § 53/6, S. 883 f.; MünchKomm/Schramm, § 168 Rdnr. 40.

Lasten der übrigen Wohnungseigentümer eine gleichzeitige konkurrierende Rechtsausübung von Vollmachtgeber und Bevollmächtigten in der Versammlung gerade ausschließt.[247] Die Teilnahme des Wohnungseigentümers als Vollmachtgeber könnte - vorbehaltlich eines wichtigen Grundes - nicht mehr als Widerruf gewertet werden, so daß der Wohnungseigentümer durch die unwiderrufliche Stimmrechtsvollmacht insoweit aus seiner Rechtszuständigkeit verdrängt würde. Als verdrängende Vollmacht verstößt die unwiderrufliche Vollmacht gegen das in § 137 S. 1 BGB enthaltene Verbot, durch Rechtsgeschäft an die Stelle der Verfügungs- und Verwaltungsbefugnis des Rechtsinhabers die eines Dritten zu setzen.[248]

Aufgrund ihrer verdrängenden Wirkung kommt die unwiderrufliche Stimmrechtsvollmacht einem Verzicht des Rechtsinhabers auf Stimm- und Teilnahmerecht und damit in ihrer Wirkung einer isolierten Abtretung dieser Rechte gleich, so daß auch im Hinblick auf das Abspaltungsverbot Bedenken gegen einen wirksamen Ausschluß der Widerruflichkeit bestehen.[249] Die Zulässigkeit der Stimmrechtsvollmacht läßt sich nur dann mit der Bindung der Mitgliedschaftsrechte an das Wohnungseigentum vereinbaren, wenn durch die Gestaltung der Vollmacht die Verknüpfung von Stimm- und Teilnahmerecht mit dem Interesse des Rechtsinhabers gewahrt bleibt.[250] Diese Verknüpfung der Mitgliedschaftsrechte bleibt jedoch nur durch eine widerrufliche Vollmacht erhalten, bei der zu vermuten ist, daß der Bevollmächtigte in der Versammlung die Interessen des Rechtsinhabers wahrnimmt.[251] Dagegen beruht die unwiderrufliche Stimmrechtsvollmacht auf der Anerkennung eines fremden mit dem des Rechtsinhabers nicht notwendig identischen Interesses.[252] Gerade durch den Umstand, daß sich die unwiderrufliche Vollmacht nur durch die Verfolgung fremder Interessen rechtfertigen läßt, zeigt sich die Unvereinbarkeit der unwiderruflichen Stimmrechtsvollmacht mit dem im

---

247 S.o. unter 1.

248 Vgl. Soergel/Hefermehl, § 137 Rdnr. 10; MünchKomm/Mayer-Maly, § 137 Rdnr. 16; Staudinger/Coing, § 137 Rdnr. 8; Weitnauer, Festschrift Weber, S. 429 (433); Liebs, AcP 175, 1 (41); a.A. Müller-Freienfels, Vertretung, S. 129 ff. (131); kritisch auch Gernhuber, JZ 1995, 381 (383 f.).

249 S.o. unter § 10 II; vgl. BGHZ 3, 354 (359); K. Schmidt, Gesellschaftsrecht, § 19 III 4 a, S. 456; Scholz/K. Schmidt, § 47 Rdnr. 83; Raiser, Kapitalgesellschaften, § 33 Rdnr. 31/40; A. Hueck, OHG, § 11 II 3, S. 166.

250 Vgl. Rob. Fischer, GmbHR 1952, 113 (115) zur GmbH.

251 So zutreffend Wiedemann, Übertragung, S. 363; vgl. auch Flume, Rechtsgeschäft, § 53/1, S. 876 f., der zwischen den "wesensmäßig verschiedenartigen Rechtsfiguren" der im Interesse des Vollmachtgebers erteilten widerruflichen Vollmacht und der im Interesse des Bevollmächtigten erteilten unwiderruflichen Vollmacht unterscheidet.

252 Vgl. Rob. Fischer, GmbHR 1952, 113 (115); Wiedemann, Übertragung, S. 363.

Wohnungseigentumsrecht geltenden Abspaltungsverbot. Denn das Abspaltungsverbot hat den Zweck, fremde Einflüsse von der Versammlung fernzuhalten.[253] Die unwiderrufliche Erteilung einer Stimmrechtsvollmacht und die damit verbundene unwiderrufliche Ermächtigung zur Ausübung des Teilnahmerechts ist somit grundsätzlich unwirksam. Der Wohnungseigentümer kann sich allenfalls gegenüber dem Bevollmächtigten verpflichten, die Vollmacht nicht zu widerrufen (vgl. § 137 S. 2 BGB). Insoweit entfaltet die verdrängende, mit einem Stimm- und Teilnahmeverzicht verbundene Vollmacht allein schuldrechtliche Wirkungen im Verhältnis zwischen Vollmachtgeber und Bevollmächtigten.[254] Im Verhältnis zu den anderen Wohnungseigentümern dagegen bleibt die Stimmrechtsvollmacht grundsätzlich jederzeit widerruflich.[255]

Eine unwiderruflich erteilte Stimmrechtsvollmacht ist ausnahmsweise dann wirksam, wenn der Bevollmächtigte keine fremden Drittinteressen, sondern die typischen mitgliedschaftlichen Interessen eines Wohnungseigentümers wahrnimmt und somit der Schutzzweck des Abspaltungsverbotes nicht verletzt ist. So bestehen beispielsweise keine Bedenken dagegen, dem noch nicht im Grundbuch eingetragenen Erwerber von Wohnungseigentum unwideruflich zur Ausübung des Stimmrechts zu bevollmächtigen und ihn zugleich zur Teilnahme an der Versammlung der Wohnungseigentümer zu ermächtigen, wenn dieser nach dem schuldrechtlichen Erwerbsvertrag bereits vor der Eigentumsumschreibung Besitz an der Wohnung erlangt und zur Lastentragung verpflichtet ist.[256] Falls die Durchführung des der Vollmacht zugrundeliegenden schuldrechtlichen Erwerbsvertrages später scheitert, kann der Veräußerer als Rechtsinhaber die Stimmrechtsvollmacht und die damit verbundene Ausübungsermächtigung aus wichtigem Grund widerrufen.[257]

3. Zusammenfassung

Zusammenfassend läßt sich zum Konkurrenzverhältnis zwischen einem Wohnungseigentümer als Vollmachtgeber und einem bevollmächtigten Dritten festhal-

---

253 S.o.unter § 11 II 2.

254 Vgl. Flume, Rechtsgeschäft, § 53/6, S. 884; Scholz/K. Schmidt, § 47 Rdnr. 82; Fleck, Festschrift Rob. Fischer, S. 107 (116).

255 So im Ergebnis auch Scholz, JR 1958, 17; Rob. Fischer, GmbHR 1952, 113 (115), nach dem die Befugnis des Bevollmächtigten von vornherein inhaltlich dahin beschränkt ist, daß sie die Nichtausübung des Stimmrechts durch den Rechtsinhaber voraussetzt.

256 S.o. unter § 12 III 1 a.

257 S.o. unter § 12 III 1 b.

ten, daß der Wohnungseigentümer durch die Erteilung einer Stimmrechtsvollmacht grundsätzlich nicht gehindert ist, persönlich an der Versammlung der Wohnungseigentümer teilzunehmen. Da die Vollmacht keinen verdrängenden Charakter hat, bleibt der Wohnungseigentümer teilnahmeberechtigt, wenn der Bevollmächtigte nicht an der Versammlung teilnimmt. Nimmt dieser dagegen teil, so kann der Wohnungseigentümer als Vollmachtgeber jederzeit die Vollmacht und damit die Ermächtigung zur Ausübung des Teilnahmerechts widerrufen. Da eine Verdoppelung von Mitgliedschaftsrechten unzulässig ist, stellt das Erscheinen des Wohnungseigentümers in Begleitung des Bevollmächtigten einen konkludent erklärten Widerruf der Vollmacht dar. Der bevollmächtigte Dritte ist danach als bloßer Beistand oder Berater des Wohnungseigentümers zu behandeln.

Die unwiderufliche Stimmrechtsvollmacht und die damit verbundene unwiderrufliche Ermächtigung zur Ausübung des Teilnahmerechts verstoßen grundsätzlich gegen das Abspaltungsverbot und sind daher unwirksam. Als Ausnahme ist die unwiderrufliche Erteilung einer Vollmacht an einen noch nicht im Grundbuch eingetragenen Erwerber von Wohnungseigentum zulässig, der bereits nach dem der Vollmacht zugrundeliegenden schuldrechtlichen Erwerbsvertrag den Besitz der Wohnung erhalten hat und zur Lastentragung verpflichtet ist.

IV. Vertretungsbeschränkungen in der Gemeinschaftsordnung

Obwohl bei einer widerruflichen Vollmacht eine Vermutung dafür spricht, daß der Bevollmächtigte in der Versammlung die Interessen des vertretenen Wohnungseigentümers wahrnimmt,[258] besteht durch die Teilnahme eines bevollmächtigten Dritten die Gefahr der Einwirkung gemeinschaftsfremder Einflüsse auf die Willensbildung der Wohnungseigentümer in der Versammlung. Um die Einflußnahme Dritter auf die interne Willensbildung zu verhindern, sind in vielen Gemeinschaftsordnungen Klauseln enthalten, die die Vertretung des Wohnungseigentümers in der Versammlung auf einen qualifizierten Personenkreis beschränken. Zumeist handelt es sich um eine Vereinbarung, wonach sich der Wohnungseigentümer in der Versammlung "nur durch den Verwalter, seinen Ehegatten oder einen anderen Wohnungseigentümer der Gemeinschaft vertreten lassen" kann. Es fragt sich, ob durch derartige Klauseln die Rechtsmacht des Wohnungseigentümers, einen Dritten durch die Erteilung einer Stimmrechtsvollmacht zur Teilnahme an der Versammlung zu ermächtigen, wirksam eingeschränkt werden kann.

---

[258] Vgl. Wiedemann, Übertragung, S. 363.

1. Der Meinungsstand in Rechtsprechung und Schrifttum

Der *BGH*[259] hat in Übereinstimmung mit einer verbreiteten instanzgerichtlichen Rechtsprechung[260] die genannte Vertretungsbeschränkung in der Gemeinschaftsordnung als wirksam angesehen und dabei offengelassen, ob im Einzelfall Ausnahmen wegen Unzumutbarkeit nach Treu und Glauben geboten sein können. Er hat damit die vom *KG* im Vorlagebeschluß[261] vertretene Gegenauffassung abgelehnt, wonach das Geheimhaltungsinteresse der Wohnungseigentümergemeinschaft gegenüber dem Interesse des einzelnen Wohnungseigentümers an einer möglichst wirkungsvollen Vertretung in der Wohnungseigentümerversammlung zurückzustehen habe und die Vertretungsbeschränkung deshalb unwirksam sei.[262] Der BGH beruft sich demgegenüber auf die den Wohnungseigentümern in § 10 Abs. 1 S. 2 WEG eingeräumte Gestaltungsfreiheit, wonach auch die Befugnis sich durch einen Bevollmächtigten vertreten zu lassen, durch Rechtsgeschäft abbedungen werden könne.[263]

Das Schrifttum hat sich überwiegend der Auffassung des BGH angeschlossen.[264] Demgegenüber vertreten *Weitnauer*[265] und *W. Lüke*[266] die Ansicht, die Vertrtetungsbeschränkung in der Gemeinschaftsordnung sei unwirksam. Die Befugnis, sich durch einen Bevollmächtigten vertreten zu lassen, könne nicht durch Rechtsgeschäft abbedungen werden, da dies gegen den in § 137 S. 1 BGB verankerten Rechtsgrundsatz verstoße, daß niemand auf seine Handlungsfähigkeit und damit auch nicht auf die Fähigkeit, Vollmacht zu erteilen, verzichten könne.[267]

---

259 BGHZ 99, 90 (93) = WE 1987, 79 m. zust. Anm. Schmidt = JZ 1987, 463 m. abl. Anm. Weitnauer; BGHZ 121, 236 (238) = NJW 1993, 1929 = WE 1993, 165 m. Anm. Deckert.

260 OLG Karlsruhe, OLGZ 1976, 273 (274); OLG Frankfurt/M, OLGZ 1979, 134 (135); BayObLGZ 1981, 161 (164); LG Wuppertal, WuM 1995, 673; AG Baden-Baden, MDR 1984, 941.

261 KG, OLGZ 1986, 56 (59).

262 Zustimmend Lotz-Störmer, Stimmrechtsausübung, S. 233.

263 BGHZ 99, 90 (94) unter Hinweis auf Reichel, Höchstpersönliche Rechtsgeschäfte, S. 76 ff; Müller-Freienfels, Vertretung, S. 235 f.; Flume, Rechtsgeschäft, § 43/7, S. 762.

264 Vgl. Pick, in: Bärmann/Pick/Merle, § 25 Rdnr. 18; Augustin, § 25 Rdnr. 20; Soergel/Stürner, WEG § 25 Rdnr. 3; Erman/Ganten, WEG § 25 Rdnr. 4; Palandt/Bassenge, WEG § 25 Rdnr. 2; Flammiger, DWE 1986, 11.

265 JZ 1987, 465.

266 WE 1993, 260; Weitnauer/Lüke, § 25 Rdnr. 16.

267 Weitnauer/Lüke, § 25 Rdnr. 16; ders.,WE 1993, 260; Weitnauer, Festschrift Weber, S. 429 (434); zustimmend Schulze, in: Henkes/Niedenführ/Schulze, § 25 Rdnr. 12.

2. Die Gestaltungsfreiheit nach § 10 Abs. 1 S. 2 WEG

Mit dem BGH ist zunächst davon auszugehen, daß die Wohnungseigentümer nach § 10 Abs. 1 S. 2 WEG im Rahmen der Vertragsfreiheit ihr Rechtsverhältnis untereinander durch Vereinbarung rechtsgeschäftlich mit dinglicher Wirkung (§§ 5 Abs. 4, 10 Abs. 2 WEG) gestalten können, soweit keine zwingenden gesetzlichen Vorschriften entgegenstehen.[268] Da auch die Vertretungsbeschränkung auf einen qualifizierten Personenkreis das Gemeinschaftsverhältnis der Wohnungseigentümer untereinander betrifft, ist eine derartige Regelung grundsätzlich von der den Wohnungseigentümern eingeräumten Gestaltungsfreiheit gedeckt. Gleiches gilt gemäß §§ 8 Abs. 2 S. 1, 5 Abs. 4 WEG auch für die einseitige Gestaltung des Gemeinschaftsverhältnisses durch den teilenden Alleineigentümer bei der Begründung von Wohnungseigentum. Allerdings sind sowohl die Gestaltungsfreiheit des teilenden Alleineigentümers als auch die der Wohnungseigentümer nicht schrankenlos gewährleistet; denn stets sind die allgemeinen Grenzen der Vertragsfreiheit zu beachten.

3. Der Verstoß gegen § 137 S. 1 BGB

Die Beschränkung der Vertretung auf einen bestimmten Personenkreis wäre einer rechtsgeschäftlichen Regelung von vornherein entzogen, wenn sie gegen § 137 S. 1 BGB verstößt.

a) Der Wortlaut des § 137 S. 1 BGB. Ein Verstoß gegen § 137 S. 1 BGB ist dem Wortlaut nach nur anzunehmen, wenn die Befugnis zur Verfügung über ein veräußerliches Recht durch Rechtsgeschäft beschränkt werden soll. Es müßte also zunächst die Verfügungsbefugnis des Wohnungseigentümers beschränkt werden. Als "Verfügung" gelten dabei alle Rechtsgeschäfte, die unmittelbar auf Übertragung, Belastung, Änderung oder Aufhebung eines Rechts gerichtet sind.[269] Die Bevollmächtigung zur Stimmrechtsausübung fällt jedoch ersichtlich nicht unter den Verfügungsbegriff; denn das Recht des Wohnungseigentümers, jederzeit eine eigene Willenserklärung abzugeben, bleibt unverändert und unabhängig von der Vollmacht bestehen, die zudem noch - wie nachgewiesen - jederzeit widerruflich ist (§ 168 S. 2 BGB). Damit ist die hier in Rede stehende Beschränkung der Vertretung auch nicht mit der Einführung einer "verdrängenden" unwiderruflichen

---

[268] BGHZ 99, 90 (93); OLG Karlsruhe, OLGZ 1976, 273 (274).
[269] BGHZ 32, 151 (155); 37, 203 (207); MünchKomm/Mayer-Maly, § 137 Rdnr. 8.

Vollmacht - etwa in Form der Ersetzung der Wohnungseigentümerversammlung durch eine aus gewählten Vertretern bestehende "Vertreterversammlung"[270] - vergleichbar,[271] bei der dem Berechtigten die Möglichkeit zur Abgabe einer eigenen Willenserklärung entzogen wird und die daher als mit § 137 S. 1 BGB unvereinbar angesehen wird.[272] Die Befugnis, rechtsgeschäftlich über ein Recht zu verfügen, wird danach zwar durch die "verdrängende" unwiderrufliche Vollmacht beschränkt, soweit sie dem Rechtsinhaber den Raum zur Ausübung seiner Verfügungsbefugnis nimmt. Eine Beschränkung der Möglichkeit, einen Dritten zu bevollmächtigen, hat demgegenüber gerade die gegenteilige Wirkung, indem sie die Ausübung der Rechte des Rechtsinhabers durch Dritte einschränkt und damit die Ausübung der Verfügungsbefugnis dem Rechtsinhaber weitgehend selbst überläßt. Die Befugnis, einem Dritten Vollmacht zu erteilen, ist zudem auch nicht mit der Verfügungsbefugnis des Rechtsinhabers als solche gleichzusetzen. Denn die Vollmacht ist ebenso wie die Ermächtigung zu einer Verfügung im Sinne von § 185 BGB selbst noch keine Verfügung, weil letztere stets eines zusätzlichen Verfügungsaktes bedarf,[273] der bei einer nicht verdrängenden Volllmacht oder Ermächtigung eines Dritten jederzeit durch den verfügungsbefugten Rechtsinhaber selbst vorgenommen werden kann. Demgemäß läßt auch eine Beschränkung der Vertretung in der Gemeinschaftsordnung die Verfügungsbefugnis des Wohnungseigentümers unberührt.

Ferner handelt es sich beim Stimmrecht nicht um ein "veräußerliches Recht" im Sinne von § 137 S. 1 BGB,[274] da es durch isolierte Abtretung nicht von der Mitgliedschaft des Wohnungseigentümers abgespalten werden kann.[275] Insgesamt stellt die Stimmrechtsvollmacht keine "Verfügung" über das Stimmrecht als "veräußerliches Recht" und damit die Vertretungsbeschränkung in der Gemeinschaftsordnung keine rechtsgeschäftliche Verfügungsbeschränkung dar, so daß

---

270 Vgl. dazu Tasche, DNotZ 1974, 581 ff., der die Ersetzung der "Wohnungseigentümerversammlung" durch eine "Vertreterversammlung" bejaht; zustimmend Gernhuber, JZ 1995, 381 (390); ablehnend Weitnauer/Lüke, § 23 Rdnr. 7; Weitnauer, Festschrift Weber, S. 429 (437).

271 So zutreffend KG, OLGZ 1986, 56 (58); dagegen Weitnauer, JZ 1987, 465.

272 S.o. III 2 b; MünchKomm/Mayer-Maly, § 137 Rdnr. 17; Soergel/Hefermehl, § 137 Rdnr. 10; Timm, JZ 1989, 13 (19); a.A. Müller-Freienfels, Vertretung, S. 129 ff. (131).

273 Vgl. Wiedemann, Übertragung, S. 271.

274 Weitnauer, Festschrift Weber, S. 429 (434) will auch unveräußerliche Rechte unter den Anwendungsbereich des § 137 S. 1 BGB fallen lassen; dagegen zu Recht MünchKomm/Mayer-Maly, § 137 Rdnr. 9; Soergel/Hefermehl, § 137 Rdnr. 3.

275 S.o. unter § 12 II 2.

nach dem Wortlaut des Gesetzes der unmittelbare Anwendungsbereich des § 137 S. 1 BGB nicht berührt wird.

b) Der Zweck des § 137 S. 1 BGB. Darüberhinaus kommt ein Verstoß gegen § 137 S. 1 BGB allenfalls dann in Betracht, wenn sein Schutzzweck betroffen ist.

Soweit diese Vorschrift zunächst dem Gläubigerschutz dient, indem sie verbietet, Gegenstände und Rechte durch Rechtsgeschäft "extra commercium" zu stellen,[276] die der an der Veräußerlichkeit orientierten Zwangsvollstreckung entzogen wären,[277] wird dieser Schutzzweck von der Vertretungsklausel nicht erfaßt, da sie die Gläubigerrechte unberührt läßt.[278] Die Beschränkung der Vertretung bei der Stimmabgabe wirkt nur im Verhältnis der Wohnungseigentümer untereinander, so daß auch der von § 137 S. 1 BGB bezweckte Schutz der Orientierungssicherheit des Rechtsverkehrs nicht tangiert wird.[279] Der *BGH*[280] weist insoweit zu Recht darauf hin, daß die Klausel nicht das rechtliche Können der Wohnungseigentümer mit Außenwirkung gegenüber Dritten beschränkt. Dagegen kann nicht eingewandt werden, daß Bestimmungen der Gemeinschaftsordnung - wie im Falle einer Veräußerungsbeschränkung nach § 12 Abs. 1 WEG - Außenwirkung haben können;[281] denn soweit Vereinbarungen der Wohnungseigentümer Wirkung gegenüber nicht unmittelbar an ihrem Zustandekommen beteiligten Dritten haben sollen, müssen sie als Inhalt des Sondereigentums und damit auch als Inhalt des grundsätzlich veräußerlichen Rechts "Wohnungseigentum" ins Grundbuch eingetragen werden (vgl. §§ 10 Abs. 2, 12 Abs. 1 WEG i.V.m. §§ 5 Abs. 4, 8 Abs. 2 WEG), so daß vereinbarte Veräußerungsbeschränkungen im Sinne von § 12 Abs. 1 WEG dem Anwendungsbereich des § 137 S. 1 BGB von vornherein entzogen sind.[282] Die Beachtung der vereinbarten Vertretungsklausel mag zwar Voraussetzung für die Gültigkeit eines für die Veräußerung von Wohnungseigentum erforderlichen Zustimmungsbeschlusses sein;[283] darin liegt jedoch allenfalls eine mittelbare Außenwirkung, die keine schutzwürdigen Belange

---

276 Vgl. BGHZ 56, 275 (278 f.); MünchKomm/Mayer-Maly, § 137 Rdnr. 4; Soergel/-Hefermehl, § 137 Rdnr. 1; Liebs, AcP 175, 1 (10 f.); Wagner, AcP 194, 451 (468).

277 Vgl. MünchKomm/Mayer-Maly, § 137 Rdnr. 6.

278 Wenzel, WE 1993, 335.

279 Zu diesem Schutzzweck vgl. Liebs, AcP 175, 1 (34 f.); MünchKomm/Mayer-Maly, § 137 Rdnr. 7; Soergel/Hefermehl, § 137 Rdnr. 1.

280 BGHZ 121, 236 (239).

281 So W. Lüke, WE 1993, 260 (262).

282 Vgl. Merle, System, S. 68; Soergel/Hefermehl, § 137 Rdnr. 5; MünchKomm/Mayer-Maly, § 137 Rdnr. 22.

283 So W. Lüke, WE 1993, 260 (262).

des Rechtsverkehrs beeinträchtigt. Der Rechtsverkehr kann nach § 12 Abs. 2 WEG - unabhängig von den internen, für die Beschlußfassung maßgeblichen Vereinbarungen der Wohnungseigentümer - darauf vertrauen, daß die Zustimmung zur Veräußerung nur aus wichtigem Grund versagt wird. Aus der fehlenden Befugnis Dritter, nach § 43 Abs. 1 Nr. 4 WEG einen Antrag auf Ungültigkeit eines Beschlusses zu stellen,[284] ergibt sich, daß ein schutzwürdiges Interesse Dritter an dem fehlerfreien Zustandekommen von Beschlüssen im Innenverhältnis der Wohnungseigentümer nicht anzuerkennen ist.

Geht man mit *Weitnauer* davon aus, daß § 137 S. 1 BGB auch der Rechtsgedanke zugrundeliegt, daß niemand auf seine Handlungsfähigkeit verzichten kann,[285] so kommt es entscheidend auf den Umfang des bezweckten Schutzes der Handlungsfähigkeit an. Wenn im Vertretungsrecht allgemein anerkannt ist, daß die Stellvertretung durch Rechtsgeschäft mit dem künftigen Geschäftspartner ausgeschlossen werden kann (sog. gewillkürte Höchstpersönlichkeit),[286] so kann die Handlungsfähigkeit im Rahmen von § 137 S. 1 BGB nur insoweit geschützt sein, daß dem einzelnen zumindest die Fähigkeit erhalten bleiben muß, stets eine eigene Willenserklärung abgeben zu können. Diese Fähigkeit wird durch die Vertretungsklausel - anders als bei der oben angeführten verdrängenden unwiderruflichen Vollmacht - nicht beschränkt;[287] vielmehr verbleibt dem Wohnungseigentümer über die persönlich Stimmrechtsausübung hinaus sogar die Möglichkeit, sich durch den Ehegatten, einen anderen Wohnungseigentümer oder durch den Verwalter vertreten zu lassen. Wenn also die gewillkürte Höchstpersönlichkeit mit § 137 S. 1 BGB vereinbar ist, so muß dies erst recht für die vereinbarte Beschränkung der Vertretung auf einen bestimmten Personenkreis gelten. Dagegen kann nicht vorgebracht werden, die gewillkürte Höchstpersönlichkeit sei für ein gesetzliches Schuldverhältnis wie die Gemeinschaft der Wohnungseigentümer nicht denkbar,[288] in der die Rechte der Wohnungseigentümer anders als die Mitgliedschaftsrechte von Vereinsmitgliedern (vgl. § 38 S. 2 BGB) nicht höchstpersönli-

---

284 Vgl. Merle, in: Bärmann/Pick/Merle, § 43 Rdnr. 49.

285 Weitnauer, Festschrift Weber, S. 429 (434) unter Bezugnahme auf den Wortlaut des Art. 27 Abs. 1 schweiz. ZGB; zweifelnd im Hinblick auf die Zulassung von schuldrechtlichen Wirkungen der Beschränkung der Verfügungsfreiheit in § 137 S. 2 BGB: MünchKomm/Mayer-Maly, § 137 Rdnr. 3; Soergel/Hefermehl, § 137 Rdnr. 1; Timm, JZ 1989, 13 (16).

286 Vgl. MünchKomm/Schramm, Vor § 164 Rdnr. 70; Erman/Brox, Vor § 164 Rdnr. 30; Palandt/Heinrichs, Vor § 164 Rdnr. 4; Reichel, Höchstpersönliche Rechtsgeschäfte, S. 77.

287 S.o. unter a.

288 So Weitnauer, JZ 1987, 465 f.; vgl. auch W. Lüke, WE 1993, 260.

cher Natur sind. Denn das gesetzliche Schuldverhältnis der Wohnungseigentümer kann - wie der BGH unter Hinweis auf § 10 Abs. 1 S. 2 WEG zu Recht betont - durch Vereinbarungen grundsätzlich privatautonom ausgestaltet werden. Wenn bereits der Gesetzgeber selbst hinsichtlich der internen Willensbildung der Wohnungseigentümer in den §§ 23 - 25 WEG auf körperschaftliche Grundsätze zurückgreift, so kann es den Wohnungseigentümern beziehungsweise dem teilenden Alleineigentümer nach §§ 8 Abs. 2, 5 Abs. 4 WEG nicht verwehrt sein, im Rahmen der privatautonomen Ausgestaltung des gesetzlich begründeten Schuldverhältnisses ebenfalls auf körperschaftliche Grundsätze zurückzugreifen. Die Übertragung körperschaftlicher Grundsätze auf das gesetzliche Schuldverhältnis der Wohnungseigentümer ist danach grundsätzlich nicht ausgeschlossen.[289]

Zudem ist auch im GmbH-Recht, wo die Vertretung bei der Stimmabgabe in Abweichung von § 38 S. 2 BGB zulässig ist (vgl. § 47 Abs. 3 GmbHG), anerkannt, daß die Satzung den Kreis der zulässigen Vertreter wirksam einschränken[290] oder die Vertretung durch Bevollmächtigte grundsätzlich ausschließen kann.[291] Gegen einen Vergleich mit dem GmbH-Recht ließe sich nunmehr einwenden, daß § 47 Abs. 3 GmbHG nur eine Ausnahme zur allgemeinen Norm des § 38 S. 2 BGB darstellt und der satzungsmäßige Ausschluß der Vertretbarkeit damit nur einen allgemeinen verbandsrechtlichen Grundsatz der Höchstpersönlichkeit wiederherstellt,[292] der im Wohnungseigentumsrecht gerade nicht gilt. Aufgrund der den Wohnungseigentümern in § 10 Abs. 1 S. 2 WEG eingeräumten Gestaltungsfreiheit sind die Wohnungseigentümer jedoch an entsprechenden Vereinbarungen im Verhältnis untereinander nicht gehindert. Denn auch für das Wohnungseigentum gilt der Grundsatz, daß jede Rechtsgestaltung, die das Gesetz von Rechts wegen als zulässig ansieht, auch privatautonom durch Rechtsgeschäft herbeigeführt werden kann, es sei denn, daß Gesetz bestimmt ausdrücklich etwas anderes.[293] Da das WEG keine ausdrückliche Bestimmung enthält, die die Vereinbarung der Höchstpersönlichkeit der Stimmrechtsausübung verbietet,[294] muß damit auch eine

---

289 So aber W. Lüke, WE 1993, 260.

290 Vgl. Scholz/K. Schmidt, § 47 Rdnr. 97; Zöllner, in: Baumbach/Hueck, § 47 Rdnr. 32; Vogel, Gesellschafterbeschlüsse, S. 57; H. M. Schmidt, GmbHR 1963, 145 (146).

291 Zöllner, in: Baumbach/Hueck, § 47 Rdnr. 31; Scholz/K. Schmidt, § 47 Rdnr. 96; Vogel, Gesellschafterbeschlüsse, S. 57; Renkl, Gesellschafterbeschluß, S. 50; Mutze, GmbHR 1970, 33 (34).

292 Vgl. Reichel, Höchstpersönliche Rechtsgeschäfte, S. 78.

293 Vgl. Reichel, Höchstpersönliche Rechtsgeschäfte, S. 77.

294 Im Aktienrecht steht § 23 Abs. 5 AktG einer von § 134 Abs. 3 AktG abweichenden Regelung in der Satzung entgegen; vgl. Saenger, NJW 1992, 348 (350).

Vertretungsklausel in der Gemeinschaftsordnung zulässig sein, die den Kreis der zulässigen Vertreter auf einen bestimmten Personenkreis beschränkt.

Eine Beschränkung des Kreises der in der Versammlung zulässigen Vertreter kann daher grundsätzlich durch die Wohnungseigentümer kraft ihrer privatautonomen Gestaltungsfreiheit (§ 10 Abs. 1 S. 2 WEG) in der satzungsähnlichen[295] Gemeinschaftsordnung bestimmt werden, ohne daß die Vorschrift des § 137 S. 1 BGB entgegensteht.

4. Inhaltskontrolle gemäß § 242 BGB

Die Beschränkung der Vertretung in der Gemeinschaftsordnung ist jedoch nur wirksam, wenn sie auch einer an den Grundsätzen von Treu und Glauben orientierten Inhaltskontrolle der Gemeinschaftsordnung nach § 242 BGB standhält.[296] Die Vertretungsbeschränkung in der Gemeinschaftsordnung wäre danach unwirksam, wenn sie eine unzumutbare gegen Treu und Glauben verstoßende Benachteiligung des einzelnen Wohnungseigentümers darstellen würde. Ob die Vertretungsbeschränkung den einzelnen Wohnungseigentümer in seiner Rechtsausübung unzumutbar benachteiligt, muß eine Abwägung der unterschiedlichen Interessen des einzelnen Wohnungseigentümers einerseits und der Interessen der Gesamtheit der Wohnungseigentümer andererseits ergeben. Eine unzumutbare Benachteiligung des einzelnen Wohnungseigentümers wäre danach dann anzunehmen, wenn das Interesse des einzelnen Wohnungseigentümers an einer uneingeschränkten Vertretungsmöglichkeit gegenüber dem durch die Vertretungsbeschränkung geschützten Interesse aller Wohnungseigentümer überwiegt, Fremdeinwirkungen Dritter von der Versammlung der Wohnungseigentümer fernzuhalten.

a) Das Vertretungsinteresse des einzelnen Wohnungseigentümers. Für ein überwiegendes Interesse des einzelnen Wohnungseigentümers an einer uneingeschränkten Vertretung in der Versammlung könnte zunächst sprechen, daß es dem einzelnen Wohnungseigentümer im Einzelfall nicht zugemutet werden kann, sich durch die in der Vertretungsklausel genannten Personen - Ehegatten, Wohnungs-

---

295 Vgl. BGHZ 99, 90 (96); 121, 236 (238).

296 Auf die umstrittenen Frage, ob die einseitig nach §§ 8 Abs. 2, 5 Abs. 4 WEG gesetzte Gemeinschaftsordnung einer Inhaltskontrolle nach dem AGB-Gesetz unterliegt, kann hier nicht eingegangen werden; bejahend Ulmer, Festgabe Weitnauer, S. 205 (218); ablehnend BayObLG, WuM 1991, 365; Weitnauer, Anm. zu BayObLG, DNotZ 1989, 428 (430); offenlassend BGHZ 99, 90 (94); Sauren, Festschrift Bärmann/Weitnauer (1990), S. 531 (532 f.).

eigentümer oder Verwalter - vertreten zu lassen. Dies trifft im besonderen Maße für den unverheirateten Wohnungseigentümer zu, der weit entfernt von der Wohnanlage wohnt und das Wohnungseigentum als Kapitalanlage nutzt; denn dieser müßte erhebliche Kosten aufwenden, um durch persönliche Teilnahme an der Versammlung der Gefahr zu entgehen, daß er in seinen Vermögensangelegenheiten unvertreten bleibt und sich ohne Möglichkeit der Einflußnahme dem Willen Dritter unterwirft.[297] Zudem kann dem Wohnungseigentümer im Einzelfall nicht zugemutet werden, sich durch einen anderen Wohnungseigentümer vertreten zu lassen, wenn ihm - als Kapitalanleger - andere Wohnungseigentümer gar nicht bekannt sind oder diese entgegengesetzte Interessen verfolgen.[298] Letzteres ist insbesondere bei einer kleinen, von den Wohnungseigentümern selbst bewohnten Wohnanlage anzunehmen, wenn die Wohnungseigentümer untereinander zerstritten sind.[299] Eigene entgegengesetzte Interessen können ebenfalls durch den bevollmächtigten Verwalter wahrgenommen werden; insbesondere kann dieser nach § 25 Abs. 5 WEG von der Abstimmung auch als Vertreter ausgeschlossen sein. Deshalb kann eine Bevollmächtigung des Verwalters im Einzelfall ebenfalls unzumutbar sein.[300]

b) Der Schutz vor gemeinschaftsfremden Einflüssen. Die Unzumutbarkeit der Vertretungsbeschränkung im Einzelfall vermag jedoch nicht das durch die Vertretungsklausel geschützte generelle Interesse der Wohnungseigentümer zu verdrängen, gemeinschaftsfremde Einflüsse von der Versammlung der Wohnungseigentümer fernzuhalten.[301] Denn dieses Interesse der Gesamtheit der Wohnungseigentümer wird bereits durch den ungeschriebenen Grundsatz der Nichtöffentlichkeit der Versammlung sowie durch das Verbot der isolierten Übertragung einzelner Mitgliedschaftsrechte auf einen Dritten rechtlich als schutzwürdig anerkannt.[302] Zudem ist zu berücksichtigen, daß grundsätzlich auch der auswärtige Kapitalanleger ein Interesse daran hat, fremden Einfluß auf die gemeinschaftliche Willensbildung weitestgehend auszuschließen.[303] Die Vertretungsbeschränkung in der Gemeinschaftsordnung schützt damit die Interessen aller Wohnungseigentü-

---

297 So KG, OLGZ 1986, 56 (59); Lotz-Störmer, Stimmrechtsausübung, S. 226.
298 So KG, OLGZ 1986, 56 (59); Lotz-Störmer, Stimmrechtsausübung, S. 226 f.
299 Vgl. OLG Braunschweig, NJW-RR 1990, 979 (980).
300 Vgl. KG, OLGZ 1986, 56 (59); Lotz-Störmer, Stimmrechtsausübung, S. 227.
301 So aber KG, OLGZ 1986, 56 (59); abweichend jedoch KG, WuM 1992, 392 (394).
302 S.o. unter § 11.
303 So zutreffend BGHZ 99, 90 (95).

mer, so daß darin generell keine unangemessene gegen Treu und Glauben verstoßende Benachteiligung einzelner Wohnungseigentümer zu sehen ist.[304]

Zuzugeben ist jedoch, daß die Vertretungsbeschränkung im Einzelfall zu einer unzumutbaren Benachteiligung führen kann, wenn ein Wohnungseigentümer gänzlich von der Mitwirkung ausgeschlossen wäre. Da aufgrund des satzungsähnlichen Charakters der Gemeinschaftsordnung eine generalisierende Betrachtungsweise anzustellen ist,[305] kann dies nicht zur Unwirksamkeit der Vertretungsklausel führen. Vielmehr ist die Klausel einschränkend dahingehend auszulegen, daß in Ausnahmefällen ein Dritter als Vertreter akzeptiert werden muß, wenn der Vertretene aus physischen oder psychischen Gründen zu eigenem Handeln außerstande ist, er keinen Ehegatten hat und ihm die Bevollmächtigung anderer Wohnungseigentümer oder des Verwalters wegen bestehender gegenläufiger Interessen nicht zugemutet werden kann.[306] Dieses Auslegung ergibt sich aus den gegenseitigen Schutz- und Treupflichten der Wohnungseigentümer innerhalb der Gemeinschaft.[307] So stellt die Vertretungsbeschränkung in der Gemeinschaftsordnung einerseits ein Konkretisierung der Treuepflicht des einzelnen Wohnungseigentümers dar, im Interesse aller Wohnungseigentümer eine mit der Bevollmächtigung verbundene unnötige Einflußnahme Dritter auf die gemeinschaftliche Willensbildung zu verhindern. Andererseits darf die Vertretungsbeschränkung nicht dazu führen, daß dem einzelnen Wohnungseigentümer im Einzelfall die Ausübung seiner Mitgliedschaftsrechte unmöglich gemacht wird. Denn ein solcher Eingriff in den Kernbereich der Mitgliedschaft des Wohnungseigentümers wäre vom Zweck der Vertretungsbeschränkung nicht mehr gedeckt.[308] Deshalb gebietet die mitgliedschaftliche Treuepflicht den anderen Wohnungseigentümern, sich in den genannten Fällen nicht auf die Vertretungsbeschränkung zu berufen.

Ob in der Vertretungsbeschränkung im Einzelfall eine unzumutbare Benachteiligung eines einzelnen Wohnungseigentümers zu sehen ist, muß in der jeweiligen Versammlung geklärt werden.[309] Wenn die Zurückweisung eines in der Vertreterklausel nicht benannten Bevollmächtigten nach den genannten Grundsät-

---

304 BGHZ 99, 90 (95 f.).

305 BGHZ 99, 90 (96).

306 So wohl auch OLG Karlsruhe, OLGZ 1976, 273 (275); LG Wuppertal, WuM 1995, 673; offenlassend BGHZ 99, 90 (96); ablehnend KG, OLGZ 1986, 56 (58).

307 Vgl. BayObLGZ 1970, 65 (68); 1971, 313 (319); 1974, 118 (123); Merle, System, S. 153 f.

308 Zum Verbot des Eingriffs in den Kernbereich der Mitgliedschaft s.o. unter § 9 II.

309 So zutreffend KG, WuM 1994, 714 (715) = WE 1995, 119 (120) unter Hinweis auf BGHZ 121, 236 (242) zur Anwesenheit eines Beraters (vgl dazu § 15 III 4), kritisch Röll, WE 1995, 121 (122).

zen eine gegen Treu und Glauben verstoßende Verletzung des Teilnahmerechts des Wohnungseigentümers darstellen würde, dann sind die Wohnungseigentümer verpflichtet, entgegen der Vertreterklausel einen entsprechenden Zulassungsbeschluß zu fassen. Im Falle der rechtswidrigen Verweigerung der Zulassung eines Bevollmächtigten, sind die in der Versammlung gefaßten Beschlüsse gemäß § 23 Abs. 4 WEG wegen Verletzung des Teilnahmerechts des Wohnungseigentümers im gerichtlichen Verfahren nach § 43 Abs. 1 Nr. 4 WEG anfechtbar, ohne daß der in seinen Rechten verletzte Wohnungseigentümer die Auswirkung der Teilnahmerechtsverletzung auf die jeweiligen Beschlußergebnisse nachzuweisen braucht.[310]

5. Die einschränkende Auslegung der Vertreterklausel

Die damit vorzunehmende, auf ihren Zweck bezogene Auslegung von Vertretungsklauseln führt dazu, daß bestimmte Fälle der Vertretung in der Versammlung von vornherein nicht unter den Anwendungsbereich der Vertretungsbeschränkung fallen.

Die Vertretungsklausel erfaßt zunächst nur die Fälle der rechtsgeschäftlichen Vertretung durch einen Bevollmächtigten und nicht die Fälle der gesetzlichen Vertretung.[311] Gleiches gilt auch für die Fälle der organschaftlichen Vertretung von juristischen Personen und Personenhandelsgesellschaften als Wohnungseigentümer.

Zudem betrifft die Vertretungsbeschränkung in der Gemeinschaftsordnung auch nicht die rechtsgeschäftliche Vertretung einer juristischen Person oder einer Personenhandelsgesellschaft durch einen Prokuristen (§§ 48 ff. HGB) oder Handlungsbevollmächtigten (§ 54 HGB), da sie als Interessenvertreter des Wohnungseigentümers anzusehen sind, von denen keine gemeinschaftsfremden Einwirkungen zu befürchten sind.[312] Dies gilt insbesondere für juristische Personen, bei denen die organschaftliche Vertretung vielfach durch Nichtmitglieder ausgeübt wird. Demgemäß kann auch die rechtsgeschäftliche Vertretung solcher Dritter nicht ausgeschlossen sein, die im Innenverhältnis zur Verfolgung der Interessen der juristischen Person als Wohnungseigentümer verpflichtet sind. Zudem erfaßt bereits der Wortlaut der Vertreterklausel nicht diese Fälle der rechtsgeschäftlichen

---

310 Vgl. § 8 II 3.

311 BayObLGZ 1991, 220 (224); AG Essen, WuM 1995, 673.

312 OLG Frankfurt, OLGZ 1979, 134 (136); BayObLGZ 1981, 220 (224 f.); a.A. Lotz-Störmer, Stimmrechtsausübung, S. 231.

Vertretung; denn die Formulierung "Vertretung nur durch den Ehegatten" macht deutlich, daß sich der Regelungsgehalt nur auf die Vertretung natürlicher Personen als Wohnungseigentümer bezieht.

Ausgeschlossen vom Anwendungsbereich der Vertreterklausel ist auch die Bevollmächtigung des Erwerbers von Wohnungseigentums durch den Veräußerer, wenn ersterem nach dem schuldrechtlichen Erwerbsvertrag bereits vor der Eigentumsumschreibung der Besitz an der Wohnung eingeräumt wurde und er im Verhältnis zum Veräußer bereits die Lasten zu tragen hat. In diesem Fall nimmt der noch nicht im Grundbuch eingetragene Erwerber typische Wohnungseigentümerinteressen wahr, so daß der Schutzzweck der Vertretungsbeschränkung nicht berührt wird.[313]

6. Ergebnis

Im Ergebnis ist damit festzuhalten, daß eine Klausel in der Gemeinschaftsordnung, wonach die Vertretung in der Versammlung nur durch den Ehegatten, den Verwalter oder einen Wohnungseigentümer zulässig ist, wirksam vereinbart werden kann. Kann dem einzelnen Wohnungseigentümer eine derartige Vertretungsbeschränkung im Einzelfall jedoch nicht zugemutet werden, so gebietet die mitgliedschaftliche Treuepflicht den Wohnungseigentümern, sich nicht auf die Vertretungsklausel zu berufen. Außerdem erfaßt die Klausel von vornherein nicht die Fälle einer organschaftlichen oder rechtsgeschäftlichen Vertretung einer juristischen Person oder Personenhandelsgesellschaft sowie die Bevollmächtigung eines Wohnungsanwärters, da in diesen Fällen der Schutzzweck der Vertreterklausel, die Versammlung vor fremden Einflüssen zu schützen, nicht angetastet wird.

§ 15 Die Teilnahme von Beiständen und Beratern

I. Das Problem

Ob ein nicht zur Stimmabgabe bevollmächtigter Dritter als Beistand oder Berater neben dem Wohnungseigentümer an der Versammlung der Wohnungseigentümer teilnehmen kann, ist fraglich. Hierbei kann es nicht um ein eigenes Teilnahme-

---

[313] S.o. unter § 12 III 3.

recht des Beistands oder Beraters gehen; denn ein solches kann nicht ohne Zustimmung der übrigen Wohnungseigentümer durch einen einzelnen Wohnungseigentümer allein zugunsten eines Dritten neu geschaffen werden.[314] Es stellt sich vielmehr nur die Frage, ob das mitgliedschaftliche Teilnahmerecht des Wohnungseigentümers auch das Recht umfaßt, in Begleitung eines Beistands oder Beraters an der Versammlung teilzunehmen,[315] oder ob letztere als Dritte nach dem Grundsatz der Nichtöffentlichkeit von der Teilnahme an der Versammlung ausgeschlossen sind. Dabei kollidiert das Interesse der Gesamtheit der Wohnungseigentümer, den Kreis der Versammlungsteilnehmer auf den Kreis der Wohnungseigentümer zu begrenzen, mit dem Interesse des einzelnen Wohnungseigentümers, in der Versammlung einen Beistand oder Berater hinzuzuziehen.

II. Begriffsbestimmungen

Bevor die Frage der Teilnahme im einzelnen erörtert werden kann, ist zunächst die Beistandschaft begrifflich von der Beratung eines Wohnungseigentümers in der Versammlung zu unterscheiden. In Rechtsprechung und Schrifttum werden die Begriffe "Beistand" und "Berater" vielfach als Synonyme gebraucht.[316] Demgegenüber differenziert der *BGH* zwischen der "aktiven Beteiligung eines Beistands", die auch die "Abgabe von Erklärungen" und die "Antragstellung" umfaßt,[317] und dem "Beistand" in lediglich "beratender Funktion", der im folgenden als "Berater" bezeichnet wird.[318] Diese Differenzierung zwischen aktiver Beteiligung an der Versammlung einerseits und der Ausübung lediglich beratender Funktion legt eine Begriffsbestimmung nahe, die sich an den prozeßrechtlichen Begriff des Beistands in § 90 ZPO anlehnt, ohne den Beistand des Wohnungseigentümers in der Versammlung rechtlich mit dem Beistand im Prozeß gleichzusetzen. Versteht man im

---

[314] Vgl. OLG Düsseldorf, GmbHR 1992, 610 (611) m. Anm. Lotz; Sina, GmbHR 1993, 136 (139) zur Gesellschafterversammlung bei der GmbH. Zum Verbot der Verdoppelung der Mitgliedschaftsrechte im Wohnungseigentumsrecht s.o. unter § 12 III 1 b.

[315] So Sina, GmbHR 1993, 136 (139) zur GmbH.

[316] Vgl. Wiedemann, Übertragung, S. 352. Nach Wangemann, Eigentümerversammlung, Rdnr. C 32 umfaßt die "Beistandschaft" sowohl die Beratung als auch die Abgabe von Erklärungen; ähnlich H. Müller, Praktische Fragen, S. 285. Andere verwenden den neutralen Begriff der "Vertrauensperson" - so KG, OLGZ 1986, 56 (59) - oder des "Begleiters" - so Deckert, WE 1993, 166.

[317] Vgl. BGHZ 121, 236 (240) = NJW 1993, 1929 = WE 1993, 165 m. Anm. Deckert.

[318] Vgl. BGHZ 121, 236 (241). Vgl. auch BayObLGZ 1981, 161 (164), das neben der "Übertragung mündlicher Ausführungen" die "nur beratende Tätigkeit" anführt.

Prozeßrecht unter einem Beistand eine von der Partei hinzugezogene Person, die in der Verhandlung neben ihr und ihrem Prozeßbevollmächtigten auftritt und das Wort ergreift (vgl. § 90 Abs. 2 ZPO),[319] so kann auch im Wohnungseigentumsrecht derjenige als "Beistand" des Wohnungseigentümers angesehen werden, der nach außen die Interessen des Wohnungseigentümers "vorträgt" und somit aktiv an der Versammlung teilnimmt. Demgegenüber läßt sich als "Berater" die Vertrauensperson bezeichnen, die den Wohnungseigentümer lediglich intern "berät", ihn also nur informiert, ohne aktiv durch Wortbeiträge nach außen an der Versammlung teilzunehmen.[320]

Aus dieser begrifflichen Unterscheidung als solcher lassen sich jedoch keine konkreten Rechtsfolgen für das Problem der Teilnahme eines Beistands oder Beraters ableiten, so daß im folgenden zu erörtern ist, ob eine Teilnahme Dritter als Berater und darüberhinaus als aktiv tätiger Beistand zulässig ist. Da die Wohnungseigentümer nach § 10 Abs. 1 S. 2 WEG im Verhältnis untereinander auch diese Frage grundsätzlich durch Vereinbarung regeln können, ist danach zu differenzieren, ob eine entsprechende Regelung in der Gemeinschaftsordnung besteht oder nicht.

III. Die gesetzliche Ausgangslage

1. Der Meinungsstand in Rechtsprechung und Schrifttum

Fehlt eine Regelung in der Gemeinschaftsordnung, so haben die instanzgerichtliche Rechtsprechung[321] und das Schrifttum[322] bisher überwiegend die Hinzuziehung einer Vertrauensperson des Wohnungseigentümers grundsätzlich als zulässig angesehen, ohne zwischen der bloßen Beratung und der aktiven Beistandschaft zu unterscheiden. Das Interesse des einzelnen Wohnungseigentümers, in der Versammlung einen Beistand hinzuzuziehen, wird danach gegenüber dem Interesse

---

[319] Vgl. Hartmann, in: Baumbach/Lauterbach/Albers/Hartmann, § 90 Anm. 1) I; Creifelds, Rechtswörterbuch, S. 158 ("Beistand", Anm. 2).

[320] Vgl. insoweit Sina, GmbHR 1993, 136 (137) zur GmbH; Kirberger, BB 1978, 1390, die zwischen der "schlichten Beratung" und der "verselbständigten Rolle eines Verfahrensbeistands" unterscheiden.

[321] OLG Hamm, OLGZ 1990, 57 (59); OLG Karlsruhe, WuM 1986, 229; wohl auch BayObLGZ 1981, 161 (164).

[322] Weitnauer/Lüke, § 23 Rdnr. 5; H. Müller, Praktische Fragen, S. 285; Palandt/-Bassenge, 52. Aufl., WEG § 24 Rdnr. 10, abweichend nunmehr Palandt/Bassenge, WEG § 24 Rdnr. 13.

der Gesamtheit der Wohnungseigentümer am Ausschluß Dritter von der Versammlung grundsätzlich der Vorrang eingeräumt. Bis zur Grenze des Rechtsmißbrauchs (§ 242 BGB) sei das Interesse zu respektieren, sich in der Versammlung beraten zu lassen. Ein Ausschluß des Beistands durch ad hoc gefaßten Mehrheitsbeschluß solle nur dann möglich sein, wenn seine Anwesenheit den äußeren Ablauf der Versammlung stören würde oder aus "sonstigen Gründen den übrigen Wohnungseigentümern nicht zugemutet" werden könne.[323] In diesen Fällen soll auch ein Verweis des Beraters bzw. Beistands aus dem Versammlungslokal durch den Versammlungsvorsitzenden kraft seines Hausrechts in Betracht kommen.[324]

Dieser Auffassung vom Vorrang des Beratungsinteresses des einzelnen Wohnungseigentümers ist der *BGH*[325] auf Vorlage des *KG*[326] entgegengetreten, indem er den Grundsatz der Nichtöffentlichkeit der Versammlung in den Vordergrund stellt. Danach sei bereits der Berater als außenstehender Dritter grundsätzlich von der Teilnahme an der Versammlung ausgeschlossen. Eine Ausnahme gelte nur dann, wenn der einzelne Wohnungseigentümer im Einzelfall ein berechtigtes Interesse an der Hinzuziehung eines Beraters habe, das gewichtiger sei als das Interesse der anderen Wohnungseigentümer, die Versammlung auf den Kreis der Wohnungseigentümer zu beschränken.[327] Ein solches überwiegendes Interesse eines Wohnungseigentümers an sachkundiger Beratung könne sich aus einem in seiner Person liegenden beachtlichen Grund (z.B. hohes Lebensalter) oder aus dem Schwierigkeitsgrad der Angelegenheit ergeben, über die nach der Tagesordnung zu beschließen sei.[328] Im übrigen sei es dem Wohnungseigentümer zumutbar, sich vor Beginn der Versammlung durch eine Person seines Vertrauens beraten zu lassen. Da sich die Interessenabwägung nach Art und Bedeutung des jeweiligen Beschlußgegenstandes im Einzelfall richte, sei erst in der Versammlung über die Teilnahme eines Beraters zu befinden.[329]

---

323 OLG Karlsruhe, WuM 1986, 229.

324 Vgl. H. Müller, Praktische Fragen, S. 286. Zum Hausrecht des Versammlungsvorsitzenden im Unterschied zum Ordnungsrecht vgl. unter § 8 II 1 a.

325 BGHZ 121, 236 (241) = NJW 1993, 1929 = WE 1993, 165 m. abl. Anm. Deckert = DWE 1993, 60 = WuM 1993, 285 = ZMR 1993, 287 = MDR 1993, 442 = WM 1993, 656.

326 KG, NJW-RR 1993, 25 = WE 1992, 287 = DWE 1992, 115 = ZMR 1992, 399. Der Vorlagebeschluß bezieht sich jedoch nur auf eine in der Gemeinschaftsordnung bestimmte Teilnahmebeschränkung, siehe unten IV.

327 BGHZ 121, 236 (241).

328 BGHZ 121, 236 (241 f.).

329 BGHZ 121, 236 (242); vgl. auch Bielefeld, GE 1993, 829 (831).

2. Die Reichweite des Nichtöffentlichkeitsgrundsatzes

Die Gegenüberstellung der genannten Ansichten macht deutlich, daß die Frage der Teilnahme von Beratern an der Wohnungseigentümerversammlung entscheidend von der Reichweite der Nichtöffentlichkeit der Versammlung abhängt. So ist die gegenüber der Auffassung des BGH vorgebrachte Kritik berechtigt, er habe den Ausschluß von Beratern zu Unrecht auf den Grundsatz der Nichtöffentlichkeit der Versammlung gestützt,[330] wenn die Teilnahme von Beratern den Schutzbereich der Nichtöffentlichkeit nicht berührt.

a) Der Schutz vor Verbreitung interner Angelegenheiten. *W. Lüke*[331] hat bestritten, daß die Nichtöffentlichkeit der Versammlung eine unnötige Verbreitung interner Angelegenheiten der Wohnungseigentümer in der Öffentlichkeit verhindern solle,[332] da dieser Schutz bereits bei einer Beschlußanfechtung im gerichtlichen Verfahren nach § 43 Abs. 1 Nr. 4 WEG mit öffentlicher Verhandlung nicht mehr gewährleistet sei. Dieser Argumentation kann nicht gefolgt werden; denn auch dann, wenn man mit der neueren Rechtsprechung[333] und Literatur[334] aus Art. 6 Abs. 1 MRK als lex posterior gegenüber § 8 FGG die Öffentlichkeit der mündlichen Verhandlung im gerichtlichen Beschlußanfechtungsverfahren nach § 43 Abs. 1 Nr. 4 WEG anerkennt, so läßt dies noch keine Rückschlüsse auf den Schutzzweck der Nichtöffentlichkeit der Versammlung zu, da die Beschlußanfechtung stets nur den Ausnahmefall betrifft und zudem in der Versammlung Angelegenheiten erörtert werden, die nicht notwendig in einer Beschlußfassung münden. "Nötig" ist danach die Verbreitung interner Angelegenheiten der Wohnungseigentümer nur insoweit, wie sie als Nebeneffekt der Öffentlichkeit der Gerichtsverhandlung unvermeidbar ist, die als Hauptzweck die Kontrolle des gerichtlichen

---

[330] Vgl. W. Lüke, WE 1993, 260 (262); Deckert, WE 1993, 166 mit dem Hinweis, die Wohnungseigentümerversammlung sei kein "Geheimbündnis".

[331] WE 1993, 260 (262).

[332] So OLG Hamm, OLGZ 1990, 57 (59); Wangemann, Eigentümerversammlung, Rdnr. C 30.

[333] BayObLG, WuM 1989, 210; NJW-RR 1989, 1293 bezieht die Öffentlichkeit ausdrücklich auch auf das Verfahren nach § 43 Abs. 1 Nr. 4 WEG, da unter den Begriff "zivilrechtliche Ansprüche" im Sinne von Art. 6 Abs. 1 MRK nicht nur solche im engeren Sinne des § 194 Abs. 1 BGB fallen; a.A. noch BayObLG, WEM 1983, 114 (115).

[334] Vgl. Merle, in: Bärmann/Pick/Merle, § 44 Rdnr. 31; Niedenführ, in: Henkes/Niedenführ/Schulze, Vor § 43 Rdnr. 17; Kahl, in: Keidel/Kuntze/Winkler, Vorb §§ 8-18 Rdnr. 7a; Weitnauer/Hauger, Anh. zu § 43 Rdnr. 19.

Verfahrens durch die Allgemeinheit verfolgt, um das öffentliche Vertrauen zur Rechtsprechung zu fördern.[335] Damit ist der Schutzzweck der Nichtöffentlichkeit der Versammlung anzuerkennen, eine Verbreitung interner Angelegenheiten in der Öffentlichkeit zu verhindern.[336] Dieser Schutzzweck verbietet im Grundsatz auch die bloße Anwesenheit eines nicht aktiv teilnehmenden Beraters in der Versammlung, der die internen Angelegenheiten zur Kenntnis nehmen und anschließend der Öffentlichkeit zugänglich machen kann.

Abweichendes kann ausnahmsweise dann gelten, wenn das Gesetz anderweitig vor der Verbreitung interner Angelegenheiten in der Öffentlichkeit schützt. Dies gilt für fachkundige Berater, die als Rechtsanwalt oder Steuerberater von Berufs wegen mit der Wahrnehmung fremder Angelegenheiten betraut sind und die deshalb aufgrund des Standesrechts zur Berufsverschwiegenheit verpflichtet sind. In diesen Fällen ist eine "unnötige Verbreitung" interner Angelegenheiten der Wohnungseigentümer in der Öffentlichkeit nicht zu befürchten, so daß insoweit dieser Schutzzweck der Nichtöffentlichkeit der Versammlung durch die Anwesenheit eines fachkundigen Beraters nicht verletzt wird.[337] Allerdings muß bezweifelt werden, ob auf Seiten des einzelnen Wohnungseigentümers überhaupt das Interesse schutzwürdig ist, sich durch einen derartigen fachkundigen Berater lediglich intern beraten zu lassen. Denn § 23 Abs. 2 WEG bestimmt zum Zwecke der Information des Wohnungseigentümers ausdrücklich, daß zur Gültigkeit eines Versammlungsbeschlusses der jeweilige Gegenstand der Beschlußfassung bei der Einberufung der Versammlung hinreichend zu bezeichnen ist.[338] Dem Wohnungseigentümer wird so bereits im Vorfeld der Versammlung die Möglichkeit verschafft, sich unter Hinzuziehung eines fachkundigen Beraters auf die in der Versammlung zu behandelnden Angelegenheiten vorzubereiten. Aufgrund dieser Gesetzeslage ist es dem einzelnen Wohnungseigentümer daher regelmäßig zuzumuten, sich vor Beginn der Versammlung durch einen fachkundigen Berater beraten zu lassen, so daß insoweit grundsätzlich kein schutzwürdiges Interesse an

---

335 Vgl. OLG Hamm, OLGZ 1990, 57 (59); Kissel, GVG § 169 Rdnr. 3.

336 So zutreffend OLG Hamm, OLGZ 1990, 57 (59); Wangemann, Eigentümerversammlung, Rdnr. C 30.

337 So zutreffend Sina, GmbHR 1993, 136 (138) zur GmbH; Saenger, Beteiligung Dritter, S. 177 f.; vgl. auch Deckert, WE 1993, 166, der allerdings die Teilnahme von zur Berufsverschwiegenheit verpflichteten Dritten nicht nur auf die bloße Beratung erstreckt.

338 Zum Informationszweck des § 23 Abs. 2 WEG vgl. Pick, in: Bärmann/Pick/Merle, § 23 Rdnr. 13; Schulze, in: Henkes/Niedenführ/Schulze, § 23 Rdnr. 9.

einer Spontanberatungsmöglichkeit durch einen in der Versammlung anwesenden, zur Berufsverschwiegenheit verpflichteten Berater besteht.[339]

b) Der Schutz vor fremder Einflußnahme. Der einzelne Wohnungseigentümer könnte jedoch ein Interesse daran haben, sich von einem fachkundigen Beistand in der Versammlung nicht nur beraten zu lassen, sondern ihm gerade die sachkundigen Ausführungen bei der Beratung der Beschlußgegenstände zu überlassen, zu denen er sich als fachunkundiger oder nicht eloquenter Wohnungseigentümer nicht befähigt fühlt. Durch die aktive Teilnahme eines Beistandes wird jedoch einem Dritten ermöglicht, den Willensbildungsprozeß der Wohnungseigentümer zu beeinflussen, so daß hier der weitergehende Schutzzweck der Nichtöffentlichkeit der Versammlung berührt ist, die gemeinschaftliche Willensbildung der Wohnungseigentümer in der Versammlung vor fremden Einflüssen zu schützen.[340] Allerdings muß auch hier berücksichtigt werden, daß der fachkundige Beistand - sei es als Rechtsanwalt oder Steuerberater - im Verhältnis zum Wohnungseigentümer verpflichtet ist, dessen Interessen zu vertreten. Es läßt sich damit - ebenso wie für den widerruflich Bevollmächtigten[341] - vermuten, daß auch der fachkundige Beistand nach außen in der Versammlung gegenüber den anderen Wohnungseigentümern typische Wohnungseigentümerinteressen und keine gemeinschaftsfremden Drittinteressen wahrnimmt, so daß regelmäßig keine Gefahr der Überfremdung des Willensbildungsprozesses in der Versammlung besteht.

Insoweit ließe sich für eine grundsätzliche Zulassung der Teilnahme eines fachkundigen Beistands anführen, daß mit der Zulassung der - mit der Ausübung des Antrags- und Rederechts verbundenen - Teilnahme von Bevollmächtigten erst Recht die Teilnahme eines fachkundigen Beistands zulässig sein muß. Gegen diese Argumention spricht jedoch, daß die Teilnahme eines bevollmächtigten Vertreters gegenüber der Teilnahme eines Beistands keine weitergehende Form der Teilnahme darstellt. Denn abgesehen von der Ausübung des Stimmrechts unterscheidet sich der Beistand nicht vom Bevollmächtigten; beide üben sowohl daß Antragsrecht als auch das Rederecht aus. Bezogen auf die Ausübung des mitgliedschaftlichen Teilnahmerechts stellt vielmehr die aktive Teilnahme eines Beistands die weitergehende Form der Teilnahme dar, indem der Beistand nicht *anstelle* des Wohnungseigentümers sondern *neben* dem Wohnungseigentümer an der Versammlung teilnimmt. Nimmt der einzelne Wohnungseigentümer ohne Zustimmung der

---

339 Insoweit zutreffend BGHZ 121, 236 (242).
340 Vgl. OLG Hamm, OLGZ 1990, 57 (58 f.); s.o. unter § 11 I 1.
341 Vgl. dazu Wiedemann, Übertragung, S. 363; § 14 III 2 b.

anderen Wohnungseigentümer in Begleitung eines Beistands an der Versammlung teil, so würde eine gleichzeitige Teilnahme - im Unterschied zur alleinigen Teilnahme eines Bevollmächtigten - zu einer einseitigen Verdoppelung von Mitgliedschaftsrechten zu Lasten der anderen Wohnungseigentümer führen.[342] Die aktive Teilnahme von Wohnungseigentümer und fachkundigem Beistand kann so zu einer "ad hoc" -Überlegenheit gegenüber den fachunkundigen übrigen Wohnungseigentümern in der Versammlung führen, die das Vertrauensverhältnis der Wohnungseigentümer untereinander zerstören kann.[343] Aus diesem Grund steht dem Wohnungseigentümer bereits kein Recht auf gleichzeitige Teilnahme neben dem Bevollmächtigten zu, so daß auf diesem Wege keine wirksame Beistandschaft herbeigeführt werden kann.[344] Mag ein neben dem Wohnungseigentümer an der Versammlung teilnehmender fachkundiger Beistand im Einzelfall zu einer Versachlichung der Diskussion und damit zu einem positiven Verlauf der Versammlung beitragen,[345] so besteht dennoch stets die Gefahr, daß die aktive Teilnahme eines fachkundigen Beistands zu einer ungleichen Verhandlungsstärke zugunsten des einzelnen Wohnungseigentümers und zu Lasten der übrigen Wohnungseigentümer in der Versammlung führt.[346] Das Verbot der einseitigen Verdoppelung von Mitgliedschaftsrechten zu Lasten der anderen Wohnungseigentümer spricht also dafür, die aktive Teilnahme eines Beistands neben dem Wohnungseigentümer grundsätzlich auszuschließen, so daß nicht von der Zulassung der Teilnahme eines Bevollmächtigten auf die Zulassung der Teilnahme eines Beistands geschlossen werden kann. Eine derartige Argumentation a maiore ad minus kann nur im Verhältnis zur bloßen Anwesenheit eines Beraters erfolgen, die gegenüber der aktiven Teilnahme des Bevollmächtigten eine weniger weitreichende Form der Teilnahme Dritter an der Versammlung der Wohnungseigentümer darstellt.[347]

c) Zwischenergebnis. Als Zwischenergebnis bleibt festzuhalten, daß die Teilnahme von Beiständen und Beratern die Schutzzwecke der Nichtöffentlichkeit zwar berührt, aber nicht generell verletzt. Je nach dem Umfang der Teilnahme als bloßer Berater oder als aktiver Beistand des Wohnungseigentümers werden die

---

342 S.o. § 14 III 1.

343 Vgl. Kirberger, BB 1978, 1390 (1392); Lotz, GmbHR 1992, 611 (612) zur GmbH.

344 Die gleichzeitige Teilnahme von Wohnungseigentümer und Bevollmächtigten ist vielmehr als Widerruf der Vollmacht auszulegen, vgl. § 15 II 1.

345 So W. Lüke, WE 1993, 260 (262); Deckert, WE 1993, 166; vgl auch Sina, GmbHR 1993, 136 (138) zur GmbH.

346 So auch Saenger, Beteiligung Dritter, S. 177 zum Gesellschaftsrecht.

347 So wohl auch W. Lüke, WE 1993, 260 (262).

Schutzzwecke in unterschiedlicher Intensität beeinträchtigt. Geht es um den Schutz vor unnötiger Verbreitung interner Angelegenheiten in der Öffentlichkeit, so bestehen grundsätzlich keine Bedenken, die Anwesenheit eines zur Berufsverschwiegenheit verpflichteten Beraters in der Versammlung zuzulassen. Etwas anderes gilt, wenn diese Person als Beistand des Wohnungseigentümers durch Wortbeiträge aktiv an der Versammlung teilnimmt. Da in diesem Fall zu vermuten ist, daß der berufsmäßige Beistand seiner Verpflichtung gegenüber dem Wohnungseigentümer entsprechend die Interessen des Wohnungseigentümers wahrnimmt, bleibt zwar die Gefahr des gemeinschaftsfremden Dritteinflusses auf die gemeinschaftliche Willensbildung der Wohnungseigentümer gering. Jedoch bestehen unter dem Gesichtspunkt der unzulässigen Verdoppelung von Mitgliedschaftsrechten zu Lasten der anderen Wohnungseigentümer Bedenken gegen eine gleichzeitige aktive Teilnahme von Wohnungseigentümer und Beistand.

Es zeigt sich also, daß die Frage der Teilnahme von Beratern und Beiständen aufgrund der unterschiedlichen Interessenlage im konkreten Einzelfall nicht generell beantwortet werden kann. Es ist daher stets durch eine Interessenabwägung im Einzelfall zu entscheiden, ob ein Dritter als Berater oder Beistand neben dem einzelnen Wohnungseigentümer an der Versammlung der Wohnungseigentümer teilnehmen darf.[348] Dagegen läßt sich nicht anführen, eine Interessenabwägung im Einzelfall führe zu Rechtsunsicherheit;[349] denn das Streben nach Rechtssicherheit darf in Bereichen, die gesetzlich nicht ausdrücklich geregelt sind, nicht zu einer schematischen Lösung führen, die die berechtigten Interessen der Beteiligten außer acht läßt.[350] Es kann also im folgenden nur darum gehen, für die Interessenabwägung im Einzelfall allgemeine Abwägungskriterien zu entwickeln und so zur Rechtssicherheit beizutragen.

3. Die Rechtslage bei anderen Personenvereinigungen

Da der Grundsatz der Nichtöffentlichkeit nicht nur im Wohnungseigentumsrecht, sondern auch bei anderen Personenvereinigungen anerkannt ist,[351] bei denen sich

---

[348] So zutreffend BGHZ 121, 236 (241); OLG Düsseldorf, NJW-RR 1995, 1294 (1295).

[349] So Deckert, WE 1993, 166.

[350] Vgl. Wenzel, WE 1993, 335.

[351] Vgl. zur GmbH: T. Raiser, Kapitalgesellschaften, § 33 Rdnr. 23; Vogel, Gesellschafterbeschlüsse, S. 141; Lotz, GmbHR 1992, 611; vgl. zur AG: Hüffer, § 118 Rdnr. 16; Eckardt, in: Geßler/Hefermehl/Eckardt/Kropff, § 118 Rdnr. 42; KölnerKomm/Zöllner, § 118 Rdnr. 29, § 119 Rdnr. 75; vgl. zur eingetragenen Genossenschaft: Meyer/Meulenbergh/Beuthien, § 43 Rdnr. 25; vgl. zum Verein Sauter/Schweyer, Verein, Rdnr. 196.

die Willensbildung der Mitglieder in einer Versammlung vollzieht, könnte sich aus einer Betrachtung der für diese Personenvereinigungen geltenden Rechtslage Beurteilungsmaßstäbe ergeben, die auch auf die Beurteilung der Teilnahme von Beratern und Beiständen an der Versammlung der Wohnungseigentümer anzuwenden sind.

a) Die Rechtslage im Vereinsrecht und im Personengesellschaftsrecht. Im Vereinsrecht ist zunächst anerkannt, daß das Vereinsmitglied grundsätzlich nicht berechtigt ist, einen Beistand oder Berater in der Mitgliederversammlung hinzuzuziehen. Eine solche Befugnis soll ausnahmsweise dann bestehen, wenn "ganz außergewöhnliche Umstände" vorliegen, die eine sachgerechte Mitwirkung an der Willensbildung in der Versammlung ohne Beistand oder Berater ausschließen.[352]

Insbesondere der *BGH*[353] hat den grundsätzlichen Vorrang der Nichtöffentlichkeit gegenüber der Beratung in der Versammlung ausdrücklich mit der Rechtslage bei Personengesellschaften begründet, wenn dort im Gesellschaftsvertrag die Beschlußfassung in einer Gesellschafterversammlung vereinbart ist.[354] Auch dort kollidiert das Interesse des einzelnen Gesellschafters an fachkundiger Beratung und Beistandschaft zur angemessenen Ausübung seiner Rechtsposition in der Versammlung mit dem Interesse der Gesamtheit der Gesellschafter, das interne Vertrauensverhältnis der Gesellschafter nicht durch die Teilnahme einer unbekannten Person zu gefährden.[355] Hier führt eine Abwägung der gegenseitigen Interessen dazu, daß ein Beistand grundsätzlich von der Teilnahme an der Versammlung ausgeschlossen ist und nur bei Vorliegen eines sachlichen Grundes zugelassen werden kann.[356] Ein besonderer Grund soll dann vorliegen, wenn aufgrund bestimmter in der Person des Gesellschafters oder in der besonderen Schwierigkeit der behandelten Materie liegender Umstände eine angemessene Wahrnehmung der Mitgliedschaftsrechte in der Versammlung nicht mehr gewährleistet ist.

Ein Vergleich des Wohnungseigentumsrecht mit dem Recht der Personengesellschaften ist jedoch dem Einwand ausgesetzt, daß dort aufgrund der Höchstpersönlichkeit der Mitverwaltungsrechte grundsätzlich die Erteilung einer Stimm-

---

352 Vgl. Sauter/Schweyer, Verein, Rdnr. 197.
353 BGHZ 121, 236 (242) unter Hinweis auf Kirberger, BB 1978, 1390 (1392).
354 Vgl. Baumbach/Hopt, § 119 Rdnr. 29.
355 Vgl. Kirberger, BB 1978, 1390 (1392).
356 Kirberger, BB 1978, 1390 (1392); vgl. auch Baumbach/Hopt, § 119 Rdnr. 30.

rechtsvollmacht unzulässig ist[357] und somit weder ein Berater noch ein Bevollmächtigter an der Versammlung teilnehmen darf, während im Wohnungseigentumsrecht die Teilnahme eines Bevollmächtigten grundsätzlich möglich ist und insoweit die Unzulässigkeit der Teilnahme Dritter bereits eine Einschränkung erfahren hat.[358] Gleiches gilt für den Vergleich mit dem Vereinsrecht; denn auch dort ist aufgrund der Höchstpersönlichkeit der Mitgliedschaftsrechte (vgl. § 38 S. 2 BGB) die Bevollmächtigung zur Stimmabgabe und damit die Teilnahme eines Bevollmächtigten grundsätzlich ausgeschlossen, so daß nicht von der Zulässigkeit der Bevollmächtigung a maiore ad minus auf die Zulässigkeit der Teilnahme eines Beraters geschlossen werden kann.

b) Die Rechtslage bei den Kapitalgesellschaften. Es bietet sich deshalb eher ein Vergleich zur Rechtslage bei den Kapitalgesellschaften an, da hier - wie im Wohnungseigentumsrecht - die Erteilung einer Stimmrechtsvollmacht grundsätzlich zulässig ist (vgl. § 47 Abs. 3 GmbHG, § 134 Abs. 3 AktG, § 43 Abs. 5 GenG) und deshalb auch ein Dritter als Bevollmächtigter an der Versammlung teilnehmen darf.[359] Auch für die Gesellschafterversammlung der personalistisch strukturierten GmbH gilt der Grundsatz der Nichtöffentlichkeit der Versammlung, so daß nach überwiegender Ansicht die Teilnahme von Beratern und Beiständen grundsätzlich nur aufgrund einer Satzungsregelung oder aufgrund eines Gesellschafterbeschlusses möglich ist.[360] In Ausnahmefällen sollen jedoch die übrigen Gesellschafter verpflichtet sein, einen Dritten als Berater oder Beistand zur Versammlung zuzulassen.[361] Ähnliches gilt auch im Aktienrecht, wo die Teilnahme von Beratern der Aktionäre grundsätzlich ausgeschlossen ist,[362] auch wenn sich in der Praxis oft eine Lockerung der Nichtöffentlichkeit wegen des bestehenden

---

[357] Vgl. RGZ 123, 289 (299); BGHZ 3, 354 (357); MünchKomm/Ulmer, § 705 Rdnr. 160; Soergel/Hadding, § 705 Rdnr. 28; Baumbach/Hopt, § 119 Rdnr. 21; G. Hueck, Gesellschaftsrecht § 14 III, S. 109; a.A. Saenger, NJW 1992, 348 (349).

[358] S.o. unter § 14 I.

[359] Vgl. Scholz/K. Schmidt, § 48 Rdnr. 20 zur GmbH.

[360] Scholz/K. Schmidt, § 48 Rdnr. 22; Rowedder/Koppensteiner, § 48 Rdnr. 10; Lutter/-Hommelhoff, § 48 Rdnr. 4; Zöllner, in: Baumbach/Hueck, § 48 Rdnr. 5; Mutze, GmbHR 1970, 33 (34); a.A. T. Raiser, Kapitalgesellschaften, § 33 Rdnr. 24; Sina, GmbHR 1993, 136 (139); H. M. Schmidt, GmbHR 1963, 145, nach dem Beistandschaft durch Bevollmächtigung eines Dritten und gleichzeitiger Teilnahme des Gesellschafters möglich sein soll, vgl. dagegen § 14 III 1.

[361] OLG Düsseldorf, GmbHR 1992, 610 (611) m. Anm. Lotz; Lutter/Hommelhoff, § 48 Rdnr. 4.

[362] Hüffer, § 118 Rdnr. 14.

öffentlichen Interesses ergeben hat.[363] Ebenso ist ein Genosse nur dann berechtigt, einen Beistand oder Berater in die Generalversammlung der Genossenschaft mitzubringen, wenn sachliche Gründe dafür sprechen und keine überwiegenden Interessen der übrigen Genossen gegen die Anwesenheit bestehen.[364] Gerade bei den körperschaftlich strukturierten Personenverbänden wird, wie im Wohnungseigentumsrecht (§ 23 Abs. 2 WEG), dem Mitglied die Möglichkeit gegeben, sich im Vorfeld der Versammlung über deren Inhalt zu informieren, indem die Gegenstände der Beschlußfassung bereits bei der Einberufung zu bezeichnen sind (vgl. §§ 32 Abs. 1 S. 2 BGB, 51 Abs. 2 GmbHG, 124 Abs. 1 AktG, 46 Abs. 2 S. 1 GenG).

c) Rechtsformunabhängige Beurteilungskriterien. Aus der bisherigen Darstellung ergibt sich, daß in allen Personvereinigungen, bei denen sich die Willensbildung in einer Versammlung vollzieht, unabhängig von der Rechtsform überwiegend der Grundsatz anerkannt ist, einen Beistand oder Berater nur ausnahmsweise dann zuzulassen, wenn das einzelne Mitglied ein berechtigtes Interesse daran hat. Nur vereinzelt wird die Auffassung vertreten, daß zumindest die Anwesenheit des Beraters bis zur Grenze des Mißbrauchs unmittelbar aus dem Teilnahmerecht des Mitgliedes folgt.[365] Es bleibt nunmehr zu fragen, nach welchen rechtsformunabhängigen Kriterien im Gesellschaftsrecht die Frage zu beurteilen ist, ob der Gesellschafter berechtigt ist, einen Beistand oder Berater in der Gesellschafterversammlung hinzuzuziehen.

Rechtsformunabhängige Kriterien zur Beurteilung der Drittbeteiligung in der Gesellschafterversammlung hat insbesondere *Saenger*[366] herausgearbeitet, indem er für alle Gesellschaften von dem Grundsatz ausgeht, daß jede Form der Drittbeteiligung aufgrund der Besonderheit des gesellschaftsvertraglichen Zusammenschlusses einer Zustimmung der Mitgesellschafter bedürfe.[367] Da es sich bei der Frage der Drittbeteiligung um ein Problem des Ausgleichs unterschiedlicher Interessen der verschiedenen Gesellschafter und der Gesellschaft handele, sollen die übrigen Gesellschafter dem einzelnen Gesellschafter die Zustimmung nicht verweigern dürfen, wenn die gesellschaftsrechtliche Treuepflicht gebietet, auf das berechtigte Interesse des einzelnen Gesellschafters an einer Drittbeteiligung Rück-

---

[363] Vgl. Hüffer, § 118 Rdnr. 16; Vogel, Gesellschafterbeschlüsse, S. 172.
[364] K. Müller, GenG § 43 Rdnr. 7.
[365] Sina, GmbHR 1993, 136 (139 f.).
[366] Beteiligung Dritter, S. 133 ff.; ders., NJW 1992, 348 (350 f.).
[367] Saenger, NJW 1992, 348 (350).

sicht zu nehmen.[368] Maßgebliches Beurteilungskriterium für die Frage der Teilnahme eines Dritten als Beistand oder Berater sind also im Gesellschaftsrecht bei einer rechtsformübergreifenden Betrachtung die gegenseitigen Treuepflichten, die nicht nur im Verhältnis zwischen der Gesellschaft und den Gesellschaftern, sondern auch im Verhältnis der Gesellschafter untereinander bestehen.[369] Ob die gesellschaftsrechtliche Treuepflicht im Einzelfall die Zulassung eines Beraters oder Beistands gebietet, hängt zunächst von der unterschiedlichen Ausprägung der Treuepflichten nach Art des jeweiligen gesellschaftlichen Zusammenschlusses und damit von der Enge der persönlichen Bindungen der Gesellschafter ab. Weiterhin soll für die Intensität der Treuepflichten im Einzelfall auch das ausgeübte Recht maßgebend sein. Insoweit wird unterschieden zwischen uneigennützigen Rechten, die der Erreichung des gemeinsamen Gesellschaftszwecks dienen, und eigennützigen Rechten, die der Wahrnehmung eigener Interessen des Gesellschafters zu dienen bestimmt sind.[370] Die Zulässigkeit der Drittbeteiligung soll danach aufgrund der Treuepflicht gegenüber der Gesellschaft um so eher zu verneinen sein, je mehr das ausgeübte Recht der Verfolgung des gemeinsamen Zwecks dient (Kriterium der Zweckverfolgungsnähe).[371] Umgekehrt hat die Treuepflicht gegenüber der Gesellschaft ihre Grenze in der Wahrnehmung eigener berechtigter Interessen der Gesellschafter, so daß im Einzelfall die tatsächliche Intensität dieser Interessen zu untersuchen und unter Berücksichtigung des Grundsatzes der Verhältnismäßigkeit gegen das Gesellschaftsinteresse an einem Ausschluß Dritter abzuwägen ist.[372] Soweit es sich um unentziehbare Rechte im Kernbereich der Mitgliedschaft handelt, sollen die Interessen des Gesellschafters vorrangig sein, so daß in diesen Fällen dem Begehren nach einer Drittbeteiligung eher stattzugeben sei.[373]

---

368 Saenger, NJW 1992, 348 (350).

369 Vgl. K. Schmidt, Gesellschaftsrecht, § 16 II 4 c, S. 381. Zur Entwicklung der gesellschaftrechtlichen Treupflicht vgl. Saenger, Beteiligung Dritter, S. 135 ff.; zu den Treuepflichten bei der GmbH vgl. BGHZ 65, 15 (18 f.); G. Hueck, in: Baumbach/Hueck, § 13 Rdnr. 23; zu den Treuepflichten der Aktionäre untereinander vgl. BGHZ 103, 184 (194 f.).

370 Saenger, NJW 1992, 348 (351) unter Hinweis auf Winter, Treuebindungen, S. 19 ff.; Zöllner, Schranken, S. 321 f.

371 Saenger, NJW 1992, 348 (351) unter Hinweis auf Zöllner, Schranken, S. 344.

372 Saenger, NJW 1992, 348 (351).

373 Saenger, Beteiligung Dritter, S. 156; ders., NJW 1992, 348 (351).

4. Die Interessenabwägung im Einzelfall nach Maßgabe gegenseitiger Treuepflichten

Die im Gesellschaftsrecht geltenden rechtsformübergreifenden Beurteilungskriterien könnten nunmehr auch für die Teilnahme Dritter als Berater oder Beistand im Wohnungseigentumsrecht fruchtbar gemacht werden. Voraussetzung ist allerdings, daß auch im Verhältnis der Wohnungseigentümer untereinander gegenseitige Treuepflichten bestehen, die einerseits dem einzelnen Wohnungseigentümer gebieten, das Interesse der übrigen Wohnungseigentümer an dem Ausschluß Dritter von der Teilnahme zu beachten, und andererseits die Mehrheit der Wohnungseigentümer zwingen, auf ein berechtigtes Interesse eines einzelnen Wohnungseigentümers an der Hinzuziehung eines Beistands oder Beraters Rücksicht zu nehmen.

a) Gegenseitige Treuepflichten der Wohnungseigentümer. Zunächst ist allgemein anerkannt, daß im Verhältnis der Wohnungseigentümer untereinander Treuepflichten bestehen.[374] Es fragt sich nur, ob es sich um Treuepflichten handelt, die in ihrer Intensität mit gesellschaftsrechtlichen Treuepflichten vergleichbar sind, oder ob zwischen den Wohnungseigentümern nur Treuepflichten aus § 242 BGB bestehen, wie sie jedem Schuldverhältnis innewohnen.[375] Letzteres wäre anzunehmen, wenn man in der Gemeinschaft der Wohnungseigentümer im Sinne der §§ 10 ff. WEG lediglich einen Sonderfall der schlichten Bruchteilsgemeinschaft im Sinne der §§ 741 ff. BGB sieht,[376] da für die Bruchteilsgemeinschaft keine über das allgemeine Prinzip von Treu und Glauben hinausgehenden besonderen Treuepflichten anerkannt sind.[377] Weitergehende gegenseitige Treuepflichten können sich nur dann ergeben, wenn neben der schuldrechtlichen Bindung der Beteiligten untereinander besondere Umstände vorliegen, die eine für die Annahme gegenseitiger Treuebindungen notwendige enge persönliche Beziehung begründen.[378]

---

374 Vgl. BayObLGZ 1971, 313 (319); 1974, 118 (123); Merle, System, S. 153 f.; Pick, in: Bärmann/Pick/Merle, § 10 Rdnr. 27; Weitnauer/Lüke, § 10 Rdnr. 12; Bärmann, Wohnungseigentum, Rdnr. 365; Junker, Gesellschaft, S. 172 f.

375 So Weitnauer/Lüke, § 10 Rdnr. 12; BayObLGZ 1971, 313 (319).

376 So Weitnauer/Lüke, § 10 Rdnr. 10; Ehmann, JZ 1991, 222 (224).

377 Vgl. BGHZ 62, 243 (246 f.); A. Hueck, Treuegedanke, S. 14; Wiedemann, Übertragung, S. 26.

378 Merle, System, S. 153.

Ein derartiger, besondere Treuebindungen auslösender Umstand kann in der Verfolgung eines gemeinsamen Zwecks liegen, wenn man mit *Junker*[379] das Schuldverhältnis der Wohnungseigentümer als gesellschaftliche Zweckgemeinschaft ansieht, zu der sich die Wohnungseigentümer aufgrund eines Gesellschaftsvertrages freiwillig zusammengeschlossen haben. Nach seiner Ansicht schließen die Wohnungseigentümer nach §§ 3, 4 WEG einen Gesellschaftsvertrag, in dem sie sich gegenseitig zum gemeinsamen "Halten und Verwalten" des gemeinschaftlichen Eigentums verpflichten.[380] Folgt man dieser Ansicht, so würden für die Frage der Teilnahme von Beiständen und Beratern ohne weiteres die oben angeführten rechtsformübergreifenden, aus der gesellschaftlichen Treuepflicht abzuleitenden Kriterien auch im Wohnungseigentumsrecht Anwendung finden.

Gegen diese Ansicht spricht jedoch, daß eine gesellschaftsrechtliche Zweckvereinbarung für das Entstehen der "Gemeinschaft der Wohnungseigentümer" im Sinne von §§ 10 ff. WEG keinesfalls konstitutiv ist. Auch dann, wenn man in dem "Halten und Verwalten" eines gemeinschaftlichen Gegenstandes einen zulässigen Gesellschaftsszweck sieht,[381] ist dieser Zweck nicht notwendiger Inhalt des Vertrages der Miteigentümer im Sinne von § 3 Abs. 1 WEG über die Begründung von Wohnungseigentum. Nach dieser Vorschrift liegt dem Vertrag der rechtsgeschäftliche Wille der Miteigentümer zugrunde, das Miteigentum an einem Grundstück durch Einräumung von Sondereigentum an einer bestimmten Wohnung zu beschränken. Ein darüberhinausgehender, auf das "Halten und Verwalten" des gemeinschaftlichen Eigentums gerichteter rechtsgeschäftlicher Wille der Miteigentümer ist für die Begründung von Wohnungseigentum und damit für die Entstehung der Gemeinschaft der Wohnungseigentümer im Sinne der §§ 10 ff. WEG nicht erforderlich, so daß eine derartige Zweckvereinbarung nicht als konstitutiv angesehen werden kann. Vereinbaren die Miteigentümer daneben den gemeinsamen Zweck der Begründung von Wohnungseigentum, so ist darin zwar der Abschluß eines Gesellschaftsvertrages im Sinne von § 705 BGB zu sehen. Gesellschaftszweck ist dann jedoch nicht das "Halten und Verwalten" des zum Wohnungseigentum gehörenden gemeinschaftlichen Eigentums, sondern vielmehr

---

379 Gesellschaft, S. 82 ff.

380 Junker, Gesellschaft, S. 87 (90).

381 Ob das bloße "Halten und Verwalten" eines gemeinschaftlichen Gegenstandes zulässiger Inhalt eines Gesellschaftsvertrages sein kann, ist umstritten; zustimmend BGH, NJW 1982, 170 (171); Soergel/Hadding, § 705 Rdnr. 35; MünchKomm/K. Schmidt, § 741 Rdnr. 5; Staudinger/Huber, § 741 Rdnr. 130; MünchKomm/Ulmer, vor § 705 Rdnr. 92, § 705 Rdnr. 112; Palandt/Thomas, § 705 Rdnr. 14; Flume, Personengesellschaft, § 3 III, S. 45 f.; ders., DB 1973, 2470; a.A. OLG Düsseldorf, BB 1973, 1325 (1326) m. abl. Anm. Petzold, DNotZ 1973, 92 (95).

die "Begründung von Wohnungseigentum", so daß diese Gesellschaft wegen Zweckerreichung nach § 726 BGB aufgelöst ist, sobald die Miteigentümer als Wohnungseigentümer im Grundbuch eingetragen worden sind (§ 4 Abs. 1 WEG) und somit kraft Gesetzes ohne weitere rechtsgeschäftliche Erklärungen die "Gemeinschaft der Wohnungseigentümer" entsteht.[382] Das "Verhältnis der Wohnungseigentümer untereinander" (vgl. § 10 Abs. 1 S. 1 WEG) ist damit als ein - nach § 10 Abs. 1 S. 2 WEG durch Vereinbarung privatautonom gestaltbares - gesetzliches Schuldverhältnis und nicht als vertraglich begründetes Gesellschaftsverhältnis anzusehen.[383] Etwas anderes ergibt sich auch nicht bei der Begründung von Wohnungseigentum durch den Alleineigentümer nach § 8 Abs. 1 WEG; denn dessen Teilungserklärung ist lediglich darauf gerichtet, sein Eigentum an einem Grundstück in Miteigentumsanteile aufzuteilen, die mit dem Sondereigentum an einer Wohnung verbunden sind. Etwaige mit der Teilungserklärung verbundene einseitige Regelungen des zukünftigen Verhältnisses der Wohnungseigentümer untereinander (vgl. §§ 8 Abs. 2, 5 Abs. 4 WEG) können nicht als konstitutive Elemente einer "Einmann-Gründung" angesehen werden.[384] Denn die Gemeinschaft entsteht unabhängig von diesen Regelungen kraft Gesetzes mit der Eintragung von mindestens zwei Wohnungseigentümern im Grundbuch.[385] Die gegenseitigen Treuepflichten der Wohnungseigentümer lassen sich damit nicht auf die rechtsgeschäftliche Vereinbarung eines gemeinsamen Zwecks zurückführen, den zu fördern sie sich in einem Gesellschaftsvertrag verpflichtet hätten.[386]

Damit sind besondere, über das allgemeine Maß von Treu und Glauben nach § 242 BGB hinausgehende Treuepflichten der Wohnungseigentümer jedoch nicht ausgeschlossen. Denn unabhängig vom unterschiedlichen Entstehungstatbestand des gesetzlichen Schuldverhältnisses der Wohnungseigentümer einerseits und des

---

382 Vgl. Merle, WE Sonderheft 1993, 41 (44); Paulick, AcP 152, 400 (431); s.o. unter § 5 II.

383 So auch BGHZ 121, 236 (238); Merle, System, S. 149 f.; Weitnauer/Lüke, § 10 Rdnr. 10; ders., WE 1993, 260; vgl. auch Schulze-Osterloh, Gesamthänderische Bindung, S. 154 ff. (160), der die Gemeinschaft der Wohnungseigentümer als "Gesamthandsgemeinschaft" nicht aber als "Gesellschaft" ansieht.

384 So aber Junker, Gesellschaft, S. 85.

385 Vgl. Merle, WE Sonderheft 1993, 41 (46), vgl. § 5 II.

386 So zutreffend Merle, System, S. 116. Trotz der fehlenden Zweckvereinbarung der Wohnungseigentümer läßt sich dennoch von der Gemeinschaft der Wohnungseigentümer als "Zweckgemeinschaft" sprechen - so Bärmann, Wohnungseigentümergemeinschaft, S. 328; Lotz-Störmer, Stimmrechtsausübung, S. 18; denn der gemeinsame Zweck der Erhaltung und Verwaltung des gemeinschaftlichen Eigentums liegt der gesetzlich ausgeformten Organisationstruktur der Gemeinschaft in den §§ 10 ff. WEG zugrunde.

Gesellschaftsverhältnisses andererseits lassen sich in der mitgliedschaftlichen Rechtsstellung eines Wohnungseigentümers grundsätzlich keine Unterschiede gegenüber der Mitgliedschaft eines Gesellschafters feststellen, zumal die Rechtsstellung des Wohnungseigentümers nach § 10 Abs. 1 S. 2 WEG grundsätzlich ebenso rechtsgeschäftlich gestaltet werden kann wie die Rechtsstellung eines Gesellschafters.[387] Zutreffend geht daher *Merle*[388] davon aus, daß sich im Wohnungseigentumsrecht besondere Treuebindungen der Wohnungseigentümer aus dem vom engen Miteinanderleben geprägten "intensivierten Nachbarschaftsverhältnis"[389] ergeben.[390] Hierbei ist keineswegs nur auf das faktische Zusammenleben der Wohnungseigentümer sondern vielmehr auch auf die gesetzliche Ausgestaltung des Nachbarschaftsverhältnis nach dem WEG abzustellen. Insoweit besteht zwischen Wohnungseigentümern - anders als zwischen einfachen Bruchteilsberechtigten - ein auf Dauer angelegtes Gemeinschaftsverhältnis, das auf den engen persönlichen Beziehungen der Beteiligten aufgebaut ist (vgl. § 11 Abs. 1 WEG gegenüber § 749 Abs. 1 BGB).[391] Die Dauerbindung der Wohnungseigentümer macht auch die mit einer Vinkulierung eines Geschäftsanteils nach § 15 Abs. 5 GmbHG vergleichbare Vereinbarung einer Veräußerungsbeschränkung nach § 12 Abs. 1 WEG deutlich, so daß auch insoweit von besonderen Treuebindungen der Wohnungseigentümer untereinander auszugehen ist. Insbesondere läßt sich die Regelung der §§ 18, 19 WEG als Ausdruck besonderer Treuebindungen der Wohnungseigentümer verstehen: Wer in grober Weise die gemeinsamen Interessen verletzt, kann durch Entziehung des Wohnungseigentums aus der Gemeinschaft ausgeschlossen werden.[392] Schließlich ergeben sich die besonderen Treuebindungen aus der - über die Regelungen der §§ 744 ff. BGB hinausgehenden - gesetzlichen Ausgestaltung des Gemeinschaftsverhältnisses in den §§ 20 ff. WEG, die die Verwaltung des gemeinschaftlichen Eigentums durch die Wohnungseigentümer betreffen. Denn danach sind die Wohnungseigentümer nicht nur zur Mitverwaltung berechtigt, sondern auch verpflichtet (vgl. § 21 Abs. 4 WEG), so daß die Wohnungseigentümer kraft Gesetzes zum "Verwalten" des gemeinschaftlichen Eigentums verpflichtet sind. Ob die Verpflichtung zum "Verwalten" des gemein-

---

387 So zutreffend Merle, System, S. 149 f.

388 System, S. 154; zustimmend Lutter, AcP 180, 85 (146).

389 Vgl. Paulick, AcP 152, 420 (430).

390 Vgl. auch Lotz-Störmer, Stimmrechtsausübung, S. 17 f., die vom "Gebot gegenseitiger Rücksichtnahme" spricht, die über den Rahmen dessen, was ein normales Nachbarschaftsverhältnis erfordert, hinausgeht.

391 Merle, System, S. 154.

392 Merle, System, S. 154; zur Entziehung von Wohnungseigentum und dem Teilnahmerecht des Wohnungseigentümers im Entziehungsverfahren vgl. bereits oben § 8 I.

schaftlichen Eigentums auf vertraglicher oder gesetzlicher Grundlage beruht, kann keinen Unterschied machen, zumal die Verwaltungspflichten des Wohnungseigentümers nach § 10 Abs. 1 S. 2 WEG vertraglich konkretisiert werden können. Der unterschiedliche Entstehungstatbestand von Gesellschaft und Gemeinschaft der Wohnungseigentümer kann daher nicht die ähnliche inhaltliche Ausgestaltung beider Rechtsverhältnisse verwischen, die jeweils in besonderem Maße von engen gegenseitigen Treuepflichten geprägt sind.

Aus dem mitgliedschaftlichen Gemeinschaftsverhältnis der Wohnungseigentümer ergeben sich somit enge gegenseitige Treuepflichten der Wohnungseigentümer untereinander, die mit den Treuepflichten der Gesellschafter vergleichbar sind. Damit gelten auch für die Frage der Teilnahme von Beiständen und Beratern an der Versammlung der Wohnungseigentümer die oben genannten rechtsformübergreifenden Beurteilungskriterien.

b) Differenzierung nach Funktionsbereichen. Im Wohnungseigentumsrecht gilt danach ebenfalls der Grundsatz, daß die Beteiligung Dritter an der gemeinschaftlichen Willensbildung aufgrund des mitgliedschaftlichen Gemeinschaftsverhältnisses grundsätzlich der Zustimmung der Wohnungseigentümer als Organmitglieder der Versammlung bedarf. Die grundsätzliche Beschränkung der Versammlung auf den Kreis der Wohnungseigentümer ergibt sich dabei aus der Bindungswirkung der Willensbildung gegenüber den Wohnungseigentümern.[393] Ausnahmsweise sind die Wohnungseigentümer aufgrund ihrer Treuepflicht verpflichtet, der Teilnahme eines Dritten zuzustimmen, wenn der einzelne Wohnungseigentümer ein berechtigtes Interesse an dessen Teilnahme hat.[394] Andererseits gebietet die Treuepflicht dem einzelnen Wohnungseigentümer, auf das Interesse der anderen Wohnungseigentümer an einer vertraulichen Behandlung von internen Angelegenheiten Rücksicht zu nehmen.

Für die Interessenabwägung im Einzelfall läßt sich auch im Wohnungseigentumsrecht grundsätzlich zwischen uneigennützigen Rechten des Wohnungseigentümers, die dem Interesse an der Verwaltung des gemeinschaftlichen Eigentums dienen, und eigennützigen Rechten unterscheiden, die allein die Interessen des einzelnen Wohnungseigentümers wahren sollen. Damit gilt auch hier die Regel, daß die Zulassung eines Dritten in der Versammlung um so eher zu bejahen ist, je mehr die Teilnahme des Dritten die Funktion hat, den Wohnungseigentümer in der Ausübung seiner eigennützigen Rechte zu unterstützen. Demgegenüber ist die

---

393 S.o. unter § 11 I 1.

394 So zutreffend BGHZ 121, 236 (241 f.).

Teilnahme eines Dritten grundsätzlich ausgeschlossen, wenn es um die Ausübung uneigennütziger Rechte geht.

aa) Die Hinzuziehung Dritter bei der Ausübung von uneigennützigen Mitverwaltungsrechten. Zu den uneigennützigen Rechten des Wohnungseigentümers lassen sich die Rechte zählen, die auf Teilhabe an der Verwaltung des gemeinschaftlichen Eigentums durch die Wohnungseigentümer gerichtet sind. Zu diesen Mitverwaltungsrechten des Wohnungseigentümers gehört neben dem Stimmrecht auch das Recht, aktiv an der Versammlung der Wohnungseigentümer durch Redebeiträge und das Stellen von Beschlußanträgen teilnehmen zu können.[395] In diesem Bereich hat das Interesse der Wohnungseigentümer an einer vertraulichen Behandlung interner Verwaltungsangelegenheiten grundsätzlich Vorrang gegenüber dem Interesse des einzelnen Wohnungseigentümers an der aktiven Unterstützung durch eine Beistand, der auf den Willensbildungsprozeß durch Wortbeiträge und Beschlußanträge aktiv einwirkt. Für die aktive Teilnahme eines Beistands muß der einzelne Wohnungseigentümer darlegen und im Streitfall beweisen, daß er ausnahmsweise ein überwiegendes berechtigtes Interesse an dessen Teilnahme hat, ohne die ihm eine angemessene Ausübung seiner Mitverwaltungsrechte nicht mehr zugemutet werden kann. Ein derartiges berechtigtes Interesse kann sich sowohl aus den persönlichen Verhältnissen des Wohnungseigentümers als auch aus dem Schwierigkeitsgrad des konkreten Beschlußgegenstandes ergeben.[396]

So kann es dem einzelnen Wohnungseigentümer aufgrund seines Alters oder seines Gesundheitszustandes nicht mehr zuzumuten sein, selbst in der Versammlung das Wort zu ergreifen. Ein personenbezogenes überwiegendes Interesse an der Teilnahme eines Beistands kann sich zudem aus einer erheblichen fachlichen Benachteiligung eines Wohnungseigentümers gegenüber den anderen Wohnungseigentümern ergeben. Zu denken ist beispielsweise an den Fall einer geschäftsunerfahrenen Hausfrau oder Rentnerin, die sich in der Versammlung nur geschäftserfahrenen Steuerberatern, Wirtschaftsprüfern oder Rechtsanwälten als Wohnungseigentümern gegenübersieht.[397] Die Hinzuziehung eines fachkundigen Dritten im Vorfeld der Versammlung aufgrund der in der Einberufung mitgeteilten Tagesordnungspunkte (vgl. § 23 Abs. 2 WEG) reicht in einem solchen Fall nicht aus, um eine "ad-hoc"-Überlegenheit der anderen Wohnungseigentümer in

---

395 S.o. unter § 6 II, III.

396 Vgl. insoweit zutreffend BGHZ 121, 236 (240).

397 Vgl. OLG Düsseldorf, GmbHR 1992, 610 (611) m. abl. Anm. Lotz zur GmbH.

der Versammlung auszugleichen. Aufgrund der Treuepflicht sind die übrigen Wohnungseigentümer hier verpflichtet, durch die Zulassung eines fachkundigen Beraters für eine annähernd gleiche Verhandlungsstärke in der Versammlung zu sorgen.[398] Es zeigt sich also, daß die Teilnahme eines Beistands nicht nur zu einer ungleichen Verhandlungsstärke zu Lasten der übrigen Wohnungseigentümer führen kann,[399] sondern daß im Einzelfall ausnahmsweise ein gleiche Verhandlungsstärke durch die Hinzuziehung eines Beistands gerade herbeigeführt werden kann. Zu beachten ist jedoch, daß ein berechtigtes Beistandsinteresse nur in solchen Angelegenheiten besteht, in denen die fachliche Überlegenheit der anderen Wohnungseigentümer besteht. Eine aktive Beistandstätigkeit in der Versamlung ist damit stets auf Ausnahmefälle beschränkt.

bb) Die Hinzuziehung Dritter bei der Ausübung von eigennützigen Kontrollrechten. Etwas anderes gilt für die bloße Beratungstätigkeit eines Dritten bei der Ausübung eigennütziger Kontrollrechte des Wohnungseigentümers. Als eigennütziges Kontrollrecht ist insoweit das Antragsrecht nach § 43 Abs. 1 Nr. 4 WEG anzusehen, unabhängig vom Willen der übrigen Wohnungseigentümer die Ungültigkeit von fehlerhaften Versammlungsbeschlüssen im gerichtlichen Verfahren innerhalb der Monatsfrist des § 23 Abs. 4 S. 2 WEG geltend zu machen. Da für die gerichtliche Beschlußanfechtung grundsätzlich kein Rechtsschutzbedürfnis des Wohnungseigentümers zu bestehen braucht,[400] nimmt der Wohnungseigentümer bei der Beschlußanfechtung unabhängig vom Gemeinschaftsinteresse eigene Interessen wahr, um sich der persönlichen rechtlichen Bindung an einen fehlerhaften Beschluß zu entziehen. Bei dem eigennützigen Beschlußanfechtungsrecht handelt es sich um ein unentziehbares Recht im Kernbereich der Mitgliedschaft des Wohnungseigentümers, so daß hier das Interesse an der Hinzuziehung eines Beraters regelmäßig Vorrang hat.[401] Da ein effektiver Rechtsschutz gegen fehlerhafte Beschlüsse nur gegeben ist, wenn die Möglichkeit der Kontrolle des Beschlußverfahrens in der Versammlung besteht,[402] muß der einzelne regelmäßig einen fachkundigen Berater in der Versammlung hinzuziehen können. Die Hinzuziehung eines Beraters kann hier nicht mit dem Hinweis auf die durch § 23 Abs. 2 WEG gewährleistete Beratungsmöglichkeit im Vorfeld der Versammlung abgelehnt

398 So auch OLG Düsseldorf, GmbHR 1992, 610 (611).

399 S.o. unter 2 b.

400 Vgl. Merle, in: Bärmann/Pick/Merle, § 43 Rdnr. 51; Niedenführ, in: Henkes/Niedenführ/Schulze, vor § 43 Rdnr. 38.

401 Vgl. Saenger, NJW 1992, 348 (351).

402 S.o. unter § 7 I 2 a cc.

werden,[403] da es in diesem Fall nicht um die notwendige Information zur Ausübung von Mitverwaltungsrechten, sondern vielmehr um die Kontrolle des Beschlußverfahrens in der Versammlung geht.

Die grundsätzlich zulässige Hinzuziehung eines Dritten bei der Kontrolle des Beschlußverfahrens wird auch durch die im Gesellschaftsrecht geltende Rechtslage gestützt, nach der ein Gesellschafter bei der Ausübung von Kontroll- und Auskunftsrechten (vgl. §§ 118, 166 HGB) grundsätzlich einen Sachverständigen mitbringen darf, ohne den Nachweis zu liefern, daß er sonst unzulässig in seinen Rechten eingeschränkt wäre.[404] Demgemäß ist auch bei der Kontrolle des Beschlußverfahrens in der Versammlung eine Beweislastumkehr zugunsten des Wohnungseigentümers anzunehmen, wonach die anderen Gesellschafter ihrerseits beweisen müssen, daß der Berater überflüssig ist oder daß seine Anwesenheit in der Versammlung aus in seiner Person liegenden Gründen nicht geduldet werden kann.[405] Die Teilnahme eines fachkundigen Dritten an der Versammlung ist allerdings durch den Kontrollzweck begrenzt, so daß der Dritte nur als Berater in der Versammlung anwesend sein darf, ohne selbst das Wort ergreifen zu dürfen. Soweit das Interesse der anderen Wohnungseigentümer an einer Geheimhaltung interner Angelegenheiten betroffen ist, kann dem durch die Hinzuziehung eines zur Berufsverschwiegenheit verpflichteten Beraters Rechnung getragen werden. Zudem haftet der Wohnungseigentümer, der den Berater in der Versammlung hinzuzieht, für eine Verletzung der Geheimhaltungspflicht durch den von ihm beauftragten Berater (§ 278 BGB).[406]

c) Die Entscheidung der Wohnungseigentümer nach Maßgabe des Gleichbehandlungsgrundsatzes. Die Entscheidung über die Zulassung eines Beraters oder Beistandes auf Antrag eines Wohnungseigentümers obliegt der Versammlung der Wohnungseigentümer, die mit einfacher Mehrheit abschließend über den Antrag beschließt.[407] De facto wird zunächst der Versammlungsvorsitzende regelmäßig über den Antrag entscheiden, um sich anschließend der Zustimmung der Mehrheit der Wohnungseigentümer zu vergewissern.[408] Bleibt eine Entscheidung des

---

403 S.o. unter 2 a.

404 Wiedemann, Übertragung, S. 352.

405 Vgl. Wiedemann, Übertragung, S. 352; Saenger, Beteiligung Dritter, S. 179; ders., NJW 1992, 348 (351).

406 Vgl. Wiedemann, Übertragung, S. 353.

407 BGHZ 121, 236 (242); Wangemann, Eigentümerversammlung, Rdnr. C 40; vgl. Scholz/K. Schmidt, § 48 Rdnr. 24 zur GmbH.

408 Vgl. Wangemann, Eigentümerversammlung, Rdnr. C 39; Scholz/K. Schmidt, § 48 Rdnr. 24 zur GmbH.

Versammlungsvorsitzenden durch die Wohnungseigentümer unbeanstandet, so ist seine Entscheidung als Entscheidung der Versammlung anzusehen.

Der Beschluß über die Ablehnung der Hinzuziehung eines Beistandes oder Beraters hat die oben genannten Abwägungskriterien zu berücksichtigen. Zudem haben die Wohnungseigentümer bei ihrer Entscheidung den Gleichbehandlungsgrundsatz zu beachten,[409] so daß dem einzelnen Wohnungseigentümer die Teilnahme in Begleitung eines Beraters oder Beistands nicht verweigert werden darf, wenn einem anderen Wohnungseigentümer zuvor in einem vergleichbaren Fall die Hinzuziehung eines Dritten gestattet wurde.

d) Der Rechtsschutz gegen eine rechtswidrige Zurückweisung. Hat die Versammlung die Hinzuziehung eines Beistands oder Beraters nach den behandelten Abwägungskriterien rechtswidrig unter Verletzung der Treuepflicht abgelehnt, so stellt dies eine Verletzung des Teilnahmerechts des Wohnungseigentümers dar, so daß dem betroffenen Wohnungseigentümer Rechtsschutz nach den oben angeführten Grundsätzen zu gewähren ist.[410]

aa) Die Beschlußanfechtung nach § 43 Abs. 1 Nr. 4 WEG. Da es sich bei der Beschlußfassung der Wohnungseigentümer über die Teilnahme eines Beraters oder Beistands um einen Geschäftsordnungsbeschluß handelt, der sich mit Ablauf der jeweiligen Versammlung erledigt, unterliegt ein ablehnender Beschluß der Wohnungseigentümer nicht der isolierten Anfechtung im gerichtlichen Verfahren nach § 43 Abs. 1 Nr. 4 WEG.[411] Wenn der *BGH*[412] meint, der betroffene Wohnungseigentümer könne sich gegen die rechtswidrige Ablehnung der Anwesenheit eines Beraters durch Anfechtung wehren, dann kann damit nur eine gerichtliche Beschlußanfechtung der materiellen Beschlüsse zu den Tagesordnungspunkten gemeint sein, von deren Behandlung der Berater ausgeschlossen war. Da die unberechtigte Zurückweisung eines Beraters oder Beistands eine Verletzung des Teilnahmerechts des Wohnungseigentümers darstellt, braucht der Wohnungseigentümer im gerichtlichen Beschlußanfechtungsverfahren nicht den Nachweis zu

---

409 Zur Geltung des Gleichbehandlungsgrundsatzes im Wohnungseigentumsrecht vgl. BayObLG, WE 1993, 256; vgl. auch § 8 II 1 b aa.

410 Vgl. § 8 II 3.

411 So zutreffend Wangemann, Eigentümerversammlung, Rdnr. C 41 gegen OLG Karlsruhe, WuM 1986, 229.

412 BGHZ 121, 236 (242).

erbringen, daß sich die rechtswidrige Zurückweisung des Beraters oder Beistands auf die jeweiligen Beschlußergebnisse ausgewirkt hat.[413]

bb) Der Feststellungsantrag analog § 256 ZPO. Neben der Beschlußanfechtung kommt ausnahmsweise auch ein Feststellungsantrag des betroffenen Wohnungseigentümers analog § 256 ZPO in Betracht, mit dem er die Hinzuziehung eines Beraters oder Beistands für zukünftige Versammlungen verbindlich feststellen lassen kann.[414] Erforderlich ist jedoch ein besonderes Rechtsschutzbedürfnis des Wohnungseigentümers in Form eines Feststellungsinteresses.[415] Ein derartiges Feststellungsinteresse ist nur dann anzunehmen, wenn ein in der Person des Wohnungseigentümers liegender Grund gegeben ist, der auf Dauer die Hinzuziehung eines Dritten in der Versammlung notwendig macht. Da ansonsten über die Teilnahme von Beiständen und Beratern nur im Einzelfall in der Versammlung entschieden werden kann, kommt ein Feststellungsverfahren mit dem Ziel einer verbindlichen Feststellung für die Zukunft regelmäßig nicht in Betracht.[416]

5. Ergebnis

Zusammenfassend läßt sich feststellen, daß die Entscheidung darüber, ob ein Wohnungseigentümer in der Versammlung einen Beistand oder Berater hinzuziehen darf, von den Wohnungseigentümern durch Mehrheitsbeschluß zu treffen ist. Die Ablehnung der Drittbeteiligung in der Versammlung darf jedoch nicht willkürlich erfolgen und muß den Gleichbehandlungsgrundsatz beachten. Es bedarf stets einer Interessenabwägung im Einzelfall unter Berücksichtigung gegenseitiger Treuepflichten der Wohnungseigentümer untereinander. Soweit es um die aktive Teilnahme eines Beistands geht, ist regelmäßig dem Interesse der Wohnungseigentümer an einem Ausschluß Dritter der Vorrang einzuräumen, es sei denn, der einzelne Wohnungseigentümer kann ein berechtigtes Interesse an einer Drittbeteiligung darlegen und beweisen. Demgegenüber ist das Interesse des einzelnen Wohnungseigentümers an der Anwesenheit eines Beraters regelmäßig vorrangig, wenn es hier nicht um die Wahrnehmung uneigennütziger Mitverwaltungsrechte, sondern um die Kontrolle des Beschlußverfahrens im Hinblick auf eine spätere

---

[413] Vgl. § 8 II 3.

[414] BGHZ 121, 236 (242); Wangemann, Eigentümerversammlung, Rdnr. C 43.

[415] Vgl. Niedenführ, in: Henkes/Niedenführ/Schulze, vor § 43 Rdnr. 32.

[416] So zutreffend Wangemann, Eigentümerversammlung, Rdnr. C 43 gegen BayObLGZ 1981, 161 (163), das die Hinzuziehung eines Beistands grundsätzlich bejaht.

Beschlußanfechtung nach § 43 Abs. 1 Nr. 4 WEG geht. In diesem Fall ist die Anwesenheit eines Beraters in der Versammlung zulässig.

Die rechtswidrige Ablehnung der Drittbeteiligung führt als Verletzung des Teilnahmerechts des Wohnungseigentümers zur Anfechtbarkeit der in der Versammlung gefaßten Beschlüsse, ohne daß der betroffene Wohnungseigentümer nachweisen muß, die Nichtteilnahme des Dritten habe sich auf die jeweiligen Beschlußergebnisse ausgewirkt. Bei Bestehen eines Feststellungsinteresses kommt auch ein Feststellungsantrag in Betracht, mit dem die gerichtliche Feststellung der Teilnahme eines Beistandes oder Beraters begehrt werden kann.

IV. Regelungen in der Gemeinschaftsordnung

In der Praxis hat sich die Auslegung von folgenden Klauseln in der Gemeinschaftsordnung als problematisch erwiesen, welche die Hinzuziehung von Beratern und Beiständen in der Versammlung einschränken und gemäß §§ 5 Abs. 4, 8 Abs. 2 WEG als Inhalt des Sondereigentums im Grundbuch eingetragen sind.

1. Die "Vertreterklausel"

Zunächst fragt sich, ob sich die bereits oben erwähnte Klausel, wonach sich der Wohnungseigentümer in der Versammlung nur durch andere Wohnungseigentümer, den Ehegatten oder durch den Verwalter vertreten lassen kann,[417] seinem Inhalt nach auch auf die Teilnahme von Beratern und Beiständen erstreckt.

Nach Auffassung des *Bayerischen Obersten Landesgerichts*,[418] des *OLG Karlsruhe*[419] sowie der überwiegenden Ansicht im Schrifttum[420] enthält diese "Vertreterklausel" nur eine zulässige Beschränkung der rechtsgeschäftlichen Vertretung im Sinne der § 164 ff. BGB bei der Ausübung des Stimmrechts durch Stimmabgabe, nicht jedoch den Ausschluß der Teilnahme eines Beraters oder Beistands an der Versammlung.

---

417 S.o. unter § 14 IV.

418 BayObLGZ 1981, 161 (164).

419 OLG Karlsruhe, WuM 1986, 229.

420 Augustin, § 25 Rdnr. 20; Weitnauer/Lüke, § 25 Rdnr. 16; Schulze, in: Henkes/Niedenführ/Schulze, § 25 Rdnr. 12; Soergel/Stürner, WEG § 25 Rdnr. 3; Erman/Ganten, WEG § 25 Rdnr. 4.

Dieser Auslegung ist das *KG* in einem Vorlagebeschluß[421] entgegengetreten. Die Vertreterklausel soll bereits schon die Anwesenheit nicht vertretungsberechtigter Dritter erfassen. Diese weite Auslegung ergebe sich aus dem erkennbaren legitimen Zweck der Klausel, die Versammlung von eigentümerfremden Einflüssen im Interesse eines zwanglosen, vertrauten Klimas freizuhalten und aus der Bedeutung der dem Abstimmungsvorgang vorangehenden Erörterung als Vorbereitung der Willensbildung.[422]

Der *BGH*[423] vertritt eine differenzierende Ansicht, der zu folgen ist. Die "Vertreterklausel" erfaßt danach nur den Ausschluß der aktiven Beteiligung eines Beraters in Form der Abgabe von Erklärungen oder der Antragstellung. Demgegenüber wird eine bloße Anwesenheit in lediglich beratender Funktion nicht erfaßt. Diese Differenzierung ergibt sich aus einer Auslegung der im Grundbuch eingetragenen Gemeinschaftsordnung, die sich an dem Wortlaut und dem Sinn der Regelung zu orientieren hat, so wie er sich aus unbefangener Sicht als nächstliegende Bedeutung aus der Eintragung ergibt.[424] Nach diesen Auslegungsgrundsätzen ist hier nicht allein auf den Begriff der "Vertretung" in seiner juristischen Bedeutung als *rechtsgeschäftliches Handeln* im fremden Namen für den Vertretenen abzustellen (§ 164 Abs. 1 BGB), sondern vielmehr auf den allgemeinen Sprachgebrauch, der unter "Vertretung" - wie der BGH mit Recht betont[425] - *jede Art der Wahrnehmung fremder Interessen nach außen* versteht.[426] Danach fällt nur die aktive Beteiligung des Beraters in der Versammlung unter die "Vertreterklausel", nicht jedoch die bloße Beratungstätigkeit des Beraters in der Versammlung, da hierbei keine Interessen des Wohnungseigentümers nach außen wahrgenommen werden. Der Ausschluß der Beratung des Wohnungseigentümers durch einen Dritten ist damit nicht für jedermann aus der Grundbucheintragung ersichtlich.

Diese Auslegung ergibt sich zudem aus dem Zweck der Klausel, die Versammlung der Wohnungseigentümer von gemeinschaftsfremden Einflüssen freizuhalten. Denn da gemeinschaftsfremde Einflüsse nur durch die aktive Teilnahme eines Dritten in die Versammlung hineingetragen werden können,[427] erfaßt der Schutz-

---

421 KG, WuM 1992, 392 (393) = NJW-RR 1993, 25 = WE 1992, 287 = DWE 1992, 115 = ZMR 1992, 399.

422 KG, WuM 1992, 392 (393).

423 BGHZ 121, 236 (240 f.).

424 Vgl. BGHZ 47, 191 (195); 113, 374 (378); 121, 236 (239).

425 BGHZ 121, 236 (239 f.).

426 Vgl. Tilch, Deutsches Rechtslexikon, S. 1073, wo unter "Vertretung" allgemein das Auftreten einer Person für eine andere Person verstanden wird.

427 S.o. III 2 b.

zweck der Klausel auch nur den Ausschluß der aktiven Teilnahme eines Beistands.[428]

In dieser Auslegung geht die "Vertreterklausel" nicht über die bereits kraft Gesetzes bestehende Rechtslage hinaus, nach der die aktive Teilnahme eines Beistands ebenfalls grundsätzlich ausgeschlossen ist.[429] Die Klausel führt auch nicht dazu, daß die Wohnungseigentümer im Einzelfall unter Hinweis auf die Vertreterklausel das berechtigte Interesse eines Wohnungseigentümers an einem Beistand übergehen können. Denn besteht ein berechtigtes Interesse des einzelnen Wohnungseigentümers an der Hinzuziehung eines Beistands, so sind die übrigen Wohnungseigentümer aufgrund ihrer Treuepflicht gehalten, sich nicht auf die Vertreterklausel zu berufen.

Dagegen erfaßt die Vertreterklausel die Teilnahme eines Dritten, der nur formal als "Berater" eines bevollmächtigen anderen Wohnungseigentümers auftritt, dessen Vollmacht jedoch mit der Maßgabe erteilt worden ist, nach dem Votum des Dritten abzustimmen.[430] Hier liegt im Ergebnis eine Umgehung der Vertretungsbeschränkung vor, da nicht der bevollmächtigte Wohnungseigentümer, sondern der Dritte die Willensbildung beeinflußt, die nach Sinn und Zweck der Vertreterklausel unterbunden werden sollte. Die WEer können daher unter Berufung auf die Vertreterklausel mit Stimmenmehrheit beschließen, daß der Dritte von der Teilnahme an der Versammlung ausgeschlossen wird.[431]

2. Die "Besucherklausel"

Eine weitere, in vielen Gemeinschaftsordnungen enthaltene Klausel bestimmt, daß "Besucher keinen Zutritt" zur Versammlung haben. Nach Auffassung des *KG*[432] soll nach dieser Besucherklausel die Anwesenheit von "Zuhörern und Beratern" ausgeschlossen sein, wenn nur ein Wohnungseigentümer widerspricht. Dabei setzte das Gericht die Besucherklausel in Beziehung zu der in der Gemeinschaftsordnung ebenfalls enthaltenen Vertreterklausel. Der Wortlaut unterscheide dann nur zwischen Wohnungseigentümern und ihren Vertretern einerseits und Besu-

---

428 BGHZ 121, 236 (240).

429 S.o. unter III. Die Vertreterklausel hatte Bedeutung nur im Hinblick auf die unter III 1 angeführte instanzgerichtliche Rechtsprechung, die die Beistandschaft grundsätzlich als zulässig angesehen hat. Mit der Rechtsprechung des BGH hat die Klausel in dieser Hinsicht ihre praktische Bedeutung verloren, vgl. auch Wangemann, Eigentümerversammlung, Rdnr. C 36.

430 OLG Düsseldorf NJW-RR 1995, 1294 (1295).

431 OLG Düsseldorf NJW-RR 1995, 1294 (1295).

432 KG, OLGZ 1986, 51 (55) = MDR 1986, 320 = DWE 1986, 59.

chern andererseits. Besucher sei danach jeder, der nicht zum erstgenannten Personenkreis gehöre.[433]

Ob sich der im Interesse eines Wohnungseigentümers tätige "Berater" oder "Beistand" bei einer isolierten Betrachtung der Besucherklausel noch unter den Begriff "Besucher" subsumieren läßt, ist bereits zweifelhaft.[434] Jedenfalls kollidiert diese Auslegung mit der hier vertretenen Ansicht, daß einem Wohnungseigentümer die Hinzuziehung eines Beraters nicht treuwidrig verweigert werden darf. Deshalb ist die Besucherklausel einschränkend dahingehend auszulegen, daß sie der bloßen Anwesenheit eines fachkundigen Beraters dann nicht entgegensteht, wenn dadurch die von der Klausel geschützte Geheimhaltung interner Angelegenheiten - etwa durch die Anwesenheit eines zur Berufsverschwiegenheit verpflichteten Beraters - nicht beeinträchtigt wird. Bezüglich der Teilnahme eines Beistandes kann die Klausel ebenfalls nicht dazu führen, daß die Wohnungseigentümer dem Beistand den Zutritt zur Versammlung treuwidrig verweigern können, wenn ausnahmsweise ein einzelner Wohnungseigentümer ein berechtigtes Interesse an dessen Teilnahme hat.[435]

§ 16 Die Sonderstellung des Verwalters und der Verwaltungsbeiratsmitglieder

Im Verhältnis zu den Wohnungseigentümern ist grundsätzlich auch der Verwalter als Dritter anzusehen, es sei denn, daß ausnahmsweise ein Wohnungseigentümer nach § 26 Abs. 1 WEG zum Verwalter bestellt worden ist.[436] Zudem kann ein Dritter auch Mitglied des Verwaltungsbeirates sein, wenn dies abweichend von

---

433 KG, OLGZ 1986, 51 (56).

434 So auch Weitnauer/Lüke, § 23 Rdnr. 5.

435 Vgl. Wangemann, Eigentümerversammlung, Rdnr. C 37, der unter Hinweis auf die BGH-Rechtsprechung die Interpretation der Besucherklausel für nicht mehr erforderlich hält.

436 Zur Vereinbarkeit beider Rechtspositionen vgl. Niedenführ, in: Henkes/Niedenführ/-Schulze, § 26 Rdnr. 8; Weitnauer/Hauger, § 26 Rdnr. 5; Palandt/Bassenge, WEG § 26 Rdnr. 1.

§ 29 Abs. 1 WEG gemäß § 10 Abs. 1 S. 2 WEG vereinbart wurde.[437] Da jedoch sowohl der Verwalter als auch die Mitglieder des Verwaltungsbeirats nach § 20 Abs. 1 WEG an der Verwaltung des gemeinschaftlichen Eigentums beteiligt sind, stellt sich die Frage, ob sie berechtigt oder gar verpflichtet sind, an der Versammlung der Wohnungseigentümer teilzunehmen. Die Beantwortung der Frage nach einer gesetzlichen Teilnahmeberechtigung oder -verpflichtung hängt von den Verwaltungsaufgaben ab, die dem Verwalter sowie den Verwaltungsbeiratsmitgliedern gesetzlich zugewiesen sind. Ein gesetzliches Teilnahmerecht besteht nur, soweit die Wahrnehmung dieser Aufgaben eine Teilnahme an der Versammlung als Willensbildungsorgan der Wohnungseigentümer als "Herren der Verwaltung"[438] notwendig macht.

I. Die Teilnahme des Verwalters

1. Das Teilnahmerecht als Versammlungsvorsitzender

Ein eigenes Teilnahmerecht des Verwalters ergibt sich zunächst grundsätzlich aus seiner Rechtsstellung als Versammlungsvorsitzender (§ 25 Abs. 5 WEG). Das Teilnahmerecht des Versammlungsvorsitzenden unterscheidet sich jedoch inhaltlich vom mitgliedschaftlichen Teilnahmerecht des Wohnungseigentümers. Es ist nicht auf aktive Beteiligung an der gemeinschaftlichen Willensbildung gerichtet; ein Rede- und Beschlußantragsrecht besteht nicht. Denn die Aufgabe des Versammlungsvorsitzenden beschränkt sich auf die Versammlungsleitung. Demgemäß umfaßt sein Teilnahmerecht das Hausrecht zur Beseitigung von Störungen, die von außen in die Versammlung hineingetragen werden, sowie das Ordnungsrecht zur Beseitigung von Störungen aus dem Inneren der Versammlung.[439]

Da die Wohnungseigentümer nach § 25 Abs. 5 WEG durch Mehrheitsbeschluß einen anderen Vorsitzenden bestimmen können,[440] kann dem Verwalter ein mit

---

437 Vgl. BayObLG, WuM 1988, 32 (33) = ZMR 1988, 70; WuM 1991, 714; KG, NJW-RR 1989, 460; Niedenführ, in: Henkes/Niedenführ/Schulze, § 29 Rdnr. 4; Weitnauer//Lüke, § 29 Rdnr. 3; Pick, in: Bärmann/Pick/Merle, § 29 Rdnr. 6; Palandt/-Bassenge, WEG § 29 Rdnr. 1.

438 Vgl. Weitnauer/Lüke, Vor § 20 Rdnr. 1.

439 Vgl. Bub, WE 1987, 68 (69); Weitnauer/Lüke, § 24 Rdnr. 14; s.o. unter § 8 II 1 a.

440 Vgl. Pick, in: Bärmann/Pick/Merle, § 24 Rdnr. 19; Weitnauer, § 24 Rdnr. 14; Palandt/Bassenge, WEG § 25 Rdnr. 13; Bub, WE 1987, 68 (69).

dieser Stellung verbundenes Teilnahmerecht seitens der Wohnungseigentümer wirksam entzogen werden.

2. Das Teilnahmerecht des Verwalters als Mitverwaltungsrecht

Darüber hinaus könnte der Verwalter ein unentziehbares gesetzliches Recht auf Teilnahme an der Versammlung der Wohnungseigentümer aus seinem Recht auf Teilhabe an der Verwaltung des gemeinschaftlichen Eigentums gemäß § 20 Abs. 1 WEG haben. Nach dieser Vorschrift obliegt dem Verwalter die Mitverwaltung nach Maßgabe der §§ 26 bis 28 WEG. Ein unentziehbares gesetzliches Teilnahmerecht kann sich für den Verwalter aus den letztgenannten Vorschriften nur ergeben, wenn diese ihm unentziehbare Befugnisse verleihen, deren Ausübung die Teilnahme an der Versammlung zwingend erforderlich macht.

a) Die Ausführung von Beschlüssen nach § 27 Abs. 1 Nr. 1 WEG. § 27 Abs. 3 WEG bestimmt ausdrücklich, daß die in § 27 Abs. 1 und 2 WEG aufgeführten Aufgaben und Befugnisse des Verwalters durch Vereinbarung der Wohnungseigentümer nicht beschränkt werden können. Zu diesen gesetzlichen Aufgaben gehört nach § 27 Abs. 1 Nr. 1 WEG, die in der Versammlung gefaßten Beschlüsse der Wohnungseigentümer durchzuführen. Aus dieser Vorschrift, die dem Verwalter die Rechtsstellung eines "Ausführungsorgans" im Hinblick auf die Ausführung der verbindlichen Willensbildung der Wohnungseigentümer verleiht,[441] könnte sich ein unentziehbares gesetzliches Teilnahmerecht des Verwalters ergeben; denn eine Beschlußausführung setzt notwendig die Kenntnis des Beschlußinhalts voraus.

Dagegen ist jedoch zu bedenken, daß dem Verwalter der Inhalt eines ausführungsbedürftigen Beschlusses seitens der Wohnungseigentümer auch außerhalb der Versammlung mitgeteilt werden kann. Die gesetzliche Pflicht des Verwalters zur Ausführung von Beschlüssen nach § 27 Abs. 1 Nr. 1 WEG ist damit nicht zwingend mit einem Teilnahmerecht des Verwalters verbunden. Diesem Ergebnis

---

[441] Auf die umstrittene Frage, ob der Verwalter "Organ" im Sinne von § 31 BGB ist, kann hier nicht eingegangen werden, vgl. dazu Niedenführ, in: Henkes/Niedenführ/-Schulze, § 27 Rdnr. 43; Weitnauer/Hauger, § 27 Rdnr. 1 m.w.N. Es ist jedenfalls davon auszugehen, daß auch eine Personenvereinigung ohne eigene Rechtspersönlichkeit Organe haben kann, vgl. Baltzer, Beschluß, S. 28; Merle, Verwalter, S. 14 f.; Weitnauer/Hauger, § 27 Rdnr. 1; Niedenführ, in: Henkes/Niedenführ/Schulze, § 27 Rdnr. 2; vgl. auch BR-Drucks. 75/51 zu § 26 = PiG 8, 223 (235) sowie oben unter § 3 I.

entspricht auch die nach überwiegender Ansicht geltende Rechtslage bei der GmbH; auch hier soll der Geschäftsführer als reines Ausführungsorgan kein eigenes Recht zur Teilnahme an der Gesellschafterversammlung haben.[442]

b) Der funktionale Zusammenhang zum Beschlußanfechtungsrecht des Verwalters nach § 43 Abs. 1 Nr. 4 WEG. Ein auf die Anwesenheit in der Wohnungseigentümerversammlung beschränktes Teilnahmerecht des Verwalters kann sich jedoch aus seinem Recht nach § 43 Abs. 1 Nr. 4 WEG ergeben, fehlerhafte Beschlüsse der Wohnungseigentümer im gerichtlichen Verfahren anzufechten. Denn um sein Beschlußanfechtungsrecht innerhalb der Monatsfrist des § 23 Abs. 4 S. 2 WEG wahrnehmen zu können, muß auch dem Verwalter die Kontrolle des Beschlußverfahrens ermöglicht werden;[443] allein durch die Mitteilung des Beschlußinhalts außerhalb der Versammlung ist für den Verwalter noch nicht ersichtlich, ob der Beschluß fehlerhaft zustandegekommen ist. Aufgrund des funktionalen Zusammenhangs zwischen dem Beschlußanfechtungsrecht und dem Teilnahmerecht muß auch hier grundsätzlich die Möglichkeit der Anwesenheit in der Versammlung der Wohnungseigentümer gewährleistet sein.

Abweichendes ließe sich nur dann vertreten, wenn der Verwalter mit einer Beschlußanfechtung lediglich Interessen der Wohnungseigentümer wahrnimmt und damit nur ein Recht aus dem Gemeinschaftsverhältnis geltend macht.[444] Da den Wohnungseigentümern der Schutz ihrer eigenen Interessen nicht aufgedrängt werden kann, könnte der Verwalter nach dieser Ansicht gegen den Willen der Wohnungseigentümer unter Berufung auf sein Antragsrecht nach § 43 Abs. 1 Nr. 4 WEG seine Anwesenheit in der Versammlung nicht erzwingen.

Dieser Argumentation ist jedoch entgegenzuhalten, daß der Verwalter mit der Beschlußanfechtung nicht lediglich Interessen der Wohnungseigentümer wahrnimmt; denn im Hinblick auf seine Pflicht zur Ausführung von Beschlüssen nach § 27 Abs. 1 Nr. 1 WEG ist regelmäßig ein eigenes Rechtsschutzbedürfnis für eine Beschlußanfechtung nach § 43 Abs. 1 Nr. 4 WEG gegeben.[445] Der Verwalter ist danach auch zur Ausführung fehlerhafter, unangefochtener Beschlüsse verpflich-

---

[442] Hachenburg/Hüffer, § 48 Rdnr. 20; Rowedder/Koppensteiner, § 48 Rdnr. 14; Zöllner, in: Baumbach/Hueck, § 48 Rdnr. 5; Meyer-Landrut, in: Meyer-Landrut/Miller/-Niehus, § 48 Rdnr. 6; Mutze, GmbHR 1970, 33 (34); a.A. Scholz/K. Schmidt, § 48 Rdnr. 46; Vogel, Gesellschafterbeschlüsse, S. 146. Dagegen sollen die Mitglieder des Vorstands bei der Aktiengesellschaft als Leitungsorgan nach § 118 Abs. 2 AktG an der Hauptversammlung teilnehmen, vgl. Hüffer, § 118 Rdnr. 10.

[443] S.o. unter § 7 I 2 a.

[444] So KG, NJW-RR 1986, 642.

[445] So zutreffend Merle, in: Bärmann/Pick/Merle, § 43 Rdnr. 51.

tet. Wird der bereits ausgeführte Beschluß später auf Antrag eines Wohnungseigentümers nach § 43 Abs. 1 Nr. 4 WEG rückwirkend für ungültig erklärt, so verliert der Verwalter rückwirkend seine gesetzliche Vertretungsmacht nach §§ 27 Abs. 1 Nr. 1, 10 Abs. 4 WEG. Dann besteht die Gefahr, daß der Verwalter von einem Dritten als Vertreter ohne Vertretungsmacht gemäß § 179 BGB in Anspruch genommen wird.[446] In diesem Fall hat der Verwalter ein berechtigtes Interesse, aus eigenem Recht die Beschlußanfechtung zu betreiben und im Wege einer einstweiligen Anordnung durch das Gericht nach § 44 Abs. 3 WEG eine Ausführung des Beschlusses zu verhindern.[447]

Da der Verwalter das Beschlußanfechtungsrecht somit im eigenen Interesse ausübt, hat er aufgrund des funktionalen Zusammenhangs zwischen Beschlußanfechtungsrecht und Teilnahmerecht ein unentziehbares Recht auf Anwesenheit in der Versammlung der Wohnungseigentümer.

3. Die Teilnahmepflicht des Verwalters

Obwohl keine ausdrückliche Regelung besteht, ist der Verwalter verpflichtet, auf Verlangen der Wohnungseigentümer an der Versammlung teilzunehmen.[448] Dies ergibt sich aus der Weisungsgebundenheit des Verwalters gegenüber den Wohnungseigentümern, die aus § 27 Abs. 1 Nr. 1 WEG abzuleiten ist;[449] denn die Pflicht zur Durchführung von Beschlüssen umfaßt auch die Beachtung von Weisungen, die in den Beschlüssen enthalten sind.

---

[446] Zu dieser Problematik vgl. Merle, PiG 6, 65 (76); H. Müller, Praktische Fragen, S. 361, die eine Haftung der Wohnungseigentümer nach den Grundsätzen der Anscheinsvollmacht annehmen. Keith, Rechtsfolgen, S. 14 (23 f.) nimmt statt einer Haftung des Verwalters nach § 179 BGB eine Haftung der Wohnungseigentümer analog § 122 BGB gegenüber dem Dritten an.

[447] H. Müller, Praktische Fragen, S. 361.

[448] Vgl. Scholz/K. Schmidt, § 48 Rdnr. 16; Vogel, Gesellschafterbeschlüsse, S. 140; Mutze, GmbHR 1970, 33 (34) zur Teilnahmepflicht des GmbH-Geschäftsführers.

[449] Vgl. Merle, WE 1992, 239 (242); Weitnauer/Hauger, § 27 Rdnr. 1; Niedenführ, in: Henkes/Niedenführ/Schulze, § 27 Rdnr. 2; Palandt/Bassenge, WEG § 27 Rdnr. 1; Giesen, DWE 1993, 130 (133); zur Weisungsgebundenheit des GmbH-Geschäftsführers vgl. auch Mutze, GmbHR 1970, 33 (34); Eisenhardt, Festschrift Pfeiffer, S. 839 (840).

4. Zusammenfassung

Für den Verwalter ergibt sich damit ein Teilnahmerecht als Versammlungsvorsitzender nach § 24 Abs. 5 WEG, das aber durch die Bestellung eines anderen Vorsitzenden seitens der Wohnungseigentümer durch Mehrheitsbeschluß entzogen werden kann. Das Teilnahmerecht berechtigt nur zu versammlungsleitenden Maßnahmen; der Verwalter hat kein gesetzliches Rede- und Antragsrecht. Da er jedoch aus eigenem Recht nach § 43 Abs. 1 Nr. 4 WEG fehlerhafte Beschlüsse der Wohnungseigentümer gerichtlich anfechten kann, hat er ein Recht auf Anwesenheit in der Versammlung, um dort die Beschlußfassung zu kontrollieren. Aus seiner Weisungsgebundenheit gegenüber den Wohnungseigentümern ist der Verwalter zudem auf Verlangen der Wohnungseigentümer zur Teilnahme an der Versammlung verpflichtet.

II. Die Teilnahme von Verwaltungsbeiratsmitgliedern

Ist ein außenstehender Dritter aufgrund einer von § 29 Abs. 1 S. 1 WEG abweichenden Vereinbarung ausnahmsweise Mitglied des Verwaltungsbeirates, so ist dieser damit noch nicht zur Teilnahme an der Versammlung der Wohnungseigentümer berechtigt.[450] Etwas anderes ergibt sich auch nicht aus der Stellung des Verwaltungsbeirates als fakultatives Verwaltungsorgan.[451] Denn die Wahrnehmung der gesetzlich geregelten Aufgaben - die Unterstützung des Verwalters (§ 29 Abs. 2 WEG), die Prüfung des Wirtschaftsplans, der Jahresabrechnung sowie der Rechnungslegung (§ 29 Abs. 3 WEG) - macht eine Teilnahme des einzelnen Verwaltungsbeiratsmitglieds nicht erforderlich.[452] In der Wahl eines Dritten zum Verwaltungsbeiratsmitglied kann damit nicht die konkludent erklärte Zulassung zur Versammlung der Wohnungseigentümer gesehen werden.

Ausnahmsweise ist ein Anwesenheitsrecht anzuerkennen, wenn ein Dritter aufgrund einer von § 29 Abs. 1 S. 2 WEG abweichenden Vereinbarung zum Vor-

---

450 A.A. Weitnauer/Lüke, § 29 Rdnr. 4.

451 Vgl. Pick, in: Bärmann/Pick/Merle, § 29 Rdnr. 1. Dementsprechend wird auch ein Teilnahmerecht eines Mitglieds eines fakultativen Aufsichtsrats der nicht mitbestimmten GmbH überwiegend verneint, da § 52 Abs. 1 GmbHG nicht auf § 118 Abs. 2 AktG verweist, vgl. Hachenburg/Hüffer, § 47 Rdnr. 9, § 48 Rdnr. 20; Rowedder/-Koppensteiner, § 48 Rdnr. 14; Scholz/K. Schmidt, § 48 Rdnr. 17.

452 So auch BayObLG, WuM 1988, 32 (33), das eine unterbliebene Ladung eines außenstehenden Verwaltungsbeiratsmitglieds als unbeachtlich ansieht; zustimmend Palandt/-Bassenge, WEG § 24 Rdnr. 4; Soergel/Stürner, WEG § 24 Rdnr. 6.

sitzenden des Verwaltungsbeirates gewählt wurde. Denn in diesem Fall ist er nach § 24 Abs. 6 S. 2 WEG verpflichtet, die Versammlungsniederschrift zu unterschreiben. Obwohl die unterschriebene Niederschrift als Privaturkunde im Sinne von § 416 ZPO nur den vollen Beweis ihrer Urheberschaft begründet,[453] übernehmen die unterzeichnenden Personen die Verantwortung für ihre Richtigkeit.[454] Für die Richtigkeit der Niederschrift kann der Unterzeichnende jedoch nur einstehen, wenn er zuvor während der Beschlußfassung in der Versammlung der Wohnungseigentümer anwesend war.

Da die Bestellung eines Verwaltungsbeirates in die Regelungszuständigkeit der Wohnungseigentümer fällt, können sie auch seine näheren Befugnisse regeln. So können auch Dritte als Verwaltungsbeiratsmitglieder zur Versammlung der Wohnungseigentümer zugelassen werden, wenn dies die Wohnungseigentümer vereinbaren.

---

[453] Vgl. Weitnauer/Lüke, § 24 Rdnr. 20; Schulze, in: Henkes/Niedenführ/Schulze, § 24 Rdnr. 10.

[454] Weitnauer/Lüke, § 24 Rdnr. 18.

Literatur

Augustin, Georg, Wohnungseigentumsgesetz, Kommentar, Berlin - New York 1983

Bader, Hans Anton, Das Stimmrecht in der Versammlung, PiG 25, S. 67

Baltzer, Johannes, Der Beschluß als rechtstechnisches Mittel organschaftlicher Funktion im Privatrecht, Köln - Berlin 1965 (zit.: Baltzer, Beschluß)

Balz, Gerhard K., Die Beendigung der Mitgliedschaft in der GmbH, Berlin 1984 (zit.: Balz, Beendigung)

Bärmann, Johannes, Wohnungseigentum, München 1991 (zit.: Bärmann, Wohnungseigentum)

ders., Die Wohnungseigentümergemeinschaft, PiG 22, Hamburg 1986 (zit.: Bärmann, Wohnungseigentümergemeinschaft)

ders., Einstimmigkeit und Änderungsbeschluß, WE 1986, S. 19

ders., Zur Dogmatik des gemeinen Raumeigentums, AcP 155 (1956), S. 1

Bärmann, Johannes / Pick, Eckhart, Wohnungseigentumsgesetz, 13. Aufl., München 1994 (zit.: Bärmann/Pick)

Bärmann, Johannes / Pick, Eckhart / Merle, Werner, Wohnungseigentumsgesetz, 6. Aufl., München 1987 (zit.: Bearbeiter, in: Bärmann/Pick/ Merle)

Bartholomeyczik, Horst, Die Stimmabgabe im System unserer Rechtshandlungen, Diss. Breslau 1937 (zit.: Bartholomeyczik, Stimmabgabe)

Bassenge, Peter, Der Eintritt der Bindung an die Auflassung, RPfleger 1977, S. 8

ders., Probleme des Stimmrechts bei Mitberechtigung am Wohnungseigentum, in: Festschrift für Hanns Seuß, München 1987, S. 33 (zit.: Bassenge, Festschrift Seuß)

ders., Wohnungseigentum: Rechtsprechung und Rechtspraxis, 3. Aufl., Köln 1994 (zit.: Bassenge, Rechtsprechung)

ders., Beschlüsse, PiG 25, S. 101

Baumann, Horst, Die Kenntnis juristischer Personen des Privatrechts von rechtserheblichen Umständen, ZGR 1973, S. 284

Baumbach, Adolf / Hueck, Alfred, GmbH-Gesetz, 15. Aufl., München 1988 (zit.: Bearbeiter, in: Baumbach/Hueck, GmbHG)

Baumbach, Adolf / Hueck, Alfred, Aktiengesetz, 13. Aufl., München 1968 (zit.: Baumbach/Hueck, AktG)

Baumbach, Adolf / Hopt, Klaus J., Handelsgesetzbuch, 29. Aufl., München 1995

Baumbach, Adolf / Lauterbach, Wolfgang / Albers, Jan / Hartmann, Peter, Zivilprozeßordnung, 49. Aufl., München 1991 (zit.: Bearbeiter, in: Baumbach/Lauterbach/Albers/-Hartmann)

Baums, Theodor, Der fehlerhafte Aufsichtsratsbeschluß, ZGR 1983, S. 300

Beyerle, Konrad, Zur Klagebefugnis eines Aktionärs bei Übertragung der Aktien auf Dritte, DB 1982, S. 837

Bielefeld, Volker, Wohnungseigentümerversammlungen sind geschlossene Gesellschaften, GE 1993, S. 829

Blomeyer, Arwed, Zivilprozeßrecht, 2. Aufl., Berlin 1985

Bornheimer, Jörg, Das Stimmrecht im Wohnungseigentumsrecht, Düsseldorf 1993 (zit.: Bornheimer, Stimmrecht)

Bötticher, Eduard, Gestaltungsrecht und Unterwerfung im Privatrecht, Berlin 1964

Brodmann, Erich, Gesetz, betreffend die Gesellschaften mit beschränkter Haftung, Kommentar, 2. Aufl., Berlin-Leipzig 1930

Brox, Hans, Erbrecht, 15. Aufl., Köln-Berlin-Bonn-München 1994 (zit.: Brox, Erbrecht)

ders., Allgemeiner Teil des Bürgerlichen Gesetzbuchs, 17. Aufl., Köln-Berlin-Bonn-München 1993 (zit.: Brox, Allg. Teil)

Bub, Wolf-Rüdiger, Wohnungseigentum von A - Z, 6. Aufl., München 1991 (zit.: Bub, A - Z)

ders., Geschäftsordnung in der Versammlung, WE 1987, S. 68

ders., Rahmenbedingungen: Beschlußfähigkeit, Geschäftsordnung, Vorsitz, PiG 25, S. 49

Canaris, Claus-Wilhelm, Die Feststellung von Lücken im Gesetz, 2. Aufl., Berlin 1982

Coester, Michael, Die "werdende Eigentümergemeinschaft" im Wohnungseigentumsgesetz, NJW 1990, S. 3184

Creifelds, Carl, Rechtswörterbuch, 12. Aufl., München 1994

Däubler, Wolfgang, Rechtsgeschäftlicher Ausschluß der Veräußerlichkeit von Rechten?, NJW 1968, S. 1117

Deckert, Wolf-Dietrich, Die Eigentumswohnung, Loseblattwerk, Planegg b. München Stand 1994 (zit.: Deckert, ETW)

ders., Kein Stimmrecht für Wohnungsanwärter, Anmerkung zur BGH-Entscheidung vom 1.12.1988, WE 1989, S. 34

Depenheuer, Otto, Wohnungseigentum und Verfassungsrecht, PiG 42, S. 7 ff.

Deutsches Rechtslexikon, Bd. 3, 2. Aufl., München 1992

Diederichsen, Uwe, Zur Geltendmachung von Gesellschaftsforderungen durch den nichtgeschäftsführungsberechtigten BGB-Gesellschafter, MDR 1963, S. 632

Diester, Hans, Gesetz über das Wohnungseigentum und das Dauerwohnrecht, Kommentar, Köln 1952

Drasdo, Michael, Die Rechtsprechung zum Stimmrecht des Wohnungsanwärters bei der in Vollzug gesetzten Wohnungseigentümergemeinschaft, ZMR 1995, S. 145

Ehmann, Horst, Wohnungseigentum ist kein Eigentum mehr - Zum Ausschluß der Einzelklagebefugnis kraft höchstrichterlicher Querulantenvermutung, JZ 1991, S. 222

Eisenhardt, Ulrich, Zum Weisungsrecht der Gesellschafter in der nicht mitbestimmten GmbH, in: Festschrift für Gerd Pfeiffer, Köln-Berlin-Bonn-München 1988, S. 839 (zit.: Eisenhardt, Festschrift Pfeiffer)

Erman, Walter, Handkommentar zum Bürgerlichen Gesetzbuch, 9. Aufl., Bd. 1: §§ 1-853 Münster 1993; Bd. 2: §§ 854-2385, Münster 1993 (zit.: Erman/Bearbeiter)

ders., Verwaltung der Rechte eines Kommanditisten durch einen persönlich haftenden Gesellschafter der Kommanditgesellschaft, in: Festschrift für Hans Carl Nipperdey, Bd. I, München-Berlin 1965, S. 277 (zit.: Erman, Festschrift Nipperdey I)

Fischer, Robert, Die unwiderrufliche Stimmrechtsvollmacht in der GmbH, GmbHR 1952, S. 113

ders., Die personalistische GmbH als rechtspolitisches Problem, in: Aktuelle Probleme aus dem Gesellschaftsrecht und anderen Rechtsgebieten, Festschrift für Walter Schmidt, Berlin 1959, S. 117 (zit.: Rob. Fischer, Festschrift W. Schmidt)

Flammiger, W., Stimmrechtsvertretung in der Wohnungseigentümerversammlung, DWE 1986, S. 11

Fleck, Hans-Joachim, Stimmrechtsabspaltung in der GmbH?, in: Festschrift für Robert Fischer, Berlin-New York 1979, S. 107 (zit.: Fleck, Festschrift Rob. Fischer)

Flume, Werner, Das "Halten und Verwalten" eines Vermögens oder Vermögensgegenstandes als BGB-Gesellschaft in zivilrechtlicher und steuerrechtlicher Sicht, DB 1973, S. 2470

ders., Allgemeiner Teil des Bürgerlichen Rechts, 1. Bd./1. Teil: Die Personengesellschaft, Berlin-Heidelberg-New York 1977 (zit.: Flume, Personengesellschaft)

ders., Allgemeiner Teil des Bürgerlichen Rechts, 1. Bd./2. Teil: Die juristische Person, Berlin-Heidelberg-New York-Tokio 1983 (zit.: Flume, Juristische Person)

ders., Allgemeiner Teil des Bürgerlichen Rechts, 2. Bd.: Das Rechtsgeschäft, 4. Aufl., Berlin - Heidelberg 1992 (zit.: Flume, Rechtsgeschäft)

Gernhuber, Joachim, Die verdrängende Vollmacht, JZ 1995, S. 381

Geßler, Ernst / Hefermehl, Wolfgang / Eckardt, Ulrich / Kropff, Bruno, Aktiengesetz, Bd. II (§§ 76-147), München 1973/1974, Bd. V (§§ 241-290), München 1984-1986 (zit.: Bearbeiter, in: Geßler/Hefermehl/Eckardt/Kropff)

Giesen, Dirk, Die gerichtliche Geltendmachung von Ansprüchen der Wohnungseigentümer durch den Verwalter, DWE 1993, S. 130

Grebe, Werner, Rechtsgeschäftliche Änderungsvorbehalte im Wohnungseigentumsrecht, DNotZ 1987, S. 5

Groß, Hans-Joachim, Zur schriftlichen Beschlußfassung in Wohnungseigentumsangelegenheiten, ZMR 1979, S. 36

Groß, Wolfgang, Stimmrecht und Stimmrechtsausschluß bei der Testamentsvollstreckung am GmbH-Anteil, GmbHR 1994, S. 596

Großfeld, Bernhard / Spennemann, Gert, Die Teilnahmeberechtigung mehrerer gesetzlicher Vertreter von Gesellschaften in Mitgliederversammlungen von Kapitalgesellschaften und Genossenschaften, AG 1979, S. 128

Grunewald, Barbara, Der Ausschluß aus Gesellschaft und Verein, Köln-Berlin-Bonn-München 1987 (zit.: Grunewald, Ausschluß)

dies., Gesellschaftsrecht, Tübingen 1994 (zit.: Grunewald, Gesellschaftsrecht)

Habersack, Mathias, Zur Rechtsnatur der Gesellschaft bürgerlichen Rechts - BAG, NJW 1989, 3034, JuS 1990, S. 179

Hachenburg, Max, Gesetz betreffend die Gesellschaften mit beschränkter Haftung (GmbHG), Großkommentar, 8. Aufl., Bd. 1 (§§ 1-34), Berlin - NewYork 1992; 3. Lieferung (§§ 45-52), Berlin - New York 1991 (zit.: Hachenburg/Bearbeiter)

Hadding, Walther, Verfügungen über Mitgliedschaftsrechte, in: Festschrift für Ernst Steindorff, Berlin-New York 1990, S. 31 (zit.: Hadding, Festschrift Steindorff)

ders., Die Mitgliedschaft in handelsrechtlichen Personalgesellschaften - Ein subjektives Recht?, in: Festschrift für Rudolf Reinhardt, Köln 1972, S. 249 (zit.: Hadding, Festschrift Reinhardt)

Hager, Johannes, Die Anwartschaft des Auflassungsempfängers, JuS 1991, S. 1

Henkes, Ulrich / Niedenführ, Werner / Schulze, Hans-Jürgen, WEG, Handbuch und Kommentar zum Wohnungseigentumsgesetz, 3. Aufl., Heidelberg 1995 (zit.: Bearbeiter, in: Henkes/Niedenführ/Schulze)

Henze, Hartwig, Höchstrichterliche Rechtsprechung zum Recht der GmbH, Köln 1993

Hoche, Ulrich, Abtretung und Verpfändung des Anwartschaftsrechts aus der Auflassung, NJW 1955, S. 652

Horber, Ernst / Demharter, Johann, Grundbuchordnung, 21. Aufl., München 1995

Huber, Ulrich, Vermögensanteil, Kapitalanteil und Gesellschaftsanteil an Personalgesellschaften des Handelsrechts, Heidelberg 1970 (zit.: U. Huber, Vermögensanteil)

Hubernagel, Gerhard, Wohnungseigentumsgesetz, Stuttgart 1952

Hueck, Alfred, Der Treuegedanke im modernen Privatrecht, München 1947 (zit.: Hueck, Treuegedanke)

ders., Das Recht der Offenen Handelsgesellschaft, 4. Aufl., Berlin -New York 1971 (zit.: Hueck, OHG)

ders., Anfechtung und Nichtigkeit von Generalversammlungsbeschlüssen bei Aktiengesellschaften, Mannheim-Berlin-Leipzig 1924 *ders.*, Der gemeinschaftliche Vertreter mehrerer Erben in einer Kommanditgesellschaft, ZHR 125, S. 1

ders., Mangelhafte Gesellschafterbeschlüsse bei der GmbH, in: Festschrift für Erich Molitor, München-Berlin 1962, S. 401 (zit.: A. Hueck, Festschrift Molitor)

Hueck, Götz, Bote - Stellvertreter im Willen - Stellvertreter in der Erklärung, AcP 152 (1952/53), S. 432

ders., Der Grundsatz der gleichmäßigen Behandlung im Privatrecht, Berlin - München 1958

ders., Gesellschaftsrecht, 19. Aufl., München 1991 (zit.: Hueck, Gesellschaftsrecht)

Hüffer, Uwe, Die Gesellschafterversammlung - Organ der GmbH oder bloßes Beschlußverfahren?, in: Festschrift 100 Jahre GmbH-Gesetz, Köln 1992, S. 521 (zit.: Hüffer, Festschrift 100 Jahre GmbHG)

ders., Aktiengesetz, 2. Aufl., München 1995

Immenga, Ulrich, Die personalistische Kapitalgesellschaft, Bad Homburg v.d.H. 1970 (zit.: Immenga, Personalistische Kapitalgesellschaft)

ders., Die Minderheitsrechte des Kommanditisten, ZGR 1974, S. 385

Jauernig, Othmar, Bürgerliches Gesetzbuch, 7. Aufl., München 1994 (zit.: Jauernig/Bearbeiter)

ders., Zivilprozeßrecht, 24. Aufl., München 1993 (zit.: Jauernig, Zivilprozeßrecht)

Junker, Michael, Die Gesellschaft nach dem WEG, München 1993 (zit.: Junker, Gesellschaft)

Kefferpütz, Martin, Stimmrechtsschranken im Wohnungseigentumsrecht, Düsseldorf 1994 (zit.: Kefferpütz, Stimmrechtsschranken)

Keidel, Theodor / Kuntze, Joachim / Winkler, Karl, Freiwillige Gerichtsbarkeit, Teil A, Kommentar zum FGG, 13. Aufl., München 1992 (zit.: Bearbeiter, in: Keidel/Kuntze/-Winkler)

Keith, Stefan, Rechtsfolgen ungültiger Beschlüsse der Wohnungseigentümer, PiG 14, Hamburg 1983 (zit.: Keith, Rechtsfolgen)

Kilger, Joachim / Schmidt, Karsten, Konkursordnung, 16. Aufl., München 1993

Kindl, Johann, Die Teilnahme an der Aufsichtsratssitzung; Köln-Berlin-Bonn-München 1993 (zit.: Kindl, Aufsichtsratssitzung)

Kirberger, Petra und Wolfgang, Hinzuziehung eines fachkundigen Beistands in der OHG- und KG-Gesellschafterversammlung, in der Mitgliederversammlung von Vereinen sowie in Vereinsausschlußverfahren, BB 1978, S. 1390

Kissel, Otto Rudolf, Gerichtsverfassungsgesetz, 2. Aufl., München 1994

Kölner Kommentar zum Aktiengesetz, 1. Aufl., Bd. 1 (§§ 1-147), Bd. 2 (§§ 148-290), Köln-Berlin-Bonn-München 1985; 2. Aufl., Bd. 1 (§§ 1-75), Köln-Berlin-Bonn-München 1988 (zit.: KölnerKomm/Bearbeiter)

Korff, Clemens, Hausrecht des Verwalters in Wohnungseigentümerversammlungen, DWE 1982, S. 80

Kraft, Alfons / Kreutz, Peter, Gesellschaftsrecht, 9. Aufl., Neuwied 1992

Kübler, Friedrich, Gesellschaftsrecht, 4. Aufl., Heidelberg 1994

Kuhn, Georg / Uhlenbruck, Wilhelm, Konkursordnung, 11. Aufl., München 1994

Kuhn, Georg, Die Rechtsprechung des BGH zur GmbH, WM 1972, S. 1142

Kuntze, Joachim / Ertl, Rudolf / Herrmann, Hans / Eickmann, Dieter, Grundbuchrecht, 4. Aufl., Berlin - New York 1991

Lang, Johann / Weidmüller, Ludwig, Genossenschaftsgesetz, Kommentar, Berlin-NewYork 1988 (zit.: Bearbeiter, in: Lang/Weidmüller)

Larenz, Karl, Methodenlehre der Rechtswissenschaft, 6. Aufl., Berlin-New York-Tokyo 1991 (zit.: Larenz, Methodenlehre)

ders., Allgemeiner Teil des deutschen Bürgerlichen Rechts, 7. Aufl., München 1989 (zit.: Larenz, Allg.Teil)

Liebs, Rüdiger, Die unbeschränkbare Verfügungsbefugnis, AcP 175 (1975), S. 1

Lotz-Störmer, Iris, Stimmrechtsausübung und Stimmrechtsbeschränkung im Wohnungseigentumsrecht, Göttingen 1993 (zit.: Lotz-Störmer, Stimmrechtsausübung)

Lüke, Wolfgang, Das - beschränkte - Vertretungsverbot in der Gemeinschaftsordnung, WE 1993, S. 260

Lutter, Marcus, Theorie der Mitgliedschaft - Prolegomena zu einem allgemeinen Teil des Korporationsrechts, AcP 180 (1980), S. 84

ders., Der Stimmbote, in: Festschrift für Konrad Duden, München 1977, S. 269 (zit.: Lutter, Festschrift Duden)

Lutter, Marcus / Hommelhoff, Peter, GmbH-Gesetz, Kommentar, 14. Aufl., Köln 1995

Martens, Klaus-Peter, Die Leitungskompetenzen auf der Hauptversammlung einer Aktiengesellschaft, WM 1981, S. 1010

Maunz, Theodor / Dürig, Günter, Grundgesetz, Kommentar, Bd. II (Art. 12a - 37) Lieferung 1 bis 31, München 1994 (zit.: Bearbeiter, in: Maunz/Dürig)

Medicus, Dieter, Bürgerliches Recht, 16. Aufl., Köln-Berlin-Bonn-München 1993 (zit.: Medicus, BR)

ders., Das Anwartschaftsrecht des Auflassungsempfängers, DNotZ 1990, S. 275

ders., Allgemeiner Teil des BGB, 6. Aufl., Heidelberg 1994 (zit.: Medicus, Allg.Teil)

Merle, Werner, Bestellung und Abberufung des Verwalters nach § 26 Wohnungseigentumsgesetz, Berlin 1977 (zit.: Merle, Verwalter)

ders., Das Wohnungseigentum im System des Bürgerlichen Rechts, Berlin 1979 (zit.: Merle, System) *ders.*, Folgerechte und Folgepflichten der Wohnungseigentümerversammlung, Bekanntmachung und Anfechtung der Beschlüsse (§§ 23 Abs. 4, 24 Abs. 6, 43 Abs. 1, Ziff.4), PiG 6, S. 65

ders., Die Feststellung des Beschlußergebnisses im Wohnungseigentumsrecht, PiG 18, S. 125

ders., Beschlußfassung und Beschlußergebnis; PiG 25, S. 119

ders., Rechtsgrundsätze der Wohnungseigentumsverwaltung, WE 1992, S. 239

ders., Die Begründung von Wohnungseigentum und die Entstehung der Gemeinschaft der Wohnungseigentümer, WE Sonderheft 1993, S. 41

Meyer, E. H. / Meulenbergh, Gottfried / Beuthien, Volker, Genossenschaftsgesetz, 12. Aufl., München 1983

Meyer-Landrut, Joachim / Miller, Georg / Niehus, Rudolf J., Gesetz betreffend die Gesellschaften mit beschränkter Haftung (GmbHG), Kommentar, Berlin - New York 1987 (zit.: Bearbeiter, in: Meyer-Landrut/Miller/Niehus)

Moritz, Heinz Peter, Entstehung und personale Erstreckung der "Gemeinschaft der Wohnungseigentümer", JZ 1985, S. 216

Müller, Horst, Durchführung der Wohnungseigentümerversammlung: Beschlußfähigkeit, Stimmrecht, Vollmacht, einstimmiger Beschluß, Mehrheitsbeschluß (§ 25 Abs. 1-3, 5 WEG), PiG 6, S. 53

ders., Praktische Fragen des Wohnungseigentums, 2. Aufl., München 1992 (zit.: H. Müller, Praktische Fragen)

Müller, Klaus, Kommentar zum Gesetz betreffend die Erwerbs- und Wirtschaftsgenossenschaften, 2. Bd. (§§ 43 - 93 l), Bielefeld 1980 (zit.: K. Müller, GenG)

ders., Sachenrecht, 3. Aufl., Köln-Berlin-Bonn-München 1993 (zit.: K. Müller, Sachenrecht)

Müller-Erzbach, Rudolf, Das Erfassen des Rechts aus den Elementen des Zusammenlebens, veranschaulicht am Gesellschaftsrecht, AcP 154 (1955), S. 299

Müller-Freienfels, Wolfram, Die Vertretung beim Rechtsgeschäft, Tübingen 1955 (zit.: Müller-Freienfels, Vertretung)

Münchener Handbuch des Gesellschaftsrechts, Bd. 4, Aktiengesellschaft, München 1988 (zit.: Bearbeiter, in: MünchHB GesR)

Münchener Kommentar zum Bürgerlichen Gesetzbuch, Bd. 1: Allgemeiner Teil (§§ 1-240), 3. Aufl., München 1993; Bd. 3, Schuldrecht Besonderer Teil, 2. Halbbd. (§§ 652-853), 2. Aufl., München 1986; Bd. 4: Sachenrecht (§§ 854-1296), 2. Aufl., München 1986; Bd. 6: Erbrecht (§§ 1922-2385), 2. Aufl., München 1989 (zit.: MünchKomm/-Bearbeiter)

Münzberg, Wolfgang, Abschied von der Pfändung der Auflassungsanwartschaft?, in: Festschrift für Gerhard Schiedermair, München 1976, S. 439 (zit.: Münzberg, Festschrift Schiedermair)

Mutze, Otto, Recht und Pflicht zur Teilnahme an der Gesellschafterversammlung der GmbH, GmbHR 1970, S. 33

Nitschke, Manfred, Die körperschaftlich strukturierte Personengesellschaft, Bielefeld 1970

Noack, Ulrich, Fehlerhafte Beschlüsse in Gesellschaften und Vereinen, Köln-Berlin-Bonn-München 1989

Obermüller, Walter / Werner, Winfried / Winden, Kurt, Die Hauptversammlung der Aktiengesellschaft, Düsseldorf 1967

Palandt, Otto, Bürgerliches Gesetzbuch, Kommentar, 54. Aufl., München 1995 (zit.: Palandt/Bearbeiter); 52. Aufl., München 1993 (zit.: Palandt/Bearbeiter, 52. Aufl.)

Patermann, Andreas, Zum Anwendungsbereich des § 23 Abs. 4 WEG, ZMR 1991, S. 361

Paulick, Heinz, Zur Dogmatik des Wohnungseitgentums nach dem Wohnungseigentumsgesetz vom 15. März 1951, AcP 152 (1952/53), S. 420

Pieroth, Bodo / Schlink, Bernhard, Grundrechte, Staatsrecht II, 7. Aufl., Heidelberg 1991

Quack, Karlheinz, Beschränkungen der Redezeit und des Auskunftsrechts des Aktionärs, AG 1985, S. 145

Raiser, Thomas, Recht der Kapitalgesellschaften, 2. Aufl., München 1992

Reichel, Hans, Höchstpersönliche Rechtsgeschäfte, Berlin 1931

Reichert, Bernhard / Dannecker, Franz J., Handbuch des Vereins- und Verbandsrechts, 5. Aufl., Neuwied 1993

Reichsgerichtsräte-Kommentar, Das Bürgerliche Gesetzbuch mit besonderer Berücksichtigung der Rechtsprechung des Reichsgerichts und des Bundesgerichtshofes, Bd. III/1. Teil (§§ 854-1011), 12. Aufl., Berlin - New York 1979; 27. Lieferung (§§ 1018-1093), Berlin - New York 1977 (zit.: RGRK/Bearbeiter)

Renkl, Günter, Der Gesellschafterbeschluß, Stuttgart-Berlin-Köln-Mainz 1982

Reuter, Dieter, Stimmrechtsvereinbarungen bei treuhänderischer Abtretung eines GmbH-Anteils, ZGR 1978, S. 633

Riezler, Erwin, Konkurrierendes und kollidierendes Handeln des Vertreters und des Vertretenen, AcP 98, S. 372.

Röll, Ludwig, Die Rechtsprechung des BGH zur faktischen Gemeinschaft und ihre Auswirkungen auf die Praxis des Wohnungseigentums, NJW 1989, S. 1070

ders., Nochmals: Der "werdende" Wohnungseigentümer, Rpfleger 1986, S. 169

ders., Handbuch für Wohnungseigentümer und Verwalter, 6. Aufl., Köln 1994 (zit.: Röll, Handbuch)

Rosenberg, Leo / Schwab, Karl Heinz / Gottwald, Peter, Zivilprozeßrecht, 15. Aufl., München 1993

Roth, Günter H., Gesetz betreffend die Gesellschaften mit beschränkter Haftung, 2. Aufl., München 1987

Rowedder, Heinz, Gesetz betreffend die Gesellschaften mit beschränkter Haftung (GmbHG), Kommentar, 2. Aufl., München 1990 (zit.: Rowedder/Bearbeiter)

Saenger, Ingo, Beteiligung Dritter bei Beschlußfassung und Kontrolle im Gesellschaftsrecht, Berlin 1990 (zit.: Saenger, Beteiligung Dritter)

ders., Hinzuziehung von Stellvertreter oder Beistand bei Beschlußfassung und Kontrolle im Gesellschaftsrecht, NJW 1992, S. 348

Sauren, Marcel, Nochmals: Der "werdende" Wohnungseigentümer, Rpfleger 1986, S. 171

ders., Faktische Gemeinschaft im Gründungsstadium; PiG 32, S. 195

ders., Wege für die Wohnungseigentümer zur Änderung der Gemeinschaftsordnung, NJW 1986, S. 2034

ders., Recht eines BGB-Gesellschafters zur Beschlußanfechtung, WE 1992, S. 40.

ders., Wohnungseigentumsgesetz, 2. Aufl., München 1995

ders., Grenzen von Veränderungsmöglichkeiten des WEG's - Gedanken zur Abbedingung von Vorschriften des WEG's und zur Inhaltskontrolle von Teilungserklärungen, in: Festschrift für Johannes Bärmann und Hermann Weitnauer, München 1990, S. 530 (zit.: Sauren, Festschrift Bärmann/Weitnauer)

Sauter, Eugen / Schweyer, Gerhard, Der eingetragene Verein, 14. Aufl., München 1990

Schilken, Eberhard, Wissenszurechnung im Zivilrecht, Bielefeld 1983 (zit.: Schilken, Wissenszurechnung)

Schlegelberger, Franz, Handelsgesetzbuch, Kommentar, Bd. III/1. Halbbd. (§§ 105-160), München 1992 (zit.: Schlegelberger/Bearbeiter)

Schlosser, Peter, Gestaltungsklagen und Gestaltungsurteile, Bielefeld 1966

Schmid, Michael J., Verdrängende Vollmacht zur Erleichterung von Wohnungseigentümerversammlungen, DNotZ 1975, S. 138

Schmidt, Friedrich, Die Bedeutung des Besitzübergangs bei Veräußerungen von Wohnungseigentum, in: Festschrift für Hanns Seuß, München 1987, S. 241 (zit.: F. Schmidt, Festschrift Seuß)

ders., Vormerkungen im Wohnungseigentum, in: Festschrift für Johannes Bärmann und Hermann Weitnauer, München 1990, S. 545 (zit.: F. Schmidt, Festschrift Bärmann/Weitnauer)

Schmidt, Hans Martin, Bevollmächtigte in der Gesellschafterversammlung der GmbH, GmbHR 1963, S. 145

Schmidt, Karsten, Gesellschaftsrecht, 2. Aufl., Köln-Berlin-Bonn-München 1991 (zit.: K. Schmidt, Gesellschaftsrecht)

ders., Die Beschlußanfechtungsklage bei Vereinen und Personengesellschaften - Ein Beitrag zur Institutionenbildung im Gesellschaftsrecht, in: Festschrift für Walter Stimpel, Berlin - New York 1985, S. 217

Schmidt-Aßmann, Eberhard, Besonderes Verwaltungsrecht, 10. Aufl., Berlin - New York 1995

Schnauder, Franz, Das fingierte Anerkenntnis in der Teilungserklärung, WE 1991, S. 144

Scholz, Franz, Kommentar zum GmbHG, 1. Bd. (§§ 1-44), 8. Aufl., Köln 1993; 2. Bd. (§§ 45-85), 8. Aufl., Köln 1995 (zit.: Scholz/Bearbeiter)

ders., Ausschließung und Austritt aus der GmbH, 2. Aufl., Köln 1947 (zit.: Scholz, Ausschließung)

ders., Vollmachtgeber und Bevollmächtigter in Konkurrenz, JR 1958, S. 17

Schön, Wolfgang, Der Nießbrauch am Gesellschaftsanteil, ZHR 158 (1994), S. 229

Schöner, Hartmut, Das Stimmrecht des Nießbrauchers in der Versammlung der Wohnungseigentümer; DNotZ 1975, S. 78

Schönfeld, Friedrich, Verfügungsbeschränkungen und öffentlicher Glaube des Grundbuchs, JZ 1959, S. 140

Schröder, Oliver, Neue Konzepte zum Beschlußmängelrecht der GmbH und der Personengesellschaften, GmbHR 1994, S. 532

Schulze-Osterloh, Joachim, Das Prinzip der gesamthänderischen Bindung, München 1972 (zit.: Schulze-Osterloh, Gesamthänderische Bindung)

Seuß, Hanns, Faktische Wohnungseigentümer, in: Festschrift für Johannes Bärmann und Hermann Weitnauer, München 1990, S. 599 (zit.: Seuß, Festschrift Bärmann/Weitnauer)

Sina, Peter, Das Recht des Gesellschafters auf Anwesenheit eines Beraters in der Gesellschafterversammlung, GmbHR 1993, S. 136

Soergel, Hans Theodor, Bürgerliches Gesetzbuch, Kommentar; Bd. 1: Allgemeiner Teil (§§ 1-240), 12. Aufl., Stuttgart-Berlin-Köln-Mainz 1987; Bd. 4: Schuldrecht III (§§ 705-853), 11. Aufl., Stuttgart-Berlin-Köln-Mainz 1985; Bd. 6: Sachenrecht (§§ 854-1296), 12. Aufl., Stuttgart-Berlin-Köln-Mainz 1989; Bd. 7: Familienrecht I (§§ 1297-1588), 12. Aufl., Stuttgart-Berlin-Köln-Mainz 1989; Bd. 8: Erbrecht (§§ 1922-2385), 12. Aufl., Stuttgart-Berlin-Köln 1992 (zit.: Soergel/Bearbeiter)

Soufleros, Ilias, Ausschließung und Abfindung eines GmbH-Gesellschafters, Köln 1983 (zit.: Soufleros, Ausschließung)

Spitze, Alexander, Der Ausschluß eines GmbH-Gesellschafters aus wichtigem Grund bei Schweigen der Satzung, Berlin 1985 (zit.: Spitze, Ausschluß)

Stache, Klaus, Die Problematik der §§ 18, 19 des Wohnungseigentumsgesetzes, Diss. Münster 1968

Staudinger, Julius von, Kommentar zum Bürgerlichen Gesetzbuch mit Einführungsgesetz und Nebengesetzen, 12. Aufl.: 1. Buch, Allgemeiner Teil, §§ 1-89, Berlin 1980; §§ 90-240, Berlin 1980; 2. Buch, Recht der Schuldverhältnisse, §§ 741-822, Berlin 1986; 3. Buch, Sachenrecht, §§ 925-931, Berlin 1987; 5. Buch, Erbrecht, §§ 2018-2057a, Berlin 1979; 13. Bearbeitung: 3. Buch, Sachenrecht, ErbbVO, §§ 1018-1112, Berlin 1994

Steiner, Anton, Zwangsversteigerung und Zwangsverwaltung, Kommentar, Bd. 2 (§§ 105-185), 9. Aufl., München 1986 (zit.: Steiner/Bearbeiter)

Stöber, Kurt, Vereinsrecht, 6. Aufl., Baden-Baden 1992

Sudhoff, Heinrich, Vollversammlung und schriftliche Abstimmung, GmbHR 1964, S. 75

Tasche, Friedrich, Eventualeinberufung und verdrängende Vollmacht zur Erleichterung von Wohnungseigentümerversammlungen?, DNotZ 1974, S. 581

Teichmann, Arndt, Gestaltungsfreiheit in Gesellschaftsverträgen, München 1970 (zit.: Teichmann, Gestaltungsrecht)

Thiele, Wolfgang, Die Zustimmungen in der Lehre vom Rechtsgeschäft, Köln-Berlin-Bonn-München 1966

Timm, Wolfram, Außenwirkungen vertraglicher Verfügungsverbote?, JZ 1989, S. 13

ders., Die Rechtsfähigkeit der Gesellschaft bürgerlichen Rechts und ihre Haftungsverfassung, NJW 1995, S. 3209

Trouet, Klaus, Die Hauptversammlung - Organ der Aktiengesellschaft oder Forum der Aktionäre?, NJW 1986, S. 1302

Tuhr, Andreas von, Der Allgemeine Teil des Deutschen Bürgerlichen Rechts, Bd. II, 2. Hälfte, Berlin 1918 (zit.: v. Tuhr, Allg. Teil II/2)

Ulmer, Peter, AGB-Gesetz und einseitig gesetzte Gemeinschaftsordnungen von Wohnungseigentümern, in: Privatautonomie, Eigentum und Verantwortung, Festgabe für Hermann Weitnauer zum 70. Geburtstag, Berlin 1980, S. 205 (zit.: Ulmer, Festgabe Weitnauer)

ders., Zur Bedeutung des gesellschaftsrechtlichen Abspaltungsverbots für den Nießbrauch am OHG (KG)-Anteil, in: Festschrift für Hans-Joachim Fleck, Berlin - New York 1988, S. 383 (zit.: Ulmer, in: Festschrift Fleck)

Vogel, Wolfgang, Gesellschafterbeschlüsse und Gesellschafterversammlung, 2. Aufl., Köln 1986 (zit.: Vogel, Gesellschafterbeschlüsse)

Wagner, Eberhard, Rechtsgeschäftliche Unübertragbarkeit und § 137 S. 1 BGB, AcP 194 (1994), S. 451

Wangemann, Richard, Die Eigentümerversammlung nach WEG, München 1994 (zit.: Wangemann, Eigentümerversammlung)

Weirich, Hans-Armin, Grundstücksrecht, München 1985

Weitnauer, Hermann, Wohnungseigentumsgesetz, 8. Aufl., München 1995 (zit.: Weitnauer/Bearbeiter)

ders., Die "werdende" Wohnungseigentümergemeinschaft; WE 1986, S. 92

ders., Das Wohnungseigentum im Zivilrechtssystem, in: Festschrift für Hubert Niederländer, Heidelberg 1991, S. 455 (zit.: Weitnauer, Festschrift Niederländer)

ders., Die unverzichtbare Handlungsfreiheit, in: Festschrift für Friedrich Weber, Berlin - New York 1975 (zit.: Weitnauer, Festschrift Weber), S. 429

Wenzel, Joachim, Die neuere Rechtsprechung des Bundesgerichtshofes zum Recht des Wohnungseigentums im Überblick, WE 1993, S. 335

Westermann, Harry, Sachenrecht, Bd. II: Immobiliarsachenrecht, 6. Aufl., Heidelberg 1988 (zit.: Westermann/Bearbeiter, Sachenrecht II)

Westermann, Harm Peter, Vertragsfreiheit und Typengesetzlichkeit im Recht der Personengesellschaften, Berlin-Heidelberg-New York 1970 (zit.: H.P. Westermann, Vertragsfreiheit)

Wiedemann, Herbert, Die Übertragung und Vererbung von Mitgliedschaftsrechten bei Handelsgesellschaften, München-Berlin 1965 (zit.: Wiedemann, Übertragung)

ders., Gesellschaftsrecht, Band I: Grundlagen, München 1980 (zit.: Wiedemann, Gesellschaftsrecht I)

ders., GmbH-Anteile in der Erbengemeinschaft, GmbHR 1969, S. 247

Wienicke, Heinz, Wohnungseigentumsgesetz, 10. Ergänzung, Neuwied 1993

Wilhelm, Jan, Sachenrecht, Berlin - New York 1993

Winnefeld, Robert, Stimmrecht, Stimmabgabe und Beschluß, ihre Rechtsnatur und Behandlung, DB 1972, S. 1053

Winter, Martin, Mitgliedschaftliche Treuebindungen im GmbH-Recht, München 1988 (zit.: Winter, Treuebindungen)

Wolff, Martin / Raiser, Ludwig, Sachenrecht, 10. Bearbeitung, Tübingen 1957

Zeller, Friedrich / Stöber, Kurt, Zwangsversteigerungsgesetz, 14. Aufl., München 1993

Ziege, Hans-Joachim, Das Stimmrecht mehrerer Inhaber eines Wohnungseigentums, NJW 1973, S. 2185

Zöllner, Wolfgang, Die Schranken mitgliedschaftlicher Stimmrechtsmacht bei den privaten Personenverbänden, München - Berlin 1963 (zit.: Zöllner, Schranken)

Zöllner, Wolfgang / Noack, Ulrich, Geltendmachung von Beschlußmängeln im GmbH-Recht, ZGR 1989, S. 525

Potsdamer Rechtswissenschaftliche Reihe (PRR)

Band 1
Matthias Becker
Die Teilnahme an der Versammlung der Wohnungseigentümer
1996. XX, 250 Seiten. DM 89,-
ISBN 3-540-61396-X

GPSR Compliance

The European Union's (EU) General Product Safety Regulation (GPSR) is a set of rules that requires consumer products to be safe and our obligations to ensure this.

If you have any concerns about our products, you can contact us on ProductSafety@springernature.com

In case Publisher is established outside the EU, the EU authorized representative is:

Springer Nature Customer Service Center GmbH
Europaplatz 3
69115 Heidelberg, Germany

Batch number: 10844669

Printed by Printforce, the Netherlands